O ENDIVIDAMENTO DOS ESTADOS-MEMBROS EM FACE DA UNIÃO

UMA DISTORÇÃO GRAVE E SUAS CONSEQUÊNCIAS PARA O FEDERALISMO FISCAL BRASILEIRO

ANDREA SIQUEIRA MARTINS

Prefácio
Gustavo da Gama Vital de Oliveira

O ENDIVIDAMENTO DOS ESTADOS-MEMBROS EM FACE DA UNIÃO

UMA DISTORÇÃO GRAVE E SUAS CONSEQUÊNCIAS PARA O FEDERALISMO FISCAL BRASILEIRO

Belo Horizonte

FÓRUM
CONHECIMENTO JURÍDICO

2021

© 2021 Editora Fórum Ltda.

É proibida a reprodução total ou parcial desta obra, por qualquer meio eletrônico, inclusive por processos xerográficos, sem autorização expressa do Editor.

Conselho Editorial

Adilson Abreu Dallari
Alécia Paolucci Nogueira Bicalho
Alexandre Coutinho Pagliarini
André Ramos Tavares
Carlos Ayres Britto
Carlos Mário da Silva Velloso
Cármen Lúcia Antunes Rocha
Cesar Augusto Guimarães Pereira
Clovis Beznos
Cristiana Fortini
Dinorá Adelaide Musetti Grotti
Diogo de Figueiredo Moreira Neto (*in memoriam*)
Egon Bockmann Moreira
Emerson Gabardo
Fabrício Motta
Fernando Rossi
Flávio Henrique Unes Pereira

Floriano de Azevedo Marques Neto
Gustavo Justino de Oliveira
Inês Virgínia Prado Soares
Jorge Ulisses Jacoby Fernandes
Juarez Freitas
Luciano Ferraz
Lúcio Delfino
Marcia Carla Pereira Ribeiro
Márcio Cammarosano
Marcos Ehrhardt Jr.
Maria Sylvia Zanella Di Pietro
Ney José de Freitas
Oswaldo Othon de Pontes Saraiva Filho
Paulo Modesto
Romeu Felipe Bacellar Filho
Sérgio Guerra
Walber de Moura Agra

FÓRUM
CONHECIMENTO JURÍDICO

Luís Cláudio Rodrigues Ferreira
Presidente e Editor

Coordenação editorial: Leonardo Eustáquio Siqueira Araújo
Aline Sobreira de Oliveira

Av. Afonso Pena, 2770 – 15º andar – Savassi – CEP 30130-012
Belo Horizonte – Minas Gerais – Tel.: (31) 2121.4900 / 2121.4949
www.editoraforum.com.br – editoraforum@editoraforum.com.br

Técnica. Empenho. Zelo. Esses foram alguns dos cuidados aplicados na edição desta obra. No entanto, podem ocorrer erros de impressão, digitação ou mesmo restar alguma dúvida conceitual. Caso se constate algo assim, solicitamos a gentileza de nos comunicar através do *e-mail* editorial@editoraforum.com.br para que possamos esclarecer, no que couber. A sua contribuição é muito importante para mantermos a excelência editorial. A Editora Fórum agradece a sua contribuição.

Dados Internacionais de Catalogação na Publicação (CIP) de acordo com a AACR2

M386e	Martins, Andrea Siqueira
	O endividamento dos Estados-membros em face da União: uma distorção grave e suas consequências para o federalismo fiscal brasileiro / Andrea Siqueira Martins.– Belo Horizonte : Fórum, 2021.
	346 p.; 14,5x21,5cm ISBN: 978-65-5518-199-9
	1. Direito Financeiro. 2. Federalismo fiscal. Endividamento público. 3. Política macroeconômica. I. Título.
	CDD 341.38 CDU 340.12

Elaborado por Daniela Lopes Duarte - CRB-6/3500

Informação bibliográfica deste livro, conforme a NBR 6023:2018 da Associação Brasileira de Normas Técnicas (ABNT):

MARTINS, Andrea Siqueira. *O endividamento dos Estados-membros em face da União: uma distorção grave e suas consequências para o federalismo fiscal brasileiro*. Belo Horizonte: Fórum, 2021. 346 p. ISBN 978-65-5518-199-9.

À minha família, por todo o apoio ofertado, em especial à minha mãe Anesia e ao meu pai Lenildo (*in memoriam*), aos quais devo toda a gratidão por quem sou hoje, e, também, ao meu marido Francesco Carlo, meu porto seguro e razão do meu viver.

AGRADECIMENTOS

Ao Doutor Gustavo da Gama Vital de Oliveira, por sua paciência, sabedoria e atenção dedicada durante todo o processo de orientação. Agradeço aos compartilhamentos de publicações, indicações de leitura, e, fundamentalmente, aos preciosos e céleres comentários e sugestões, sem os quais esta dissertação não teria atingido o fim almejado.

Ao Doutor Carlos Alexandre de Azevedo Campos, que, no exame de qualificação, contribuiu significativamente com prestigiosos pareceres, recomendações e críticas construtivas, os quais foram determinantes para o modelo final deste trabalho.

Ao Doutor Fernando Facury Scaff, pela gentileza em ter aceitado participar da banca, além de ter contribuído com a resolução desta dissertação através de sua vasta experiência e literatura no âmbito do direito financeiro e das finanças públicas.

Aos docentes da pós-graduação da Faculdade de Direito da Universidade do Estado do Rio de Janeiro, da Linha de Finanças Públicas, Tributação e Desenvolvimento, pelos valorosos ensinamentos ministrados e pela vasta bibliografia recomendada, os quais, mesmo que indiretamente, foram cruciais para as pesquisas realizadas durante a elaboração deste projeto.

A todos os meus colegas de trabalho, que contribuíram com as suas cotas de sacrifício durante os meus necessários períodos de ausência. Não poderia deixar de mencionar um agradecimento à colaboração de cada um dos meus ilustres companheiros de labor, cujos auxílios foram essenciais e imprescindíveis para a conclusão desta tarefa.

Aos meus parentes, em especial, ao meu marido, à minha mãe e aos meus irmãos, pela compreensão e apoio em face do meu não comparecimento em momentos tão importantes e de acolhimento familiar.

À Universidade do Estado do Rio de Janeiro, pela oportunidade de realização do curso de mestrado.

As finanças públicas são uma questão complexa e viva e não podem ser estudadas dentro dos limites de seus aspectos superficiais ou de suas linhas estruturais. Elas são o coração pulsante do país, que ativa a circulação da riqueza da economia nacional para as artérias do Estado para aumentar seu tamanho e poder e depois devolvê-lo na forma de prestígio, serviços e novas riquezas à economia nacional e aos cidadãos.[1]

(GRIZIOTTI, Benvenuto. *Primi elementi di Scienza delle Finanze*)

Cada geração carrega seus deuses, seus mitos, suas esperanças e suas fobias, quebrando os ídolos, os altares, as ilusões e os preconceitos dos pais e avós.

(BALEEIRO, Aliomar. *Cinco aulas de finanças e política fiscal*)

---

[1] No original: *"La finanza pubblica è una questione complessa e vivente e non può essere studiata nei limiti dei suoi aspetti superficiali o delle sue linee strutturali. Sono il cuore pulsante del paese, che attiva la circolazione della ricchezza dall'economia nazionale alle arterie dello Stato per aumentare la sua grandezza e potere e poi restituirlo sotto forma di prestigio, servizi e nuova ricchezza all'economia nazionale e ai cittadini".*

LISTA DE GRÁFICOS

Gráfico 1 – Transferência do governo federal norte-americano para estados e governos locais, por função, exercício de 2019 – estimativas 89

Gráfico 2 – Índice de endividamento, em relação ao PIB, dos Estados Unidos – período de 1995 a 2015..93

Gráfico 3 – Composição dos membros de cada estado no Senado alemão..101

Gráfico 4 – Evolução da dívida alemã em percentual do PIB – período 1992-2018...122

Gráfico 5 – Operações de crédito executadas fora dos limites da Resolução nº 43/2001..169

Gráfico 6 – Resultado primário em relação à RCL de alguns estados..........171

Gráfico 7 – Relação entre a Dívida Consolidada e a Receita Corrente Líquida dos estados 216

LISTA DE TABELAS

Tabela 1 – Transferências intergovernamentais para os governos estaduais e locais norte-americanos, por função, período 1902-2019 87

Tabela 2 – Transferências intergovernamentais para os governos estaduais e locais norte-americanos, por espécies, período 1902-2019 90

Tabela 3 – Dívida pública, em percentual do PIB, dos países do G20 92

Tabela 4 – Estados alemães – PNB *per capita* e população – 1997 102

Tabela 5 – PIB dos estados brasileiros 216

Tabela 6 – Comparação entre os limites da despesa de pessoal apresentados no PAF e no RGF 273

LISTA DE ABREVIATURAS E SIGLAS

ACO	Ação Cível Originária
ADI	Ação Direta de Inconstitucionalidade
AI	Ajuste Imediato
ANAPE	Associação Nacional dos Procuradores de Estado
ARO	Antecipação de Receita Orçamentária
Art.	Artigo
AT	Ajuste Tardio
BACEN	Banco Central do Brasil
BANERJ	Banco do Estado do Rio de Janeiro
BANESPA	Banco do Estado de São Paulo
BANRISUL	Banco do Estado do Rio Grande do Sul
BEMGE	Banco do Estado de Minas Gerais
BERON	Banco do Estado de Rondônia
BNDES	Banco Nacional de Desenvolvimento Econômico e Social
CAE	Comissão de Assuntos Econômicos
CAPAG	Capacidade de Pagamento
CEPAL	Comissão Econômica para a América Latina e o Caribe
CAUC	Cadastro Único de Convênio
CCAF	Câmara de Conciliação e Arbitragem da Administração Federal
CF	Constituição Federal
CGF	Conselho de Gestão Fiscal
CIA	*Central Intelligence Agency*
CIDE	Contribuições de Intervenção no Domínio Econômico
CMMAD	Comissão Mundial de Meio Ambiente e Desenvolvimento
CONFAZ	Conselho Nacional de Política Fazendária
CPI	Comissão Parlamentar de Inquérito
CREDIREAL	Banco de Crédito Real de Minas Gerais
CRFB	Constituição da República Federativa do Brasil
D	*Default*
DESC	Desconto
DF	Distrito Federal
DIA	*Detroit Institute of Arts*
DJ	Diário da Justiça
Dje	Diário da Justiça Eletrônico
DM	*Deutsche Mark*
DRU	Desvinculação de Receitas da União
EC	Emenda Constitucional
EF	Exercício Financeiro

EUA	Estados Unidos da América
FEBRAFITE	Federação Brasileira de Associações de Fiscais de Tributos Estaduais
FGTS	Fundo de Garantia do Tempo de Serviço
FGV	Fundação Getúlio Vargas
FIDC	Fundo de Investimento em Direitos Creditórios
FMI	Fundo Monetário Internacional
FPE	Fundo de Participação dos Estados
FPM	Fundo de Participação dos Municípios
FR	Fluxos Redistributivos
FSE	Fundo Social de Emergência
FUNDEB	Fundo de Manutenção e Desenvolvimento da Educação Básica
GDP	*Gross Domestic Product*
GF	Governo Federal
GG	*Grundgesetz*
GSN	Governos Subnacionais
G20	Grupo dos 20
IBGE	Instituto Brasileiro de Geografia e Estatística
IBRE	Instituto Brasileiro de Economia
ICMS	Imposto sobre operações relativas à Circulação de Mercadorias e sobre prestações de Serviços de transporte interestadual e intermunicipal e de comunicação
IFI	Instituição Fiscal Independente
IGP-DI	Índice Geral de Preços – Disponibilidade Interna
IPCA	Índice Nacional de Preços ao Consumidor Amplo
IPEA	Instituto de Pesquisa Econômica Aplicada
IPI	Imposto sobre Produtos Industrializados
IR	Imposto de Renda
IVA	Imposto sobre Valor Agregado
IVC	Imposto sobre Vendas e Consignações
LC	Lei Complementar
LDO	Lei de Diretrizes Orçamentárias
LOA	Lei Orçamentária Anual
LRF	Lei de Responsabilidade Fiscal
MCASP	Manual de Contabilidade Aplicada ao Setor Público
MDF	Manual de Demonstrativos Fiscais
MF	Ministério da Fazenda
MP	Medida Provisória
MS	Mandado de Segurança
n.	número
NFB	Necessidade de Financiamento Bruto
OAB	Ordem dos Advogados do Brasil
OBE	*Off-Buget Enterprise*
OCDE	Organização para a Cooperação e Desenvolvimento Econômico

p	probabilidade
PAC	Plano de Aceleração do Crescimento
PAF	Programa de Apoio à Reestruturação e ao Ajuste Fiscal de Estados
PATF	Programa de Acompanhamento e Transparência Fiscal
PEC	Proposta de Emenda Constitucional
PEF	Plano de Promoção do Equilíbrio Fiscal
PGFN	Procuradoria-Geral da Fazenda Nacional
PIB	Produto Interno Bruto
PNB	Produto Nacional Bruto
PND	Programa Nacional de Desestatização
PPA	Plano Plurianual
PRODEC	Programa de Desenvolvimento da Empresa Catarinense
PROMOEX	Programa de Modernização do Sistema de Controle Externo dos Estados, Distrito Federal e Municípios Brasileiros
PRS	Projeto de Resolução do Senado Federal
RAET	Regime de Administração Especial Temporária
RCL	Receita Corrente Líquida
RE	Recurso Extraordinário
RGF	Relatório de Gestão Fiscal
RI	Resgate Imediato
RONDONPOUP	Rondônia Crédito Imobiliário
RRF	Regime de Recuperação Fiscal
RSF	Resolução do Senado Federal
RT	Resgate Tardio
SD	Saldo Devedor
SE	Sistema de Equalização
SELIC	Sistema Especial de Liquidação e de Custódia
SEPLAN	Secretaria de Planejamento
SIAT	Serviço Auxiliar de Informações de Transferências Voluntárias
STF	Supremo Tribunal Federal
STN	Secretaria do Tesouro Nacional
SUS	Sistema Único de Saúde
TA	Tutela Antecipada
TCE	Tribunal de Contas do Estado
TCU	Tribunal de Contas da União
U	funções-Utilidade
Uci	função-Utilidade do governo central irresoluto
Ucr	função-Utilidade do governo central resoluto
UERJ	Universidade do Estado do Rio de Janeiro
Vol.	Volume

SUMÁRIO

PREFÁCIO
Gustavo da Gama Vital de Oliveira 23

INTRODUÇÃO 27

CAPÍTULO 1
FEDERALISMO FISCAL – UMA ANÁLISE COMPARADA

1.1 Teoria geral 33
1.1.1 Noções preliminares 33
1.1.2 Evolução da concepção de federalismo fiscal 41
1.1.3 Mecanismos de equalização 52
1.2 Generalidades do federalismo brasileiro 62
1.2.1 Características gerais 62
1.2.2 Centralizar ou descentralizar? 66
1.2.3 Assimetrias do modelo 69
1.3 O federalismo norte-americano 74
1.3.1 Particularidades 74
1.3.2 Transferências intergovernamentais 82
1.3.3 Endividamento dos entes subnacionais 91
1.4 O federalismo cooperativo alemão 99
1.4.1 Particularidades 99
1.4.2 Transferências intergovernamentais 109
1.4.3 Endividamento dos entes subnacionais 118

CAPÍTULO 2
A QUESTÃO DO ENDIVIDAMENTO PÚBLICO
NO FEDERALISMO BRASILEIRO

2.1 Aspectos gerais do endividamento público e a equidade entre
gerações 127
2.1.1 Como as diversas correntes econômicas enfrentam
o endividamento público 127

2.1.1.1 Os mercantilistas..129

2.1.1.2 Os clássicos...130

2.1.1.3 O pensamento heterodoxo...131

2.1.2 A justiça entre gerações...133

2.1.3 A questão intergeracional e o endividamento público.....................139

2.2 Panorama histórico da legislação sobre o endividamento dos Estados-Membros..148

2.2.1 Do Brasil Colônia à República...148

2.2.2 Décadas de 1960-1970..154

2.2.3 Anos 1980...157

2.2.4 A década de 1990 e o advento do Plano Real.............................160

2.2.5 Lei nº 9.496/97..162

2.2.6 Medidas adotadas com a nova crise fiscal dos estados................166

2.2.7 A crise fiscal ocasionada pelo coronavírus...............................174

2.2.8 Período pós-pandemia 181

2.3 O endividamento dos estados e as implicações para o federalismo fiscal..188

2.3.1 Os efeitos do endividamento dos entes na gestão da política macroeconômica...188

2.3.2 A descentralização tributária e a guerra fiscal..........................194

2.3.3 A escassez de recursos e a efetivação de atribuições administrativas...201

2.3.4 A socialização dos prejuízos..205

2.3.5 A paradoxal situação dos estados ricos e endividados...............209

CAPÍTULO 3

O ENDIVIDAMENTO DOS ENTES SUBNACIONAIS E OS ATORES DO FEDERALISMO FISCAL BRASILEIRO

3.1 O jogo de resgate (*bailout game*) 223

3.1.1 Condições gerais...223

3.1.2 O jogo de resgate nos federalismos brasileiro, norte-americano e alemão 229

3.1.2.1 Brasil...229

3.1.2.2 Estados Unidos 231

3.1.2.3 Alemanha 239

3.1.3 Comparativo entre os diferentes modelos 245

3.2 Os atores/jogadores envolvidos..248

3.2.1 Poder Legislativo..248

3.2.2 Poder Executivo 260

3.2.3 Poder Judiciário 264

3.2.4 Outros atores 269

3.2.4.1 Tribunais de contas 269

3.2.4.2 Conselho de Gestão Fiscal 276

3.2.4.3 Ministério da Fazenda e Secretaria do Tesouro Nacional 280

3.2.4.4 Banco Central 281

3.2.5 A necessidade de interação entre os diversos atores 282

3.3 A jurisprudência do STF relativa ao endividamento dos entes subnacionais 286

3.3.1 As liminares com "efeitos definitivos" 286

3.3.2 As decisões consequencialistas 291

3.3.3 Decisões contraditórias e a insegurança jurídica 302

3.3.4 Obstáculo aos comportamentos oportunistas 308

3.3.5 O estímulo ao consenso 313

CONCLUSÃO 327

REFERÊNCIAS 331

PREFÁCIO

Quantos defenderam a conveniência da dívida para a utensilagem nacional de serviços públicos de caráter duradouro e útil puseram a claro a verdade elementar, entretanto despercebida, de que os clássicos não levaram em conta o emprego bom ou mau do dinheiro arrecadado por via do crédito estatal. Esqueciam-se de que o empréstimo e o imposto, como processos de repartição do custo do funcionamento do governo, não são bons ou maus, como fim em si mesmo, mas simples meios de ação de acordo com o rendimento ótimo, bom, sofrível ou péssimo da política e da Administração.

(BALEEIRO, Aliomar. *Uma introdução à ciência das finanças.* 17. ed., Forense, 2010. p. 599)

A advertência do grande professor da antiga Universidade do Estado da Guanabara (hoje UERJ) ainda ressoa com vigorosa atualidade. Ao crédito público, por si mesmo, pelo típico caráter instrumental que o caracteriza, não podem ser imputadas as crises que periodicamente assolam as finanças públicas. O grande problema consiste na utilização (que pode ir de ótima à péssima, como adverte o mestre baiano) do instrumento pela política e pela administração pública.

O problema da utilização racional do crédito público, inerente ao Estado Fiscal, ganha notas ainda mais dramáticas quando associado à questão federativa, como no caso brasileiro. O país possui um histórico, recente e remoto, que comprova a dificuldade de equacionar corretamente os benefícios e os riscos do recurso ao crédito público, especialmente quando as decisões no referido campo da atividade financeira pública dependem da relação entre governo central e entes subnacionais.

O livro que tenho a imensa hora de prefaciar aceitou o grande desafio de examinar o tema do crédito público à luz do federalismo fiscal brasileiro. Andrea Siqueira Martins realizou um trabalho com primorosa fundamentação e extensa pesquisa doutrinária, inclusive com as contribuições da ciência econômica e da ciência política, como exige o tema.

No primeiro capítulo, após indicar as linhas gerais do federalismo fiscal brasileiro, a autora avalia experiências do federalismo norte-americano e do federalismo alemão, indicando os precedentes normativos e jurisprudenciais que examinaram o endividamento dos entes subnacionais. No segundo capítulo, após oportunas reflexões sobre o endividamento público e o princípio da equidade entre as gerações, a questão é abordada sob o prisma do direito brasileiro. A autora examina um panorama histórico que se inicia no Brasil colônia até os dias atuais, com a recente crise financeira criada (ou ampliada) pela pandemia de 2020, concluindo o capítulo com apontamentos sobre os efeitos do endividamento dos entes subnacionais para a higidez do federalismo fiscal nacional.

No terceiro capítulo, após examinar os aportes doutrinários sobre uma das realidades mais comuns envolvendo a relação crédito público/entes subnacionais/governo central – o "jogo de resgate" (*bailout game*) –, a autora avalia, com críticas e sugestões, as contribuições dos diversos atores institucionais para as delicadas engrenagens do tema. Em tal seara, o destaque foi conferido à atuação do Supremo Tribunal Federal como ator fundamental e árbitro dos conflitos federativos.

Quando a justiça entre as gerações, principal princípio de filosofia política que orienta o crédito público, encontra as discussões sobre a justiça entre os níveis da federação, pode-se imaginar as dificuldades para que os órgãos decisórios – políticos e jurídicos – adotem uma solução satisfatória.

O abarcante histórico reunido pela autora revela que as implicações do tema do crédito público no federalismo fiscal não são equacionadas por uma opção pela lógica binária centralização/descentralização. O federalismo brasileiro já experimentou no referido campo iniciativas de máxima descentralização (como na República Velha) até a atual centralização (especialmente com a consolidação da Lei de Responsabilidade Fiscal). As faces dos problemas mudaram, mas os efeitos deletérios que a falta de coordenação do tema ocasiona nas finanças públicas são verificados com incômoda frequência.

O histórico problema da falta de atuação mais vigorosa da União Federal no papel de coordenadora do federalismo fiscal brasileiro, que fez vítimas em tantos campos da atividade financeira dos entes subnacionais (guerra fiscal, falta de pagamento de precatórios), também ocasionou sérios danos em matéria de crédito público. E também aqui, o Supremo Tribunal Federal, como nos outros campos citados, é constantemente chamado a atuar.

Desde a advertência de Baleeiro, destacada acima, até a recente referência do princípio da equidade intergeracional pela Lei Complementar nº 159/2017 (Regime de Recuperação Fiscal dos Estados – art. 1º, §1º), ou ainda as questões relativas ao Programa Federativo de Enfrentamento ao Coronavírus (Lei Complementar nº 173/2020), a utilização racional do crédito público constitui um dos maiores desafios do federalismo fiscal brasileiro.

Em tal cenário, o presente livro, fruto de dissertação desenvolvida na Escola de Direito Financeiro da UERJ, que teve na notável figura de Aliomar Baleeiro um de seus principais pilares, representa uma eloquente e atual resposta ao antigo apelo do mestre pela utilização racional do crédito público.

Rio de Janeiro, 10 de fevereiro de 2021.

Gustavo da Gama Vital de Oliveira

Professor Adjunto de Direito Financeiro da Universidade do Estado do Rio de Janeiro (UERJ). Doutor e Mestre em Direito Público pela Universidade do Estado do Rio de Janeiro (UERJ). Procurador do Município do Rio de Janeiro. Advogado.

INTRODUÇÃO

O mundo inteiro vem se deparando, ao longo dos anos, com questões relacionadas ao federalismo fiscal. Surgem indagações que vão desde a necessidade de geração de equilíbrio no sistema até a concretização da própria governabilidade e, por conseguinte, da democracia. São tantas as cizânias que autores como Vito Tanzi passaram a questionar a própria forma federativa de Estado ao refutar a opinião geral – ou quase geral – no sentido de que o federalismo fiscal proporciona vantagens sobre o modelo de centralização. Para ele, as experiências de muitos países federais nas últimas décadas deveriam semear algumas dúvidas, pois, devido a essas experiências,[1] torna-se fácil argumentar que "um sistema unitário, que funcione razoavelmente bem, em um país democrático, com alguma descentralização administrativa e fiscal que proporcione algum critério de gasto, especialmente para as cidades, pode atingir bons resultados ou melhores que os atingidos pelos sistemas federais".[2]

Um questionamento que, particularmente, se encontra no cerne do debate é o relativo à sustentabilidade fiscal e financeira dos países ou dos blocos econômicos e políticos, o que exige uma sinergia de ações por parte de todos os entes integrantes de uma federação. Em consequência, as relações internas entre as diversas esferas são causas de inquietações, em especial quanto à efetividade das transferências intergovernamentais e à responsabilidade fiscal dos entes subnacionais.

---

[1]   O autor reconhece a existência de "notáveis exceções", como Austrália e Suíça.
[2]   TANZI, Vito. *Repensando el federalismo fiscal: evaluación crítica. In*: SEMINÁRIO DE FEDERALISMO FISCAL, 18., 2015. Buenos Aires: Faculdade de Ciências Econômicas da Universidade Nacional de Buenos Aires.

O esforço deve concentrar-se no combate aos eventuais desequilíbrios que coloquem em risco e tragam prejuízos à uniformidade de anseios e projetos comuns. Inúmeros desafios precisam ser enfrentados. Questões como processos de integração e desenvolvimento, competição entre os entes, repasse de recursos, compensações financeiras, desequilíbrios fiscais, manutenção das autonomias, guerra fiscal e equalização dos serviços públicos estão todas relacionadas à boa ou à má engrenagem de um sistema federal.

Nesse espectro, surgem preocupações cada vez mais crescentes com o endividamento público que acabam por impactar os resultados das opções de políticas fiscal e monetária adotadas pelos países, além de trazer à tona perquirições quanto à equidade intergeracional. Torna-se inevitável, assim, que todos os entes federativos contribuam para a consecução das políticas econômicas e de desenvolvimento escolhidas em âmbito nacional, sem olvidar o interesse das gerações futuras.

No Brasil, a questão do endividamento público trouxe uma grave consequência ao federalismo fiscal do tipo cooperativo, adotado pela Constituição de 1988. Mormente a partir da década de 90 do século passado, os estados e diversos municípios vêm enfrentando situações de graves consequências fiscais e financeiras que acabam por desaguar em apontamentos como a ausência de efetiva autonomia financeira e a insuficiência de recursos, com distorções consideráveis na prestação de serviços públicos e na concretização de políticas sociais.

A União costuma fazer uso da autorização para novas operações de crédito como instrumento político de dominação, condicionando a aplicação dos recursos aos planos nacionais e, por conseguinte, promovendo o esvaziamento da discricionariedade dos demais entes federativos, além de desconsiderar os planejamentos regionais e locais. Acrescente-se, ainda, o fato de a União exigir diversas e contínuas contrapartidas aos refinanciamentos concedidos aos estados e municípios, com a consequente imposição dos parâmetros nacionais de política de estabilização econômica. Muitas das vezes, tais exigências acabam por desconsiderar as diferentes condições socioeconômicas dos entes, o que vai de encontro ao dever constitucional de se combaterem as desigualdades regionais.

Inicialmente, a partir de uma concepção geral de federalismo fiscal, o presente trabalho enfrentará o tema quanto à sua evolução, considerando a ideia de "federalismo dinâmico",[3] concebida por Dalmo

---

[3] DALLARI, Dalmo de Abreu. *O Estado Federal*. São Paulo: Ática, 1986. p. 39-48.

de Abreu Dallari, de modo a ponderar as contribuições dos federalistas de 1ª e 2ª gerações, o que acabou provocando, hoje, no mundo, a prevalência da noção da imposição de regras orçamentárias rígidas aos governos subnacionais.

Em recurso ao direito comparado, serão consideradas as peculiaridades do federalismo norte-americano e do alemão. A opção pelo primeiro dessume-se da adoção, na Constituição brasileira de 1891, de um federalismo do tipo dual, tal como as origens americanas; no que tange ao segundo, pelo fato de possuir profundas raízes cooperativas, especialmente após a 2ª Guerra Mundial, e se aproximar do tipo de federalismo escolhido pelo Constituinte de 1988 no Brasil. Dar-se-á preferência, neste tópico, às transferências intergovernamentais e ao modo – e em que medida – são realizados os socorros financeiros dos entes centrais aos inferiores, à guisa de se combaterem os respectivos déficits regionais. Da mesma forma, considerar-se-á a possibilidade de se adotarem, no federalismo brasileiro, os institutos e instrumentos utilizados nesses dois países.

No segundo capítulo, tratar-se-á do endividamento público propriamente dito, fazendo-se algumas ponderações quanto à sua natureza jurídica e, em especial, dando-se relevo às diversas teorias econômicas que tratam do tema, ainda que de forma perfunctória. A questão da equidade intergeracional também será tratada neste capítulo por estar umbilicalmente atrelada à dívida pública. Far-se-á uma breve síntese das teorias de justiça intergeracional, com um item específico sobre as considerações de John Rawls sobre a justiça entre gerações, em sua *Teoria da justiça*, dando-se destaque, por conseguinte, ao princípio da poupança.

Em seguida, passa-se a enfrentar o endividamento público no âmbito do federalismo brasileiro, iniciando-se com o histórico da legislação sobre o endividamento dos Estados-Membros, situação agravada a partir dos anos 60 do século passado e, especialmente, com o surgimento do Plano Real, que, embora tenha obtido êxito no que tange à estabilização da economia, com a diminuição dos índices inflacionários explosivos que vigiam em épocas anteriores, acabou por contribuir com o crescente endividamento e dependência dos estados em face da União.

Analisar-se-ão, ainda, os diversos refinanciamentos da União em socorro aos demais entes federativos, o que, ao longo dos anos, acabou por promover uma centralização de poderes e decisões no âmbito federal em detrimento da autonomia dos estados e municípios. A União assumiu um papel de protagonismo com a concentração de receitas tributárias e com a imposição de maior rigor fiscal em contrapartida a transferências intergovernamentais e à concessão de empréstimos. Será dado destaque ao fato de a situação de insustentabilidade fiscal dos entes subnacionais vir se agravando ao longo do tempo, apesar da adoção de medidas de regulação dos gastos e dos recorrentes refinanciamentos disponibilizados pela União, concentrando-se na inspeção das suas causas – em especial às relacionadas aos desajustes oriundos de um federalismo desequilibrado – que originaram a referida anomalia.

Em prosseguimento, a ênfase se voltará para as consequências ocasionadas ao federalismo fiscal brasileiro, derivadas do endividamento dos estados, tais como: (i) os efeitos acarretados na gestão nacional da política macroeconômica, dado que um crescente e vultoso endividamento dos entes subnacionais pode contribuir com desequilíbrios nas políticas fiscal e monetária; (ii) a escassez de recursos para fazer frente à repartição constitucional de competências administrativas, o que acaba provocando a ausência de políticas sociais e a prestação deficiente de serviços públicos; e, (iii) com a denominada "socialização dos prejuízos", verificam-se disparidades na relação entre os entes de iguais esferas, conforme se depreende da noção de federalismo horizontal, a qual exige um comportamento cooperativo entre todos os estados integrantes da federação, conforme os ditames da boa-fé e da confiança.

O estudo também englobará os critérios de descentralização tributária adotados no Brasil, com as suas respectivas assimetrias, o que vem contribuindo para uma contínua situação de guerra fiscal entre os estados, com a concretização de uma conduta de competição, em desconformidade com os princípios cooperativos constitucionais. E, ainda, a paradoxal conjuntura dos estados mais ricos serem justamente os mais endividados, fato que, por mais perplexo que possa parecer em um primeiro momento, já ocorreu em outras federações do mundo, através do fenômeno conhecido como *"too big to fail"* ("grande demais para falir").

Por último, serão analisadas questões diretamente relacionadas ao endividamento dos estados frente à União, as quais, inevitavelmente, acabam sendo levadas ao Supremo Tribunal Federal devido à probabilidade de surgirem efetivos conflitos federativos. Daí a importância de a Corte Constitucional assumir um papel proeminente na condução dessas contendas, de modo a concretizar e a estimular um comportamento verdadeiramente cooperativo entre os entes, bem como conduzir os eventuais conflitos no sentido da coalizão dos diversos interesses em jogo.

O Supremo, na condição de tribunal da federação, deve estimular a interação de todos os atores envolvidos no federalismo brasileiro, perpassando pelos Poderes e incluindo os órgãos técnicos de controle, como os tribunais de contas, Secretaria do Tesouro Nacional, Banco Central etc.

A partir da teoria do jogo de resgate (*bailout game*), desenvolvida pelo cientista político norte-americano Jonathan Rodden, investiga-se o comportamento do governo central e respectivos entes subnacionais quanto às expectativas de resgates pelo primeiro, em situações de graves crises fiscais apresentadas pelas demais esferas. Assim, os entes regionais adotarão comportamentos baseados nas expectativas quanto às condutas pretéritas do governo central, ou seja, considerando se este último é propenso ou não a socorrer os demais, o que, a depender da hipótese, poderá conduzir a uma situação de *default*.

O modelo do jogo de resgate passa a ser analisado concretamente, nos exemplos específicos do Brasil, Estados Unidos e Alemanha, com o objetivo de individualizar e acentuar os casos de salvamentos nos três países. Ainda que, à primeira vista, possa parecer surpreendente a escolha pelos referidos modelos, dadas as suas diferenças estruturais, não se pode olvidar que o federalismo brasileiro adotou, em diferentes fases, instrumentos e institutos de um e outro sistema, sem, no entanto, haver tido uma decisão firme em dada direção.

Apesar de reconhecer que não existe um modelo estanque de federalismo, sendo que todas as federações do mundo tiveram que se ajustar às modificações sociais, políticas e econômicas no transcorrer do tempo, deve-se considerar que o modelo brasileiro se inicia dual, por inspiração norte-americana, e termina – ao menos até os dias de hoje – cooperativo, nos moldes do sistema alemão. Talvez essa peculiaridade do federalismo brasileiro seja determinante para o surgimento de diversas assimetrias e externalidades em nosso sistema.

CAPÍTULO 1

FEDERALISMO FISCAL –
UMA ANÁLISE COMPARADA

1.1 Teoria geral

1.1.1 Noções preliminares

O estudo quanto à forma federativa de organização política é um tema instigante e que incita reflexões aprofundadas quanto ao seu conteúdo, dada a complexidade do assunto. As suas qualidades centrais, apontadas pelos estudiosos, tais como autonomia, distribuição de competências, multiplicidade de centros decisórios, transferências fiscais e a relevância da ação coordenadora liderada pelo governo central, estão longe de convergirem para um raciocínio comum. Ao revés, como acertadamente aponta José Mauricio Conti, no que tange às características que um Estado deve apresentar para ser considerado uma federação, distinguindo-o de um Estado unitário, pouca uniformidade existe na doutrina.[4]

Partindo-se de uma visão incipiente, Marcos Mendes aduz que o conceito de federalismo fiscal está relacionado à divisão de tarefas entre os diferentes níveis de governo. A repartição de atribuições entre essas esferas considera desde a competência para a instituição e arrecadação de tributos até a metodologia considerada para a distribuição de encargos referentes à oferta de serviços públicos.[5]

---

[4] CONTI, José Mauricio. Considerações sobre o federalismo fiscal brasileiro em uma perspectiva comparada. *In*: CONTI, José Mauricio; SCAFF, Fernando Facury; BRAGA, Carlos Eduardo Faraco (Org.). *Federalismo Fiscal - Questões Contemporâneas*. Florianópolis: Conceito Editorial, 2010. p. 17.

[5] MENDES, Marcos. Federalismo fiscal. *In*: BIDERMAN, Ciro; ARVATE, Paulo (Org.). *Economia do Setor Público no Brasil*. 10ª tiragem. Rio de Janeiro: Elsevier, 2005. p. 421.

A repartição de atribuições, por conseguinte, está atrelada à concepção de maximização da eficiência econômica, a qual é retratada pelo referido autor, com o recurso a exemplos de fácil compreensão:

> [...] um governo estadual enfrentaria dificuldades operacionais para cobrar imposto de renda, pois os moradores daquele estado podem ser donos de empresas ou trabalhar em outros estados, e seria dispendioso (ou impossível) checar, em todo território nacional, as informações necessárias para tributar a totalidade da renda do indivíduo. As oportunidades para sonegação seriam amplas. Daí por que é mais eficiente que o imposto de renda seja cobrado pelo governo federal, que tem maior capacidade para obter dados sobre a renda do cidadão em qualquer lugar do país.
>
> Por outro lado, um estado tem facilidade para cobrar imposto sobre a propriedade dos veículos que estão registrados no departamento estadual de trânsito, assim como um município tem meios de tributar os imóveis construídos dentro de seu perímetro urbano.
>
> Olhando para o lado do gasto, percebe-se que não faria sentido que um município tivesse uma universidade pública (a menos que fosse um município muito populoso), pois os custos fixos de uma universidade são altos, sendo necessários muitos alunos para compensar esse custo. Provavelmente seria necessário que essa universidade absorvesse alunos de outras universidades e até de outros estados para ter escala suficiente para operar. Assim sendo, é melhor que as universidades públicas sejam administradas e financiadas pelos governos estaduais ou pelo governo federal.[6]

Deve-se destacar, no entanto, que os conceitos de federalismo e federalismo fiscal não são idênticos. O primeiro engloba uma percepção mais ampla, apesar de igualmente controverso. O próprio entendimento do que seja uma federação[7] – de modo a distingui-la de outras

---

[6] Ibid., p. 421-422.

[7] Carlos Eduardo Dieder Reverbel (*O federalismo numa visão tridimensional do Direito*. Porto Alegre: Livraria do Advogado, 2012. p. 21-22) faz menção à confusão dos conceitos de federalismo e federação. Segundo ele, em consonância com o pensamento de Maurice Croisat (*Le Fedéralisme dans les démocraties contemporaines*. Paris: Montchrestien, 1992. p. 15-20), o *federalismo* pode ser considerado o estudo genérico dos aspectos comuns a todo e qualquer sistema federal, estando a indicar um substantivo, ou seja, uma dimensão da teoria política e da teoria do estado, que busca referir as generalidades do sistema federal, sua rede de valores, pontos de consenso, enfim, os vários aspectos comuns a todo e qualquer sistema que seja estruturado federativamente. Já a *federação* se trata de uma adjetivação de determinado universo político territorial. Busca-se, por conseguinte, caracterizar certo Estado particularizado na geografia política e, dessa forma, defini-lo de maneira comparativa, distinguindo-o dos demais Estados federais através do poder

organizações de Estado – é de uma complexidade indiscutível. Carlos Vasconcelos Rocha, ao reconhecer a ausência de consenso sobre a definição dos traços caracterizadores de um modelo federal, admite que diversos autores, na busca para se alcançar alguma unidade conceitual, adotam a estratégia de estabelecer o significado de *federal* através da demarcação de sua diferença com os modelos unitário e confederativo.[8]

Para ele, o *Estado unitário* diferencia-se do federalismo por se caracterizar pelo poder concentrado, que se impõe como única referência de uma sociedade política, excluindo a existência de focos parciais de poder. O *Estado federal*, ao contrário, pressupõe a existência de partes com poder de decisão. Já a *confederação* compartilha com o federalismo a característica de que ambos fazem referência a um contrato entre unidades políticas para lograr objetivos comuns. Na federação, no entanto, uma parte da soberania é repassada ao órgão central, ao passo que, na confederação, a soberania das unidades é plena, sendo possível a renúncia das partes ao pacto.

Ainda na consideração dessa logicidade, indiscutivelmente, a classificação mais consagrada é a que distingue *Estado unitário*, *Estado federal* e *confederação*. Nesse sentido, Anwar Shah dispõe que:

> As divisões constitucionais de poderes entre várias ordens do governo se enquadram em categorias: unitária, federal e confederação. Um país unitário possui um governo único ou de vários níveis, no qual o controle efetivo de todas as funções do governo cabe ao governo central. Uma forma unitária de governo facilita a tomada de decisões centralizada para promover a unidade nacional. Valoriza-se mais a uniformidade e a igualdade de acesso aos serviços públicos do que à diversidade. A esmagadora maioria dos países (148 de 193 países em 2006) possui uma forma unitária de governo.
>
> [...] Uma forma federal de governo possui uma estrutura de vários níveis, com todas as esferas do governo tendo responsabilidades de tomada de decisão independentes e compartilhadas. [...] Uma forma federal de governo permite a tomada de decisão descentralizada e, portanto, é propícia a maior liberdade de escolha, diversidade de preferências nos serviços públicos, participação política, inovação e *accountability*.

---

constituinte e da realidade constitucional de cada ordem política. A *federação* trata especificamente dos órgãos componentes da federação e das inter-relações existentes entre eles. Assim, a *federação* trabalha a parte geográfica e política de determinado território, e o *federalismo* parte desses dados coletados de diversos territórios para dar um conceito genérico e abstrato de qualquer forma de organização territorial federativa.

8   ROCHA, Carlos Vasconcelos. Dilemas de uma definição conceitual. *Civitas*, Porto Alegre, v. 11, n. 2, p. 327-328, maio/ago. 2011.

Também é melhor adaptada para lidar com conflitos regionais. Esse sistema, no entanto, está aberto a muita duplicação e confusão em áreas que exigem compartilhamento e requer arranjos institucionais especiais para garantir a unidade nacional, garantir a equidade regional e preservar um mercado comum interno.

[...] Em uma confederação, o governo geral atua como agente das unidades-membro, geralmente sem poderes tributários e de gastos independentes.[9] (Tradução livre)

No entanto, como muito bem alertado por Dalmo de Abreu Dallari, a configuração das formas de Estado vem se aperfeiçoando ao longo das décadas, pois já se admite a existência de situações intermediárias que justificariam a existência de outras categorias, como o *Estado regional*, menos centralizado do que o unitário, mas sem chegar aos extremos de descentralização do federalismo, a exemplo da Itália e Espanha.[10]

Em face das peculiaridades dos diferentes países, as próprias características de cada modelo de organização já não se apresentam mais claramente delimitadas, conforme a metodologia tradicional. A distribuição territorial do poder tem configurado sistemas federais com tendências de fortalecimento do centro e, ao mesmo tempo, sistemas unitários que abrem espaço para a expressão de autonomias parciais. Assim, de um lado, por algum dos processos apontados acima,

---

[9]   SHAH, Anwar. *A Global Dialogue on Federalism. Volume IV. The practice of fiscal federalism: comparative perspectives.* Montreal & Kingston: McGill-Queen's University Press, 2007. p. 3-7.
No original: "*Constitutional divisions of powers among various orders of government fall into categories: unitary, federal, and confederal. A unitary country has a single or multi-tiered government in which effective control of all government functions rests with the central government. A unitary form of government facilitates centralized decision making to further national unity. It places a greater premium on uniformity and equal access to public services than it does on diversity. An overwhelming majority of countries (148 of 193 countries in 2006) have a unitary form of government.*
[...] A federal form of government has a multi-order structure, with all orders of government having some independent as well as shared decision-making responsibilities. [...] A federal form of government promotes decentralized decision making and, therefore, is conducive to greater freedom of choice, diversity of preferences in public services, political participation, innovation, and accountability. It also better adapted to handle regional conflicts. Such a system, however, is open to a great deal of duplication and confusion in areas of shared rule and requires special institutional arrangements to secure national unity, ensure regional equity, and preserve an internal common market.
[...] In a confederal system, the general government serves as the agent of the member units, usually without independent taxing and spending powers".

[10]   DALLARI, Dalmo de Abreu. *Elementos de Teoria Geral do Estado.* São Paulo: Saraiva, 1998. p. 254.

sistemas unitários tendem a configurar uma maior fragmentação do poder e, por outro lado, sistemas federais evoluem no sentido do fortalecimento do centro.[11]

Nesse sentido, desde 1985, Moacyr Benedicto de Souza já se referia a um federalismo *tetradimensional* – em face da necessidade de implantação de uma política econômico-desenvolvimentista regional, o que, segundo ele, poderia dar azo à criação de um quarto nível de poder, ou seja, as regiões socioeconômicas, de modo a possibilitar a reconstrução do federalismo brasileiro –, bem como a um federalismo *pentadimensional*, que incluiria cinco esferas de poder, a saber: União, regiões socioeconômicas, estados, regiões metropolitanas e municípios.[12]

Para muito além de uma clara definição de competências, torna-se de extrema importância a divisão ideal delas, dado que uma das maiores dificuldades se encontra, justamente, na adequação das competências dos entes aos respectivos encargos. Se é certo que cada Estado federativo apresenta características diversas em relação aos demais, não menos correta é a assertiva no sentido de ser impossível o estabelecimento de um modelo único de repartição de atribuições. Dependendo do grau e da forma de descentralização, cada Estado terá maior ou menor sucesso no alcance de suas finalidades.[13]

Corroborando o referido raciocínio, Regis Fernandes de Oliveira aduz que:

> Ao celebrar-se o pacto federativo através da elaboração do pacto político que é a Constituição, deve haver o sopesar das necessidades de cada ente autônomo e os recursos previstos no texto. Se não houver compatibilidade, o pacto é vesgo. Se não se estabelecer razoabilidade entre fins e meios, perecem as soluções democráticas, criando-se odiosa estrutura de dominação dos entes maiores sobre os menores. Deixando de se atender a critérios equitativos na distribuição de recursos, instaura-se desequilíbrio repugnante entre os centros federativos de poder. Logo, urge que as limitações ao poder de tributar não tornem exangues

---

[11] ROCHA, Carlos Vasconcelos. Dilemas de uma definição conceitual. *Civitas*, Porto Alegre, v. 11, n. 2, maio/ago. 2011, p. 328.

[12] SOUZA, Moacyr Benedicto. Do Estado unitário ao Estado regional. *Revista de Informação Legislativa*, Brasília, n. 85, jan./mar. 1985, p. 137.

[13] CARVALHO, José Augusto Moreira de; RUBINSTEIN, Flávio; ASSUNÇÃO, Matheus Carneiro. Federalismo Fiscal. *In*: OLIVEIRA, Regis Fernandes de; HORVATH, Estevão; CONTI, José Mauricio; SCAFF, Fernando Facury (Coord.). *Lições de Direito Financeiro*. São Paulo: Revista dos Tribunais, 2016. p. 197.

ANDREA SIQUEIRA MARTINS
O ENDIVIDAMENTO DOS ESTADOS-MEMBROS EM FACE DA UNIÃO – UMA DISTORÇÃO GRAVE...

as fontes dos Municípios e Estados, nem se instituam mecanismos de imunidades de tal ordem que atinjam somente as esferas menores da federação.[14]

O próprio Marcos Mendes reconhece a ingenuidade da conclusão no sentido de que um país viesse a criar diversos níveis de governo tão somente para expandir a eficiência administrativa do setor público. E acrescenta que o federalismo se trata de um conceito político, mais antigo e mais amplo que a noção de federalismo fiscal, estando relacionado à divisão de poderes políticos e constitucionais entre os diferentes níveis de governo, indo muito além da mera divisão de tarefas administrativas.[15] De fato, verificam-se diversos pactos de divisão de poderes ao longo da história.

Augusto Zimmermann, ao perscrutar os aspectos históricos do federalismo, faz menção à interessante evolução descritiva do federalismo em distintas nações no decurso do tempo, desde os exemplos da Antiguidade Clássica[16] – em que as tribos israelenses do segundo milênio antes de Cristo já se uniam em forma associativa para a mútua proteção dos ataques estrangeiros –, perpassando pelas ligas da Grécia Antiga, bem como pelas Confederações Helvética e Germânica – que antecederam, respectivamente, aos presentes Estados federais da Suíça e da Alemanha –, até se chegar aos exemplos atuais, sem olvidar o surgimento do primeiro Estado federal moderno, precisamente os Estados Unidos da América, através da Constituição de 1787, assim como o federalismo europeu e da América Latina.[17]

---

[14] OLIVEIRA, Regis Fernandes de. *Curso de Direito Financeiro*. 7. ed. São Paulo: Revista dos Tribunais, 2015. p. 115.

[15] MENDES, Marcos. Federalismo fiscal. *In*: BIDERMAN, Ciro; ARVATE, Paulo (Org.). *Economia do Setor Público no Brasil*. 10ª tiragem. Rio de Janeiro: Elsevier, 2005. p. 422.

[16] Registre-se a oposição de alguns autores em reconhecer a forma federativa de Estado em períodos anteriores à Idade Moderna. Por todos, Dalmo de Abreu Dallari: "O Estado Federal é uma criação do século XVIII. Embora o termo *federalismo* seja empregado muitas vezes em sentido genérico e impreciso para significar qualquer 'aliança de Estados', tecnicamente *Estado Federal* corresponde à determinada forma de Estado, criada pelos norte-americanos no final do século XVIII. As federações que alguns autores pretendem ver na Antiguidade, na Idade Média ou nos primeiros séculos da Era Moderna foram apenas alianças temporárias, com objetivos limitados, não chegando à submissão total e permanente dos aliados a uma Constituição comum, sob um governo composto por todos e com autoridade plena, máxima e irrecusável sobre todos" (DALLARI, Dalmo de Abreu. *O Estado Federal*. São Paulo: Ática S.A., 1986. p. 7).

[17] ZIMMERMANN, Augusto. *Teoria Geral do Federalismo Democrático*. 2. ed. Rio de Janeiro: Lumen Jures, 2014. p. 217-240.

Apesar da existência de aspectos semelhantes no processo jurídico, sociológico e político de criação das diversas organizações dos Estados, não existe, absolutamente, nenhum exemplo idêntico a qualquer outro na história. O referido processo se deu de forma única e singular em cada país. No caso brasileiro, verificou-se, de forma enigmática, que o desenvolvimento do federalismo acabou por provocar, ao longo dos anos, uma maior concentração de poderes no governo central.

A esse respeito, Marcos Mendes informa que o município colonial era uma instância de poder bastante forte e ampla e que, nos primeiros anos da colonização, os governos gerais eram frágeis e as câmaras municipais exerciam o poder político de fato. Somente ao final do século XVII, com a descoberta do ouro, houve o aumento do interesse de Portugal pela colônia, o que acabou provocando uma maior centralização do poder, com a consequente perda, por parte dos municípios, de suas funções judiciárias e de seu poder político.[18]

O fato de o Brasil, em época contemporânea, apresentar uma maior centralização de poderes em torno do ente federal comparativamente ao período em que se organizava na modalidade unitária de Estado, por mais paradoxal que possa parecer, apenas ratifica a ideia no sentido de que o grau de descentralização de um país envolve elementos outros que a mera adoção de uma forma organizativa. Assim, não é incomum se deparar com países unitários mais descentralizados que países federativos.

Com relação a essa temática específica da divisão de atribuições e competências entre as esferas de poder, não se pode olvidar o princípio da subsidiariedade. Para Augusto Zimmermann, é no contexto desse princípio que encontra o federalismo, especialmente no plano político, a sua máxima significação.[19]

Etimologicamente, a palavra subsidiariedade advém da expressão latina *subsidium*, que significa auxílio ou ajuda. Se considerarmos que o referido princípio atua preferencialmente para o atingimento da autonomia dos entes subnacionais, deve-se partir da premissa de que o fim almejado é a descentralização de atuações específicas e conjuntas em determinado território. O que irá variar de país para país é justamente

---

[18] MENDES, Marcos. Federalismo fiscal. *In*: BIDERMAN, Ciro; ARVATE, Paulo (Org.). *Economia do Setor Público no Brasil*. 10ª tiragem. Rio de Janeiro: Elsevier, 2005. p. 422.

[19] ZIMMERMANN, Augusto. *Teoria Geral do Federalismo Democrático*. 2. ed. Rio de Janeiro: Lumen Jures, 2014. p. 199.

o grau de repartição de atribuições, sendo comum surgirem conflitos entre os que defendem uma menor atuação por parte do Estado e os propositores do Estado intervencionista.

Para um autor de viés libertário,[20] ao ente central apenas se deve atribuir determinada competência se, e somente se, o ente inferior não for capaz de realizá-la. Não seria irrazoável, nada obstante, imaginar um autor de tendência igualitária defendendo uma maior intervenção do ente central para a promoção e fomento de políticas públicas que envolvam a concretização de direitos fundamentais.

O atingimento do equilíbrio – ou a busca por este – a partir da distribuição das competências legislativa, administrativa, política e financeira entre os níveis de um Estado federado (podendo-se incluir – por que não? – os Estados unitários nessa inquirição) dependerá de elementos fáticos, históricos, sociais e culturais de dada nação. É usual, ademais, observarmos uma mudança de orientação dentro de um mesmo país no passar dos anos e gerações.

O próprio exemplo dos Estados Unidos é emblemático. É certo que, sob a égide e inspiração dos "pais fundadores" do federalismo (*the Founding Fathers*),[21] adotou-se uma atuação mais rigorosa quanto ao papel subsidiário do governo central. Alguns anos à frente, entretanto, especificamente na década de 80 do século passado, após períodos de crises econômicas, houve uma gradativa e crescente concentração de poderes em Washington, conforme exposto por Bernard Schwartz:

---

[20] No item 2.1 do capítulo 2, faz-se uma análise analítica das correntes de pensamento libertária, utilitarista e igualitária, quanto aos aspectos do crédito público e da justiça entre gerações.

[21] João Francisco Neto (*Responsabilidade fiscal e gasto público no contexto federativo*. 2009. 272 f. Tese (Doutorado em Direito Econômico e Financeiro) – Faculdade de Direito, Universidade de São Paulo, São Paulo, 2009. p. 18-19) informa que os fundadores (*founding fathers*), na verdade, tinham como intenção não a criação de uma nova forma de Estado, mas, apenas, pretendiam reforçar o então frágil governo nacional sem retirar os poderes e a autonomia dos Estados federados. Tratava-se, por conseguinte, de um arranjo, por meio do qual os poderes seriam compartilhados entre o governo central, de caráter nacional, e os governos dos estados. Pretendia-se substituir uma confederação ineficiente por federação eficiente. Posteriormente, por ocasião dos debates sobre a ratificação da Constituição norte-americana, ocorreu grande produção doutrinária sobre o tema do federalismo. Entre 1787 e 1788, uma série de artigos foi publicada na imprensa por James Madison, John Jay e Alexander Hamilton. Esses artigos foram, posteriormente, denominados de *Federalist Papers* (*O Federalista*).

O que dissemos até agora indica que o federalismo nos Estados Unidos não é mais controlado pelo conceito de igualdade entre os estados e a Nação. O equilíbrio entre o poder estadual e o poder nacional foi completamente alterado. Cada vez mais, o sistema americano foi sendo caracterizado pela supremacia do Governo de Washington. Analisamos este acontecimento nos campos da regulamentação do comércio, do poder de tributação e das subvenções. Em todos eles, o tema dominante foi o aumento da autoridade federal, acompanhado de correspondente diminuição dos poderes reservados aos estados.[22]

Fato é que, a partir do governo Ronald Reagan, houve uma mudança de orientação quanto ao desenvolvimento do federalismo fiscal naquele país, com um retorno progressivo à concessão de uma maior autonomia aos Estados (ainda distante, porém, do modelo desenhado pelos federalistas).[23] Nos anos 1990, inclusive, a União Europeia consagrou o princípio da subsidiariedade no Tratado de Maastricht, que, em seu artigo 3º - B, traz a seguinte orientação:

A Comunidade atuará nos limites das atribuições que lhe são conferidas e dos objetivos que lhe são cometidos pelo presente Tratado. Nos domínios que não sejam das suas atribuições exclusivas, a Comunidade intervém apenas, de acordo com o *princípio da subsidiariedade*, se e na medida em que os objetivos da ação encarada não possam ser suficientemente realizados pelos Estados-membros, e possam, pois, devido à dimensão ou aos efeitos da ação prevista, ser melhor alcançados ao nível comunitário. A ação da Comunidade não deve exceder o necessário para atingir os objetivos do presente Tratado.[24] (Grifo nosso)

1.1.2 Evolução da concepção de federalismo fiscal

Marcos Mendes informa que a base da teoria econômica do federalismo fiscal teve o seu marco inicial com a publicação de dois artigos de Paul Samuelson,[25] em que este economista, em linhas gerais,

---

[22] SCHWARTZ, Bernard. *O Federalismo Norte-Americano Atual – uma visão contemporânea.* Tradução de Elcio Cerqueira. Rio de Janeiro: Forense Universitária, 1984. p. 45.

[23] O federalismo norte-americano será estudado de forma detalhada no item 1.3 deste capítulo.

[24] Disponível em: https://europa.eu/european-union/sites/europaeu/files/docs/body/treaty_on_european_union_pt.pdf. Acesso em: 18 nov. 2019.

[25] A referência é aos seguintes artigos: The Pure Theory of Public Expenditures. *Review of Economics and Statistics,* v. XXXVI, n. 4, p. 387-389, 1954; e Diagrammatic Exposition of a Pure Theory of Public Expenditure. *Review of Economics and Statistics,* v. XXXVII, p. 350-356, 1955.

introduz a concepção de bens públicos, além de apontar algumas externalidades[26] provocadas pelo uso desse tipo de bem.[27]

Ao contrário dos bens de consumo privados, os bens públicos ou coletivos possuem uma peculiaridade, uma vez que o consumo por determinado indivíduo não exclui o consumo dos demais. O bem público é acessível a todos. E é justamente neste ponto que exsurge uma incongruência, se considerarmos a teoria microeconômica tradicional de equilíbrio de preços através de ajustes de oferta e demanda, pois a utilização de bens públicos gera benefícios a todos – ou a um número considerável de agentes –; porém, dada a sua exclusividade, torna-se difícil identificar os benefícios marginais de cada indivíduo, assim como as preferências de cada um.

Um exemplo simples e elucidativo é trazido por André Luís Squarize Chagas ao fazer menção à segurança de um bairro. Trata-se de um bem que beneficia a todos os moradores e transeuntes do local – não se nega o ganho social da prestação do serviço –; no entanto, os agentes não se sentem incentivados a cooperarem com os seus custos. O agente tem um ganho de escala no seu bem-estar, sem, em contrapartida, contribuir com a realização da referida despesa, o que gera o comportamento conhecido como *free rider* (carona).[28]

---

[26] Segundo André Luis Squarize Chagas (Governo, Escolha Pública e Externalidades. *In*: PINHO, Diva Benevides; VASCONCELLOS, Marco Antonio S. de; TONETO JR, Rudinei (Org.). *Manual de Economia – Equipe de professores da USP*. 6. ed. São Paulo: Saraiva, 2011. p. 281), "as externalidades ou economias externas surgem quando a decisão tomada por um agente influencia o bem-estar de outro agente, não diretamente envolvido com as decisões do primeiro. Em outras palavras, em um mercado, as decisões de compradores e vendedores influenciam mutuamente uns e outros – e o resultado do mercado não é uma externalidade. No entanto, caso outro agente, não envolvido no mercado, também seja influenciado, nesse caso, a perda ou ganho de bem-estar desse último agente é uma externalidade. Exemplo clássico de externalidade é a poluição. No caso do Rio Tietê, para tornar o exemplo mais próximo, as dezenas de pneus jogados no rio constituem uma externalidade para toda a sociedade, sobretudo para os não consumidores ou produtores de pneus. As externalidades podem ser negativas ou positivas. O exemplo da poluição é um caso de externalidade negativa. A educação (escolarização) é um caso de externalidade positiva, na medida em que todos se beneficiam por viver em uma sociedade mais educada. A existência de externalidades leva a resultados ineficientes, na medida em que os agentes não incorporam (não internalizam) todos os custos ou benefícios possíveis para a tomada de decisão".

[27] MENDES, Marcos. Federalismo fiscal. *In*: BIDERMAN, Ciro; ARVATE, Paulo (Org.). *Economia do Setor Público no Brasil*. 10ª tiragem. Rio de Janeiro: Elsevier, 2005. p. 424.

[28] CHAGAS, André Luis Squarize. Governo, Escolha Pública e Externalidades. *In*: PINHO, Diva Benevides; VASCONCELLOS, Marco Antonio S. de; TONETO JR, Rudinei (Org.). *Manual de Economia – Equipe de professores da USP*. 6. ed. São Paulo: Saraiva, 2011. p. 284.

Com o propósito de enfrentar essas situações de desajustes na eficiência econômica, oriundas da ausência de clareza das preferências dos consumidores quanto aos bens públicos, surgiram diversas contribuições teóricas, a exemplo de autores como Tiebout (1956), Musgrave (1959) e Oates (1972), pertencentes ao chamado *"Federalismo Fiscal de 1ª Geração"*,[29] que concentra a sua abordagem na distribuição de competências fiscais, de forma clara e rígida, entre os diversos níveis de governo, de modo a promover uma alocação eficiente de bens públicos postos à disposição da população. Entende-se que as unidades subnacionais teriam melhores informações do que o governo central a respeito dos custos, condições e preferências dos cidadãos quanto aos bens públicos, o que possibilitaria maior controle da gestão pública, fazendo com que as esferas inferiores de governo sejam mais responsáveis na administração dos recursos.[30]

A essência das ideias trazidas por Tiebout se relaciona à capacidade de a concorrência entre governos locais revelar a preferência por bens públicos, já que, segundo ele, a descentralização fiscal seria capaz de induzir o consumidor a revelar as suas preferências por essas espécies de bens.[31]

Ao analisar a teoria de Tiebout, Marcos Mendes dispõe que a sua ideia básica se assenta em uma maior eficiência para o caso de o território nacional ser dividido em diversas jurisdições, ao invés de haver um único governo. Dessa forma, cada governo ofertaria uma cesta de bens públicos diferente, o que obrigaria que cada família escolhesse viver na jurisdição onde o governo ofertasse a cesta de bens públicos e tributos que fosse de sua preferência.[32]

Extrai-se da narrativa, por conseguinte, a essência da ideia de que as famílias podem "votar com os pés" (*voting with their feet*), isto é, optarem por viver em comunidades que melhor atendam às suas necessidades, o que traria um ganho de eficiência econômica, visto que a descentralização provocaria o estímulo à concorrência entre os governos locais – exatamente como ocorre no mercado de bens

---

[29] Termo utilizado por NAZARETH, Marcos Spínola; LÍRIO, Viviani Silva. Federalismo Fiscal de Segunda Geração: fundamentos teóricos e proposição política. *Perspectiva Econômica*, 12(1), p. 16-28, jan./jun. 2016.

[30] Ibid., p. 22.

[31] TIEBOUT, Charles M. A Pure Theory of Local Government Expenditure. *Journal of Political Economy*, v. 64, p. 416-424, 1956.

[32] MENDES, Marcos. Federalismo fiscal. *In*: BIDERMAN, Ciro; ARVATE, Paulo (Org.). *Economia do Setor Público no Brasil*. 10ª tiragem. Rio de Janeiro: Elsevier, 2005. p. 425.

privados –, o que acabaria por promover e fomentar progressos tecnológicos e a adoção de inovações. Nas palavras do próprio Tiebout:

> O consumidor-eleitor é aquele que escolhe a comunidade que melhor satisfaz ao seu padrão de preferência no que tange à oferta de bens públicos. Esta é uma grande diferença entre os fornecimentos central e local de bens públicos. No nível central, as preferências do consumidor-eleitor são dadas, e o governo tenta se ajustar ao padrão dessas preferências, enquanto a nível local vários governos têm seus padrões de receita e despesa mais ou menos definidos. Dados os padrões de receitas e gastos, o consumidor se movimenta para a comunidade cujo governo local melhor satisfaz o seu conjunto de preferências. Quanto maior o número de comunidades e quanto maior a variação entre elas, mais próximo se encontrará o consumidor da possibilidade de vir a realizar plenamente a sua posição de preferência.[33] (Tradução livre)

Musgrave e Musgrave tratam das principais funções que, juntas, possibilitam o atingimento da eficiência econômica e, consequentemente um equilíbrio orçamentário no setor público. São elas: (i) a *função alocativa*, que engloba a provisão para bens sociais ou o processo pelo qual o uso total de recursos é dividido entre bens privados e sociais, e pelo qual a mistura de bens sociais é escolhida; (ii) a *função distributiva*, que está relacionada a ajustes da distribuição de renda e riqueza para garantir conformidade com o que a sociedade considera um estado de distribuição "justa"; e (iii) a *função estabilizadora*, adstrita ao uso da política orçamentária como meio de manter uma taxa elevada de emprego, um nível razoável de estabilidade do nível de preços e uma taxa adequada de crescimento econômico, com provisões para efeitos no comércio e na balança de pagamentos.[34]

Marcos Spínola Nazareth e Viviani Silva Lírio acrescentam que Musgrave e Musgrave defendem o ordenamento de competências

---

[33] TIEBOUT, Charles M. *A Pure Theory of Local Government Expenditure*. Journal of Political Economy, v. 64, 1956, p. 418. No original: *"The consumer-voter may be viewed as picking that community which best satisfies his preference pattern for public goods. This is a major difference between central and local provision of public goods. At the central level the preferences of the consumer-voter are given, and the government tries to adjust to the pattern of these preferences, whereas at the local level various governments have their revenue and expenditure patterns more or less set. Given these revenue and expenditure patterns, the consumer-voter moves to that community whose local government best satisfies his set of preferences. The greater the number of communities and the greater the variance among them, the closer the consumer will come to fully realizing his preference position".*

[34] MUSGRAVE, Richard A.; MUSGRAVE, Peggy B. *Public Finance in Theory and Practice*. 5. ed. Singapore: McGraw-Hill Book Co, 1989. p. 6.

fiscais entre as esferas de governo, isto é, quais bens públicos e tributos devem ser atribuídos pela unidade federal e quais devem ser deixados sob a autoridade das unidades locais, com assento no princípio da eficiência, o que torna importante a compreensão dos bens públicos considerados, porque eles possuem diferentes implicações econômicas. Assim, economias de escala, grau de congestionamento e vazamento no consumo seriam critérios razoáveis para o alinhamento de competências. Segurança nacional e moeda estável seriam inevitavelmente competência da União, dados o alto grau de economia de escala, o vazamento no consumo e o baixo congestionamento. Por outro lado, bens como parques e escolas seriam entregues aos estados e municípios por motivos inversos.[35]

Já Wallace Oates considera, ao contrário da concorrência entre os entes públicos de Tiebout, que a cooperação entre eles se trata da melhor estratégia para a promoção da eficiência no setor público.[36] Segundo Oates, o federalismo fiscal seria um meio termo entre administrações públicas com um forte grau de centralização e amplamente descentralizadas. Um governo fortemente descentralizado encontraria sérias dificuldades para implementar políticas macroeconômicas e de distribuição de renda, bem como para ofertar bens públicos para toda a nação, como, por exemplo, a segurança nacional. Em situação oposta, um único governo central encontraria problemas para atender às diferentes preferências locais, havendo, ainda, o desestímulo ao controle da ação governamental pelos cidadãos, dado que Oates considera a premissa de que os governos locais conhecem melhor as preferências de seus cidadãos do que o governo central.[37] Para ele:

> Mais especificamente, os governos locais individuais estão presumivelmente muito mais próximos das pessoas e da geografia de suas respectivas jurisdições; eles possuem conhecimento das preferências locais e das condições de custo que é improvável que uma agência central tenha. E, segundo, há tipicamente pressões políticas (ou talvez até restrições constitucionais) que limitam a capacidade dos governos centrais de fornecer níveis mais altos de serviços públicos em algumas jurisdições

---

[35] NAZARETH, Marcos Spínola; LÍRIO, Viviani Silva. Federalismo Fiscal de Segunda Geração: fundamentos teóricos e proposição política. *Perspectiva Econômica*, 12(1), jan./jun. 2016, p. 22.

[36] OATES, Wallace E. Fiscal Federalism. *Harcourt Brace Jovanovich*, 1972.

[37] MENDES, Marcos. Federalismo fiscal. *In*: BIDERMAN, Ciro; ARVATE, Paulo (Org.). *Economia do Setor Público no Brasil*. 10ª tiragem. Rio de Janeiro: Elsevier, 2005. p. 425.

do que em outras. Essas restrições tendem a exigir um certo grau de uniformidade nas diretivas centrais. Portanto, existem importantes restrições informacionais e políticas que provavelmente impedirão que os programas centrais gerem um padrão ideal de produção local.[38] (Tradução livre)

Roger Gordon concentra a sua abordagem no estudo das externalidades, tanto em sistemas centralizados como descentralizados.[39] Ele reconhece que a descentralização produz eficiência, dado que uma maior aproximação do governo local com os cidadãos tem o condão de melhor refletir as preferências individuais; no entanto, a tomada de decisão pela descentralização também pode vir a ocasionar ineficiências, uma vez que um governo local tende a ignorar os efeitos de suas decisões sobre os níveis de utilidade dos não residentes.[40]

Em seguida, Gordon traz um rol de externalidades ocasionadas pelos eventuais desníveis no grau de centralização/descentralização do federalismo fiscal, conforme acertadamente listadas por Marcos Mendes, que vão desde a *exportação de tributos* (as comunidades criam tributos que incidem sobre os não residentes, situação muito comum em impostos sobre o consumo com tributação na origem); perpassando pelo *comportamento free rider* dos governos locais (que podem deixar de prover determinados serviços em face de serem proporcionados pela jurisdição vizinha); um fortalecimento da *regressividade tributária* (já que os indivíduos mais ricos possuem melhores meios de mobilidade de modo a escapar de tributações excessivas, provocando uma tendência local a estabelecer uma estrutura tributária e perfil de gastos públicos regressivos); e, ainda, a possibilidade de uma *guerra fiscal*, com os entes disputando entre si a instalação de grandes empreendimentos mediante a concessão contínua e progressiva de incentivos fiscais, o que acaba

---

[38] OATES, Wallace E. An Essay on Fiscal Federalism. *Journal of Economic Literature*, v. 37, n. 3, p. 1.120-1.149, Sep. 1999. No original: *"More specifically, individual local governments are presumably much closer to the people and geography of their respective jurisdictions; they possess knowledge of both local preferences and cost conditions that a central agency is unlikely to have. And, second, there are typically political pressures (or perhaps even constitutional constraints) that limit the capacity of central governments to provide higher levels of public services in some jurisdictions than others. These constraints tend to require a certain degree of uniformity in central directives. There are thus important informational and political constraints that are likely to prevent central programs from generating an optimal pattern of local outputs".*

[39] GORDON, Roger H. An Optimal Taxation Approach to Fiscal Federalism. *Quarterly Journal of Economics*, v. 98, p. 567-586, 1983.

[40] Ibid., p. 586.

ocasionando a necessidade de exigência cada vez maior dos outros contribuintes, não beneficiários dos incentivos.[41]

Ressalva-se, entretanto, que há críticas severas às proposições dos autores do denominado *Federalismo de 1ª Geração*, especificamente por considerarem pressupostos desacompanhados de dados empíricos efetivos. Nesse sentido, Marcos Spínola Nazareth e Viviani Silva Lírio afirmam que a referida geração de federalistas ignora, em linhas gerais, a influência de fatores institucionais na escolha da política fiscal dos entes federados, o que poderá levar a erros de previsões, ocasionando eventuais distorções, já que partem da premissa no sentido de que os governantes são *benevolentes*,[42] isto é, que sempre procuram maximizar a função de utilidade dos cidadãos, o que nem sempre se coaduna com a realidade, dados os interesses políticos e eleitorais que circundam um administrador público.[43]

Prud'homme põe em xeque diversas premissas consideradas pelas teorias de federalismo fiscal. Ele questiona, especialmente, a assertiva no sentido de que uma maior eficiência pode ser alcançada com a descentralização.[44] Segundo ele, tal assertiva parte de pressupostos

---

[41] MENDES, Marcos. Federalismo fiscal. *In*: BIDERMAN, Ciro; ARVATE, Paulo (Org.). *Economia do Setor Público no Brasil*. 10ª tiragem. Rio de Janeiro: Elsevier, 2005. p. 429.

[42] Segundo Marcos Mendes (ibid., p. 448), "toda construção teórica baseada em Tiebout e Oates está centrada na ideia de que o governante que está à frente de cada nível de governo é um agente benevolente, preocupado apenas em maximizar o bem-estar de seus governados, e que não utiliza o cargo para obter benefícios pessoais. A sua função é maximizar a utilidade do eleitor mediano, não se desviando desse objetivo para, por exemplo, favorecer grupos que ajudem financeiramente na sua campanha de reeleição. Uma outra linha de estudo da ação do setor público baseia-se na hipótese de NISKANAN, William (*Bureaucracy and Representative Government*. New York: Aldine-Atherton, 1971), de que o gestor público está preocupado em expandir a despesa pública, pois isso lhe confere maior prestígio e renda. Tal governante substitui o interesse do eleitor mediano pelo seu interesse particular, o que afeta sobremaneira o volume de gastos e a alocação dos recursos".

[43] NAZARETH, Marcos Spínola; LÍRIO, Viviani Silva. Federalismo Fiscal de Segunda Geração: fundamentos teóricos e proposição política. *Perspectiva Econômica*, 12(1), jan./jun. 2016, p. 22.

[44] Prud'homme inicia a sua crítica a partir do seguinte exemplo: a teoria federalista tradicional fundamenta a descentralização na eficiência. O argumento fornecido pela teoria do federalismo fiscal é que os habitantes das diferentes jurisdições têm gostos diferentes: no governo local A, as pessoas preferem recreação, mas, no governo local B, elas preferem a educação. Um fornecimento igual de educação e recreação em A e B não satisfará a nenhum dos dois. A descentralização, pelo contrário, possibilitará aos residentes de A e B o que eles querem, o que atenderá melhor à demanda e, portanto, aumentará o bem-estar. No original: "*The case for centralization is usually based on efficiency. The argument provided by the theory of fiscal federalism is that the inhabitants of the different jurisdictions have different tastes: in local government A, people prefer recreation, but in local government B, they prefer education. The same provision of education and recreation in A and B will satisfy neither.*

destoantes da realidade, já que assume várias hipóteses que dificilmente são encontradas em países em desenvolvimento, além do fato de o referido modelo concentrar-se inteiramente na eficiência da demanda e ignorar a eficiência da oferta.[45]

A pressuposição no sentido de que os contribuintes/eleitores têm plenas condições de expressar as suas preferências em seus votos também não condiz com a realidade, especialmente se considerarmos países em desenvolvimento, já que eleições locais – quando existentes – geralmente são decididas com base em lealdades pessoais. As pessoas votam em um prefeito que conhecem, em um membro de seu grupo ou em um partido que eles gostam. Isso é constatado em todos os países: as eleições locais são frequentemente um mero ensaio para as eleições nacionais e pouco traduzem as preferências locais.[46]

Há que se considerar, ainda, que o governo central costuma, em regra, atrair pessoal mais qualificado, pois oferece os salários mais altos e as melhores carreiras. Ademais, o governo central tende a investir mais em tecnologia, pesquisa, desenvolvimento, promoção e inovação. Somente grandes instituições podem fazer esses investimentos – no setor público, assim como no setor privado. Em muitos países em desenvolvimento, os governos centrais tendem a fazer poucos investimentos, mas as burocracias locais quase não fazem investimento algum.[47]

Conforme observação de Marcos Mendes, tanto Prud'homme como Vito Tanzi acreditam que a corrupção é maior na esfera local do que na federal, apesar de ambos reconhecerem que não há testes empíricos que comprovem tal suposição. A partir da proposição básica de Oates, no sentido de que os governos locais possuem maiores e melhores meios para detectarem as preferências dos cidadãos, mas que, no entanto, esse conhecimento pode vir a ser utilizado não em benefício da coletividade, mas, sim, para a satisfação de interesses próprios dos governantes ou de determinados grupos.[48]

Nesse sentido, Prud'homme afirma que é muito difícil avaliar e medir a corrupção, mas há várias razões pelas quais se possa

---

Decentralized provision, on the contrary, will make it possible to give the residents of A and B what they want, will better match demand, and therefore will increase welfare".

[45] PRUD'HOMME, René. The Dangers of Decentralization. *World Bank Research Observer*, v. 10, n. 2, p. 201-226, 1995.

[46] Ibid., p. 208.

[47] Ibid., p. 210.

[48] MENDES, Marcos. Federalismo fiscal. *In*: BIDERMAN, Ciro; ARVATE, Paulo (Org.). *Economia do Setor Público no Brasil*. 10ª tiragem. Rio de Janeiro: Elsevier, 2005. p. 449.

concluir que seja mais prevalente no nível local do que no nacional. Provavelmente, há mais oportunidades de corrupção no nível local, já que os políticos e burocratas locais se encontram mais sujeitos a pressões de grupos de interesse da localidade (cujo dinheiro e votos são considerados) em questões como tributação ou autorizações.[49]

Para Vito Tanzi, a proximidade entre os servidores públicos e os cidadãos é um fator decisivo para uma maior propensão dos entes locais a orientarem as condutas de seus governantes em desacordo com o interesse público e voltados para a corrupção, ou seja, a proximidade traz personalismo às relações jurídicas, fazendo prevalecer o interesse específico de indivíduos ou de grupos.[50]

Sucintamente, as teorias federalistas de 1ª geração se concentraram em uma divisão de atribuições fiscais entre os entes federados de modo a proporcionar uma alocação eficiente de bens públicos. Assim, apesar das críticas de Prud'homme e Tanzi, para essa corrente de pensamento, uma descentralização fiscal em uma federação é desejável com base no princípio de que as unidades subnacionais teriam melhores informações do que o governo central a respeito dos custos, condições e preferências dos cidadãos quanto aos bens públicos.[51]

Os benefícios da descentralização sobre a eficiência do setor público podem ser diversos. Entre alguns deles, cita-se a introdução de mecanismos de concorrência entre jurisdições, favorecendo a busca de eficiência na produção dos serviços públicos, a aproximação das preferências dos cidadãos às decisões do burocrata local e o maior controle no que se refere à gestão pública por parte do contribuinte-eleitor, fazendo com que as esferas inferiores de governo sejam mais responsáveis na administração dos recursos.[52]

Parte-se, por conseguinte, da premissa de que os governantes são benevolentes, isto é, procuram maximizar a função de utilidade dos cidadãos, e a maximização do bem-estar é alcançada através do processo

---

[49] PRUD'HOMME, René. The Dangers of Decentralization. *World Bank Research Observer*, v. 10, n. 2, 1995, p. 211.

[50] TANZI, Vito. Fiscal Federalism and Decentralization: a review of some efficiency and macroeconomic aspects. *World Bank*, 1995, p. 301.

[51] NAZARETH, Marcos Spínola; LÍRIO, Viviani Silva. Federalismo Fiscal de Segunda Geração: fundamentos teóricos e proposição política. *Perspectiva Econômica*, 12(1), jan./jun. 2016, p. 22.

[52] COSSIO, Fernando Andres Blanco. *Comportamento fiscal dos governos estaduais brasileiros*: determinantes políticos e efeitos sobre o bem-estar dos seus estados. Brasília: Editora da UnB, 2000. p. 63.

eleitoral, em que os contribuintes-eleitores revelam as suas preferências, em um sistema análogo à alocação de recursos no mercado privado.

Com o advento da Escola de Escolha Pública e da chamada Nova Economia Institucional,[53] surge uma corrente contemporânea de pensamento que passou a ser conhecida como *Federalistas de 2ª Geração*, que adota premissa distinta da corrente anterior, qual seja, o governante é do tipo racional que maximiza a sua própria função de utilidade, tendo como propósito a complementação da corrente anterior.

Assim, admite-se a intervenção do governo central, no sentido de que este deva impor regras orçamentárias rígidas aos entes subnacionais, com o desiderato de se evitarem ineficiências na política econômica monetária e fiscal adotada pelos representantes do ente nacional, bem como no que tange à redução dos déficits e do endividamento público das esferas inferiores para evitar o efeito *free rider*, uma vez que os entes responsáveis fiscalmente poderão ter que arcar com os desajustes financeiros de outros.

No entanto, a centralização não pode se dar de forma desmedida, sob pena de se criarem instrumentos excessivos de controle à disposição do ente central, o que poderá acarretar um comportamento *rent-seeking* por parte deste último com relação aos demais entes.

Para Nazareth e Lírio, tanto a centralização como a descentralização geram problemas de incentivos aos agentes.[54] A centralização tributária tende a distanciar a decisão de gastos do governo das preferências dos cidadãos e promove excessiva dependência das entidades subnacionais de recursos federais, gerando problemas diversos, como o *flypaper*.[55] A descentralização fiscal pode gerar aumento de gastos

---

[53] Segundo Marcos Spínola Nazareth e Viviani Silva Lírio (Federalismo Fiscal de Segunda Geração: fundamentos teóricos e proposição política. *Perspectiva Econômica*, 12(1), jan./jun. 2016, p. 19), "a Nova Economia Institucional está relacionada à evolução das instituições no decorrer da História. O desenvolvimento do comércio mundial ao longo do tempo fez com que os custos de transação se tornassem crescentes, fazendo com que as instituições interviessem para minorá-los e promovessem a maximização da eficiência. Trata-se, na verdade, de uma abordagem relativa ao processo econômico, isto é, da evolução histórica da economia. Assim, Estados que possuem boas instituições aumentam a mobilidade do capital, reduzindo o custo de informação e diluição do risco, sendo certo que as instituições devem estar devidamente preparadas para lidar com conflitos de ação coletiva, tais como: *free riding, rent-seeking etc.*".

[54] Ibid., p. 23.

[55] Segundo os autores, o efeito *flypaper* caracteriza-se pelo fato de que as transferências intergovernamentais tendem a fazer com que as unidades receptoras (governos regionais e locais) expandam seus gastos em vez de serem redistribuídos entre os contribuintes por meio, por exemplo, da diminuição de impostos. Logo, esse fenômeno consiste na constatação teórica e empírica de que as transferências intergovernamentais, longe

CAPÍTULO 1
FEDERALISMO FISCAL – UMA ANÁLISE COMPARADA | 51

advindos da falsa percepção de segurança quanto ao socorro da União e às externalidades ou transbordamentos gerados, isto é, nem todos os custos dos bens públicos estariam sendo levados em conta.

A grande celeuma se concentra, portanto, em se encontrar um ponto de equilíbrio entre centralização e descentralização. Conforme visto, devem ser disponibilizados ao governo central instrumentos efetivos e eficazes quanto à contenção de condutas *free riding* por parte dos entes subnacionais, mas, por outro lado, não se pode abrir mão de restrições constitucionais que sejam aptas a limitar comportamentos do ente central que interfiram na autonomia e independência dos entes subnacionais. Esse equilíbrio de forças passou a ser conhecido como *federalismo self-enforcing*, o qual acabou por gerar a ideia de *federalismo market-preserving*, em que se evita o crescimento excessivo do setor público, o que provocaria a absorção de recursos que deveriam estar à disposição do crescimento da economia privada.

O federalismo *market-preserving* possui características próprias e deve, portanto, se submeter a algumas condições específicas, como:

(i)   a existência de um Estado hierárquico, com pelo menos duas esferas de governo;

(ii) a autonomia de cada esfera deve ser institucionalizada, de modo a aprimorar as restrições *self-enforcing*;

(iii) os governos subnacionais devem possuir primazia quanto à provisão de bens públicos, com a respectiva autonomia tributária para cumprir essas funções;

---

de levar à redução da pressão tributária e a gastos eficientes, provocam um aumento desproporcional de despesa da unidade de governo receptora de tal transferência. A solução mais adequada, segundo essa literatura, seria descentralizar radicalmente os tributos, porque governos subnacionais, nos quais parte substancial das receitas são provenientes de recursos próprios, tendem a ser mais transparentes para os cidadãos, a prover os serviços públicos de forma mais eficiente, a fomentar a atividade econômica e a ser menos corruptos. Diferentemente, governos financeiramente dependentes estão sujeitos a maiores níveis de corrupção, à influência de grupos de pressão e à alocação ineficiente de recursos. De fato, Motohiro Sato (The political economy of inter-regional grants. *In*: BOADWAY, Robin; SHAH, Anwar (Ed.). *Intergovernmental fiscal transfers*: principles and practice. Washington, DC: The International Bank for Reconstruction and Development / The World Bank, 2007. p. 177) informa, embasado em estudos empíricos, que as doações de montante fixo levam a aumentos desproporcionalmente elevados nos gastos locais em comparação com o efeito de aumentos na renda privada. Segundo o autor, os gestores locais se aproveitam da ausência de transparência das transferências intergovernamentais, visto que "os eleitores locais não estão cientes da existência ou das quantias exatas de subsídios intergovernamentais", o que permite que os agentes públicos fiquem livres para direcionar os "recursos ocultos", os quais, muitas das vezes, são determinados por agentes locais mais bem informados, que exercem controle sobre a agenda de gastos, distorcendo, por conseguinte, as escolhas públicas locais e provocando a consequente expansão dos gastos.

(iv) as esferas inferiores de governo devem estar submetidas a restrições orçamentárias rígidas, evitando-se, por conseguinte, a transferência de prejuízos financeiros para outras unidades e, também, para as gerações futuras;

(v) o governo nacional deve garantir a livre mobilidade dos fatores, evitando-se a existência de barreiras comerciais impostas pelos entes subnacionais entre si.[56]

As ideias dos federalistas de 2ª geração não são estanques. Ao contrário, são complementares às proposições dos federalistas de 1ª geração. Na eterna busca pelo modelo que melhor se amolde à eficiência de mercado, essa corrente acrescenta as noções de necessidade de controle quanto ao equilíbrio orçamentário dos entes subnacionais, de modo a se evitar o surgimento de distorções à política macroeconômica adotada pelo governo central.

1.1.3 Mecanismos de equalização

Desde os federalistas da 1ª geração, busca-se alcançar um sistema de federalismo fiscal que permita maximizar os benefícios da concorrência e divisão de tarefas entre os níveis de governo e, concomitantemente, minimizar os efeitos das externalidades negativas. Resumidamente, trata-se de definir as competências tributárias e as responsabilidades na provisão de bens públicos, considerando-se, ainda, a possibilidade de recurso às transferências intergovernamentais para sanar eventuais desequilíbrios.[57]

---

[56] WEINGAST, Barry R. The Economic Role of Political Institutions: Market-Preserving Federalism and Economic Development. *The Journal of Law, Economic & Organization*, v. 11, n. 1, p. 1-31, 1995. No original: "*The essence of federalism is that it provides a sustainable system of political decentralization. Although the political theory of federalism has a long history, it is useful to start with Riker. In his seminal work on the political theory of federalism, he defines a political system as federal if it has two characteristics: (1) a hierarchy of governments, that is, at least two levels of governments rule the same land and people, each with a delineated scope of authority so that each level of government is autonomous in its own, well-defined sphere of political authority; and (2) the autonomy of each government is institutionalized in a manner that makes federalism's restrictions self-enforcing.*
In what follows, I focus on a subset of federal systems called market-preserving federalism. A federal system is market-preserving if it has three additional characteristics: (3) subnational governments have primary regulatory responsibility over the economy; (4) a common market is ensured, preventing the lower governments from using their regulatory authority to erect trade barriers against the goods and services from other political units; and (5) the lower governments face a hard budget constraint, that is, they have neither the ability to print Money nor access to unlimited credit. This condition is not met if the central government bails out the lower one whenever the latter faces fiscal problems".

[57] MENDES, Marcos. Federalismo fiscal. *In*: BIDERMAN, Ciro; ARVATE, Paulo (Org.). *Economia do Setor Público no Brasil*. 10ª tiragem. Rio de Janeiro: Elsevier, 2005. p. 429.

Inicialmente, a definição quanto aos critérios de distribuição de competências tributárias não é rígida, mas, em linhas gerais, a doutrina tende a concordar com alguns parâmetros, tais como: quanto maior for a facilidade de se "exportar" o tributo, houver maior mobilidade de sua base de incidência e quanto maior for a economia de escala em sua cobrança, argumenta-se no sentido de que tributos que apresentem essas características sejam de competência do governo central.

A questão da exportação do tributo se concentra, em regra, nos impostos incidentes sobre o consumo, caso se encontrem no âmbito de atribuição dos entes subnacionais, sendo comum situações em que consumidores de estados onde os bens não foram produzidos acabem financiando o estado produtor, nas hipóteses em que a cobrança é realizada "na origem". Por outro lado, caso se deseje evitar a exportação do tributo, poder-se-ia adotar a cobrança "no destino", o que traria consequências indesejáveis relacionadas à viabilidade administrativa de fiscalização e cobrança.

Da mesma forma, é indesejável a cobrança local de impostos cuja base de tributação possuir muita mobilidade, a exemplo da incidência sobre a renda. Em uma situação hipotética, se dois municípios instituírem impostos sobre a renda de seus residentes, considerando que um deles adote uma alíquota maior, induz-se, por via de consequência, uma migração de pessoas para a cidade que aplica a menor alíquota, com o surgimento, inclusive, de um ambiente favorável à ocorrência de uma guerra fiscal.

Quanto à economia de escala na administração do tributo, também impostos incidente sobre a renda ensejariam ineficiências, pois é bastante comum que pessoas e empresas aufiram rendimentos em localidades diversas, o que dificultaria a obtenção de informações e dados gerais por parte do Fisco.[58]

Até mesmo os impostos sobre a propriedade – apontados como os mais eficientes no que tange à cobrança local – não estão livres de adversidades, como, por exemplo, os custos advindos da necessidade de constantes atualizações das plantas de valores.

---

[58] Marcos Mendes (ibid., p. 431) menciona o compartilhamento de uma mesma base tributária – adotado em diversos países, mas não no Brasil – como uma forma de atenuar os efeitos da economia de escala na administração tributária. O chamado *piggy back* consiste na aplicação, pelos governos subnacionais, de uma alíquota extra ao tributo que se soma àquela cobrada pelo governo central, e os governos locais "pegam uma carona" nessa estrutura operacional com a aplicação da alíquota adicional.

Em face das limitações acima, verifica-se que são poucos os tributos que se prestam à cobrança local, sendo correto concluir que os governos locais possuem pouca aptidão para adquirir receitas suficientes para fornecer os bens e serviços públicos que se encontrem no rol de suas competências. Em outras palavras: os governos locais não são capazes de custear a provisão de serviços públicos com a arrecadação de suas receitas tributárias próprias, o que denota a imprescindibilidade das transferências intergovernamentais.

Tal resultado ocorre em face de a partilha de competências tributárias se vincular a critérios de eficiência alocativa, em que se atribui a competência para tributar ao ente da federação capaz de fazê-lo com maior efetividade. Isso quer dizer que não se leva em consideração a quantidade de recursos gerados pelo respectivo exercício da competência tributária, até porque isso nem seria possível, uma vez que um mesmo tributo apresenta variações no montante arrecadado conforme o ente responsável por sua arrecadação, tendo em vista as suas peculiaridades. Acrescenta-se, ainda, a variação do comportamento da arrecadação ao longo do tempo, como, por exemplo, ocorre com impostos que incidem sobre o consumo, que são diretamente afetados pelas oscilações da atividade econômica.[59]

Apesar da propalada eficiência decorrente da competição entre os entes federativos, conforme corolário do modelo de Tiebout, há os que enxergam não propriamente uma eficiência, mas, sim, uma competição predatória,[60] o que poderia conduzir ao fenômeno da *guerra*

---

[59] CONTI, José Mauricio. Considerações sobre o federalismo fiscal brasileiro em uma perspectiva comparada. *In*: CONTI, José Mauricio; SCAFF, Fernando Facury; BRAGA, Carlos Eduardo Faraco (Org.). *Federalismo Fiscal - Questões Contemporâneas*. Florianópolis: Conceito Editorial, 2010. p. 24.

[60] Cibele Franzese (*Federalismo Cooperativo no Brasil*: da Constituição de 1988 aos sistemas de políticas públicas. 2010. 210 f. Tese (Doutorado em Administração Pública e Governo) - Escola de Administração de Empresas da Fundação Getúlio Vargas, São Paulo, 2010. p. 65), com base em estudos de Paul E. Peterson (*The Price of Federalism – a twentieth century fund book*. Washington, DC: Library of Congress, 1995), faz menção à dinâmica da "corrida ao fundo do poço" (*race to the bottom*). Segundo a autora, "assim como a competição entre os entes federativos pode gerar inovação, a literatura registra que essa dinâmica nem sempre resulta em uma expansão das políticas sociais pelo país. A competição pode levar a um dilema de ação coletiva na provisão de políticas sociais tradicionalmente denominado como 'corrida ao fundo do poço'. Isto se traduz em uma estratégia governamental de menos investimento nas áreas sociais, para que não sejam atraídos novos beneficiários provenientes de outras unidades federativas. Nesse caso, os governos que decidiram investir na área social seriam vítimas do fenômeno do 'carona' (*free rider*), isto é, do proposital não investimento dos outros governos, para usufruírem da provisão social instituída pelo outro".

fiscal, com potencial para estimular instabilidades e desequilíbrios nas finanças públicas. Surge, por conseguinte, questionamentos quanto ao modelo ótimo de maximização: se seria aquele que privilegia uma maior expansão do setor público ou, ao revés, aquele que aceita o fenômeno da guerra fiscal como um limitador da sua extensão.

Para os defensores da expansão do setor público, a guerra fiscal deve ser combatida por se tratar de uma concorrência predatória. Uma possível solução seria, por conseguinte, uma maior centralização da tributação concomitante a um sistema de transferência intergoverna-mental, exatamente como ocorre no sistema alemão.[61] Já a Escola de Escolha Pública,[62] por considerar que existe uma tendência natural de o setor público se expandir, encara a guerra fiscal como um instrumento eficaz de contenção dessa expansão. Para este mister, torna-se necessário que os entes locais obtenham um alto grau de autonomia financeira, o que somente se torna possível com a amplitude de suas competências tributárias, devendo-se evitar as transferências intergovernamentais, especialmente as discricionárias.

Consoante Marcos Mendes, enquanto aqueles que enxergam na competição tributária uma ameaça de "competição predatória" e de consequente redução do estado propugnam por uma centralização tributária e regulatória, a Escola de Escolha Pública propõe a competição tributária e uma distribuição equilibrada de poderes entre os níveis de governo para evitar o crescimento excessivo do setor público.[63]

Da mesma forma que ocorre com a repartição tributária, a esco-lha dos critérios de partilha de gastos públicos não se trata de tarefa

---

[61] O sistema de transferências intergovernamentais alemão será tratado, em detalhes, no subitem 1.4.2 do item 1.4 neste capítulo.

[62] Para James Buchanan (Federalism and Individual Sovereignty. *Cato Journal*, v. 15, p. 259-268, 1996; e, Federalism as an Ideal Political Order and an Objective for Constitutional Reform. *The Journal of Federalism*, v. 25, Issue 2, p. 19-28, 1995), por exemplo, o federalismo deve ser compreendido segundo os princípios que regem as relações de mercado. O poder não pode ser excessivamente centralizado a ponto de afastar a autonomia dos entes subnacionais, cujos campos de atuação estão diretamente relacionados à competição entre eles, de modo a se atingir a eficiência na prestação de serviços públicos. Um governo federativo deve, por conseguinte, proteger a economia de mercado e impedir que o setor público cresça excessivamente, a ponto de absorver os recursos que deveriam estar disponíveis para financiar o crescimento do setor privado. Através de um contexto de *checks and balances*, em que há uma estrutura de vigilância mútua entre o governo central e os governos locais, estimula-se a expansão do mercado privado e, concomitantemente, evitam-se as ineficiências relacionadas ao setor público, tais como: aumento excessivo de tributos para fazer frente às despesas do Estado e endividamento público crescente e exorbitante.

[63] MENDES, Marcos. Federalismo fiscal. *In*: BIDERMAN, Ciro; ARVATE, Paulo (Org.). *Economia do Setor Público no Brasil*. 10ª tiragem. Rio de Janeiro: Elsevier, 2005. p. 454.

simples e muito menos equânime. Afinal, qual o melhor modo para a distribuição das competências pela provisão de serviços públicos entre os entes federativos? Um critério que vem sendo adotado é aquele proposto por Oates, em que cada bem público deve ser provido pelo nível de governo que represente de forma mais próxima a área geográfica que se beneficia daquele bem.[64]

Mauro Santos Silva, ao mencionar o referido critério, conhecido como teorema da descentralização de Oates, afirma que o modelo dispõe que há maximização da eficiência econômica da ordenação federativa fiscal alocativa sempre que for observada perfeita correspondência entre as ações do governo e a preferência dos grupos que o financiam. O governo central deve responder pela provisão de bens cujo consumo seja uniforme, em termos de preferência e em termos de quantidade individual demandada em todo o território federativo. Os governos estaduais assumiriam a responsabilidade pela provisão de itens com preferências regionais, e os governos locais responderiam pelos bens cujo perfil da demanda fosse específico de uma localidade.[65]

Apesar da aparente simplicidade desse método, o caráter geográfico não pode – e não deve – ser encarado isoladamente, dado que outras circunstâncias – economias de escala, preferências, externalidades, capacidade financeira – também condicionam a repartição de competências administrativas.

Atividades que não se enquadrem na definição de bem público puro, como saúde e educação, podem estar sujeitas a políticas redistributivas de renda, que, segundo Oates, deveriam ser disponibilizadas pelo governo central. Ocorre que a prestação dos referidos serviços tende a ser otimizada com a divisão de atribuições entre as diversas esferas, sendo recomendada, por conseguinte, a descentralização da sua provisão. O ente central, em casos como esses, se responsabiliza pelo planejamento, gestão geral e financiamento do serviço; e os entes regionais e locais, pela execução propriamente dita, já que estes últimos possuem maiores informações quanto às especificidades e necessidades locais.

---

[64] Ibid., p. 432. Neste sentido, Mendes acrescenta que serviços de caráter local (iluminação e pavimentação públicas, zoneamento urbano, transportes públicos, regulamentação de atividades comerciais locais) devem ficar a cargo das municipalidades, enquanto os de caráter nacional (defesa, estabilidade monetária, seguro-desemprego, relações internacionais) caberiam ao governo central.

[65] SILVA, Mauro Santos. *Teoria do Federalismo Fiscal*: notas sobre as contribuições de Oates, Musgrave, Shah e Ter-Minassian. Belo Horizonte: Nova Economia, 2005. p. 121.

A distribuição de encargos entre as diversas esferas governamentais não se trata, no entanto, de tarefa simples. Conforme muito bem alertado por José Mauricio Conti, a referida questão há muito vem sendo objeto de discussão entre os estudiosos de finanças públicas, devendo-se ressalvar a ausência de consenso, dada a multiplicidade de fatores envolvidos. Ademais, não se pode olvidar que os serviços públicos estão sujeitos a alterações nas situações de fato em decorrência, por exemplo, de modernização tecnológica e variações na demanda, o que exige um constante aperfeiçoamento.[66]

A repartição dos encargos está, sob outra perspectiva, diretamente atrelada ao controle dos gastos públicos. Como os entes subnacionais são, em regra, beneficiários de transferências do governo central e, ao mesmo tempo, devem ofertar um conjunto de serviços à população interessada, se considerarmos que nem sempre as suas receitas próprias somadas às transferências serão suficientes para tal mister, eventuais desajustes financeiros poderão ocasionar situações de desequilíbrios persistentes. Para evitar tais desarranjos, a legislação de cada país, respeitadas as idiossincrasias locais, costuma impor normas restritivas aos referidos gastos. No Reino Unido, para exemplificar, o ente central estabelece uma "direção" nos gastos das localidades, com o poder de corte (*cap*) no montante da tributação local, caso julgue excessivas (*above the guideline*) as despesas contraídas pelo ente subnacional.[67]

Ocorre que, em regra, os entes subnacionais têm que dar conta de um rol extenso de serviços públicos a serem disponibilizados aos seus residentes, mas, conforme já visto, em contrapartida, não possuem efetiva capacidade de arrecadação de tributos próprios para fazer frente à demanda por tais serviços, o que ocasiona o denominado "desequilíbrio vertical" (*vertical gap*). Daí por que as transferências intergovernamentais assumem um papel crucial no federalismo fiscal, tanto em Estados federais como em Estados unitários. Existem diversas classificações relativas às transferências intergovernamentais, mas, em regra, a doutrina menciona as seguintes:

---

[66] CONTI, José Mauricio. Considerações sobre o federalismo fiscal brasileiro em uma perspectiva comparada. *In*: CONTI, José Mauricio; SCAFF, Fernando Facury; BRAGA, Carlos Eduardo Faraco (Org.). *Federalismo Fiscal - Questões Contemporâneas*. Florianópolis: Conceito Editorial, 2010. p. 22.

[67] POTTER, Barry. United Kingdom. *In*: TER-MINASSIAN, Teresa (Ed.). *Fiscal Federalism in Theory and Practice*. Washington: International Monetary Fund, 1997. p. 347-350.

(i) *condicionais* ou *incondicionais* – uma transferência *condicional* ou *vinculada* é aquela em que o doador dos recursos determina em que tipo de gasto os recursos recebidos devem ser aplicados; já nas *incondicionais*, não há qualquer diretiva quanto a um tipo específico de despesa;

(ii) *com* ou *sem contrapartida* – nas transferências *com contrapartida*, exige-se uma participação do beneficiário dos recursos naquele gasto específico que motivou o repasse;

(iii) *limitada* ou *ilimitada* – em uma transferência *limitada*, o doador estipula um valor máximo para transferência.[68]

No Brasil, conforme classificação da Secretaria do Tesouro Nacional,[69] as transferências intergovernamentais são classificadas em *obrigatórias* ou *automáticas* (também conhecidas como *revenue sharing arrangements*) – oriundas de determinação constitucional ou legal, com regras de rateio preestabelecidas – e *voluntárias* ou *discricionárias* (usualmente denominadas *grants* pelos estudiosos das finanças públicas), resultantes de convênios, acordos ou cooperação financeira entre União, estados e municípios.

No que se refere às transferências obrigatórias, o modelo brasileiro se aproxima de um federalismo do tipo cooperativo – mais especificamente um sistema de *cooperação vertical* –, em que se adotam mecanismos de participação *direta* (arts. 153, §5º; 157; 158 e 159, II, da CRFB) e *indireta* (art. 159, I, "a", "b" e "d"), materializados estes últimos por intermédio de fundos de participação, em que se busca o equilíbrio socioeconômico entre as regiões (art. 161, II), visto que um dos objetivos fundamentais da República brasileira se volta para a redução das desigualdades sociais e regionais (art. 3º, II). Há, ainda, transferências obrigatórias previstas em legislação infraconstitucional, como, por exemplo, os fundos previstos nas áreas de saúde (SUS) e educação (FUNDEB).[70]

Segundo Conti, vários Estados adotam instrumentos semelhantes, como, por exemplo, o sistema espanhol de participação das

---

[68] MENDES, Marcos. Federalismo fiscal. *In*: BIDERMAN, Ciro; ARVATE, Paulo (Org.). *Economia do Setor Público no Brasil*. 10ª tiragem. Rio de Janeiro: Elsevier, 2005. p. 435.

[69] Definições constantes no *site* do Ministério da Fazenda – Secretaria do Tesouro Nacional. Disponível em: http://www.tesouro.fazenda.gov.br/documents/10180/445678/CPU_Modulo_21_PrincipiosBasicosTransferencias.pdf/cfd987a8-3bb3-4e55-b706-07e66fd32430. Acesso em: 21 nov. 2019.

[70] Vide Lei Complementar nº 141/2012 e Lei nº 9.394/96.

comunidades e das províncias nos tributos do Estado.[71] Já federações como a americana utilizam-se predominantemente de vários tipos de transferências voluntárias (*grants*).[72]

Já outros Estados – federais e unitários – adotam instrumentos de equalização fiscal por meio de *cooperação horizontal*, usualmente criando fundos ou programas específicos com essa finalidade, por meio dos quais se opera a redistribuição de recursos entre entes federados da mesma esfera governamental. É o caso, por exemplo, da Federação canadense, onde há o *fiscal equalization program*, que promove uma redistribuição de recursos entre as províncias, conforme fórmula que aumenta automaticamente as transferências para a província com declínio relativo em sua capacidade fiscal. Na Alemanha, utilizam-se mecanismos de equalização horizontal por meio, entre outros, de prestações financeiras compensatórias, em que se avaliam as capacidades e necessidades financeiras dos entes para efetivar a redistribuição, conforme estabelecer a legislação.[73] A Espanha tem o *fondo de compensación interterritorial*,[74] que visa corrigir desequilíbrios econômicos entre os entes subnacionais, os quais, embora não integrantes de uma federação, têm significativo grau de autonomia financeira. Na Itália, também podem ser encontrados vários fundos, dentre os quais o *fondo perequativo*, previsto no art. 119 da Constituição, com finalidade redistributiva para os territórios com menor capacidade fiscal por habitante.

O estudo das transferências é de importância ímpar, pois, através dele, identifica-se o modo pelo qual cada país tenta solucionar os

---

[71] CONTI, José Mauricio. Considerações sobre o federalismo fiscal brasileiro em uma perspectiva comparada. *In*: CONTI, José Mauricio; SCAFF, Fernando Facury; BRAGA, Carlos Eduardo Faraco (Org.). *Federalismo Fiscal - Questões Contemporâneas*. Florianópolis: Conceito Editorial, 2010. p. 25-26.

[72] César Caúla e Lilian C. T. de Miranda Manzi (Transferências Constitucionais e Federalismo Cooperativo. *In*: BATISTA JÚNIOR, Onofre Alves (Org.). *O federalismo na visão dos Estados*: uma homenagem do Colégio Nacional de Procuradores-Gerais dos Estados e do Distrito Federal – CONPEG – aos 30 anos de Constituição. Belo Horizonte: Letramento Casa do Direito, 2018. p. 325-326) alertam que, no caso brasileiro, a excessiva carga de discricionariedade na definição dos destinos dos recursos oriundos de transferências voluntárias por parte da União, aliada a uma insuficiente garantia de regularidade dos fluxos de transferência e de uma significativa unilateralidade na fixação de pressupostos, requisitos e valores possíveis de repasses, tem provocado um cenário de extrema gravidade. As transferências voluntárias passam, com isso, a se apresentar como um mecanismo (perverso, segundo os autores) de pressão política, em um momento em que, à luz do dia, autoridades federais chegam a condicionar a liberação de financiamentos por bancos públicos a compromissos de alinhamento político em votações parlamentares.

[73] Os artigos 104-a e 104-d da Constituição Alemã tratam das transferências entre os entes.

[74] Vide art. 157, 1, "c", da Constituição Espanhola.

seus problemas distributivos internos. Ressalva-se, no entanto, que nenhum modelo está isento de distorções, variações e desequilíbrios. Apesar de necessárias, as transferências intergovernamentais podem ocasionar efeitos negativos. Teresa Ter-Minassian aponta um desses efeitos, que se traduz no problema da rigidez.[75] O estabelecimento de coeficientes legais, apesar de ter o mérito de conceder previsibilidade aos entes subnacionais quanto à receita que lhes serão repassadas, o que facilita o planejamento orçamentário, traz uma inflexibilidade para o orçamento central, ocasionando, ademais, a correlação entre os diversos orçamentos, visto que qualquer majoração tributária pelo ente central aumentará, reflexamente, a capacidade de os entes subnacionais em gastar.[76]

Outro problema é que as transferências em um percentual fixo se sujeitam aos efeitos cíclicos da economia. Assim, em períodos de prosperidade econômica, o aumento da arrecadação implicará o aumento de gastos dos entes subnacionais; já em períodos de desaquecimento econômico, os entes inferiores terão uma sensível diminuição da receita transferida, o que exigirá o corte de gastos. O problema aqui é que, caso haja um percentual significativo de gastos obrigatórios, poder-se-á chegar a uma situação de descontrole do endividamento público.[77]

Nesse sentido, Anwar Shah sugere que o atingimento da otimização das transferências intergovernamentais não pode se furtar à utilização de critérios quanto à necessidade dos gastos, a qual deve ser definida como o custo de prover níveis médios de eficiência para a existência dos diversos programas locais sem que se apliquem padrões subjetivos, como "nível mínimo de serviços" ou "nível razoável de serviços".[78]

Segundo André Castro Carvalho, as transferências aos entes subnacionais devem ser pautadas por critérios que efetivamente fomentem esse ganho de eficiência, de modo a se promover a tentativa de elevação do esforço fiscal desses entes ou, ainda, de se obter uma

---

[75] Esse é exatamente o caso brasileiro, que estabelece critérios fixos de repartição de recursos através do Fundo de Participação dos Estados (FPE) e do Fundo de Participação dos Municípios (FPM). Para mais detalhes, ver subitem 2.3.5 do item 2.3 no capítulo 2.

[76] TER-MINASSIAN, Teresa. Intergovernmental Fiscal Relations in a Macroeconomic Perspective: An Overiew. *In*: TER-MINASSIAN, Teresa (Ed.). *Fiscal Federalism in Theory and Practice*. Washington: International Monetary Fund, 1997. p. 12.

[77] Ibid., p. 12.

[78] SHAH, Anwar. *The Reform of Intergovernmental Fiscal Relations in Developing and Emerging Market Economies*. Washington: World Bank, 1994. p. 32.

maior *accountability*. E prossegue ao afirmar que a fixação de fórmulas para se garantir determinado nível de desempenho pode originar o estabelecimento de mínimos obrigatórios na prestação de serviços públicos aos entes inferiores pelo ente central.[79]

Há críticas, contudo, quanto à adoção da referida metodologia, pois, apesar de possibilitar um maior controle dos gastos dos entes subnacionais pelo governo central – o que, em regra, traz benefícios à implantação de políticas nacionalmente planejadas –, por outro lado atua como um elemento mitigador da discricionariedade das esferas inferiores, o que, por vias transversas, diminui o grau de responsabilidade dos governos locais – dado que as escolhas quanto aos gastos são realizadas pelo ente central – e, ainda, pode ocasionar ineficiências, por não considerarem as especificidades locais. Com relação a esta última hipótese, André Castro Carvalho faz alusão ao exemplo estabelecido por E. Ahmed e K. Baer[80] no sentido de que poderá haver a construção de uma escola, ainda que desnecessária, ao passo que o desenvolvimento de um precário sistema de saneamento ficará à revelia de seu efetivo aprimoramento.[81]

Em face das referidas inconsistências, a doutrina econômica tem criticado as transferências condicionais fechadas, isto é, vinculadas a certas despesas e com valores preestabelecidos. Apesar de reconhecer a vantagem na utilização delas com fins de equalização dos serviços públicos entre os entes federativos, também não se podem deixar de lado os problemas relacionados à diminuição da autonomia dos entes inferiores quanto à discricionariedade de escolhas de suas políticas públicas ótimas. Um modelo alternativo viável seria o estadunidense,[82] que prioriza a equalização pela eficiência, ou seja, a repartição de

---

[79] CARVALHO, André Castro. Mecanismos para a otimização do federalismo fiscal brasileiro. *In*: CONTI, José Mauricio; SCAFF, Fernando Facury; BRAGA, Carlos Eduardo Faraco (Org.). *Federalismo Fiscal*: Questões Contemporâneas. Florianópolis: Conceito Editorial, 2010, p. 179.

[80] AHMED, Ehtisham; BAER, Katherine. Colombia. *In*: TER-MINASSIAN, Teresa (Ed.). *Fiscal Federalism in Theory and Practice*. Washington: International Monetary Fund, 1997. p. 474.

[81] CARVALHO, André Castro. Mecanismos para a otimização do federalismo fiscal brasileiro. *In*: CONTI, José Mauricio; SCAFF, Fernando Facury; BRAGA, Carlos Eduardo Faraco (Org.). *Federalismo Fiscal*: Questões Contemporâneas. Florianópolis: Conceito Editorial, 2010. p. 181.

[82] André Castro Carvalho (ibid., p. 186) destaca, no entanto, algumas desvantagens do modelo estadunidense, como a dificuldade de os entes subnacionais mais desfavorecidos cumprirem as metas e, consequentemente, ficarem prejudicados com uma variável menor.

receitas sob um critério variável, coadunadas com a observância de determinadas metas que os entes menores deveriam cumprir.[83] Alternativa diversa seria a manutenção das transferências condicionais, mas com a adoção de mecanismos periódicos de ajustamento, apesar de existir certa hesitação quanto ao risco de esse modelo se transformar em um objeto de disputas políticas, dada a necessidade de revisão, com intervalos regulares, dos critérios de repartição.

Nesse sentido, André Castro Carvalho sugere a criação de comitês ou conselhos intergovernamentais para a promoção de estudos e adoção de critérios de repartição em períodos preestabelecidos, com representantes de todos os entes envolvidos, propondo, ainda, que o período de ajuste se dê no lapso de quatro anos, conforme ocorre na vigência do Plano Plurianual, em compatibilidade com a política orçamentária traçada pelo governo vigente.[84]

1.2 Generalidades do federalismo brasileiro

1.2.1 Características gerais

O Brasil adota a federação como forma de Estado, conforme a dicção dos artigos 1º e 18 da Constituição Federal,[85] os quais destacam, em linhas gerais, as suas principais características, a saber: a descentralização político-administrativa e a autonomia de todos os entes. Luís Roberto Barroso destrincha, com acuidade, os referidos atributos:

---

[83] AHMED, Ehtisham; CRAIG, Jon. Intergovernmental Transfers. *In*: TER-MINASSIAN, Teresa (Ed.). *Fiscal Federalism in Theory and Practice*. Washington: International Monetary Fund, 1997. p. 81.

[84] CARVALHO, André Castro. Mecanismos para a otimização do federalismo fiscal brasileiro. *In*: CONTI, José Mauricio; SCAFF, Fernando Facury; BRAGA, Carlos Eduardo Faraco (Org.). *Federalismo Fiscal*: Questões Contemporâneas. Florianópolis: Conceito Editorial, 2010. p. 189.

[85] Art. 1º A República Federativa do Brasil, formada pela união indissolúvel dos Estados e Municípios e do Distrito Federal, constitui-se em Estado Democrático de Direito e tem como fundamentos:
I - a soberania;
II - a cidadania;
III - a dignidade da pessoa humana;
IV - os valores sociais do trabalho e da livre iniciativa;
V - o pluralismo político.
Parágrafo único. Todo o poder emana do povo, que o exerce por meio de representantes eleitos ou diretamente, nos termos desta Constituição.
Art. 18. A organização político-administrativa da República Federativa do Brasil compreende a União, os Estados, o Distrito Federal e os Municípios, todos autônomos, nos termos desta Constituição.

O Brasil é uma República Federativa, na dicção expressa do art. 1º da Constituição de 1988. Federação traduz a forma de Estado, o modo como se reparte o poder político no âmbito do território, e tem por pressuposto a descentralização política. Daí resulta, segundo fórmula clássica, a existência de duas ordens jurídicas: a *federal*, titularizada pela União, e a *federada* (ou estadual), na qual cada Estado-membro exerce sua autonomia, isto é, sua capacidade de auto-organização, autogoverno e autoadministração nos limites definidos na Constituição. No caso brasileiro, reconhece-se, ainda, um terceiro nível de poder, representado pelos Municípios, igualmente investidos de autonomia pela Carta de 1988 (arts. 18, 29 e 30).[86] (Grifos do autor)

E prossegue ao elucidar outro elemento fundamental da federação:

Além do reconhecimento de autonomia às entidades estatais – isto é, de capacidade de autodeterminação dentro do espaço estabelecido pela Constituição – a ideia de Federação envolve, ainda, um outro conceito fundamental, que é o de *repartição de competências*. União, Estados e Municípios têm suas atribuições demarcadas pela Constituição Federal e estabelecem entre si relações que não têm a marca da hierarquia, mas a do desempenho por legitimação própria das funções constitucionalmente assinaladas.

Classicamente, as competências dos entes estatais costumam ser identificadas como *político-administrativas, legislativas e tributárias*. Na técnica adotada pela Constituição de 1988, União, Estados e Municípios têm competências exclusivas – que desempenham sem a participação de qualquer outro – e competências concorrentes, em áreas que comportam a atuação das diferentes esferas de poder.[87] (Grifos do autor)

Assim, ao determinar a descentralização política, a Constituição concede ferramentas para o seu efetivo exercício através da promoção da distribuição de competências – exclusivas ou concorrentes – administrativas, legislativas e tributárias entre todos os entes federativos, o que denota a ausência de hierarquia entre eles.

Não se pode deixar, no entanto, de destacar a formação de duas forças antagônicas no sistema federalista que, de modo concomitante, busca conciliar a unidade e a descentralização. Tal característica não passou despercebida por Raul Horta Machado:

---

[86] BARROSO, Luís Roberto. A Derrota da Federação: o colapso dos Estados e Municípios. *In*: BARROSO, Luís Roberto (Org.). *Temas de Direito Constitucional*. Rio de Janeiro: Renovar, 2001. p. 107.

[87] Ibid., p. 107.

A repartição de competências poderá acentuar a centralização, concentrando na União a maior soma dos poderes e competências, como se fez na Constituição Federal de 1967, ou consagrar a descentralização, reduzindo os poderes centrais e ampliando os poderes estaduais, ou ainda, afastando-se de soluções extremas, operar a dosagem das competências federais, estaduais e municipais, de modo a instaurar o equilíbrio entre o ordenamento central da Federação e os ordenamentos parciais, como me parece ser a tendência dominante na Constituição Federal de 1988.

No primeiro caso, a centralização de poderes gera o *federalismo centrípeto*; no segundo, a descentralização conduz ao *federalismo centrífugo* e, no terceiro, implanta-se o *federalismo de equilíbrio* que identifica o modelo contemporâneo da forma federal de Estado. A repartição de competências é a técnica que, a serviço da pluralidade dos ordenamentos do Estado Federal, mantém a unidade dialética de duas tendências contraditórias: a tendência à unidade e a tendência à diversidade.[88] (Grifos do autor)

Esses movimentos – centrífugo e centrípeto –, que, ao mesmo tempo, convergem e se chocam em busca do federalismo de equilíbrio, podem trazer distorções – e que efetivamente ocorrem – até que uma situação ótima venha a ser atingida. Ao se referir ao caso brasileiro, Giambiagi e Além consideram que:

Em economias grandes como a nossa, convivem, portanto, duas tendências opostas que devem ser conciliadas. Por um lado, o princípio da unidade do governo, associado ao desejo da integração nacional; e, por outro, as tendências regionalistas, que devem ser reconhecidas, ainda que condicionadas ao respeito ao poder central. Isso significa que os estados são politicamente fortes, têm representação importante e são atores integrantes dos centros decisórios ao mesmo tempo, porém, que o país se assenta em instituições e leis de caráter nacional.

A coexistência entre essas duas forças não impede que, ao longo da nossa história, tenham surgido, em maior ou menor intensidade, dois tipos de conflitos. O primeiro, entre o poder central e o das unidades subnacionais, caracterizado pelo enfrentamento entre o poder executivo e os governos estaduais. E o segundo, entre as regiões, representado pela dicotomia secular entre o sul – mais rico e politicamente mais forte – e o norte do país.[89]

---

[88] HORTA, Raul Machado. *Direito Constitucional*. 5. ed. atual. por Juliana Campos Horta. Belo Horizonte: Del Rey, 2010. p. 424.

[89] GIAMBIAGI, Fabio; ALÉM, Ana Cláudia. *Finanças Públicas Teoria e Prática no Brasil*. 5. ed. Rio de Janeiro: Elsevier, 2016. p. 347-348.

No caso do federalismo brasileiro, a conflituosidade entre as referidas forças contrastantes faz com que haja a conjugação de técnicas do federalismo dualista e do federalismo cooperativo, principalmente no que tange à distribuição de competências, conforme destaca José Mauricio Conti:

> Cumpre destacar que o federalismo brasileiro, relativamente ao modo pelo qual está organizado, tem algumas características de um federalismo dualista, na medida em que estabelece campos específicos de atuação para cada uma das entidades, delimitando a área de atuação da União, dos Estados-membros e dos Municípios.
>
> Por outro lado, também adota técnicas de um federalismo cooperativo, ao estabelecer campos de atuação concorrentes.
>
> Portanto, vê-se que o modelo brasileiro adota um sistema misto, incorporando tanto técnicas próprias do federalismo dualista quanto técnicas do federalismo cooperativo. É de se considerar predominante, no entanto, o aspecto cooperativo, que se vem observando de modo cada vez mais significativo nos Estados modernos, sendo esta uma tendência do federalismo atual.[90]

Assim, a existência de duas forças antagônicas no âmbito do federalismo conjugada com a adoção de técnicas distintas na distribuição de suas competências é uma adversidade que precisa de equalização sob pena de se incorrer em problemas inconciliáveis que, ao fim, poderão ocasionar desarmonia entre os interesses dos entes federativos. Nesse sentido, apesar de haver certo consenso quanto à previsão de um federalismo cooperativo na Constituição de 1988, autores como Celso Ribeiro Bastos fazem veemente crítica à excessiva centralização de atribuições dadas à União:

> O traço principal que marca profundamente a nossa já capenga estrutura federativa é o fortalecimento da União relativamente às demais pessoas integrantes do sistema. É lamentável que o constituinte não tenha aproveitado a oportunidade para atender ao que era o grande clamor nacional no sentido de uma revitalização do nosso princípio federativo. O Estado brasileiro na nova Constituição ganha níveis de centralização superiores à maioria dos Estados que se consideram unitários e que, pela via de uma descentralização por regiões ou por províncias, consegue um nível de transferência das competências tanto legislativas quanto

---

[90] CONTI, José Mauricio. *Federalismo Fiscal e Fundos de Participação*. São Paulo: Juarez de Oliveira, 2001. p. 24.

de execução muito superior àquele alcançado pelo Estado brasileiro. Continuamos, pois, sob uma Constituição eminentemente centralizadora, e se alguma diferença existe relativamente à anterior é no sentido de que esse mal (para aqueles que entendem ser um mal) se agravou sensivelmente.[91]

1.2.2 Centralizar ou descentralizar?

Conforme já explicitado no capítulo 1, é importante ter em mente que o atingimento do equilíbrio, em um Estado federativo, se trata de uma situação ótima a ser galgada. Na prática, no entanto, os modelos tendem ou à centralização excessiva, ou à descentralização desmedida, tamanha a dificuldade encontrada em face das peculiaridades dos diversos países ou regiões.

Ao longo da história, os Estados vêm adaptando os seus respectivos modelos federativos, considerando os acertos e desacertos advindos das necessárias conciliações políticas, jurídicas, econômicas e sociais. A propósito, também os Estados unitários tiveram que acomodar e adaptar os seus sistemas de descentralização administrativa. O padrão brasileiro não fugiu à regra. Assim é que, ao longo do tempo, a evolução da nossa forma federativa de Estado intercalou períodos de maior centralização no poder nacional (especialmente após a adoção do regime republicano) e intervalos com maior ênfase à autonomia dos entes subnacionais.[92]

Por sinal, Reverbel traz interessante arrazoado no que se refere, conforme as suas próprias palavras, "à realidade sem o nome". O autor expõe que, durante o Império, o Ato Adicional de 1834[93] – o qual

---

[91] BASTOS, Celso Ribeiro. *Curso de Direito Constitucional*. São Paulo: Saraiva, 1996. p. 263-264.

[92] Roberta C. Baggio (*Federalismo no Contexto da Nova Ordem Global*: Perspectivas de (Re) formulação da Federação Brasileira. Curitiba: Juruá, 2012. p. 77) considera que é possível afirmar que, muito mais do que cumprir o papel de manter a unidade na diversidade, o federalismo brasileiro permitiu, em todos os nossos momentos históricos, a acomodação de interesses políticos e econômicos. Tal acomodação ocorreu sempre por meio de alianças entre as elites dominantes que ora privilegiaram o setor agrário, ora o setor industrial e comercial. Essa prática, segundo a autora, se caracteriza como uma peculiaridade da Federação Brasileira, responsável pela solidificação de uma série de características perniciosas ao modelo de federação construído no Brasil, as quais construíram um *federalismo artificial*, ou melhor, um *federalismo de conveniência*, a serviço da distribuição de fatias de poder.

[93] O Ato Adicional de 1834, materializado na Lei nº 16, de 12.08.1834, alterou dispositivos constitucionais, dando maior autonomia às províncias, inclusive com a criação das assembleias legislativas provinciais, que passaram a ter competência para legislar, entre outros, sobre a divisão civil e judiciária da província; desapropriação por utilidade

promoveu a descentralização de boa parte das competências do centro às províncias – fez surgir um Estado federal nas bases da forma de governo monárquica. Vivenciamos, por conseguinte, um federalismo monárquico no solo brasileiro, apesar de a tese federalista ter sido perdedora na Constituinte do Império de 1824.[94]

Por outro lado, o autor adverte que presenciamos hoje o mesmo fenômeno do Brasil Império – o da "verdadeira realidade sem o nome" –, só que às avessas – "o verdadeiro nome sem a realidade" –, dado que a Constituição de 1988, apesar da opção por um federalismo cooperativo, de forma paradoxal, traz um dilatado rol de competências da União, tendo, ainda, ampliado significativamente a competência dos municípios, o que ocasionou, por vias reflexas, a diminuição da importância dos estados comparativamente ao papel participativo dos demais entes. Em alusão às suas argumentações:

> Cabe perguntar qual o papel dos Estados no Brasil? Eles realmente possuem a autonomia e a competência desejada? Estes Estados-membros exercem funções dignas de um verdadeiro Estado federal alemão, norte-americano ou canadense? Ou são simplesmente um castelo de areia no ar da imaginação de um federalismo descentralizado?
>
> O texto Constitucional de hoje parece corroborar nossa tese. As competências dos Estados podem ser contadas nos dedos de uma mão, como se diz na linguagem comum. O Título III, que trata da organização da forma do Estado (arts. 18 a 43) atribui praticamente todas as competências à União e aos Municípios, reservando, remanescendo, restando ao Estado apenas as competências que não lhes sejam vedadas por esta Constituição. Retirando a competência expressa para instituir seus impostos (art. 155), e a exploração do gás canalizado (art. 24, §2º), mais nada é de competência dos Estados.
>
> O federalismo brasileiro reserva aos Estados o que não lhes for vedado. O problema está exatamente neste ponto. O rol de competências da

---

provincial; polícia e economia municipal; a fixação de despesas e os impostos a elas necessários; construção de casas de prisão, trabalho e correção; casas de socorros públicos, conventos e quaisquer associações políticas ou religiosas; casos e a forma por que poderão os presidentes das províncias nomear, suspender e demitir os empregados provinciais. Para mais informações, o sítio eletrônico oficial do Senado Federal, através da coleção "Constituições Brasileiras", traz os principais fatos históricos da referida formação constitucional (NOGUEIRA, Octaciano. *Constituições brasileiras*, v. I. 3. ed. Brasília: Senado Federal, Subsecretaria de Edições Técnicas, 2012). Disponível em: https://www2.senado. leg.br/bdsf/bitstream/handle/id/137569/Constituicoes_Brasileiras_v1_1824.pdf. Acesso em: 14 nov. 2019.

[94] REVERBEL, Carlos Eduardo Dieder. *O federalismo numa visão tridimensional do Direito*. Porto Alegre: Livraria do Advogado, 2012. p. 127-133.

União é tão extenso (arts. 21, 22, 153), e a ampliação das competências dos Municípios é hoje de considerável extensão (arts. 30 e 156), que praticamente nada resta, sobra, remanesce, ou fica de resíduo ao Estado.[95]

O que era para ser a regra, em conformidade com o princípio da subsidiariedade – que permite a ação do governo central somente diante da impossibilidade dos demais entes –, as normas constitucionais transformaram em exceção. Não bastasse o extenso rol de competências privativas previstas nos artigos 21 e 22 atribuídas à União,[96] no âmbito da legislação concorrente (artigo 24 e seus parágrafos), a União não fica restrita apenas ao estabelecimento de normas gerais. Bem pelo contrário, tal mecanismo federativo vem sendo utilizado mais no sentido de ampliar a competência da União do que estabelecer normas gerais para posterior aplicação de normas especiais dos Estados. As normas gerais, em verdade, retiram competências dos Estados. Esses mecanismos, que deveriam ser cooperativos, não passam de um controle por parte da União das políticas sociais, duplicando a máquina administrativa do Estado.[97]

Corroborando o respectivo raciocínio, Alexandre de Moraes aduz que, se, teoricamente, a Constituição Republicana de 1988 adotou a clássica repartição de competências federativas, prevendo um rol taxativo de competências legislativas para a União e, dessa forma, mantendo os poderes remanescentes dos Estados-Membros, na prática não se verifica tal equilíbrio, exatamente, pelas matérias descritas no art. 22 do texto constitucional e pela interpretação política e jurídica que tradicionalmente se dá ao art. 24. Ao verificarmos as matérias do extenso rol de 29 incisos e um parágrafo do art. 22 da CF/88, é facilmente perceptível o desequilíbrio federativo no tocante à competência legislativa entre União e Estados-Membros, uma vez que há a previsão de quase a totalidade das matérias legislativas de maior importância para a União (direito civil, comercial, penal, processual, eleitoral, agrário,

---

[95] Ibid., p. 132.

[96] José Luiz Quadros Magalhães (*Poder Municipal*: paradigmas para o Estado Constitucional Brasileiro. Belo Horizonte: Del Rey, 1999. p. 212), em acirrada crítica às competências privativas da União, dispõe que "não existe razão de a Constituição Federal estabelecer, por exemplo, o sistema de governo e o sistema eleitoral dos Estados e Municípios. Se a autonomia política existente em uma federação caracteriza-se pela capacidade de auto-organização, autonormatização e autogoverno, a organização das esferas estatais federais, tanto em nível estadual como municipal, não devem ser regulamentadas pela União".

[97] REVERBEL, Carlos Eduardo Dieder. *O federalismo numa visão tridimensional do Direito*. Porto Alegre: Livraria do Advogado, 2012. p. 132.

marítimo, aeronáutico, espacial e do trabalho, desapropriação, águas, energia, informática, telecomunicações, radiodifusão, serviço postal, comércio exterior e interestadual, diretrizes da política nacional de transportes, regime de portos, navegação lacustre, fluvial, marítima, aérea e aeroespacial, trânsito e transporte, diretrizes e bases da educação nacional, registros públicos etc.).[98]

A tradicional interpretação política e jurídica que vem sendo dada ao art. 24 do texto constitucional, no sentido de que, nas diversas matérias de competência concorrente entre União e estados, a União pode discipliná-las quase integralmente, o que resulta na diminuta competência legislativa dos estados-membros, gerando a excessiva centralização nos poderes legislativos na União, caracteriza um grave desequilíbrio federativo.

Apesar de todas as expectativas com o advento da CF/88, no sentido de ocorrer uma profunda reformulação do pacto federativo brasileiro, acabamos por trazer à tona problemas vetustos, ainda que com uma roupagem diversa dos instrumentos anteriores. Daí por que Roberta C. Baggio adverte que leis e decretos não mudam a realidade de práticas tão enraizadas em uma cultura política; o processo é inverso, tais práticas é que costumam influenciar na elaboração das leis. Dessa forma, a nossa Constituição resguarda uma série de avanços em relação ao sistema federativo, sem livrar-se, contudo, de antigos vícios e rancores que a tornam portadora de diversas contradições.[99]

1.2.3 Assimetrias do modelo

A Constituição de 1988 estabeleceu duas forças contraditórias ao descentralizar os recursos federais e centralizar as competências legislativas na União, produzindo um desequilíbrio entre os movimentos

---

[98] MORAES, Alexandre de. Federação brasileira - necessidade de fortalecimento das competências dos estados-membros. *Revista de Direito Administrativo*, v. 251, 2009, p. 21.

[99] BAGGIO, Roberta Camineiro. *Federalismo no Contexto da Nova Ordem Global*: Perspectivas de (Re)formulação da Federação Brasileira. Curitiba: Juruá, 2012. p. 111-112. A autora chama a atenção, ainda, para a circunstância de a autonomia constitucional dada aos municípios não ter sido algo que nasceu da noite para o dia, sendo fruto de uma construção com raízes no Brasil Colônia, visto que existe uma tradição muito forte em nosso país da dominação a partir do local. Inicialmente, o domínio local esteve a serviço da Coroa portuguesa no processo de colonização e, mais tarde, na República, subordinado ao coronelismo. Assim sendo, muito natural foi a autonomia que os municípios receberam na CF/88, o que reforçou ainda mais a dominação das estruturas do poder a partir do local.

centrífugo e centrípeto, essenciais na presente análise.[100] Ressalta-se que mesmo a descentralização financeira foi marcada pela prevalência de transferências constitucionais de recursos em detrimento da arrecadação dos tributos pelos próprios entes federados. Assim, o arcabouço constitucional brasileiro apresentava a perigosa mistura de uma ampla autonomia para contrair empréstimos[101] com uma baixa capacidade de arrecadação de recursos, além de uma excessiva centralização de competências legislativas e de serviços no âmbito da União.[102]

Essa desproporcionalidade na distribuição de competências em favor da União trouxe graves implicações em diversas searas, mas, especialmente, no problema específico do endividamento público, máxime, na consideração do endividamento dos estados-membros perante a União. A aparente autonomia financeira dos entes subnacionais consagrada na Constituição de 1988, com a atribuição de competências tributárias próprias, bem como o repasse de maiores recursos por parte do governo central, logo foi desacreditada pela realidade.[103]

---

[100] Andrea de Quadro Dantas Echeverria e Gustavo Ferreira Ribeiro (O Supremo Tribunal Federal como árbitro ou jogador? As crises fiscais dos estados brasileiros e o jogo de resgate. *Revista Estudos Institucionais*, v. 4, n. 2, 2018, p. 656), em remissão a Celina Souza (Federalismo e Descentralização na Constituição de 1988: Processo Decisório, Conflitos e Alianças. *DADOS – Revista de Ciências Sociais*, v. 44, n. 3, 2001, p. 522), propugnam que uma questão fundamental foi o desmembramento das comissões, de modo que as subcomissões responsáveis pelas competências legislativas eram autônomas em relação às que iriam regulamentar a distribuição de recursos, fazendo com que o desenho das relações intergovernamentais e os possíveis conflitos daí decorrentes fossem feitos sem as devidas atenção e discussão.

[101] Os autores destacam que, à época, os estados detinham ampla autonomia nessa esfera, não havendo necessidade de autorização ou garantia da União no que tange à realização de operações de crédito.

[102] ECHEVERRIA, Andrea de Quadro Dantas; RIBEIRO, Gustavo Ferreira. O Supremo Tribunal Federal como árbitro ou jogador? As crises fiscais dos estados brasileiros e o jogo de resgate. *Revista Estudos Institucionais*, v. 4, n. 2, 2018, p. 655-656.

[103] José Augusto Moreira de Carvalho (*O federalismo fiscal brasileiro e o desvio de recursos*. 2010. 225 f. Tese (Doutorado em Direito) - Faculdade de Direito, Universidade de São Paulo, São Paulo, 2010, p. 112) considera que não se pode afirmar, realmente, que existe uma considerável descentralização de políticas no federalismo brasileiro, uma vez que grande parte dos gastos dos entes subnacionais se refere a despesas vinculadas (educação e saúde, por exemplo), sejam elas legais ou constitucionais, ou é objeto de transferências do governo central para aplicação em objetivos específicos, o que obriga a destinação desses recursos para a finalidade destinada pela União. Os estados e municípios não possuem autonomia plena, pois não conseguem estabelecer, com a flexibilidade necessária, suas próprias políticas, já que não são capazes de financiá-las com recursos próprios. É importante mencionar que o modelo acima representa apenas uma descentralização de funções, atuando os entes subnacionais, na maioria das vezes, como executores da política prescrita pelo poder central. Cria-se, assim, uma relação de dependência que é pérfida para a federação e põe em risco seu equilíbrio, incentivando a adoção de práticas clientelistas (até com características do coronelismo), pois, no mais das vezes, para a

Por ocasião da instituição do Plano Real e, consequentemente, da adoção de suas regras de austeridade, a privatização das empresas e bancos estaduais, responsável por retirar dos estados poder de gasto, aliado ao controle fiscal e ao movimento de descentralização, reforçou a tendência de redução do papel dos estados e de esvaziamento do poder de intermediário das relações intergovernamentais na federação brasileira. O processo levou à reconfiguração do nosso federalismo, com os municípios ganhando espaço e se articulando diretamente com a esfera federal. A União, ao contrário do que defendia o pensamento dominante da Constituição de 1988, assumiu o protagonismo ao concentrar recursos, definir programas de políticas públicas, repassar às outras esferas de governo verbas condicionadas, além de ter em mãos o controle sobre a política de renegociação das dívidas.[104]

Sérgio Prado indica três elementos desestruturantes do federalismo brasileiro, a saber: (i) inexistência de instituições voltadas para a preservação do equilíbrio vertical; (ii) debilidade das práticas e mecanismos de cooperação intergovernamental; e (iii) ausência da organização hierárquica típica das federações, onde os governos locais são subordinados aos governos intermediários.[105]

Com relação aos dois primeiros, o autor reconhece que, de fato, não se pode prescindir da função orientadora do governo central para promover a criação de instituições e mecanismos que garantam o equilíbrio e a cooperação entre os entes. O problema é que, no Brasil, uma das grandes dificuldades para o progresso de qualquer debate sobre esse tema esbarra na oportuna falta de interesse da União. Tendo conseguido inverter a correlação de forças em relação à reforma de 1988, não há por que esperar que a União ponha em debate o problema da distribuição vertical. Ela detém hoje uma posição de força, articulando-se diretamente com os municípios e isolando os estados de uma parte relevante das questões públicas federativas.[106]

E prossegue ao afirmar que uma importantíssima diferença entre o Brasil e a totalidade das demais federações existentes é que, desde

---

liberação de recursos pelo nível governamental superior acaba-se valorizando mais a linha partidária do ente subnacional que solicita esses recursos do que propriamente a necessidade da região por determinada alocação de bens e serviços.

[104] LOPREATO, Francisco Luiz Cazeiro. *Governos estaduais*: o retorno à debilidade financeira. São Paulo: UNICAMP, 2018, p. 4.

[105] PRADO, Sérgio. A questão fiscal na federação brasileira: diagnóstico e alternativas. *CEPAL*, 2007, p. 68.

[106] Ibid., p. 74.

a sua origem nos anos 1960, o modelo de equalização foi composto por dois dispositivos independentes, um para estados e outro para municípios. Isso é totalmente anômalo perante o padrão mundial de federações, no qual os governos locais são subordinados aos governos estaduais ou provinciais. Assim sendo, na virtual totalidade das demais federações existe basicamente um sistema de transferências equalizadoras que articula o governo federal aos governos intermediários, cabendo a estes redistribuir internamente os recursos para seus municípios.

O sistema brasileiro foi concebido dessa forma ao refletir uma peculiar tradição do país, qual seja, a autonomia dos governos locais. Desde então, a sua evolução só fez acentuar essa separação. Essa característica do sistema brasileiro o torna bastante diferente da realidade das federações mundiais porque a função de reduzir disparidades de capacidade de gasto entre municípios não é executada localmente, ao nível dos estados, mas é remetida para o nível federal.

O paradoxo dessa situação, para os governos estaduais, é que ocorre no Brasil o que não seria possível em nenhuma outra federação: a fragilização dos governos estaduais se estabelece em simultâneo ao que parece ser um efetivo processo de descentralização. Esse processo de forte transferência de encargos e recursos para os governos locais poderia ocorrer em qualquer outra federação e, de fato, registram-se a nível mundial alguns movimentos no sentido de ampliar a responsabilidade executiva dos municípios no gasto estadual/provincial. Em nenhum lugar, contudo, isso poderia ocorrer sem se traduzir também em um fortalecimento dos próprios governos estaduais, consideradas suas autoridades administrativas sobre os municípios.[107]

No Brasil, em face da autonomia municipal, temos três atores independentes, num jogo político mais complexo, no qual a dimensão estadual e regional tem cada vez menor importância nos planos político, de gestão e de planejamento. Os três competem ferozmente pelo controle dos recursos. O padrão que parece estar se delineando, a partir de 1990, é de uma articulação política harmoniosa entre governo federal e municípios, levando à marginalização dos governos estaduais. O governo federal mantém o controle dos programas nacionais e obtém os dividendos políticos deles derivados, enquanto os municípios gozam de elevada autonomia, atuando à distância do controle frágil e

---

[107] Ibid., p. 105-106.

descoordenado do governo federal. Com exceção da segurança pública, o governo federal mantém forte participação em todas as políticas mais diretamente articuladas às condições de vida da população. Em alguns setores, como a moderna versão da assistência social, o controle federal é absoluto. Os estados são excluídos, e os municípios atuam como operadores do sistema.[108]

É certo que as peculiaridades da federação brasileira, assim como ocorreu em todos os sistemas federalistas no mundo, têm como causa os fatores políticos, históricos, sociais e econômicos que moldaram os contornos e características do retrato brasileiro. Apesar de o Constituinte de 1988 ter pensado uma federação baseada na cooperação entre os entes, fato é que as tradições centralizadoras acabaram se impondo às aspirações e, consequentemente, os problemas de outrora ressurgiram e, quiçá, de forma ainda mais perniciosa.

Baggio ainda faz um importante – e preocupante – alerta quanto aos efeitos das novas relações internacionais para a moldura do sistema federativo brasileiro. Para a autora:

> A formação do Mercosul e o advento da Revolução tecnológica têm favorecido o acirramento da competição, privilegiando as regiões mais desenvolvidas e que podem oferecer maiores benefícios econômicos. Assim, o Mercosul foi formado com o intuito de fortalecer o comércio entre os países da América do Sul, em meio ao processo de globalização e, entretanto, tem servido para acirrar as relações intergovernamentais dos Estados brasileiros. No Brasil, o eixo Centro-Sul foi o privilegiado nas relações comerciais do Mercosul, implicando o detrimento das regiões menos desenvolvidas do Brasil – como o Nordeste – e o conse-quente agravamento das desigualdades sociais entre essas regiões.[109]

Os objetivos e metas para se alcançar um federalismo realmente cooperativo no Brasil ainda estão longe de serem atingidos, sendo que a ausência de mecanismos institucionais, que efetivamente estimulem o diálogo cooperativo, pode ser considerada uma de suas principais causas, contribuindo, ademais, para um sistema demasiadamente competitivo.

---

[108] Ibid., p. 121.

[109] BAGGIO, Roberta Camineiro. *Federalismo no Contexto da Nova Ordem Global*: Perspectivas de (Re)formulação da Federação Brasileira. Curitiba: Juruá, 2012. p. 136.

1.3 O federalismo norte-americano

1.3.1 Particularidades

Os Estados Unidos se organizam através de uma federação, composta pelo governo central, 50 (cinquenta) estados e numerosos governos locais, sendo que a sua Constituição não explicita as atribuições de cada esfera, contrariamente ao que ocorre em outros países federais. A 10ª Emenda dispõe, genericamente, que a matéria que não for da atribuição expressa do governo federal poderá ser regulamentada pelos estados, o que lhes faculta uma ampla margem relacionada à competência legislativa, incluindo a composição dos governos locais – os quais não são mencionados pela Constituição norte-americana –, e que, por conseguinte, ocasiona diferenças substanciais entre as estruturas organizativas dos estados.[110]

Segundo Schroeder, o *Census Bureau*[111] reconhece cinco tipos básicos de unidades de governo local. Três deles – condados, municípios e cidades – são governos de propósito geral, que se destinam a fornecer uma variedade de serviços públicos. Há também os governos locais de finalidade limitada, que são os governos distritais escolares e os governos distritais especiais.[112]

Embora haja uma subordinação dos governos locais em face dos regionais, a natureza de suas relações varia de estado para estado. Em alguns estados (por exemplo, New Hampshire), os governos locais desempenham um papel dominante em termos de despesa e atribuição de receita, enquanto em outros (por exemplo, Havaí), as suas funções são reduzidas. Além disso, o relacionamento entre os governos locais também varia, a depender do estado de suas localizações. Em alguns estados (por exemplo, Massachusetts), os municípios são a forma dominante de governo local, enquanto em outros (por exemplo, Maryland), os condados são mais significativos.[113]

---

[110] SCHROEDER, Larry. Local Government Organization and Finance: United States. *In*: SHAH, Anwar (Ed.). *Local Governance in Industrial Countries – Public Sector Governance and Accountability Series*. Washington, D.C.: The World Bank, 2006. p. 314.

[111] O *Census Bureau* fornece dados sobre a população e a economia dos EUA. Disponível em: https://www.usa.gov/federal-agencies/u-s-census-bureau. Acesso em: 13 dez. 2019.

[112] Ibid., p. 314.

[113] STOTSKY, Janet G.; SUNLEY, Emil M. United States. *In*: TER-MINASSIAN, Teresa (Ed.). *Fiscal Federalism in Theory and Practice*. Washington, D.C.: International Monetary Fund, 1997. p. 359-360.

No sistema federalista americano, os partidos não necessitam fechar determinadas questões a nível federal. As diversidades existentes em cada estado são evidenciadas em seus sistemas legais, o que permite um tratamento diferenciado para os desiguais. Problemas como divórcio, legislação penal e limites de endividamento são discutidos em cada estado, separadamente, não havendo a necessidade de uniformização das leis. Assim, o sistema americano permite a união sem necessariamente haver uniformidade. Essa possibilidade encoraja a experimentação. Os cinquenta estados americanos funcionam como cinquenta "pequenos laboratórios". Se os programas ou as leis adotadas por um estado não dão certo, o problema fica restrito a seu território. Por outro lado, se funcionam a contento, servem de exemplo para os outros estados e, também, para o governo nacional.[114]

Conforme já comentado no item anterior, o federalismo não fora criado ou se desenvolveu de modo homogêneo entre os países, dadas as peculiaridades locais. O processo de formação do federalismo nos Estados Unidos, engendrado, de um lado, pelo reforço à dualidade de competências com poucas atribuições à União e, de outro, pelo estímulo à competição entre os Estados, está diretamente relacionado à sua história, sendo certo que esse país foi o primeiro a adotar a forma federativa de estado no mundo.

Ao finalizar os trabalhos da Convenção de Filadélfia, os delegados firmaram o conteúdo da Constituição Federal de 1787, distribuídos em sete artigos, que representavam o texto constitucional original.[115] A partir da compilação dos artigos publicados por Alexander Hamilton, James Madison e John Jay no jornal *Daily Advertiser*, assinados pelo pseudônimo de *Publius*, recebendo o nome *The Federalist Papers*, que extraíram os seus fundamentos da obra *L'Esprit des lois*, de Montesquieu,[116]

---

[114] FERREIRA, Ivan Fecury Sydrião. *A Economia Política do Endividamento Público em uma Federação*: um estudo comparativo entre o Brasil e os Estados Unidos. 1998. 77 f. Dissertação (Mestrado em Administração Pública e Governo) - FGV/EAESP, São Paulo, 1998, p. 18-19.

[115] Augusto Zimmermann (*Teoria Geral do Federalismo Democrático*. 2. ed. Rio de Janeiro: Lumen Juris, 2014. p. 253-254) informa que, após a finalização do texto, procedeu-se a uma dualidade de opiniões, favoráveis e contrárias ao documento. As áreas urbanas e costeiras puseram-se a favor do documento porque, em tais regiões, mais ricas e cosmopolitas, predominavam interesses comerciais ansiosos por uma política econômica centralizada. Reciprocamente, a Constituição despertava o receio das áreas provinciais e pequenas fazendas devido, nessas regiões, à predominância dos interesses mais agrários e descentralistas, que observaram muito pouca conveniência na formação de um governo central mais forte.

[116] Montesquieu, na referida obra, foi o primeiro a evidenciar a expressão "república federativa", especificamente no Capítulo I do Livro Nono, que trata das leis na relação que

advieram intensos debates entre federalistas – favoráveis ao fortalecimento do poder central – e antifederalistas, que, por sua vez, não desejavam ratificar o texto constitucional, uma vez que pretendiam preservar os poderes regionais, além de se insurgirem contra a ausência expressa de uma declaração formal de direitos, conforme esclarece Zimmermann no texto abaixo:

> Muitos destes escritos políticos focalizavam o problema da ausência de uma declaração formal de direitos no texto constitucional preparado pelos convencionais de 1787. Os antifederalistas, ao seu modo, afirmavam que, sem ela, a Constituição não protegeria adequadamente os cidadãos contra os possíveis abusos do novo poder central. Os federalistas, contudo, contra-argumentavam ser declaração de direitos totalmente desnecessária porque, além do fato de os Estados-membros já as possuírem, à União não havia sido reservada nenhuma competência além daquelas previamente estabelecidas na Carta de 1787.
>
> [...]
>
> Ao final, os federalistas acabaram cedendo à pressão popular, reconhecendo a importância das emendas protetoras dos direitos individuais contra os novos poderes do governo nacional.[117]

Portanto, somente após a concordância, por parte dos federalistas, em aceitar uma declaração de direitos é que foram possíveis a aprovação e promulgação da Constituição, composta pelas dez primeiras emendas à Constituição norte-americana, que, em seu conjunto, são conhecidas como a *Bill of Rights*. Apesar das diferenças entre essas duas correntes de pensamento – basicamente relacionadas à repartição de poderes entre o centro e as periferias –, não se pode deixar de

---

possuem com a força defensiva. Montesquieu, ao se referir aos exemplos da Grécia antiga e da Alemanha, da Holanda e das Ligas Suíças no século XVIII, ressalta as vantagens da referida organização, especificamente quanto à união de esforços direcionados a forças externas e ao surgimento de conflitos internos. Em suas próprias palavras: "Se uma república for pequena, ela será destruída por uma força estrangeira; se for grande, será destruída por um vício interior. Esta forma de governo é uma convenção segundo a qual vários Corpos políticos consentem em se tornar cidadãos de um Estado maior que pretendem formar. É uma sociedade de sociedades, que formam uma nova sociedade, que pode crescer com novos associados que se unirem a ela. [...] O espírito da monarquia é a guerra e o crescimento; o espírito da república é a paz e a moderação. Estes dois tipos de governo só podem subsistir forçados numa república federativa" (MONTESQUIEU, Charles de Secondat, Baron de. *O espírito das leis*. Tradução Cristina Murachco. 3. ed. São Paulo: Martins Fontes, 2005. p. 141-143).

[117] ZIMMERMANN, Augusto. *Teoria Geral do Federalismo Democrático*. 2. ed. Rio de Janeiro: Lumen Juris, 2014. p. 254-255.

mencionar que ambas eram árduas defensoras das conquistas liberais tão almejadas pela revolução.[118]

A corrente teórica liberal, entusiasta da supremacia dos interesses individuais, acata como eixo central a não intervenção estatal nos assuntos econômicos, tendo as suas premissas dado origem ao federalismo dual norte-americano, com uma estrita repartição de competências entre os entes, cabendo à União as competências enumeradas na Constituição e, aos estados, as competências residuais, tendo estes, por conseguinte, permanecido com uma ampla liberdade legislativa, pois podem regulamentar qualquer matéria que não esteja expressamente reservada ao governo federal. Ao mesmo tempo, havia a preocupação em se resguardar o poder unificador do ente central, o que fez com que, nessa fase embrionária do federalismo norte-americano, o papel desempenhado pela Suprema Corte fosse da maior relevância, tendo contribuído, inclusive, para o surgimento de uma lacuna legislativa.

Nesse sentido, na segunda metade do século XIX, a Suprema Corte negou competência aos estados para a regulamentação de atividades econômicas. No entanto, ao mesmo tempo, a União se omitia nesse campo, provavelmente porque não havia recebido expressamente a competência para intervir. Em consequência, segundo Dallari,[119] em referência a Corwin,[120] criou-se um "reino de não poder", uma "zona de penumbra", uma "terra de ninguém", em que as grandes empresas puderam agir livremente, fora de qualquer controle.[121]

Com o passar dos anos e com a alternância de poder – ora a Corte privilegiava a concentração de atribuições na esfera federal, ora na estadual, conforme as fases de evolução do federalismo dual norte-americano[122] –, no exato momento de prevalência de um período

---

[118] BAGGIO, Roberta Camineiro. *Federalismo no Contexto da Nova Ordem Global*: Perspectivas de (Re)formulação da Federação Brasileira. Curitiba: Juruá, 2012, p. 34.

[119] DALLARI, Dalmo de Abreu. *O Estado Federal*. São Paulo: Ática, 1986. p. 42.

[120] CORWIN, Edward S. *American Constitutional History*. New York: Harper & Row, 1964.

[121] A ausência de regulamentação é tida como uma das causas que originou a crise econômica no final dos anos 20 do século passado, conhecida como a "Grande Depressão", que teve como ápice o *crash* da Bolsa de Nova Iorque.

[122] Roberta Camineiro Baggio (*Federalismo no Contexto da Nova Ordem Global*: Perspectivas de (Re)formulação da Federação Brasileira. Curitiba: Juruá, 2012. p. 36), em referência a André Mathiot (El federalismo em Estados Unidos. *In*: BERGER, Gaston (Org.). *Federalismo y Federalismo Europeo*. Madrid: Tecnos, 1965. p. 237-239), cita as seguintes fases: *1ª fase*: até 1800. É um período de disputas das concepções federalistas em fase de sedimentação. *2ª fase*: 1801-1835. Este é o período em que a Suprema Corte é presidida pelo juiz Marshall, que elaborou a teoria dos poderes implícitos em favor do governo federal e opôs-se a várias

conservador da Corte Constitucional, a política econômica liberal entra em declínio, tendo o governo central optado, dadas as condições adversas, por uma maior intervenção de sua parte nos rumos da economia, etapa esta conhecida como *Welfare State*, em que se inaugurava uma nova fase do federalismo norte-americano, com um viés de cooperação.

O federalismo cooperativo norte-americano alterou a concepção até então dominante e, paulatinamente, ocorreu a concentração de poderes na esfera federal, sendo que a cooperação fora implantada de forma vertical, principalmente através da ajuda financeira dada pelo governo federal aos estados-membros. A "cooperação" da União não pode ser compreendida, no entanto, em um sentido amplo, pois, com a concessão de subvenções condicionadas – em que a União estipulava previamente toda a sorte de investimentos e de políticas públicas que seriam realizados –, não se pode negar o caráter impositivo – e, talvez, até mesmo autoritário para muitos[123] – da política federal. Segundo Schwartz:

> Desde 1862, a concessão de subvenções federais sob condição tornou-se comum no sistema americano. Isto passou a ser especialmente verdadeiro a partir da crise econômica de 1929. Muitos dos estados, individualmente, não possuíam os recursos requeridos para a tomada das vastas medidas de alívio e reabilitação necessárias para a ressuscitação de suas economias. Somente o governo de Washington, que, sozinho, podia arrecadar impostos através de todo o país, podia reunir os recursos financeiros necessários.
>
> Um extenso sistema de subvenções federais destinado a permitir que os estados reabilitassem suas economias e a conceder ajuda aos indivíduos

---

leis elaboradas pelos estados-membros, declarando-as inconstitucionais. *3ª fase*: 1836-1864. O Tribunal é presidido pelo juiz Taney, um democrata. Nesse período, ocorre uma espécie de equilíbrio das decisões da Corte, tanto em reconhecer as prerrogativas do poder central quanto a dos estados-membros. *4ª fase*: 1865-1937. Este é o período de reconstrução do país após a guerra civil. O tribunal passa a ser republicano e absolutamente conservador. Todas as suas interpretações foram no sentido de diminuir o poder do governo federal. *5ª fase*: a partir de 1938. A Suprema Corte volta a ser democrata, negando as decisões anteriores da Corte republicana. Este é o período de reconhecimento do *New Deal*.

[123] De acordo com Baggio (ibid., p. 45-46), a própria Corte Suprema, em 1935, declarou o *New Deal* como um conjunto de políticas autoritárias por parte do presidente, que desrespeitavam a autonomia dos estados-membros e do pacto federativo. Apenas em 1937, a Corte começou a aceitar e a reconhecer a legitimidade constitucional dos atos intervencionistas praticados pelo governo federal. Em 1941, no caso U.S. *versus* Derby, a Suprema Corte avançou definitivamente no sentido de não mais aplicar os preceitos do federalismo dual, quando reconheceu a constitucionalidade da Lei dos Padrões de Trabalho Justo, promulgada pelo Congresso em 1938.

sem condições de cuidar deles próprios constituiu uma parte importante das medidas do *New Deal*. Mas a dádiva do governo federal não era mais concedida sem qualificações. Condições substanciais foram impostas por Washington aos estados que aceitavam suas subvenções, as quais, na verdade, correspondiam à rigorosa supervisão federal dos planos de renascimento econômico empreendidos pelos estados.[124]

Esse período "cooperativo" do federalismo norte-americano perdurou até o início dos anos 70 do século passado, quando, após uma série de externalidades, como a guerra do Vietnã, a quebra do sistema Bretton Woods e a crise do petróleo, concomitante a crises fiscais, em face, primordialmente, do acentuado e contínuo aumento dos gastos públicos, o que acabou contribuindo para um crescimento elevado do endividamento estatal, o governo de Ronald Reagan dera início à implantação do projeto neoliberal, estabelecendo uma nova configuração das relações federativas, a qual recebeu a denominação de *new federalism*, com o retorno das ideias de não intervenção estatal. Conforme nos esclarece Baggio:

> Seus principais teóricos declaravam-se contrários às políticas keynesianas do Estado de Bem-Estar Social porque estas impediam o controle da inflação e o consequente crescimento dos lucros que seria o verdadeiro combustível de qualquer economia capitalista. Pregavam, assim, a liberalização do câmbio, a diminuição da máquina estatal e de suas funções como forma de reduzir o déficit público e o controle governamental sobre as transações econômicas.[125]

Milton Friedman,[126] um dos principais teóricos da corrente econômica neoliberal, criticava a política de estímulo aos investimentos, com o aumento de gastos públicos, o que, segundo ele, ocasionava déficits fiscais recorrentes. A crítica aos keynesianos, em termos gerais, se concentrava no crescimento das despesas obrigatórias, o que fazia com que o estímulo – o qual, em tese, seria apenas no curto prazo – se

---

[124] SCHWARTZ, Bernard. *O federalismo Norte-Americano Atual*: uma visão contemporânea. Tradução de Elcio Cerqueira. Rio de Janeiro: Forense Universitária, 1984. p. 41.

[125] BAGGIO, Roberta Camineiro. *Federalismo no Contexto da Nova Ordem Global*: Perspectivas de (Re)formulação da Federação Brasileira. Curitiba: Juruá, 2012. p. 53.

[126] Em seu livro *Capitalism and Freedom*, originalmente editado em 1962, no capítulo V, que trata da política fiscal, Friedman traz ampla argumentação crítica à teoria anticíclica de Keynes. Em versão mais atualizada, ver: FRIEDMAN, Milton. *Capitalism and Freedom*. 40. ed. Chicago/USA: University of Chicago, 2002.

alongasse no tempo, gerando o risco inflacionário. Ocorre que déficits orçamentários contínuos levam à necessidade de aumento da carga tributária, o que era muito criticado por ele, pois defendia que a política fiscal de equilíbrio deveria adotar a diminuição de tributos em períodos de retração, e o aumento, em períodos de expansão.

O advento da referida teoria, que prezava, antes de tudo, pelo valor liberdade, provocou um novo concerto federativo, que acabou por reduzir a participação da esfera federal,[127] sendo que cada estado passou a ser responsável pela elaboração, execução e manutenção dos seus próprios programas sociais, fenômeno este que, no entanto, não significou um retorno ao federalismo dual das origens da federação norte-americana, muito em função da permanência da intensa dependência financeira dos estados em face da União. Houve uma contínua substituição das transferências condicionadas a finalidades preestabelecidas pelo governo federal (*categorical grants*) pelas transferências em bloco (*block grants*), as quais, apesar de direcionadas a funções e atividades específicas, possibilitavam uma maior liberdade quanto ao modo de aplicação dos recursos por parte dos entes subnacionais, conferindo-lhes, por conseguinte, uma maior autonomia quanto ao aspecto da execução da política pública.

Em 18 de fevereiro de 1981, o presidente Reagan discursou em uma sessão conjunta do Congresso e propôs a consolidação de 84 (oitenta e quatro) *categorical grants* existentes em 6 (seis) novas *block grants*, além de ter solicitado reduções significativas de financiamento para várias subvenções condicionadas de manutenção de renda, incluindo assistência à moradia (aluguel), cupons de alimento (agora Programa de Assistência Nutricional Suplementar), *Medicaid* e treinamento profissional. O Congresso aprovou, posteriormente, a Lei de Reconciliação Orçamentária de 1981, que consolidou 77 (setenta e sete) *categorical grants* e 2 (duas) *block grants* anteriores em 9 (nove) novas *block grants*.[128]

---

[127] Bernard Schwartz (*O federalismo Norte-Americano Atual*: uma visão contemporânea. Tradução de Elcio Cerqueira. Rio de Janeiro: Forense Universitária, 1984. p. 65), ao mencionar notícia jornalística da época (*The New York Times*, 26 de janeiro de 1983, p. A-14), dispõe que, em sua mensagem anual sobre o Estado da União, em 25 de janeiro de 1983, o presidente declarou que a sua proposta se destinava a "restaurar para os estados e para os governos municipais seu papel como laboratórios dinâmicos de mudança numa sociedade criativa".

[128] DILGER, Robert Jay; CECIRE, Michael H. *Federal Grants to State and Local Governments*: A Historical Perspective on Contemporary Issues. Washington/USA: Congressional Research Service, 2019. p. 29.

De fato, com o incremento da descentralização administrativa da União em direção aos estados,[129] houve um acréscimo considerável de implantação de programas sociais na esfera regional. Ocorre que, desde a época do federalismo dual, a autonomia tributária dos entes subnacionais era relativizada e encontrava limites na ampla liberdade do comércio interestadual,[130] o que, por sua vez, favorecia o surgimento de um ambiente de ampla competição entre eles. Em outras palavras, os estados não eram tão "autônomos" assim para instituírem tributos. Caso o fizessem, se encontrariam em desvantagem em face dos estados que privilegiassem a instituição de benefícios fiscais. Daí por que, apesar do aumento de atribuições relacionadas à implantação de políticas sociais, a maioria dos estados não possuía arrecadação tributária suficiente para atendê-las.

Nessa direção, Baggio informa que, no final do mandato do presidente George Bush, em 1993, até os estados ricos, como a Califórnia, passavam por grandes dificuldades financeiras. Nova Iorque, por exemplo, tinha um déficit público de mais de US$3 bilhões. Todas essas constatações levam ao correto raciocínio no sentido de que tanto estados ricos como pobres tiveram grandes dificuldades na implementação dos programas sociais.[131]

O federalismo norte-americano – como ocorreu com os demais países – também teve que se ajustar às modificações sociais, políticas e

---

[129] William Fox (United States of America. *In*: SHAH, Anwar (Ed.). *The Practice of Fiscal Federalism*: Comparative Perspectives. A Global Dialogue on Federalism – Volume IV. Québec/Canadá: McGill-Queen's University, 2007. p. 350) menciona o princípio da subsidiariedade, o qual, nesse período, voltou a ser um argumento de reforço aos críticos da centralização, uma vez que os estados, por se encontrarem mais próximos dos problemas que ocorriam em cada região, estariam mais aptos para resolvê-los.

[130] Conforme Fox (ibid., p. 356), a Constituição dos EUA impõe duas restrições básicas às ações fiscais dos governos estaduais e locais. A primeira proíbe os estados de discriminarem o comércio interestadual. Essa limitação decorre da uma cláusula de comércio implícita porque não é expressamente mencionada na Constituição dos EUA. A segunda proíbe os estados de tributar o comércio internacional. A limitação de tributação do comércio internacional não surge como um assunto frequente, embora tenha sido amplamente discutida há uma década, quando alguns estados procuraram usar uma abordagem unitária uniforme para tributar a renda das empresas. Além disso, a Constituição dos EUA supera as constituições estaduais quando surgem conflitos entre elas. As limitações decorrentes às distorções que os estados podem trazer ao comércio interestadual são impostas pelas restrições dos tribunais federais nas ações estaduais e pela legislação do Congresso. A Constituição dos EUA dá ao Congresso controle sobre o comércio interestadual, o que significa que a legislação do Congresso pode definir quando os estados violam o comércio interestadual.

[131] BAGGIO, Roberta Camineiro. *Federalismo no Contexto da Nova Ordem Global*: Perspectivas de (Re)formulação da Federação Brasileira. Curitiba: Juruá, 2012. p. 61.

econômicas no decorrer dos séculos. Talvez por possuir fortes raízes em um acerto do tipo dual, reservando aos estados uma ampla liberdade legislativa, na prática, teve que conviver com variadas duplicações de atribuições administrativas e tributárias, o que acabou por gerar certa complexidade ao sistema, a ponto de, por exemplo, ocorrer o aproveitamento múltiplo de fontes de impostos por esferas diversas de poder.

Não há como contestar, no entanto, o valor que a sociedade norte-americana atribui à liberdade econômica. Um exemplo pode ser extraído das palavras de Peterson, que, apesar de reconhecer o papel importante do governo federal no combate às desigualdades, atribui aos governos subnacionais a promoção do desenvolvimento econômico do país. Para ele, não se consegue equidade social se houver um comprometimento das capacidades dos governos regionais e locais para alavancar o crescimento econômico.[132]

1.3.2 Transferências intergovernamentais

Os governos estaduais e locais dos Estados Unidos desempenham um papel relativamente importante quanto às despesas totais. A título de exemplo, estimativas preliminares para 2003 mostram que os gastos correntes e de investimento bruto de todos os níveis governamentais representavam 18,7% do produto interno bruto, sendo que, do total desses gastos, mais de três quintos (63,1 por cento) foram realizados por governos subnacionais.[133] Em face das maiores restrições das esferas regionais para a instituição de uma ampla base tributária,[134]

---

[132] PETERSON, Paul E. *The Price of Federalism*. Washington D.C.: The Brookings Institution, 1995. p. 195.

[133] SCHROEDER, Larry. Local Government Organization and Finance: United States. *In*: SHAH, Anwar (Ed.). *Local Governance in Industrial Countries – Public Sector Governance and Accountability Series*. Washington, D.C.: The World Bank, 2006. p. 322.

[134] Stotsky e Sunley (STOTSKY, Janet G.; SUNLEY, Emil M. United States. *In*: TERMINASSIAN, Teresa (Ed.). *Fiscal Federalism in Theory and Practice*. Washington D.C.: International Monetary Fund, 1997. p. 364) afirmam que a Constituição dos EUA concede aos governos federais e estaduais poderes tributários independentes, enquanto os governos locais recebem os seus poderes para tributar dos governos estaduais. Cada governo impõe seus próprios impostos. Não há impostos compartilhados, embora mais de um governo possa explorar as principais fontes de receita. Larry Schroeder (Local Government Organization and Finance: United States. *In*: SHAH, Anwar (Ed.). *Local Governance in Industrial Countries – Public Sector Governance and Accountability Series*. Washington/D.C.: The World Bank, 2006. p. 342) complementa os esclarecimentos anteriores ao afirmar que, de fato, não há compartilhamento de receitas tributárias do governo federal para os demais níveis de governo. No entanto, como a estrutura tributária é organizada por cada estado dentro de seu respectivo território, em alguns casos, há compartilhamento de receitas tributárias com os governos locais.

as transferências intergovernamentais foram, ao longo dos anos, alcançando um papel de destaque nas relações entre os entes federativos.[135]

Há três tipos principais de transferências intergovernamentais verificados durante o desenvolvimento do federalismo nos EUA: subvenções categóricas (*categorical grants*), subvenções em bloco (*block grants*) e compartilhamento geral de receita (*general revenue sharing*). As subvenções categóricas podem ser usadas apenas em programas auxiliares específicos e geralmente são limitadas a atividades predefinidas. As subvenções em bloco se direcionam para um conjunto determinado de programas e geralmente não se restringem a atividades previamente delimitadas. O compartilhamento geral de receita pode ser usado para qualquer finalidade não expressamente proibida por leis federais ou estaduais e não se limita a atividades definidas de forma restrita.[136]

As concessões categóricas normalmente impõem maiores restrições aos destinatários. Os administradores federais têm um alto grau de controle sobre os entes recebedores dos recursos (os destinatários devem solicitar financiamento à agência federal apropriada e competir com outros possíveis interessados que também atendam aos critérios de elegibilidade especificados pelo programa); os beneficiários têm relativamente pouca discricionariedade em relação às atividades assistidas (os recursos devem ser usados para fins específicos); e existe um grau relativamente alto de condições administrativas federais associadas à concessão, geralmente envolvendo a imposição de padrões federais para planejamento, seleção de projetos, gerenciamento fiscal, organização administrativa e desempenho.[137]

O compartilhamento geral de receita impõe o mínimo de restrição aos destinatários. Os administradores federais têm um baixo grau de discricionariedade sobre quem o recebe (o financiamento é alocado automaticamente aos destinatários por fórmulas especificadas na legislação); os beneficiários têm ampla margem de manobra em relação às atividades assistidas; e existe um grau relativamente baixo de condições administrativas federais associadas à concessão, geralmente envolvendo

---

[135] Embora Schroeder (ibid., p. 330) reconheça que os governos estaduais norte-americanos realizem uma parcela substancial de seus gastos com os seus próprios recursos tributários, sendo que em torno de 70% de suas receitas totais são derivadas de suas próprias fontes arrecadatórias.

[136] DILGER, Robert Jay; CECIRE, Michael H. *Federal Grants to State and Local Governments*: A Historical Perspective on Contemporary Issues. Washington/USA: Congressional Research Service, 2019. p. 2.

[137] Ibid., p. 3.

exigências relacionadas à emissão de relatórios periódicos e aplicação de procedimentos-padrão de contabilidade governamental.[138]

No que tange à liberdade de ação dos entes beneficiários dos recursos, as subvenções em bloco se encontram no meio-termo entre as categóricas (baixo grau de discricionariedade) e as de compartilhamento geral (amplo grau de discricionariedade). Os administradores federais têm pouco poder de decisão sobre a escolha do ente que recebe as subvenções (primeiramente, faz-se uma reserva de recursos para a administração e outras atividades especificadas e, somente após esta fase, os valores restantes são alocados, de forma automática, aos destinatários através de fórmulas especificadas na legislação); os destinatários têm alguma margem de manobra em relação às atividades a serem auxiliadas (normalmente, os recursos podem ser usados para uma gama específica de atividades em uma única área funcional); e há um grau moderado de condições administrativas federais vinculadas à concessão, geralmente envolvendo exigências além da emissão de relatórios periódicos e de aplicação de procedimentos-padrão de contabilidade governamental, mas com menos condições associadas à concessão do que aquelas verificadas nas subvenções categóricas.[139]

No início do federalismo americano, há registros de doações pontuais do governo central aos estados, a exemplo de doações de terras públicas, para que se promovesse o desenvolvimento de escolas e universidades, de estradas, canais e ferrovias; e, ainda, em 1837, em face de um superávit de US$28 milhões do Tesouro Federal, o referido montante fora distribuído aos estados em proporção de suas representações no Congresso. Esses casos iniciais envolveram concessões simples e sem condições, não havendo sequer qualquer tentativa de regulamentar nem mesmo a maneira pela qual as subvenções federais poderiam ser usadas.[140]

Uma mudança fundamental de abordagem veio com uma lei federal de 1862, que concedeu terras públicas aos estados sob a condição de que eles criassem *colleges* que ensinassem questões agrícolas e mecânicas. Essa lei foi um marco no rumo das subvenções federais,

---

[138] Ibid., p. 4.

[139] Ibid., p. 4.

[140] SCHWARTZ, Bernard. *O federalismo Norte-Americano Atual*: uma visão contemporânea. Tradução de Elcio Cerqueira. Rio de Janeiro: Forense Universitária, 1984. p. 41, em referência a CLARK, Jane Perry. *The Rise of a New Federalism*: Federal-State Cooperation in the United States. New York/USA: Columbia University, 1938. p. 140.

pois, a partir daí, as concessões passaram a ser condicionadas, ou seja, em troca do cumprimento de certas contrapartidas. Esse instrumento passou a ser reforçado durante o *New Deal* sob rigorosa supervisão federal, visto que as subvenções tinham como objetivo a implantação dos planos de recuperação econômica.[141]

Diante do desemprego nacional sem precedentes e das dificuldades econômicas, o presidente Franklin Delano Roosevelt defendeu uma expansão dramática do papel do governo federal nos assuntos domésticos durante a sua presidência, incluindo uma expansão dos programas federais de transferências financeiras como forma de auxiliar os governos estaduais e locais no combate à pobreza e na criação de empregos. O Congresso aprovou 16 (dezesseis) novas subvenções federais contínuas para os governos estaduais e locais, no período de 1933 a 1938, além de ter aumentado o financiamento para as já existentes, na ordem de US\$214 milhões no exercício financeiro de 1932 para US\$790 milhões em 1938.[142] Após uma diminuição no ritmo dos repasses para os entes subnacionais durante a Segunda Guerra Mundial, ao término desta, os estados passaram a receber recursos federais no padrão anterior à guerra.[143]

O sistema de subvenções federais passou a ocupar papel de destaque, sendo que, no início da década de 80 do século passado, a assistência nacional aos governos estaduais e municipais excedeu US\$90 bilhões e constituiu cerca de 25 por cento de todos os gastos dos governos estaduais e municipais.[144] Apesar do reconhecimento no sentido de o referido sistema se basear em um modelo cooperativo, que proporcionou os padrões de serviços públicos necessários – serviços que muitos estados não teriam condições de fornecer isoladamente –, fora constatado certo desequilíbrio na distribuição dos recursos entre os

---

[141] Ibid., p. 41.

[142] DILGER, Robert Jay; CECIRE, Michael H. *Federal Grants to State and Local Governments*: A Historical Perspective on Contemporary Issues. Washington/USA: Congressional Research Service, 2019. p. 18.

[143] Para uma análise pormenorizada das espécies de transferências intergovernamentais adotadas pelos EUA, bem como as oscilações periódicas dos repasses, consultar *The Congressional Research Service*. Disponível em: https://fas.org/sgp/crs/misc/R40638.pdf. Acesso em: 13 dez. 2019.

[144] Schwartz (*O federalismo Norte-Americano Atual*: uma visão contemporânea. Tradução de Elcio Cerqueira. Rio de Janeiro: Forense Universitária, 1984), que faz referência ao *The New York Times* (3.3.1983, p. A26), compara esses números com os de 1949, em que se estimava que 15 por cento de todos os recursos financeiros gastos pelos governos estaduais haviam procedido de subvenções federais.

diversos entes federativos, visto que alguns governos estaduais e municipais relutavam em aumentar a carga tributária em seus respectivos territórios. Da mesma forma, autores de viés libertário promoveram profícuas críticas quanto à centralização do papel da União, uma vez que a ajuda federal era acompanhada ao preço de um controle cada vez maior por parte de Washington sobre a legislação e a administração estaduais em detrimento da autonomia dos entes menores.

A partir do governo Reagan, verificou-se uma tendência de menor centralização, embora, conforme já comentado no item anterior, ainda distante do modelo dual adotado originalmente. Uma das primeiras medidas foi a substituição das subvenções condicionadas (*categorical grants*) pelas subvenções em bloco (*block grants*), que eram concedidas para programas gerais, atribuindo-se maior liberdade aos estados, que eram livres para usarem os recursos financeiros com um mínimo de estipulações que precisavam satisfazer, relacionadas à normatização geral dos programas.

Os governos estaduais e locais são fortemente dependentes de transferências do governo federal para atender às suas necessidades financeiras. As subvenções federais aumentaram consideravelmente nos anos 1960 e no início dos anos 1970, tendo atingido o pico em 1980, quando esses recursos representaram 27,6% das despesas gerais estaduais e locais. Os subsídios federais sofreram uma larga diminuição em 1989, atingindo um índice de 16,7%, sendo que uma parcela cada vez maior são pagamentos diretos a indivíduos por meio de programas de transferência de renda, administrados pelos governos estaduais. Os programas de transferências federais abrangem toda a gama de atividades do governo. O maior número de subvenções é para educação, serviços sociais, saúde, transporte, controle de poluição e desenvolvimento regional. Em termos de gastos, o maior crescimento nas últimas décadas foi para a saúde, passando de 9,0% das despesas com repasses federais em 1966 para 41,0% em 1994.[145]

No governo George W. Bush, apesar do seu compromisso inicial, no sentido de combater o déficit anual orçamentário, verificou-se um incremento significativo no volume de transferências intergovernamentais, de US$285,8 bilhões no ano de 2000 para US$461,3 bilhões

---

[145] STOTSKY, Janet G.; SUNLEY, Emil M. United States. *In*: TER-MINASSIAN, Teresa (Ed.). *Fiscal Federalism in Theory and Practice*. Washington D.C.: International Monetary Fund, 1997. p. 368-372.

em 2008,[146] tendência que fora mantida no governo Obama, com a peculiaridade de concentração de esforços, deste último, nos programas de assistência médica, o *"Medicaid"*. Quanto a esse programa, orientado para a área de saúde, durante a gestão Trump, apesar das tentativas de diminuição de repasses aos entes regionais, o volume de recursos teve uma alta relevante, conforme pode ser observado na tabela a seguir:

Tabela 1 – Transferências intergovernamentais para os governos estaduais e locais norte-americanos, por função, período 1902-2019

Table 2. Outlays for Federal Grants to State and Local Governments, by Function, Selected FY1902-FY2019

(nominal $ in millions)

Fiscal Year	Total	Health	Income Security	Education, Training, Employment and Social Services	Transportation	Community and Regional Development	Other
2019 est.	$749,554	$453,862	$114,169	$67,500	$67,211	$21,917	$24,895
2018	696,507	421,117	110,649	60,591	64,836	19,089	20,225
2017	674,700	406,946	107,400	61,553	64,783	14,797	19,221
2016	660,818	396,666	104,769	60,867	63,861	15,298	19,357
2015	624,354	368,026	101,082	60,527	60,831	14,357	19,531
2014	576,965	320,022	100,869	60,485	62,152	13,232	20,205
2013	546,171	283,036	102,190	62,690	60,518	16,781	20,956
2012	544,569	268,277	102,574	68,126	60,749	20,258	24,585
2011	606,766	292,847	113,625	89,147	60,986	20,002	30,159
2010	608,390	290,168	115,156	97,586	60,981	18,908	25,591
2000	285,874	124,843	68,653	36,672	32,222	8,665	14,819
1990	135,325	43,890	36,768	21,780	19,174	4,965	8,748
1980	91,385	15,758	18,495	21,862	13,022	6,486	15,762
1970	24,065	3,849	5,795	6,417	4,599	1,780	1,625
1960	7,019	214	2,635	525	2,999	109	537
1950	2,253	122	1,335	150	465	1	180
1940	872	22	341	28	165	0	316
1930	100	0	1	22	76	0	1
1922	118	0	1	7	92	0	18
1913	12	0	2	3	0	0	7
1902	7	0	1	1	0	0	5

Sources: U.S. Office of Management and Budget, *Budget of the United States Government, Fiscal Year 2020: Historical Tables*, Table 12.3, Total Outlays for Grants to State and Local Governments, at http://www.whitehouse.gov/omb/budget/Historicals; and U.S. Department of Commerce, Bureau of the Census, *Historical Statistics of the United States, Colonial Times to 1970, Part 2*, pp. 1123, 1125, at http://www2.census.gov/prod2/statcomp/documents/CT1970p2-12.pdf.

Fonte: Congressional Research Service.[147]

---

[146] DILGER, Robert Jay; CECIRE, Michael H. *Federal Grants to State and Local Governments*: A Historical Perspective on Contemporary Issues. Washington/USA: Congressional Research Service, 2019. p. 34.

[147] Ibid., p. 5. Disponível em: https://fas.org/sgp/crs/misc/R40638.pdf. Acesso em: 7 dez. 2019.

Verifica-se que o volume de transferências, a partir do início do século XX até o exercício atual, vem crescendo gradativamente ao longo do tempo, sendo certo que os períodos de desaceleração/aquecimento econômico e a opção política do partido que se encontra no poder são fatores que influenciam o maior ou menor repasse de recursos para as esferas inferiores e, principalmente, a forma como as transferências são realizadas, se com o planejamento direcionado pelo governo central ou com a concessão de maior liberdade aos demais entes federativos.

Os estudiosos do federalismo observaram que, desde a década de 1980, houve uma mudança de foco das transferências federais aos governos regionais, já que, inicialmente, se privilegiavam as funções (por exemplo, construção de rodovias públicas, apoio à educação pública, aos sistemas de justiça criminal, a empreendimentos de desenvolvimento econômico e administração do governo), sendo que, a partir desse período, a ênfase se voltou para as pessoas (por exemplo, fornecimento de benefícios de assistência médica, renda social, assistência habitacional e serviços sociais). Grande parte dessa mudança é atribuída ao *"Medicaid"*, que experimentou um crescimento de gastos relativamente grande nas últimas décadas. Durante as décadas de 1960 e 1970, cerca de um terço do total dos desembolsos federais para governos estaduais e locais era destinado diretamente aos indivíduos, em comparação ao percentual de mais de 75% no exercício financeiro de 2018.[148] O gráfico abaixo, relativo ao exercício de 2019, mantém essa tendência.

---

[148] Ibid., p. 8.

Gráfico 1 – Transferência do governo federal norte-americano para estados e governos locais, por função, exercício de 2019 – estimativas

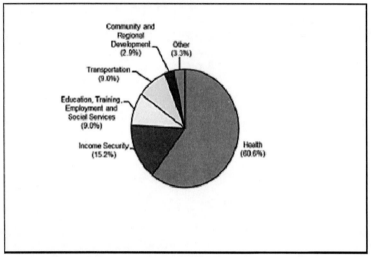

Fonte: Congressional Research Service.[149]

No que tange à forma de repasse, ou seja, à espécie de transferência adotada, identifica-se, na tabela abaixo, que as incondicionadas foram utilizadas em curto espaço de tempo, sendo que, dentre as condicionadas, as categóricas sempre foram repassadas em maior número que as concedidas em bloco, o que, de certa forma, vai ao encontro do modelo de federalismo adotado nos EUA, podendo-se concluir que, *a priori*, seja avesso à ideia dos repasses intergovernamentais. A concepção de liberdade e autonomia dos governos subnacionais engloba a capacidade de cada um assumir o ônus de suas escolhas políticas. Em outras palavras, cada ente federativo deve, em última instância, arcar com os seus próprios gastos, sem que se torne subordinado e dependente dos repasses federais.

---

[149] Ibid., p. 6. Disponível em: https://fas.org/sgp/crs/misc/R40638.pdf. Acesso em: 7 dez. 2019.

Tabela 2 – Transferências intergovernamentais para os governos estaduais e locais norte-americanos, por espécies, período 1902-2019

Table 4. Funded Federal Grants to State and Local Governments, by Type, Selected FY1902-FY2018

Fiscal Year	# of Funded Grants	Categorical	Block	General Revenue Sharing[a]
2018	1,274	1,253	21	0
2017	1,246	1,226	20	0
2016	1,216	1,196	20	0
2015	1,188	1,168	20	0
2014	1,099	1,078	21[b]	0
2013	1,052	1,030	22	0
2012	996	970	26	0
2009	953	929	24	0
1998	664	640	24	0
1995	633	618	15	0
1993	593	578	15	0
1991	557	543	14	0
1989	492	478	14	0
1987	435	422	13	0
1984	405	392	12	1
1981	541	534	6	1
1978	498	492	5	1
1975	448	442	5	1
1968	387	385	2	0
1965	327	327	0	0
1960	132	132	0	0
1950	68	68	0	0
1940	31	31	0	0
1930	15	15	0	0
1920	12	12	0	0
1902	5	5	0	0

Sources: FY1902, FY1920, FY1930, and FY1940: U.S. Advisory Commission on Intergovernmental Relations, *Periodic Congressional Reassessment of Federal Grants-in-Aid to State and Local Governments, June 1961*, pp. 44-49, at http://www.library.unt.edu/gpo/acir/Reports/policy/A-8.pdf; and U.S. Advisory Commission on Intergovernmental Relations, *Fiscal Balance in the American Federal System*, vol. 1, October 1967, pp. 140-141, 156-158, at http://www.library.unt.edu/gpo/acir/Reports/policy/a-31-1.pdf; FY1950, FY1960, FY1965, and FY1968: U.S. Advisory Commission on Intergovernmental Relations, *Fiscal Balance in the American Federal System*, vol. 1, October 1967, pp. 156-158, at http://www.library.unt.edu/gpo/acir/Reports/policy/a-31-1.pdf; FY1975, FY1978, FY1981, FY1984: FY1987, FY1989, FY1991, FY1993, and FY1995: U.S. Advisory Commission on Intergovernmental Relations, *Characteristics of Federal Grant-in-Aid Programs to State and Local Governments: Grants Funded FY 1995*, p. 3, at http://www.library.unt.edu/gpo/acir/Reports/information/M-195.pdf; FY1998: David B. Walker, *The Rebirth of Federalism*, 2nd Edition (NY: Chatham House Publishers, 2000), p. 7; and FY2009, FY2012-FY2018: CRS computation, U.S. General Services Administration, *The Catalog of Federal Domestic Assistance* at https://beta.sam.gov/.

Fonte: Congressional Research Service.[150]

---

[150] Ibid., p. 10. Disponível em: https://fas.org/sgp/crs/misc/R40638.pdf. Acesso em: 7 dez. 2019.

Conforme visto, circunstâncias sociais, econômicas e políticas acabaram por induzir a evolução do federalismo norte-americano, intercalada por períodos de maior e menor cooperação entre os entes federativos. O fato, porém, é que os orçamentos dos governos de todas as esferas têm incluído, de forma contínua ao longo do tempo, uma parcela significativa de gastos sociais, os quais, via de regra, tendem a se tornar rubricas orçamentárias permanentes.

A dependência dos entes regionais e locais das transferências intergovernamentais faz com que, em épocas de desaceleração econômica, surjam sérios problemas de natureza fiscal. Nesses períodos, de desaquecimento da economia, as despesas com gastos em políticas sociais tendem a aumentar – em face da diminuição do poder aquisitivo da população, com aumento de índices de desemprego –, fazendo com que os estados e municípios passem a necessitar ainda mais dos repasses do governo federal. A tendência de ação do governo central, no entanto, em períodos como esse, é justamente a de diminuir as transferências.

Por outro lado, é fato inconteste que o governo federal dispõe de melhores condições para a instituição de tributos, possuindo, por conseguinte, uma aptidão tributária mais ampla e diversificada que os demais entes, o que faz com que os governos regionais acabem por depender das transferências do ente central, seja para aplicá-las em despesas de capital, seja em despesas correntes. O fato é que a descentralização financeira e administrativa é algo complexo, não se tratando de um problema exclusivo dos estados federais.

O federalismo norte-americano tentou, ao menos inicialmente, promover uma divisão estreita de competências, a qual não se manteve, contudo, com o decorrer das transformações sociais, econômicas e políticas. Ajustes foram e estão sendo necessários com o passar dos anos, como, aliás, ocorreu em todos os países que adotaram a federação como forma de organização. No tópico seguinte,[151] far-se-á uma análise detalhada do caso alemão, conhecido como um exemplo típico de federalismo cooperativo, mas que também precisou de reparos e modificações em sua estrutura ao longo do tempo.

1.3.3 Endividamento dos entes subnacionais

Nas últimas décadas, o endividamento dos países, sejam federais ou unitários, se tornou motivo de preocupações persistentes, até

---

[151] Referência ao item 1.4 deste capítulo.

92 | ANDREA SIQUEIRA MARTINS
O ENDIVIDAMENTO DOS ESTADOS-MEMBROS EM FACE DA UNIÃO – UMA DISTORÇÃO GRAVE...

porque, em geral, o índice da relação entre a carga de endividamento e o produto interno bruto (PIB) tem crescido vertiginosamente em quase todos os continentes. Para se ter uma ideia da extensão do problema, em números atuais, o referido percentual se encontra elevado na maioria dos países integrantes do G20, conforme tabela a seguir:

Tabela 3 – Dívida pública, em percentual do PIB, dos países do G20

➤ DÍVIDA PÚBLICA % PIB - LISTA DE PAÍSES - G20

➤ Fonte: FMI

País	Último		Anterior	Intervalo de tolerância	
Japão	238.20	2018-12	238	238 : 50.6	%
Itália	134.80	2018-12	134	135 : 90.5	%
Cingapura	112.90	2018-12	111	112 : 67.4	%
Estados Unidos	106.10	2018-12	105	119 : 31.8	%
França	98.40	2018-12	98.4	98.4 : 20.7	%
Espanha	97.10	2018-12	98.1	100 : 16.6	%
Canadá	89.70	2018-12	90.1	100 : 44.9	%
Argentina	86.20	2018-12	56.6	167 : 34.5	%
Zona Euro	85.10	2018-12	87.1	92 : 65	%
Reino Unido	84.70	2018-12	85.1	85.1 : 21.8	%
Brasil	77.22	2018-12	74.07	77.22 : 51.27	%
Índia	68.30	2018-12	68.9	83.33 : 47.94	%
Alemanha	60.90	2018-12	64.5	81.8 : 54.5	%
África Do Sul	55.80	2018-12	53.1	55.8 : 27.8	%
Holanda	52.40	2018-12	57	73.1 : 43	%
China	50.50	2018-12	46.8	50.5 : 20.4	%
México	44.00	2018-12	44	48.2 : 17.9	%
Austrália	40.70	2018-12	40.7	40.7 : 9.7	%
Coreia Do Sul	36.60	2018-12	36.3	37.9 : 8.24	%
Turquia	30.40	2018-12	28.3	74.1 : 27.4	%
Indonésia	29.80	2018-12	28.7	67.43 : 22.96	%
Suíça	27.70	2018-12	29.3	48.9 : 25.1	%
Arábia Saudita	19.10	2018-12	17.2	104 : 1.6	%
Rússia	13.50	2017-12	12.9	72.1 : 6.5	%

Fonte: Dados disponibilizados no site do FMI.[152] Tabela: Elaboração própria.

Considerando o caso específico dos Estados Unidos, a proporção dívida/PIB vem crescendo continuamente com o passar dos anos. Observa-se no gráfico abaixo que, após uma relativa estabilidade, verificada desde a metade da década de 1990, os índices de endividamento aumentaram consideravelmente e permanecem em ritmo de ascensão, principalmente após a crise de 2008.

---

[152] Disponível em: https://www.imf.org/external/datamapper/GGXWDG_NGDP@WEO/OEMDC/ADVEC/WEOWORLD. Acesso em: 12 dez. 2019.

Gráfico 2 – Índice de endividamento, em relação ao PIB, dos Estados Unidos – período de 1995 a 2015

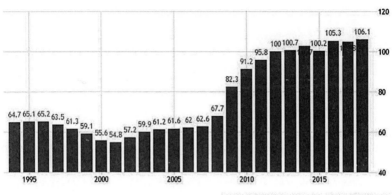

Fonte: Fundo Monetário Internacional.[153]

Maria Rita G. L. Durand explica que, no nível federal, a despeito das várias tentativas ocorridas nas últimas décadas para impor um orçamento equilibrado (*balanced budget*), não foram previstas, até o momento, restrições constitucionais ao déficit e ao endividamento.[154]

Uma das possíveis causas dessa tendência de crescimento da dívida pública como um fenômeno mundial se concentra justamente no índice de endividamento dos entes subnacionais, o que, por óbvio, não exclui reflexões quanto à forma como os diferentes países tratam essa questão internamente. De acordo com Ter-Minassian e Craig:

---

[153] Disponível em: https://www.imf.org/external/datamapper/GGXWDG_NGDP@WEO/OEMDC/ADVEC/WEOWORLD. Acesso em: 12 dez. 2019.

[154] DURAND, Maria Rita Garcia Loureiro. *O Controle do Endividamento Público no Brasil*: uma Perspectiva Comparada com os Estados Unidos. São Paulo: Fundação Getúlio Vargas, 2003. p. 10. A autora esclarece que, "durante o governo conservador do presidente Reagan, a expansão do déficit federal (resultante da diminuição de impostos e da recessão econômica) e o clima ideológico neoliberal fizeram emergir a discussão sobre a necessidade de emenda constitucional impondo o equilíbrio fiscal (*balanced budget*). Em 1985, foi aprovado o *Balanced Budget and Emergency Deficit Control Act* (conhecida pelo nome de seus propositores, Gramm-Rudman-Hollings), estabelecendo metas de controle automático para a redução do déficit, as quais não foram, porém, atingidas. Novamente, em 1990, o governo Bush e o Congresso tentaram equilibrar o orçamento através de outros mecanismos que também não foram efetivados, dado o quadro ainda recessivo da economia. Em 1995 e 1996, duas novas tentativas foram feitas, através do *Balanced Budget Act*, apresentado pelos grupos conservadores. Como essa proposta não foi aprovada por uma estreita diferença - em uma das vezes, por apenas um voto – vários analistas acreditam que outras tentativas serão acionadas para transformá-la em lei no futuro".

O crescimento da dívida pública subnacional é frequentemente um sintoma de um desenho inadequado das relações fiscais intergovernamentais no país em questão, envolvendo, por exemplo, grandes desequilíbrios verticais ou horizontais ou um sistema de transferências intergovernamentais sem critérios transparentes e propício a negociações *ad hoc* ou preenchimento de lacunas *ex post*. Uma questão que surge neste contexto é até que ponto o crescimento da dívida subnacional pode ser incrementado, ou pelo menos facilitado, pela falta de controles e limites nos empréstimos realizados pelos governos subnacionais.155 (Tradução livre)

Os autores acrescentam que há, em geral, quatro formas de se abordarem os referidos controles ao endividamento dos entes subnacionais: (i) única e exclusivamente pela disciplina do mercado; (ii) pela cooperação entre os entes federativos; (iii) pela adoção de normas de controle; e, por último, (iv) através do controle administrativo. Ressaltam, ainda, que diversos países adotam mais de uma dessas combinações.[156]

Com relação aos governos dos estados norte-americanos, a situação é diferente da esfera federal. Há restrições ao endividamento na maioria das constituições, que vão desde a completa proibição de qualquer dívida, como é o caso de Indiana e West Virginia, até limitações mais ou menos rigorosas. Assim, por exemplo, a Constituição do Estado do Arizona proíbe débitos superiores a 350 mil dólares; a Constituição do Estado de Georgia limita o débito a 10% das receitas; e a de Nevada, a 2% do valor dos bens do estado. Alguns estados exigem *referendum* popular para aprovação de pedidos de endividamento ou de extensão de seus limites.[157]

---

[155] TER-MINASSIAN, Teresa; CRAIG, Jon. Control of Subnational Government Borrowing. *In*: TER-MINASSIAN, Teresa (Ed.). *Fiscal Federalism in Theory and Practice*. Washington D.C.: International Monetary Fund, 1997. p. 156. No original: *"The growth of subnational public debt is frequently a symptom of an inappropriate design of intergovernmental fiscal relations in the country in question, involving, for example, large vertical or horizontal imbalances or a system of intergovernmental transfers lacking transparent criteria and conducive to ad hoc bargaining or ex post gap filling. A question that arises in this context is to what extent the growth of subnational debt may be promoted, or at least facilitated, by a lack of controls and limits on subnational government borrowing"*.

[156] Para mais detalhes, os autores trazem como exemplo um extenso rol de países e as suas respectivas peculiaridades no que tange ao controle do endividamento dos entes subnacionais (ver capítulo 7 – *"Control of subnational government borrowing"*).

[157] GRANOF, Michael. A Fundamental flaw of Debt Limitations for State and Local governments. *Journal of Accounting and Public Policy*, v. 3, p. 293-309, 1984.

Não há, portanto, no federalismo norte-americano, um controle do governo central em face dos níveis de endividamento dos demais entes federativos. Ao contrário do que ocorre no Brasil, o Senado dos EUA não interfere na gestão das finanças públicas dos estados. As restrições constitucionais ou legais existentes, com relação ao endividamento público dos governos subnacionais, são estabelecidas por leis produzidas pelas assembleias legislativas estaduais e, em alguns casos, referendadas pela população.[158]

Grande parte dos governos subnacionais é proibida de incorrer em déficits orçamentários em face de restrições normativas. A maioria, no entanto, está autorizada a emitir dívida de longo prazo com a finalidade de investimento em infraestrutura de capital, assim como, em algumas situações específicas, para atender a necessidades orçamentárias de curto prazo.[159]

É bem verdade que um fenômeno intrigante se tornou corriqueiro, que se trata da expansão das atividades extraorçamentárias, com a finalidade de os governos subnacionais se esquivarem das limitações tributárias[160] e de endividamento a que estão submetidos. Dentre essas operações, destacam-se: (i) a emissão de títulos no mercado, especificamente os *revenue bonds*,[161] com o objetivo de se arrecadarem recursos para a construção de infraestrutura física, a qual gera renda independente da arrecadação tributária (como, por exemplo, tarifas cobradas pelo uso de aeroportos, pedágios sobre pontes, estradas etc.);[162] e (ii) o procedimento de criação de empresas que funcionam

---

[158] DURAND, Maria Rita Garcia Loureiro. *O Controle do Endividamento Público no Brasil*: uma Perspectiva Comparada com os Estados Unidos. São Paulo: Fundação Getúlio Vargas, 2003. p. 22.

[159] SCHROEDER, Larry. Local Government Organization and Finance: United States. *In*: SHAH, Anwar (Ed.). *Local Governance in Industrial Countries – Public Sector Governance and Accountability Series*. Washington/D.C.: The World Bank, 2006. p. 348.

[160] Conforme visto no item anterior, os entes subnacionais não possuem uma ampla base tributária como a União. Ademais, os governantes locais costumam sofrer um maior custo político com a instituição de aumentos de tributos.

[161] Há dois tipos principais de títulos públicos nos Estados Unidos: os *revenues bonds* e os *general obligation bonds*. Do ponto de vista do investidor, esses últimos são os mais seguros, pois são garantidos pela credibilidade do emissor e por seu poder de tributar, ou seja, o governo deve usar recursos de qualquer fonte disponível para pagar tanto o principal como os juros, ou então elevar os impostos para cumprir com as obrigações do título emitido (FERREIRA, Ivan Fecury Sydrião. *A Economia Política do Endividamento Público em uma Federação*: um estudo comparativo entre o Brasil e os Estados Unidos. 1998. 77 f. Dissertação (Mestrado em Administração Pública e Governo) - FGV/EAESP, São Paulo, 1998, p. 40).

[162] A autora informa que, como não dependem da arrecadação de impostos para o pagamento do principal nem dos juros, mas apenas da renda obtida com a operação desses bens

à margem do orçamento (*Off-Buget Enterprises*, isto é, as OBEs), as quais realizam um amplo espectro de atividades – desde a gestão de aeroportos até a manutenção de zoológicos –, sendo financiadas pela venda de títulos públicos não garantidos (os *revenue bonds*), ou seja, não se sujeitam à aprovação de governantes eleitos e nem são incorporadas aos orçamentos governamentais.[163]

Tais manobras vêm provocando o aumento dos níveis de endividamento dos entes subnacionais. De acordo com Durand, segundo o Conselho de Governos Estaduais:

> São esses procedimentos ou mágicas (*'state legal legerdemain'*) que explicam porque, mesmo dentro de um contexto de restrição constitucional, as dívidas estaduais cresceram muito nas últimas décadas, passando de 21.6 bilhões de dólares, em 1962, para 372 bilhões em 1992, e, de cerca de 1.5% do GDP, em 1949, para 6.2% em 1992.[164]

Há, ainda, o agravante de não haver previsões relativas a punições dos infratores e nem mesmo de mecanismos automáticos que equilibrem o orçamento. Critica-se também a atuação dos tribunais judiciais, que não aplicam as disposições constitucionais relacionadas ao equilíbrio orçamentário em face dos governantes infratores.[165]

---

públicos, tais títulos não são considerados dívidas e, portanto, seus fundos não estão sujeitos às restrições constitucionais.

[163] DURAND, Maria Rita Garcia Loureiro. *O Controle do Endividamento Público no Brasil*: uma Perspectiva Comparada com os Estados Unidos. São Paulo: Fundação Getúlio Vargas, 2003. p. 13.

[164] Ibid., p. 15.

[165] Ibid., p. 15. A autora, em referência a Briffault (BRIFFAULT, R. *Balancing Acts. The Reality Behind State Balanced Budget Requirements*. New York/USA: Twentieth Century Fund Press, 1996. p. 59), informa que ele faz menção aos efeitos perversos das restrições legais aos orçamentos públicos, os quais, segundo o autor, são os seguintes:
1. a elevação do custo dos empréstimos, já que os governos têm que pagar juros mais elevados para os empréstimos não garantidos, tais como os *revenue bonds, lease-payment agreements* etc.;
2. fortalecimento do Poder Executivo em detrimento do Legislativo, na medida em que os governadores, a pretexto de equilíbrio orçamentário, têm aumentado seu poder na formatação dos orçamentos de seus estados; além disso, as restrições também têm levado à fragmentação dos governos estaduais, com o surgimento das agências quase-autônomas, como as OBEs, criadas para levantar e administrar os fundos não definidos como dívidas e dirigidas por pessoas não eleitas e, portanto, menos responsáveis perante os eleitores;
3. a expansão dessas agências (ou *public authorities*) faz com que as restrições constitucionais ou legais ao endividamento acabem criando um efeito indesejado, ou seja, se as dívidas orçamentárias diminuem, as extraorçamentárias aumentam; portanto, ao invés de levar ao equilíbrio das contas públicas, geram o seu desequilíbrio através da expansão da dívida extraorçamentária;

Malanga, ao se referir ao mesmo autor (Briffault), assevera que os juízes parecem compartilhar com os governadores e legisladores estaduais uma crença na legitimidade do estado ativista moderno. Considerando o Tribunal de Apelações do Estado de Nova Iorque, verifica-se que os juízes frequentemente se mostraram abertos a qualquer "engenhosidade moderna, até artifícios", que os legisladores prepararam para contornar as restrições da dívida. E prossegue em sua crítica ao mencionar o que ele chama de "ativismo judicial", no que tange ao mecanismo para esquivar-se dos limites da dívida, pois os tribunais de alguns estados têm, com as suas respectivas decisões, provocado o surgimento da "dívida sem endividamento", isto é, permitido que diversas operações e transações permaneçam à margem das restrições constitucionais e legais, o que tem contribuído para a elevação do estoque real da dívida dos estados.[166]

O recurso ao controle normativo, dada a sua insuficiência, tem sido amplamente criticado pelos pensadores norte-americanos. Há, no entanto, uma peculiaridade naquele país, diversamente do que ocorre no Brasil, a qual tem se mostrado mais eficaz no que diz respeito ao controle do endividamento, que são as restrições impostas pelo mercado.

Maria Rita G. L. Durand elucida que os estados americanos, como quaisquer estados-membros de uma federação, não podem imprimir moeda. Assim, quando suas receitas são menores do que as despesas, ocasionando déficits, eles têm que levantar recursos através de empréstimos realizados no mercado. Em outras palavras, quando os governos subnacionais veem esgotadas as suas duas outras fontes de financiamento, quais sejam, as receitas tributárias e as transferências intergovernamentais, a alternativa que lhes resta é o mercado de títulos públicos ou *bonds*.[167]

Os governos subnacionais, ao recorrerem ao mercado financeiro, acabam se submetendo às restrições impostas pelos investidores, o que, por via transversa, implica um instrumento de controle do

---

4. por fim, as restrições acabam também reforçando o papel político do Judiciário, tornando os juízes ativos participantes das políticas fiscais, na medida em que os tribunais são requisitados frequentemente para determinar a validade de determinado mecanismo de empréstimo.

[166] MALANGA, Steven. The Indebted States of America - States and localities owe far, far more than their citizens know. *City Journal*, 2019.

[167] DURAND, Maria Rita Garcia Loureiro. *O Controle do Endividamento Público no Brasil:* uma Perspectiva Comparada com os Estados Unidos. São Paulo: Fundação Getúlio Vargas, 2003. p. 19.

endividamento público. Assim, entes com índices elevados de dívida pública ou que desejem realizar empréstimos para custear gastos correntes tendem a encontrar maiores barreiras, seja pela falta de interesse dos adquirentes dos títulos, seja pela elevação da taxa de juros para a concretização da operação.

Após uma série de episódios de *defaults*,[168] os legislativos estaduais passaram a impor limites para a emissão de títulos públicos. Conforme já visto, o governo federal não interfere na política de endividamento dos entes subnacionais, mas, por outro lado, não socorre os entes com problemas em suas finanças. Em suma, não há socorros financeiros (*bailouts*) em situações de crises fiscais agudas (*defaults*). Recorde-se aqui que a imensa maioria das transferências realizadas pelo governo federal aos estados é vinculada a funções específicas,[169] tais como saúde, educação, ações afirmativas, seguridade, infraestrutura etc., sendo concretizadas através das *block grants* ou das *categorical grants*. Sendo assim, os governos subnacionais não têm liberdade para aplicar os recursos oriundos desses repasses no equacionamento da dívida pública.

Após os *defaults*, não somente os governos estaduais introduziram normas de controle do endividamento, mas também o mercado passou a adotar medidas de prevenção, como a instituição de um amplo sistema de seguros e a criação de empresas encarregadas da classificação dos riscos dos diversos títulos públicos, o que acabou impondo uma maior disciplina fiscal aos governos estaduais.[170]

---

[168] A autora (Ibid., p. 23) traz uma série de exemplos de *defaults* dos governos subnacionais ocorridos nos EUA no decorrer do tempo. Um deles, talvez o mais conhecido, seja o caso da cidade de Nova Iorque, que apresentou uma severa crise fiscal em 1975. No subitem 3.1.2.2 do capítulo 3, os casos de *bailouts* (resgates) do federalismo norte-americano serão estudados com maior profundidade.

[169] Há os que criticam o que consideram certo exagero do recurso a essas transferências, como é o caso, por exemplo, de Paul E. Peterson (*The Price of Federalism*. Washington D.C.: The Brookings Institution, 1995. p. 75). Apesar de reconhecer o potencial das transferências intergovernamentais – que podem auxiliar a equalizar as despesas dos governos estaduais e locais, assim como atender às necessidades daqueles que dependem dos serviços públicos –, o autor alerta que esses benefícios têm um preço, já que, quanto maior for o volume dessas concessões, o ente beneficiário se torna menos disciplinado pelas forças do mercado, ou seja, quanto maior for a intensidade das transferências, menos o ente subnacional precisa recorrer ao mercado financeiro e, consequentemente, deixa de se submeter às exigências impostas por este último.

[170] A existência de títulos públicos competitivos exige um mercado financeiro bem estruturado, com informações transparentes e regras contábeis divulgadas conforme padrões aceitáveis, de modo a se considerar uma segura análise de risco de inadimplência, que englobe o estoque e o vencimento da dívida, limitações tributárias, outras obrigações contratuais, os rendimentos atuais etc. (RODDEN, Jonathan A.; GUNNAR, S. Eskeland;

Em suma, no modelo de federalismo norte-americano, calcado em uma maior autonomia e descentralização, não há um controle normativo, por parte do governo federal, do endividamento dos entes subnacionais. A consequência daí oriunda é que, *a priori*, os estados possuem ampla liberdade no que tange à gestão de suas finanças públicas, mas, por outro lado, já sabem, de antemão, que não poderão contar com eventuais auxílios financeiros do governo federal em tempos de crises fiscais.

As restrições ao endividamento são impostas a nível regional, através dos legislativos estaduais, que variam consideravelmente entre os diversos estados. Não se pode olvidar, no entanto, que a maioria dos governos subnacionais depende de transferências do governo central para a efetiva prestação de serviços e a manutenção de políticas públicas.

A ausência de uniformidade no território norte-americano traz vantagens e desvantagens. Se, por um lado, permite uma ampla gama de combinações de estruturas tributárias e de gastos, o que permite a adequação das preferências individuais, por outro, dada a multiplicidade de unidades administrativas e tributárias, pode favorecer a ocorrência de lacunas de serviços, bem como uma maior complexidade para o contribuinte, especialmente para os que exercem atividades em mais de uma jurisdição.

1.4 O federalismo cooperativo alemão

1.4.1 Particularidades

A Alemanha é um Estado federal, conforme previsto no artigo 20 de sua Constituição, denominada Lei Fundamental (*Grundgesetz* = *GG*), de 23.05.1949.[171] O país é formado, atualmente, por 16 estados (*Länder*), incluindo três cidades-estados (Berlim, Bremen e Hamburgo), sendo que cinco deles – Brandemburgo, Mecklemburgo-Pomerânia Ocidental, Saxônia, Saxônia-Anhalt e Turíngia – foram criados e incorporados durante a reunificação com a antiga República Democrática da

---

LITVACK, Jennie. *Fiscal Decentralization and the Challenge of Hard Budget Constraints*. USA: The MIT Press, 2003. p. 62).

[171] Artigo 20
[Princípios constitucionais – Direito de resistência]
(1) A República Federal da Alemanha é um Estado federal, democrático e social.

Alemanha, em 1990. Os municípios possuem autonomia de gestão, mas são submetidos ao controle e à coordenação dos governos estaduais.[172]

A organização estatal se assenta em um sistema parlamentarista de governo, formado por uma estrutura bicameral: (i) o Conselho Parlamentar (*Bundestag*) ou Câmara Baixa, com representantes do povo eleitos por um sistema eleitoral misto; e (ii) o Conselho Federal (*Bundesrat*) ou Câmara Alta, com representantes dos estados. Esta instituição, especificamente, se distancia muito da forma usual dos "senados" adotados em outras federações, já que seus membros não são eleitos, mas indicados pelos respectivos governos estaduais. O número de componentes de cada estado varia entre três a seis, a depender da população local.[173] Atualmente, a composição por estado é distribuída conforme o gráfico abaixo:

---

[172] O artigo 28 da Lei Fundamental da Alemanha dispõe que:

[Constituições estaduais – Autonomia administrativa dos municípios]

(1) A ordem constitucional nos Estados tem de corresponder aos princípios do Estado republicano, democrático e social de direito, no sentido da presente Lei Fundamental. Nos Estados, distritos e municípios, o povo deverá ter uma representação eleita por sufrágios gerais, diretos, livres, iguais e secretos. De acordo com o direito da Comunidade Europeia, as pessoas que possuam a cidadania de outro país membro da Comunidade Europeia também têm o direito de votar e de ser eleitas nas eleições distritais e municipais. Nos municípios pode existir uma assembleia comunal em vez de um organismo eleito.

(2) Deve ser garantido aos municípios o direito de regulamentar sob responsabilidade própria e nos limites da lei, todos os assuntos da comunidade local. No âmbito de suas atribuições legais e nas condições definidas em lei, as associações de municípios também gozarão igualmente do direito de autonomia administrativa. A garantia da autonomia administrativa pressupõe também as bases de uma autonomia financeira; estas bases incluem uma fonte de tributação fiscal dos municípios baseada em sua capacidade econômica e o direito de fixar os percentuais de taxação dessas fontes.

(3) A Federação garante a conformidade da ordem constitucional dos Estados com os direitos fundamentais e as disposições dos §1 e 2.

[173] Artigo 51

[Constituição – Ponderação de votos]

(1) O Conselho Federal é formado por membros dos governos dos Estados, que os nomeiam e exoneram. Outros membros dos seus respectivos governos podem atuar como suplentes.

(2) Cada Estado tem direito a, no mínimo, três votos. Estados com mais de dois milhões de habitantes têm quatro, com mais de seis milhões de habitantes têm cinco e com mais de sete milhões de habitantes têm seis votos.

(3) Cada Estado pode designar tantos membros quantos votos tiver. Os votos de cada Estado só podem ser dados por unanimidade e somente através dos membros presentes ou seus suplentes.

Gráfico 3 – Composição dos membros de cada estado no Senado alemão

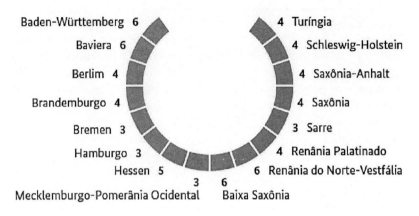

Fonte: Perfil da Alemanha, 2018, p. 15.[174]

Sérgio Prado chama a atenção para um aspecto essencial na dinâmica política do *Bundesrat*, que compõe sua diferença principal em relação às câmaras altas dos sistemas bicamerais usuais. Nestas, os representantes estaduais são eleitos diretamente e não devem subordinação aos respectivos governos, sendo que, no geral, os senados se estruturam segundo linhas partidárias, o que acaba por permitir que o posicionamento dos representantes se oriente por agendas políticas partidárias ou pessoais. Embora seja provável alguma correlação entre os partidos políticos que ocupem os executivos estaduais e seus senadores, não se pode deixar de reconhecer que tal situação não é necessária e certa. Já no modelo alemão, essa conexão é direta, visto que as composições políticas do *Bundesrat* se traduzem em expressão direta da composição de poder ao nível de governo intermediário. Tal representação fortalece os estados, não em um sentido individual, mas, sim, coletivamente, o que faz com que os estados, individualmente considerados, não detenham poder significativo, mesmo quando tenham grande capacidade econômica. Sendo assim, os estados só têm força

---

[174] BISCHOFF, Matthias; CHAUVISTRÉ, Eric; KLEIS, Constanze; WILLE, Joachim. *Perfil da Alemanha*. Frankfurt am Main, Alemanha: FAZIT Communication GmbH, 2018. Disponível em: https://www.tatsachen-ueber-deutschland.de/pt-br/categorias/estado-politica/estado-federal. Acesso em: 22 nov. 2019.

à medida que consigam se organizar coletivamente nas negociações dentro do *Bundesrat* perante o poder central.[175]

A tabela logo abaixo mostra que, antes da unificação, a homogeneidade era bastante acentuada entre os estados do atual oeste alemão. Dos cerca de 64 milhões de habitantes, apenas 15 milhões contavam com um produto *per capita* no máximo 20% abaixo da média nacional, enquanto outros 64%, habitando os três estados mais populosos, tinham praticamente a renda nacional média. Era plenamente viável, por conseguinte, qualquer esforço redistributivo no sentido de se atingir uma meta de equalização, dada a relativa uniformidade dos estados do oeste.

No entanto, a unificação trouxe para o conjunto outros 17,5 milhões com renda *per capita* no máximo 40% da média anterior. E mais grave ainda, esses cinco estados apresentavam condições de infraestrutura econômica e social próximas do colapso total, o que exigia uma maciça concentração de investimentos, o que veio a ocasionar, com o passar dos anos, tensões políticas de monta.[176]

Tabela 4 – Estados alemães – PNB *per capita* e população – 1997

Estados	DM	Habitantes/1000
Saxony-Anhalt	17.759	2.714
Thuringia	17.850	2.483
Meck. W. Pomerania	18.460	1.817
Saxony	18.878	4.536
Brandenburg	20.427	2.562
Berlin	37.307	3.447
Lower Saxony	35.389	7.831
Schleswig-Holstein	35.862	2.749
Saarland	36.851	1.083
Rhineland-Palatinate	34.726	4.009
North Rhine-Westphalia	39.060	17.965
Baden-Württemberg	44.335	10.393
Bavaria	44.749	12.055
Hesse	52.026	6.032
Bremen	53.027	676
Hamburg	71.538	1.707

Fonte: PRADO *apud* WÜRZEL.[177]

---

[175] PRADO, Sérgio. *Equalização e federalismo fiscal*: uma análise comparada. Rio de Janeiro: Konrad-Adenauer-Stiftung, 2006. p. 75-76.

[176] Ibid., p. 59-60.

[177] Ibid., p. 60, em referência a WÜRZEL, E. *Towards more eficiente government*: reforming federal fiscal relations in Germany. OCDE: Economic Department Working Papers,

CAPÍTULO 1
FEDERALISMO FISCAL – UMA ANÁLISE COMPARADA | 103

Ao contrário dos EUA, a Alemanha, desde os primórdios, adotou a forma cooperativa de federalismo, com o estabelecimento expresso, na Lei Fundamental Alemã (*Grundgesetz*), da transferência de recursos da federação aos *Länder*, com a finalidade de equalização das diferentes capacidades econômicas dos entes federativos.[178] Conforme Reverbel:

> Os Alemães representam o segundo grande modelo de federalismo do Ocidente: o chamado federalismo cooperativo. Se Montesquieu[179] foi o norte de orientação da bússola dos países de república federativa, Althusius[180] veio a ser o grande autor representante dos países que optaram pelo modelo cooperativo. O federalismo cooperativo segue uma linha natural de evolução cooperativa das instâncias de poder, ao passo que o modelo norte-americano foi baseado em um modelo artificial de correção dos Estados aglutinados para formar, ou mesmo reforçar o sentimento originário de liberdade.[181]

E prossegue o autor, ao traçar as diferenças entre o federalismo adotado nos EUA e o alemão, ao afirmar que o primeiro, por se tratar de um fenômeno mais artificial e racional, traduziu-se em uma dualidade de competências entre o governo central e o governo local, o que implicou um verdadeiro mecanismo de limitação do poder central em prol do poder local, dando azo ao denominado federalismo competitivo. Já o federalismo cooperativo, por se tratar de um processo natural e associativo, favorece as relações de solidariedade e de colaboração. No primeiro, prevalece o princípio liberal; no segundo, o princípio social.[182]

---

n. 209, 1999. Obs.: os estados de Saxony-Anhalt, Thuringia, Meck. W. Pomerania, Saxony, Brandenburg e Berlin pertencem à região Leste, enquanto os demais, à Oeste.

[178] O artigo 106 da Lei Fundamental Alemã trata da distribuição da receita tributária entre as esferas federativas.

[179] Reverbel faz referência ao modelo de república federativa desenvolvida em teoria por Montesquieu e perfilhado por Hamilton, Madison e Jay, ao instituírem o ideal de liberalismo, baseado em um federalismo do tipo dual nos EUA.

[180] Johannes Althusius, em sua obra *Política*, já no capítulo I, relativo às acepções gerais desta, assevera que "a política é a arte de reunir os homens para estabelecer vida social comum, cultivá-la e conservá-la. Por isso, é chamada de 'simbiótica'. O tema da política é, portanto, a associação (*consociatio*), na qual os simbióticos, por intermédio de pacto explícito ou tácito, se obrigam entre si à comunicação mútua daquilo que é necessário e útil para o exercício harmônico da vida social" (ALTHUSIUS, Johannes. *Política*. Tradução: Joubert de Oliveira Brízida. Rio de Janeiro: Topbooks, 2003. p. 103). Verificam-se, na referida proposição, as ideias de consentimento (associação) e contrato (pacto) que, séculos à frente, foram utilizadas como premissas do federalismo.

[181] REVERBEL, Carlos Eduardo Dieder. *O federalismo numa visão tridimensional do Direito*. Porto Alegre: Livraria do Advogado, 2012. p. 122.

[182] Ibid., p. 123.

De fato, no federalismo alemão, são estabelecidas nítidas relações cooperativas entre os entes federados, com abrangente sistema de partilha de receitas tributárias, através de transferências intergovernamentais, tanto verticais – do governo federal (*Bund*) para cada estado (*Länd*) – como horizontais, que se instrumentalizam através de repasses de recursos dos estados mais ricos para os mais pobres.

Há uma intensa concentração da competência legislativa no âmbito da União, ficando a cargo dos estados a execução das leis federais.[183] A maior parte das leis é elaborada e aprovada pelo governo federal, tornando-se diminuta a atuação dos estados nessa seara. Apesar de existirem críticas dos estados, especialmente no que diz respeito à criação de encargos aos entes subnacionais por leis federais, não se pode olvidar que existe uma participação efetiva dos estados no processo legislativo federal, na construção das escolhas políticas mais importantes concernentes à elaboração das políticas públicas[184] e até mesmo nos processos de emenda à Constituição[185] e de escolha dos juízes do Tribunal Constitucional Federal.[186]

---

[183] Artigo 83
[Execução pelos Estados]
Os Estados executarão as leis federais como matéria própria, salvo disposição em contrário prevista ou permitida pela presente Lei Fundamental.

[184] Artigo 104 a
[Repartição de despesas – Sistema financeiro – Responsabilidade]
(...)
(4) Leis federais, que resultem em deveres de prestações pecuniárias, de prestações de bens avaliáveis em dinheiro ou prestações comparáveis de serviços a terceiros e sejam executadas pelos Estados como matéria própria ou segundo o §3, segunda frase, por delegação da Federação, requerem a aprovação do Conselho Federal, quando as despesas resultantes devam ser assumidas pelos Estados.

[185] Artigo 79
[Alteração da Lei Fundamental]
(1) A Lei Fundamental só pode ser alterada por uma lei que expressamente complete ou modifique o seu texto. No caso de tratados internacionais relativos à regulamentação da paz, à preparação de uma regulamentação da paz, ou à extinção de uma ordem jurídica criada pela ocupação, ou que sejam destinados a servir à defesa da República Federal da Alemanha, será suficiente complementar o texto da Lei Fundamental com tal esclarecimento, para deixar claro que as disposições da Lei Fundamental não se opõem à conclusão ou à entrada em vigor de tais tratados.
(2) Uma lei desse teor exige a aprovação de dois terços dos membros do Parlamento Federal e de dois terços dos votos do Conselho Federal.
(3) Uma modificação desta Lei Fundamental é inadmissível se afetar a divisão da Federação em Estados, o princípio da cooperação dos Estados na legislação ou os princípios consignados nos artigos 1 e 20.

[186] DERZI, Misabel de Abreu Machado; BUSTAMANTE, Thomas da Rosa de. O Princípio Federativo e a Igualdade: uma perspectiva crítica para o Sistema Jurídico Brasileiro a partir da análise do Modelo Alemão. *In*: DERZI, Misabel Abreu Machado; BATISTA

Os estados alemães têm, por conseguinte, uma extensa capacidade de influência e de intervenção nas decisões nacionais. A peculiaridade do federalismo cooperativo alemão é no sentido de esvaziamento dos poderes legislativos estaduais, mas não da participação efetiva dos estados na composição pátria. Aliás, foi rejeitada, na Alemanha, a proposta de implantação de um senado federal nos moldes existentes nos EUA ou no Brasil, ao fundamento de que um *conselho federal composto por representantes dos governos dos estados* teria melhores condições de defender os interesses dos entes subnacionais. Nesse sentido, no momento da elaboração da Lei Fundamental:

> O Conselho Parlamentar decidiu-se majoritariamente contra a solução do Senado e a favor da solução do Conselho Federal. Ele defendia a concepção de que, no moderno Estado partidário, o Senado significa apenas uma duplicação do Parlamento central, de modo que não se assegurariam possibilidades de controle nem uma representação adequada dos interesses dos estados. O Conselho Federal seria um contrapeso mais eficaz perante o Governo e o Parlamento do Estado central, com sua variedade de experiências no processo legislativo e administrativo, de modo que através dele os interesses dos estados seriam representados de maneira mais eficiente.[187]

Além da concentração da competência legislativa na esfera federal,[188] a União também retém a maior parte dos recursos oriundos

---

JÚNIOR, Onofre Alves; MOREIRA, André Mendes (Org.). *Estado Federal e Guerra Fiscal no Direito Comparado*. Belo Horizonte: Arraes Editores, 2015. p. 475.
O Artigo 94 da Constituição alemã dispõe:
[Composição do Tribunal Constitucional Federal]
(1) O Tribunal Constitucional Federal compõe-se de juízes federais e outros membros. Os membros do Tribunal Constitucional Federal serão eleitos em partes iguais pelo Parlamento Federal e pelo Conselho Federal. Eles não poderão pertencer ao Parlamento Federal, ao Conselho Federal ou a órgãos correspondentes de um Estado.

[187] Ibid., p. 476.

[188] Em uma análise perfunctória do art. 105 da Constituição Alemã, que dispõe sobre a repartição da competência tributária, já se constata que a legislação tributária se concentra no âmbito federal, mas, por outro lado, caso as receitas se destinem integral ou parcialmente aos estados ou municípios, haverá a necessidade de aprovação do Conselho Federal (*Bundesrat*), situação, aliás, reconhecida pelo Fundo Monetário Internacional, que, em seu Relatório Anual, dispõe que: "A maioria dos impostos é recolhida pelos estados, mas é legislada por lei federal. Os governos dos *Länder* participam do processo legislativo na Câmara Alta (*Bundesrat*), mas não podem alterar os parâmetros dos impostos, uma vez que a legislação é aprovada. Poucos impostos são legislados em nível subnacional, como o imposto sobre aquisição de propriedades (estados) e imposto de negócios (município)" (FMI – Departamento Europeu. Relatório por país – Alemanha, 2019, p. 64-66. Disponível em: https://www.imf.org/en/Publications/CR/Issues/2019/07/09/Germany-2019-Article-

da arrecadação tributária,[189] não sendo esses, por sua vez, afetados, aprioristicamente, a determinada despesa ou objetivo específico, atribuindo-se ampla autonomia aos entes quanto à aplicação dos mesmos, salvo algumas poucas exceções, que serão mais bem detalhadas no próximo item deste capítulo.

As transferências intergovernamentais são um instrumento de concretização de um princípio constitucional, o da equivalência das condições de vida no território alemão, que, em última análise, se traduz na busca da uniformidade das condições individuais dos cidadãos, não importa a região em que vivam,[190] tratando-se de um poderoso mecanismo de equalização social, devendo-se atentar para a questão da fidelidade estatal, sob a qual o governo federal e os estados deverão se pautar. Esta significa verdadeiramente um mútuo dever existente com fins de formação de uma comunidade solidária, na qual coexiste a autonomia de cada ente, mas que a insolvência de um dos membros é excluída pelos outros.[191]

Fala-se, inclusive, em um "federalismo executivo" alemão, que traz como primeiro pilar a igualdade entre os estados-membros e a União, na formação de um condomínio cooperativo. Esse tipo de federalismo justifica, do ponto de vista político e moral, a responsabilidade

---

IV-Consultation-Press-Release-Staff-Report-and-Statement-by-the-47093. Acesso em: 21 nov. 2019).

No original: "*Most taxes are collected by the states but are legislated by federal law. The Länder governments participate the legislative procedure through the upper chamber (Bundesrat) but cannot change the parameters of the taxes once the legislation is passed. Very few taxes are legislated at subnational level, such as property acquisition tax (Länder) and business tax (Municipality)*".

[189] Segundo Markus Heintzen (A distribuição das verbas públicas entre o governo federal, os estados e os municípios na República Federal da Alemanha. *In*: DERZI, Misabel Abreu Machado; BATISTA JÚNIOR, Onofre Alves; MOREIRA, André Mendes (Org.). *Estado Federal e Guerra Fiscal no Direito Comparado*. Belo Horizonte: Arraes Editores, 2015. p. 452), os recursos federais são distribuídos em três direções distintas: parte para os estados e municípios, parte para a União Europeia e, por fim, por expressa determinação legal, para o sistema de seguridade social.

[190] Previsto no art. 106, (3), 2, da Lei Fundamental:
2. As necessidades de cobertura da Federação e dos Estados devem ser harmonizadas entre si de tal forma, que se alcance uma compensação equitativa, se evite uma sobrecarga dos contribuintes e *se mantenha a uniformidade das condições de vida no território federal*. Adicionalmente, na fixação das participações da Federação e dos Estados no imposto sobre mercadorias e serviços, será levada em conta a diminuição da receita fiscal dos Estados, a partir de 1º de janeiro de 1996, resultante da consideração dos filhos no direito do imposto de renda. A matéria será regulamentada por lei federal mencionada na terceira frase. (Grifos nossos)

[191] HEINTZEN, Markus. A distribuição das verbas públicas entre o governo federal, os estados e os municípios na República Federal da Alemanha. *In*: DERZI, Misabel Abreu Machado; BATISTA JÚNIOR, Onofre Alves; MOREIRA, André Mendes (Org.). *Estado Federal e Guerra Fiscal no Direito Comparado*. Belo Horizonte: Arraes Editores, 2015. p. 448.

CAPÍTULO 1
FEDERALISMO FISCAL – UMA ANÁLISE COMPARADA | 107

dos estados para a formulação da política nacional, na medida em que se ampliam as oportunidades de participação e influência dos governos locais. Ao invés de uma mera delimitação formal de competências, amplia-se o peso político de cada estado na decisão nacional, com a busca da formação de uma política conjunta e de consenso.[192]

Sérgio Prado, ao fazer referência a Watts e Hobson,[193] ressalta que esse elevado grau de cooperação intergovernamental, tanto vertical como horizontal, que marca esse modelo, não se trata de meras relações técnico-burocráticas articuladas entre níveis de governo (como ocorre no Canadá,[194] a título de exemplo), mas, sim, do elevado grau de *institucionalização formal* dessa cooperação. E acrescenta:

> É evidente que o funcionamento de um sistema em que o poder central tem a prerrogativa de legislar e, em boa medida, financiar as ações estatais, e no qual os governos subnacionais controlam quase toda a execução e tem autonomia neste aspecto, depende crucialmente de complexas e permanentes interações, negociações e consultas entre as respectivas burocracias. As esferas decisórias mais altas e mais importantes desta interação são, na sua maioria, formalizadas em comitês, conselhos e comissões. De forma geral, apenas as relações técnicas e operacionais são realizadas por mecanismos informais.[195]

O referido modelo de integração cooperativa, no entanto, não está indene a afervoradas censuras. Questionam-se os critérios de distribuição das transferências intergovernamentais, bem como as ineficiências

---

[192] DERZI, Misabel de Abreu Machado; BUSTAMANTE, Thomas da Rosa de. O Princípio Federativo e a Igualdade: uma perspectiva crítica para o Sistema Jurídico Brasileiro a partir da análise do Modelo Alemão. *In*: DERZI, Misabel Abreu Machado; BATISTA JÚNIOR, Onofre Alves; MOREIRA, André Mendes (Org.). *Estado Federal e Guerra Fiscal no Direito Comparado*. Belo Horizonte: Arraes Editores, 2015. p. 478, em remissão a KLEIN, Hans. A legitimação do Conselho Federal e sua relação com as assembleias legislativas e os governos estaduais. *In*: Centro de Estudos: Konrad-Adenauer-Stiftung. *O federalismo na Alemanha*. Traduções, v. 7, ano 1995, p. 94.

[193] WATTS, R. L.; HOBSON, P. *Fiscal federalism in Germany*. (Draft). [S.l.: s.n.], 2000. p. 10.

[194] O autor faz referência a problemas típicos oriundos dessa formatação na Federação Canadense, em que há contundentes críticas no que tange à interferência federal na administração, assim como a exigências de contrapartida no financiamento (*matching grants*), o que acaba interferindo na autonomia dos entes subnacionais. Ele explicita que, no sistema *matching grants*, o governo federal aceita pagar uma parcela do custo unitário. Nesse mecanismo, ao contrário do padrão normal de transferências, é o serviço prestado que aciona o recurso. As transferências ocorrem na medida exata da provisão do serviço, mensurada pelo percentual de cobertura definido pelo ente central.

[195] PRADO, Sérgio. *Equalização e federalismo fiscal*: uma análise comparada. Rio de Janeiro: Konrad-Adenauer-Stiftung, 2006. p. 71-72.

econômicas resultantes de sua aplicação.[196] As críticas costumam ser pontuais a especificidades do modelo alemão, mas uma boa parcela dos críticos defende uma reforma estruturante, que promova a aproximação da constituição financeira alemã a um federalismo competitivo.

Paul B. Spahn informa que o debate sobre a compensação financeira na Alemanha se intensificou pelo fato de o Tribunal Constitucional Federal ter sido chamado a examinar a constitucionalidade da lei que versa sobre o tema em consequência de pedido de controle de normas apresentado pelos estados de Baden-Württemberg, Baviera e Hessen, tendo o tribunal determinado ao Legislativo que revisasse o referido normativo, que continuaria válido apenas a título provisório, sendo considerado inconstitucional e, por conseguinte, nulo a partir de 1º de janeiro de 2005.[197] E prossegue ao afirmar que o Tribunal Constitucional, na qualidade de instância de controle de normas, não exigiu uma reforma mais radical, no sentido da adoção de um federalismo de competição, sendo que seus argumentos se mantiveram em conformidade com a constituição financeira vigente. Por outro lado, a corte apoiou as ideias de reforma do sistema, tendo dado início a um debate contínuo sobre uma reforma fundamental da Constituição.[198]

Para muito além dos problemas relacionados às transferências equalizadoras entre os entes federativos, uma das questões primordialmente em debate se refere à ausência de autonomia tributária dos estados alemães. Há uma padronização da tributação a nível nacional – com a participação efetiva dos estados, é bem verdade –, mas também merecedora de um juízo negativo, pois, devido à uniformidade das normas, torna-se difícil estabelecer as diferenças regionais da base tributária.

Uma fração considerável dos críticos sugere, por conseguinte, uma maior autonomia tributária dos estados, não somente para se obter uma maior eficiência na oferta de serviços públicos, mas também para reforçar a responsabilidade política perante o contribuinte.[199]

Como na relação entre os estados alemães praticamente não existe concorrência fiscal, uma vez que quase não lhes foi outorgada

---

[196] Tal tema será pormenorizadamente analisado no item 1.4.3.

[197] BverfG, 2 BvF 2/98 de 11.11.1999, alíneas 1-347. Disponível em: http://www.bverfg.de/. Acesso em: 19 nov. 2019.

[198] SPAHN, Paul Bernd. Da controvérsia sobre a compensação financeira na Alemanha. *In*: HOFMEISTER, Wilhelm; CARNEIRO, José Mário Brasiliense (Org.). *Federalismo na Alemanha e no Brasil*. São Paulo: Fundação Konrad Adenauer, 2001. p. 147-148.

[199] Ibid., p. 170.

competência tributária, sugere-se que uma maneira de fortalecer a autonomia financeira desses entes seria através da instituição de "taxas de apoio" (*Hebesatzrechte*) em adição a impostos já regulamentados na legislação federal, como o imposto de renda, cuja arrecadação, por óbvio, não integraria o sistema de transferências intergovernamentais.[200]

Por outro turno, argumentos contrários focam nas desigualdades econômicas entre os diversos entes, uma vez que estados mais frágeis financeiramente seriam obrigados a adotar alíquotas maiores. Especialistas indicam que a adoção desse regime significaria a aplicação no rico estado de Bayer de uma carga tributária global de 42,75%, enquanto para um estado vizinho, mais pobre, a alíquota deveria ser de 55,07%, o que traria problemas de regressividade ao sistema.[201]

Conforme debatido no item 1.1 deste capítulo, não há um modelo de federalismo perfeito, sendo que cada país, de acordo com as suas singularidades históricas, sociais, políticas e econômicas, vai se ajustando, ao longo do tempo, de modo a se atingir uma situação fática que mais se aproxime das expectativas e escolhas de seus cidadãos.

1.4.2 Transferências intergovernamentais

As transferências intergovernamentais estão reguladas no artigo 106 da Lei Fundamental Alemã. A compensação financeira federal, ou seja, aquela existente entre o governo federal e os estados, bem como a dos estados entre si, é regulada exclusivamente em nível federal. Não existem leis estaduais ou acordos contratuais que versem sobre o tema. Já a compensação municipal está regulada primordialmente em âmbito estadual, pois as municipalidades são consideradas partes da organização administrativa, e não um terceiro nível da organização estatal.[202] Em regra, conforme já visto, as receitas distribuídas não se

---

[200] HEINTZEN, Markus. A distribuição das verbas públicas entre o governo federal, os estados e os municípios na República Federal da Alemanha. *In*: DERZI, Misabel Abreu Machado; BATISTA JÚNIOR, Onofre Alves; MOREIRA, André Mendes (Org.). *Estado Federal e Guerra Fiscal no Direito Comparado*. Belo Horizonte: Arraes Editores, 2015. p. 462-463, em referência a FELD, Lars P.; KUBE, Hanno; SCHNELLENBACH, Jan. *Optionen für eine Reform des bundesdeutschen Finanzausgleichs* (*Opções para uma reforma da compensação financeira federal alemã*), 2013. p. 78.

[201] Ibid., p. 78.

[202] Artigo 106
[Distribuição da receita tributária e do lucro de monopólios fiscais]
(...)
(9) Como receitas e despesas dos Estados, no sentido deste artigo, são consideradas também as receitas e despesas dos municípios (associações de municípios).

vinculam originariamente a determinada finalidade, sendo que os entes beneficiários possuem plena autonomia para decidir em que tipo de despesas serão aplicadas, tendo em vista as necessidades locais.

Enquanto o poder central concentra praticamente toda a competência legislativa, os estados são incumbidos da execução das políticas e funções emanadas, tanto de sua legislação como da legislação federal, isto é, os orçamentos dos governos subnacionais têm que dar conta do conjunto de encargos gerados por ambas as legislações. Na Alemanha, o princípio geral estabelecido é o de que "quem executa paga", ao contrário do modelo anglo-saxão, que tende a vincular a responsabilidade legislativa com a do financiamento, ou seja, cada jurisdição pode decidir quais encargos e responsabilidades cria, tendo em vista a sua capacidade financeira.[203]

Nas décadas de 1950 e 1960, foram criadas diversas transferências complementares, pelas quais a União entraria com recursos oriundos de sua cota no IVA para complementar a equalização entre estados, com o objetivo de diminuir ainda mais as disparidades interestaduais, dentre elas as funções compartilhadas e a ajuda financeira, que permitiam transferências tipicamente condicionadas, associadas a projetos específicos. Ocorre que, nos anos noventa pós-unificação, as duas últimas modalidades, que, no período anterior, tinham um papel secundário, meramente complementar, foram se agigantando progressivamente, na medida em que a maior parte da ajuda extraordinária para a recuperação econômica e social do Leste foi canalizada através delas.[204]

Deve-se ressaltar, no entanto, que, apesar de passados mais de vinte anos após a reunificação, os estados da antiga Alemanha Oriental apresentam, em geral, uma economia frágil, e seus habitantes continuam a demonstrar, em média, 50% menos capacidade contributiva em relação aos impostos se comparados aos seus pares da porção ocidental, apesar do incentivo fiscal especial oferecido aos habitantes daquela região.[205]

---

[203] PRADO, Sérgio. *Equalização e federalismo fiscal: uma análise comparada.* Rio de Janeiro: Konrad-Adenauer-Stiftung, 2006. p. 84-85.

[204] HEINTZEN, Markus. A distribuição das verbas públicas entre o governo federal, os estados e os municípios na República Federal da Alemanha. *In*: DERZI, Misabel Abreu Machado; BATISTA JÚNIOR, Onofre Alves; MOREIRA, André Mendes (Org.). *Estado Federal e Guerra Fiscal no Direito Comparado.* Belo Horizonte: Arraes Editores, 2015. p. 445.

[205] Ibid., p. 446.

S. Prado,[206] ao fazer remissão às ideias de Adelberger,[207] afirma que tal circunstância é determinante para a utilização de argumentos dos críticos do sistema alemão, pois os estados ricos e o governo federal competem pelo poder de estabelecer autonomamente os padrões que regulam a federação. Os estados ricos e, principalmente, a Baviera sempre buscaram a redução da "camisa de força" normativa imposta pelo centralismo legislativo. O governo federal, por outro lado, tem sido sempre bem-sucedido em se articular com os estados mais pobres na defesa dos padrões nacionais.[208]

Sem dúvida, os mecanismos de partilha e equalização horizontal se traduzem no aspecto distintivo e peculiar do federalismo alemão. De acordo com Prado, há três tipos básicos de procedimentos de partilha de recursos no sistema alemão, os quais podem ser considerados como etapas de um processo:

(i) compartilhamento de impostos (basicamente IR e IVA);

(ii) transferências interestaduais sem participação da União (*Länderfinanzausgleich*);

(iii) transferências verticais União-estados e estados-municípios.[209]

Heintzen destrincha as referidas etapas com interessante abordagem didática:[210]

(1) *Compensação financeira primária vertical* – a palavra "vertical" se refere às transferências do governo federal para os estados. Já a palavra "primária" resulta da apuração total das receitas tributárias auferidas no exercício financeiro e da posterior verificação da porção proporcional devida ao governo federal e aos estados separadamente considerados.

---

[206] PRADO, Sérgio. *Equalização e federalismo fiscal*: uma análise comparada. Rio de Janeiro: Konrad-Adenauer-Stiftung, 2006. p. 80.

[207] ADELBERGER, K. *Federalism and its discontents*: fiscal and legislative power sharing in Germany 1948-1999. California/USA: Berdeley University, 1999.

[208] Do ponto de vista de outro autor (MACKENSTEIN, H. *Now tell me, how do you feel as to financial equalization? The "Gretchenfrage" of german federalism*. Grã-Bretanha: Cardiff University, 1999), mais comprometido com um sentido liberal de federalismo, os estados "pobres" teriam "vendido a alma ao diabo" ao recorrerem ao governo federal para ampliar as suas fontes de financiamento. O mecanismo adotado teria sido a entrega voluntária de encargos e áreas de intervenção estadual ao controle federal.

[209] PRADO, Sérgio. *Equalização e federalismo fiscal: uma análise comparada*. Rio de Janeiro: Konrad-Adenauer-Stiftung, 2006, p. 76.

[210] HEINTZEN, Markus. *A distribuição das verbas públicas entre o governo federal, os estados e os municípios na República Federal da Alemanha*. In: DERZI, Misabel Abreu Machado; BATISTA JÚNIOR, Onofre Alves; MOREIRA, André Mendes (Org.). *Estado Federal e Guerra Fiscal no Direito Comparado*. Belo Horizonte: Arraes Editores, 2015, p. 452.

Essa primeira fase – primária vertical – subdivide-se em dois sistemas: (i) o *sistema de divisão*, em que é concedida, de forma exclusiva aos estados, a receita proveniente da arrecadação de determinados impostos;[211] e (ii) *sistema unificado*, em que, ao contrário do anterior, a cobrança e a fiscalização de determinados impostos (preponderantemente IR e IVA) são da competência conjunta do governo federal e dos estados, sendo que a distribuição é realizada conforme cotas estipuladas na Constituição (IR) ou por legislação infraconstitucional (IVA).[212]

(2) *Compensação financeira primária horizontal* – na primeira fase, conforme visto, apura-se a parcela da receita tributária de

---

[211] O autor traz como exemplo o imposto sobre o patrimônio (*Vermögenssteuer*), o qual, segundo ele, desde 1997, não é mais exigido pelo governo federal, por conta de falhas e dificuldades arrecadatórias com relação à verificação de sua materialidade em face dos contribuintes (Ibid., p. 453).

[212] Artigo 106
[Distribuição da receita tributária e do lucro de monopólios fiscais]
(...)
(3) A receita do imposto de renda de pessoas físicas, do imposto de renda de pessoas jurídicas e do imposto sobre mercadorias e serviços cabe à Federação e aos Estados em conjunto (impostos comuns), na medida em que a receita do imposto de renda de pessoas físicas, segundo o §5, e a receita do imposto sobre mercadorias e serviços, segundo o §5, não sejam destinadas aos municípios. A Federação e os Estados participam da receita do imposto de renda de pessoas físicas e do imposto de renda de pessoas jurídicas em partes iguais. As participações da Federação e dos Estados no imposto sobre mercadorias e serviços são fixadas por lei federal, que requer a aprovação do Conselho Federal. Na fixação, deve-se partir dos seguintes princípios:
1. No âmbito das receitas correntes, a Federação e os Estados têm igual direito à cobertura das respectivas
despesas necessárias. O volume das despesas deve ser calculado em função de um planejamento financeiro que abranja vários anos.
2. As necessidades de cobertura da Federação e dos Estados devem ser harmonizadas entre si de tal forma, que se alcance uma compensação equitativa, se evite uma sobrecarga dos contribuintes e se mantenha a uniformidade das condições de vida no território federal. Adicionalmente, na fixação das participações da Federação e dos Estados no imposto sobre mercadorias e serviços, será levada em conta a diminuição da receita fiscal dos Estados, a partir de 1º de janeiro de 1996, resultante da consideração dos filhos no direito do imposto de renda. A matéria será regulamentada por lei federal mencionada na terceira frase.
Segundo S. Prado (*Equalização e federalismo fiscal*: uma análise comparada. Rio de Janeiro: Konrad-Adenauer-Stiftung, 2006. p. 93), o arquétipo alemão se trata de um modelo intermediário entre o *padrão constitucional rígido* – do qual o Brasil é talvez o maior exemplo –, no qual as mudanças na partilha vertical ocorrem apenas após longos e demorados conflitos que acabem permitindo acordos que alterem a Constituição, e o *padrão constitucional flexível*, no qual as regras e critérios são totalmente redefinidos a intervalos curtos, e a Constituição impõe apenas balizamentos gerais, como é o caso típico das comissões indianas.

um exercício que será destinada aos estados conjuntamente. Já nesta segunda etapa – primária e horizontal –, define-se quantitativamente o valor que cada estado, individualmente considerado, receberá do montante total. Para tanto, observa-se o princípio da arrecadação local, ou seja, cada estado receberá o valor correspondente à diferença entre o montante que os seus respectivos órgãos fazendários arrecadam[213] e a parte designada, legal e constitucionalmente, ao governo federal.

(3) *Compensação financeira horizontal secundária* – após a etapa distributiva primária, é hora de se compensarem as discrepâncias dos valores partilhados a cada estado, de forma secundária, em que se confrontam receitas e despesas de cada ente subnacional, objetivando aferir quais seriam os mais necessitados de recursos para a consecução dos objetivos constitucionais e legais. Trata-se, por conseguinte, de um mecanismo de correção de eventuais distorções, que é objeto de intensas controvérsias no âmbito federativo alemão, tendo, inclusive, alguns estados de maior potencial econômico recorrido ao Tribunal Constitucional para a resolução da contenda, conforme descreve Heintzen:

> O objetivo é que Estados financeiramente fortes possam oferecer suporte a Estados financeiramente fracos. Nesse contexto, por exemplo, o Estado de Bayern é obrigado a repassar aproximadamente 4 bilhões de Euros, equivalente a cerca de 10% do seu orçamento, para outros estados tidos como financeiramente mais frágeis. O Estado de Hessen, por sua vez, é incumbido a fazer empréstimos no mercado de capitais para conseguir honrar os seus compromissos para outros Estados.
>
> A existência de uma compensação financeira estadual é controversa, tanto com relação ao seu fundamento, quanto à sua forma concreta. Nessa toada, um detalhe que chama especial atenção é o chamado "aperfeiçoamento relativo ao número de habitantes", no qual se parte do princípio de que Cidades-estados têm despesas

---

[213] S. Prado (ibid., p. 98-99) informa que IR, combustíveis e atividade produtiva local são distribuídos conforme a origem da receita, ou seja, os montantes guardam estreita correlação com a capacidade econômica das jurisdições. Já o IVA foi escolhido para funcionar como elemento de ajuste do sistema, sendo que três quartos dos recursos são distribuídos numa base *per capita*, e os 25% restantes são utilizados para melhorar a receita dos estados mais pobres, de modo que estes últimos se aproximem da capacidade financeira média nacional.

administrativas mais altas por habitante do que nos outros Estados tidos como "de superfície" *(Flächenbundesländer)*.

As acirradas divergências políticas decorrentes desse sistema fizeram com que o tema batesse às portas da Corte Constitucional alemã. Os Estados de Bayern e de Hessen, que são dois dos Estados que mais repassam verbas no contexto da compensação financeira horizontal secundária, pleitearam uma revisão da Lei de Compensação Financeira em vigor, apresentando como principal argumento que o acúmulo de vários mecanismos de compensação (como a compensação preliminar do IVA, a compensação financeira estadual e o direcionamento de verbas federais complementares) é nociva à arrecadação local. Alegam, ainda, que isso faria com que os Estado mais pobres tenham pouca motivação para melhorar a sua arrecadação de impostos, visto que estes podem contar com prestações complementares oriundas do Governo Federal e dos próprios demais Estados da Federação.[214]

Nesta fase, não há participação da União, mas, sim, de uma equalização resultante de recursos dos próprios estados entre si, segundo critérios legais. O modelo de equalização horizontal não é exclusivo da Alemanha, sendo adotado por outros países, federais ou unitários. É compreensível que, em estados unitários, praticamente não existam desavenças resultantes de equalizações horizontais, mas, especialmente em um Estado que adota o federalismo cooperativo de forma bastante acentuada, como o alemão, as tensões daí resultantes sejam inevitáveis.

(4) Compensação financeira vertical secundária – prevista no artigo 107 da Constituição alemã,[215] esta fase engloba

---

[214] HEINTZEN, Markus. A distribuição das verbas públicas entre o governo federal, os estados e os municípios na República Federal da Alemanha. *In*: DERZI, Misabel Abreu Machado; BATISTA JÚNIOR, Onofre Alves; MOREIRA, André Mendes (Org.). *Estado Federal e Guerra Fiscal no Direito Comparado*. Belo Horizonte: Arraes Editores, 2015. p. 454-455.

[215] Artigo 107
[Distribuição da receita – Compensação financeira dos Estados – Subvenções complementares]
(1) A receita dos impostos estaduais e a participação dos Estados na receita do imposto de renda de pessoas físicas e do imposto de renda de pessoas jurídicas cabem aos diversos Estados, desde que os impostos sejam recolhidos pelas autoridades fiscais no seu território (arrecadação local). Através de lei federal, que requer aprovação do Conselho Federal, deverão ser estabelecidos os pormenores da delimitação para o imposto de renda de pessoas jurídicas e o imposto salarial, bem como a modalidade e o volume da redistribuição da arrecadação local. A lei pode regular também a delimitação

repasses do governo federal aos estados mais fragilizados economicamente, com o objetivo de se reduzirem ainda mais as desigualdades financeiras entre esses entes. De acordo com Heintzen,[216] o volume da compensação financeira vertical secundária é atualmente o dobro que o da compensação financeira horizontal secundária, sendo a reunificação da Alemanha o maior motivo para essa consequência econômica.[217]

A Lei de Compensação Financeira (*Finanzausgleichsgesetzes*) regulamenta o referido dispositivo constitucional, dispondo que a definição do poder arrecadatório de um Estado é algo objetivamente verificável, de forma que dado conceito se dá a partir da apuração entre a capacidade arrecadatória de um estado, acrescido das receitas por ele recebidas a título de compensação financeira, comparado com a média dos outros estados em um mesmo exercício financeiro.

---

e a redistribuição da arrecadação local de outros impostos. A participação dos Estados na receita do imposto sobre mercadorias e serviços cabe a cada Estado, considerado os regulamentos do §2, de acordo com o respectivo número dos seus habitantes.

(2) Através da lei federal, que requer a aprovação do Conselho Federal, deve ser assegurado que as discrepâncias da capacidade financeira dos Estados tenham uma compensação adequada; para tal, há que se considerar a capacidade e as necessidades financeiras dos municípios (associações de municípios). Por essa razão, devem ser regulamentados na lei os suplementos e as deduções do respectivo poder financeiro na distribuição das cotas estaduais na receita do imposto sobre mercadorias e serviços. As condições prévias para a concessão dos suplementos e o recolhimento das deduções, bem como a determinação do montante dos suplementos e deduções devem ser determinados por lei. Para fins do cálculo da capacidade financeira, a taxa de mineração pode ser levada em conta apenas com parte da sua receita. A lei pode determinar também que a Federação conceda, com recursos próprios, subvenções para cobertura complementar das necessidades financeiras gerais (subvenções complementares) aos Estados de reduzida capacidade financeira. As subvenções podem ser concedidas, independentemente das medidas estabelecidas nas frases 1 a 3, também aos Estados com baixo rendimento, cujos municípios (associações de municípios) disponham de arrecadação especialmente baixa (subvenções de impostos municipais), bem como aos Estados com baixo rendimento, cuja participação nos subsídios do Artigo 91 b esteja abaixo da sua cota por habitante.

[216] HEINTZEN, Markus. A distribuição das verbas públicas entre o governo federal, os estados e os municípios na República Federal da Alemanha. *In*: DERZI, Misabel Abreu Machado; BATISTA JÚNIOR, Onofre Alves; MOREIRA, André Mendes (Org.). *Estado Federal e Guerra Fiscal no Direito Comparado*. Belo Horizonte: Arraes Editores, 2015. p. 455.

[217] O autor informa, ainda, que essa espécie de suplementação financeira, ou seja, do governo federal para os "novos estados alemães", termina de uma forma regressiva até o final de 2019. Esta, inclusive, é uma das principais razões pelas quais o tema relativo à adequada compensação financeira continuar na pauta das discussões políticas, sendo periodicamente revisitado em fóruns e congressos jurídicos em todo o país (ibid., p. 456).

(5) Auxílios financeiros federais – diferentemente das etapas anteriores, esta não se destina à tarefa redistributiva entre os entes, mas, sim, à melhoria da infraestrutura e ao incentivo de economias locais, sendo, portanto, transferências condicionadas. Desta feita, são concedidas, indistintamente, aos estados que demonstrem necessidade para tal, de forma discricionária e com os recursos vinculados a uma atividade específica.[218]

O sistema de compartilhamento de receitas tributárias alemão não está livre de críticas, conforme já adiantado em alguns itens anteriores. Seus críticos, no geral, fazem alusão ao pouco incentivo ao esforço tributário, especialmente em se tratando de impostos compartilhados, contribuindo para que os estados, de modo geral, não tenham interesse em atrair novos empreendimentos para os seus respectivos territórios.

Outra censura se volta para o efeito deletério do sistema sobre a responsabilidade fiscal, havendo quem diga que o modelo estimula certa permissividade com os déficits fiscais, pois uma das fases dos critérios de redistribuição considera a capacidade de autofinanciamento de cada ente, ou seja, a relação entre as receitas e despesas próprias. Como os entes que apresentam déficits orçamentários tendem a receber maior parcela de recursos, há, por conseguinte, um incentivo perverso para a ineficiência fiscal. Afinal, por que determinado estado concentrará os seus esforços para apresentar superávit orçamentário se, como consequência, receberá uma cota menor das verbas redistribuídas?[219]

Não se pode perder de vista, no entanto, que as referidas críticas consideram a correção das premissas de determinado modelo de federalismo fiscal, que salienta uma maior autonomia dos entes em detrimento de uma política de planejamento nacional. O federalismo cooperativo alemão encontra no princípio da uniformidade das

---

[218] De acordo com Prado (*Equalização e federalismo fiscal*: uma análise comparada. Rio de Janeiro: Konrad-Adenauer-Stiftung, 2006. p. 116), em alusão a P. B. Spahn (*Maintaining fiscal equilibrium in a Federation*: Germany. (Draft). [S.l.: s.n.], 2001), em 1975, decisão da Corte Constitucional alemã estabeleceu que todos os estados têm que concordar com a alocação desse tipo de fundos do governo federal para os estados, o que levou à edição de diversos regulamentos sobre o tema. Esses dispositivos reduziram em muito o caráter discricionário desse tipo de transferência, cuja facultatividade, aliás, costuma ser muito criticada pelos partidários de uma maior autonomia aos entes subnacionais, dado que a existência de contrapartidas, por parte do ente federal, tende a trazer embaraços a uma maior liberdade destes últimos.

[219] PRADO, Sérgio (ibid., p. 132), em referência a SPAHN, Paul Bernd; FRANZ, O. *Consensus democracy and interjurisditional fiscal solidarity in Germany*. [S.l.: s.n.], 2000.

condições de vida em seu território a pedra angular de seu sistema, em que a concretização dos direitos fundamentais – especialmente os sociais – merece tratamento destacado em prejuízo a um federalismo que conceda maior liberdade aos entes federativos. Afinal, a competição entre os entes subnacionais é positiva ou não?

Ademais, não há que se falar em guerra fiscal no federalismo alemão, a qual, sabidamente, provoca distorções graves em diversas federações, e especialmente no Brasil, dada a competência estadual para instituir impostos sobre o consumo.

No que tange às críticas relacionadas ao desestímulo à responsabilidade fiscal, outras medidas, diversas de uma reforma ampla do sistema, poderiam ser utilizadas, como a criação de um efetivo controle orçamentário, inclusive, com normatização nesse sentido, o que, diga-se de passagem, foi efetivamente adotado pela Federação alemã, com a obtenção de bons resultados, conforme será mais detalhado no próximo tópico deste capítulo.

Não se pode olvidar que a concessão de maior autonomia aos entes costuma ocasionar desigualdades entre as regiões territoriais, até porque o fenômeno econômico se trata de uma realidade fática insofismável. As regiões mais industrializadas são as mais ricas em qualquer lugar do mundo. Além disso, a opção de determinado ente federativo pela industrialização não é algo simples, pois envolve outros fatores, principalmente relacionados à infraestrutura (como exemplo, a aproximação de portos e aeroportos, proximidade com os centros urbanos, desenvolvimento de meios de transportes rodoviários e ferroviários, concentração de capital etc.).

Poder-se-ia imaginar, após a análise do federalismo dual norte-americano e do federalismo cooperativo alemão, que se trata, em verdade, de opções quanto a se privilegiar a liberdade ou a igualdade. Esta seria, no entanto, uma conclusão reducionista, pois ambos os valores se complementam. Não há que se falar em liberdade sem igualdade e vice-versa. Não são direitos opostos. Segundo Fernando F. Scaff, "trata-se de uma construção humana cujos limites são traçados em sociedade". Para o autor, ambas devem ser compreendidas em conjunto, embora reconheça que exista uma relação de tensão entre elas, "pois pode ocorrer que mais isonomia restrinja as liberdades, sendo também verdadeiro o inverso". Conforme as suas próprias palavras:

> Trata-se da busca da liberdade entre iguais – iguais em direitos e deveres. É a busca da *liberdade igual*. Porém, se em um âmbito socioeconômico

as pessoas não têm condições de serem iguais, é necessário que o poder político aja nesse sentido, pois sem igualdade não haverá a possibilidade de cada indivíduo gozar da liberdade que lhe é assegurada.[220]

1.4.3 Endividamento dos entes subnacionais

Conforme visto no item anterior, o sistema de equalização das transferências entre as esferas federativas alemãs trouxe uma série de questionamentos quanto à responsabilidade fiscal dos estados, especialmente daqueles que continuamente se encontram em uma posição de recebedores de recursos. Ademais, ao longo dos anos, tendo a União aumentado a sua participação efetiva para promover a homogeneidade entre os estados – o que, conforme visto, se agravou após a reunificação –, fez com que o ente federal apresentasse períodos de desequilíbrios orçamentários, com o consequente aumento de seu nível de endividamento.

Spahn e Föttinger esclarecem que, em período anterior à União Europeia, a lei restringia os empréstimos do Banco Central diretamente ao governo federal e aos estados a uma quantidade relativamente pequena de empréstimos de curto prazo. No entanto, após o Tratado de Maastricht, os limites institucionais para o financiamento de déficits passaram a decorrer diretamente de seus dispositivos, que, entre outros, proíbem transações diretas entre o governo e o Banco Central, bem como restringem o montante de empréstimos governamentais às despesas de investimentos ("regra de ouro").[221] Por conseguinte, não há empréstimos diretos entre os entes federativos, mas, por outro lado, conforme visto no tópico precedente, os estados que vinham apresentando déficits orçamentários frequentes recebiam uma cota maior de recursos das transferências intergovernamentais.

Uma questão relacionada ao endividamento dos entes federativos na Alemanha é a referente ao denominado "risco moral" (*moral hazard*). Segundo propugna Spahn, uma compensação financeira baseada em receitas ou gastos atuais não pode fugir da crítica de favorecer a irresponsabilidade orçamentária. Com efeito, se grande parte do

---

[220] SCAFF, Fernando Facury. *Orçamento Republicano e Liberdade Igual, ensaio sobre Direito Financeiro, República e Direitos Fundamentais no Brasil*. Belo Horizonte: Fórum, 2018. p. 174.

[221] SPAHN, Paul Bernd; FÖTTINGER, Wolfgang. Germany. *In*: TER-MINASSIAN, Teresa (Ed.). *Fiscal Federalism in Theory and Practice*. Washington/USA: International Monetary Fund, 1997. p. 236-237.

déficit é coberto pelo conjunto dos estados ou pela União, sob o pretexto de constituírem uma "comunidade solidária", há uma falta total de incentivos para se evitarem esses déficits. Pelo contrário, o estado pode cair na tentação de gastar mais do que aquilo que corresponde à sua capacidade própria, contando com o "salvamento" comunitário a título de solidariedade entre os estados.[222]

Intuitivamente, poder-se-ia concluir, conforme o senso comum, que os estados mais favorecidos com um volume maior de recursos deveriam, em tese, apresentar um equilíbrio financeiro e orçamentário mais consistente. No entanto, conforme alerta Spahn:

> Os oito estados "mais prósperos" antes da compensação financeira, mas dotados de poder financeiro relativamente baixo depois das alocações complementares federais[223] (com um total de 62,8 milhões de habitantes) expandiram constantemente, entre 1991 e 1997, seu endividamento *per capita*, passando de DM 4.750 para DM 6.610. Por outro lado, os oito estados em posição relativamente melhor depois das alocações complementares federais (com um total de 19,2 milhões de habitantes) chegaram a um endividamento *per capita* muito maior. Pelo menos, para os anos 90, esta dinâmica ainda seria aceitável devido à situação peculiar dos novos estados; não se compreende, porém, porque o endividamento *per capita* destes estados ultrapassa, aparentemente fora de controle, o dos antigos estados da Alemanha Ocidental. De fato, pode parecer uma tentação de assumir riscos, favorecida pela compensação financeira.[224]

Feld e Von Hagen, em 2007 – antes, por conseguinte, da crise financeira mundial de 2008 –, já chamavam a atenção para as deficiências do modelo:

> Essa estrutura institucional do federalismo cooperativo levou a uma "tigela de espaguete" de inter-relações políticas e a um forte federalismo executivo ou administrativo. O federalismo fiscal alemão não corresponde consideravelmente, portanto, às ideias apresentadas no teorema da descentralização de Oates ou em seu federalismo de laboratório. Os problemas de suaves restrições orçamentárias associados aos problemas fiscais de alguns *Länder* são uma consequência lógica dos

---

[222] SPAHN, Paul Bernd. Da controvérsia sobre a compensação financeira na Alemanha. *In*: HOFMEISTER, Wilhelm; CARNEIRO, José Mário Brasiliense (Org.). *Federalismo na Alemanha e no Brasil*. São Paulo: Fundação Konrad Adenauer, 2001. p. 166.

[223] O autor se refere aos estados de Baden-Württemberg, Bayern, Hamburg, Hessen, Niedersachsen, Nordrhein-Westfalen, Rheinland-Pfalz e Schleswig-Holstein.

[224] Ibid., p. 167.

incentivos fornecidos por esse sistema. Um novo resgate exacerbará o desequilíbrio que atualmente governa o federalismo fiscal alemão. Existem várias maneiras possíveis de lidar com esses problemas. Negar um resgate adicional levará a uma maior variação na forma como os mercados financeiros avaliam a capacidade creditícia dos *Länder* e das jurisdições locais. Mesmo passos tímidos nessa direção parecem politicamente inviáveis. A única solução a curto prazo será impor restrições mais rígidas à autonomia dos *Länder* que recebem resgates.[225] Uma redução adicional na autonomia fiscal dos estados, no entanto, contradiz a introdução da autonomia tributária como uma solução de longo prazo para o desequilíbrio no federalismo fiscal alemão.[226] (Tradução livre)

Heintzen esclarece que, por ocasião da segunda reforma do federalismo na Alemanha em 2009,[227] a atenção voltou-se para a questão do endividamento público, muito por conta das drásticas consequências oriundas da crise financeira mundial de 2008.[228] O artigo 109 da Lei

---

[225] Os casos de resgate ocorridos no federalismo alemão serão analisados no subitem 3.1.2.3 do capítulo 3.

[226] FELD, Lars P.; VON HAGEN, Jürgen. Federal Republic of Germany. *In*: SHAH, Anwar (Ed.). *The practice of fiscal federalism*: comparative perspectives. A global dialogue on Federalism – v. 4. Québec/Canada: McGill-Queen's University, 2007. p. 146.
No original: "*This institutional framework of cooperative federalism has led to a "spaghetti bowl" of political interrelationships and a strong executive, or administrative, federalism. German fiscal federalism does not, therefore, correspond much with the ideas presented in Oates's decentralization theorem or in his laboratory federalism. The induced soft budget constraint problems associated with the fiscal troubles of some Länder are a logical consequence of the incentives provided by that system. A further bailout will exacerbate the disequilibrium currently governing German fiscal federalism. There are several possible ways to cope with these problems. Denying a further bailout will lead to a higher variance in how financial markets assess the creditworthiness of the Länder and local jurisdictions. Even timid steps in this direction appear to be politically unfeasible. The only short-term solution will be to impose stronger restrictions on the autonomy of the Länder receiving bailouts. A further reduction in the fiscal autonomy of states will, however, contradict the introduction of tax autonomy as a long-term solution to the disequilibrium in German fiscal federalism*".

[227] A primeira reforma do federalismo alemão, conhecida como "Pacto de Solidariedade I", foi instituída em março de 1993, com vigência a partir de 1995, tendo permanecido em vigor até 2004. O acordo previa uma série de medidas, incluindo a introdução de uma sobretaxa de solidariedade e a revisão do sistema estadual de equalização fiscal. Já o "Pacto de Solidariedade II", negociado em 2001, com vigência em 2005, permanecerá em vigor até 2019. Para mais informações: "*Die Vereinbarung über den Solidarpakt*" ["*O Acordo sobre o Pacto de Solidariedade*"], Archiv der Gegenwart, 16 de março de 1993, p. 48032-36. Disponível em: http://ghdi.ghi-dc.org/sub_document.cfm?document_id=3105. Acesso em: 30 nov. 2019.

[228] HEINTZEN, Markus. A distribuição das verbas públicas entre o governo federal, os estados e os municípios na República Federal da Alemanha. *In*: DERZI, Misabel Abreu Machado; BATISTA JÚNIOR, Onofre Alves; MOREIRA, André Mendes (Org.). *Estado Federal e Guerra Fiscal no Direito Comparado*. Belo Horizonte: Arraes Editores, 2015. p. 458-459.

Fundamental[229] passou a vigorar no sentido de que os orçamentos da federação e dos estados devem ser equilibrados sem que seja necessário que estes recorram a créditos. No caso dos estados, especificamente, proibir-se-á, de forma absoluta, um eventual novo endividamento.[230] Com o Pacto Fiscal, assinado em março de 2012 no âmbito da União Europeia, adotou-se efetivamente como meta frear o contínuo crescimento da dívida líquida que vinha se acumulando desde 1969. Em 2009 e em 2010, foram atingidos valores recordes em decorrência de crises no mercado financeiro, somados aos custos acumulados da política social implementada nos anos 1970 e após o processo de reunificação nos anos 1990. A dimensão desse problema de caráter eminentemente financeiro é enorme, sobretudo se se considerar que o déficit do orçamento alemão foi, em dezembro de 2013, de aproximadamente 2.044 bilhões de euros. Desse montante, aproximadamente 63% fica a cargo do governo federal, 31% sob a responsabilidade dos estados e os 6% restantes cabendo aos municípios. Afirma-se, em linhas gerais, que a dívida federal se revela como sendo o próprio preço que a União paga pela sua posição-chave no sistema de compensação de recursos financeiros.[231]

O gráfico a seguir confirma as referidas assertivas. Após a reunificação, no início da década de 1990, os índices de endividamento

---

[229] Artigo 109
[Regime orçamentário da Federação e dos Estados]
(...)
(3) *Os orçamentos da Federação e dos Estados devem ser equilibrados basicamente sem recorrer a créditos.* A Federação e os Estados podem estabelecer regulamentos para levar em conta os efeitos de uma evolução conjuntural que não corresponda à situação normal de altas e baixas simétricas, bem como um regulamento de exceção para catástrofes naturais ou situações extraordinárias de emergência, que fuja ao controle do Estado e que prejudique consideravelmente a situação financeira estatal. O regulamento de exceção tem de incluir um regulamento correspondente de amortização. Para o orçamento da Federação, a regulamentação específica é ditada no artigo 115 com a ressalva, que a primeira frase é cumprida, quando os recursos provenientes de créditos não ultrapassem 0,35 por cento em relação ao Produto Interno Bruto nominal. A regulamentação específica para os orçamentos dos Estados é ditada pelos próprios Estados no âmbito das suas competências constitucionais com a ressalva de que a primeira frase somente é cumprida, quando não é permitida nenhuma tomada de créditos. (Grifos nossos)

[230] O autor informa que a lei (provisória) de compensação financeira perderá vigência em 31.12.2019, razão pela qual os regulamentos "de frenagem da dívida" passarão a vigorar integralmente a partir de 1º.1.2020, ocasião em que será retirada a possibilidade de os estados auferirem receitas provisórias por meio de empréstimos.

[231] HEINTZEN, Markus. A distribuição das verbas públicas entre o governo federal, os estados e os municípios na República Federal da Alemanha. *In*: DERZI, Misabel Abreu Machado; BATISTA JÚNIOR, Onofre Alves; MOREIRA, André Mendes (Org.). *Estado Federal e Guerra Fiscal no Direito Comparado*. Belo Horizonte: Arraes Editores, 2015. p. 459.

em relação ao PIB passaram a apresentar uma trajetória em ascensão, tendo atingido o seu ápice após a crise mundial de 2008. A partir da II Reforma do federalismo alemão em 2009 – a qual concentrou os seus esforços precipuamente na questão fiscal –, observa-se a reversão desse quadro de crescimento contínuo da dívida pública nacional.

Gráfico 4 – Evolução da dívida alemã em percentual do PIB – período 1992-2018

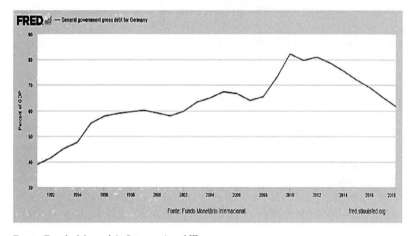

Fonte: Fundo Monetário Internacional.[232]

Com a adoção, pela Federação Alemã, de uma política fiscal restritiva – especialmente em face das exigências da União Europeia –, o endividamento dos estados passou a ser o centro do debate das preocupações nacionais. Dessa forma, foi previsto dispositivo na Constituição relativo à transferência expressiva de recursos para os estados economicamente mais fracos, mas, em contrapartida, esses mesmos estados devem alcançar um orçamento equilibrado até o exercício de 2020.[233]

---

[232] Para mais detalhes sobre aspectos fiscais da Alemanha, ver *site* do FMI. Disponível em: https://www.imf.org/en/Countries/DEU e https://www.imf.org/en/Publications/CR/Issues/2019/07/09/Germany-2019-Article-IV-Consultation-Press-Release-Staff-Report-and-Statement-by-the-47093. Acessos em: 7 mar. 2020.

[233] Artigo 143 d
[Regras transitórias no âmbito das ajudas de consolidação]
(...)

De acordo com relatório do Fundo Monetário Internacional (FMI), os *Länder* fizeram melhorias significativas em suas posições orçamentárias para atender à regra fiscal nacional e reduzir a dívida. A regra fiscal nacional, introduzida em 2009, em termos gerais, proibirá empréstimos estruturais por qualquer *Länder* a partir de 2020. Os estados em piores condições implantaram maiores consolidações fiscais. Por exemplo, Bremen, Rhineland Palatinate e Saarland, que obtiveram os maiores déficits ou dívidas fiscais em 2011, apresentaram as maiores consolidações fiscais desde então. Os esforços relativos à gestão fiscal durante esse período, juntamente com o crescimento econômico e as baixas taxas de juros, levaram todos os *Länder* a registrar superávits orçamentários em 2018.

De fato, todos os *Länder* usaram os superávits orçamentários nos últimos anos para constituir reservas e entidades não orçamentárias (fundos especiais), que podem ser usadas para complementar os recursos orçamentários no futuro, sem necessidade de recorrer a novos empréstimos.[234]

---

(2) Aos Estados Berlim, Bremen, Sarre, Saxônia-Anhalt e Schleswig-Holstein podem ser concedidos recursos de consolidação do orçamento da Federação no período de 2011 até 2019, num valor total de 800 milhões de euros anuais, como ajuda para a observância das disposições do Artigo 109, §3, a partir de 1º de janeiro de 2020. Desse montante cabem 300 milhões de euros a Bremen, 260 milhões de euros ao Sarre e 80 milhões de euros respectivamente a Berlim, Saxônia-Anhalt e Schleswig-Holstein. As ajudas serão concedidas com base num acordo administrativo regulamentado com uma lei federal, com a aprovação do Conselho Federal. *A concessão das ajudas está condicionada a uma completa redução dos déficits de financiamento até o fim do ano de 2020.* Os pormenores, em especial as etapas anuais de redução dos déficits de financiamento, a fiscalização da redução dos déficits de financiamento através do Conselho de Estabilidade, bem como as consequências no caso da inobservância das etapas de redução serão regulamentados através de lei federal com a aprovação do Conselho Federal e através de acordo administrativo. Fica proibida a concessão simultânea de ajudas de consolidação e ajudas de saneamento, em razão de emergência orçamentária extrema. (Grifos nossos)

[234] FMI – Departamento Europeu. Relatório por país – Alemanha, 2019, p. 64-66. Disponível em: https://www.imf.org/en/Publications/CR/Issues/2019/07/09/Germany-2019-Article-IV-Consultation-Press-Release-Staff-Report-and-Statement-by-the-47093. Acesso em: 21 nov. 2019.
No original: *"The Länder have made significant improvements to their budget positions to meet the national fiscal rule and reduce debt. The national fiscal rule, introduced in 2009, generally prohibits structural borrowing by any Länder starting in 2020. Therefore, Länder with higher fiscal deficits or debt have implemented larger fiscal consolidations. For example, Bremen, Rhineland Palatinate, and Saarland, which had the highest fiscal deficits or debt in 2011, have implemented the largest fiscal consolidations since then. Fiscal consolidation efforts over this period, together with the economic upswing and low interest rates, led to all Länder registering budget surpluses in 2018. Indeed, all Länder have used the budget surpluses in recent years to build up reserves and off budget entities (special funds), which can be used to supplement budgetary resources in the future without resorting to new borrowing (Bundesbank 2018)".*

Segundo o relatório, os governos têm priorizado a responsabilidade fiscal em detrimento da aplicação em investimentos:

> Apesar dos recentes aumentos, o investimento público na Alemanha permaneceu em torno de 2-2½% do PIB, comparativamente baixo entre as economias avançadas. Este anexo explora fatores que podem ter impedido investimento público, observando além dos desenvolvimentos no nível do governo central, como dois terços do investimento público é executado pelos governos locais (*Länder* e municípios). A análise mostra que, nos últimos anos, os governos locais priorizaram a consolidação fiscal e a redução da dívida em atendimento à regra fiscal nacional da Alemanha (conhecida como "Freio da Dívida"), que resultou em uma redução no índice de investimento até muito recentemente.[235] (Tradução livre)

Em acréscimo, a União tem diminuído repasses para os estados do Leste. Nesses *Länder*, a retirada gradual de transferências federais levou a uma maior cautela na gestão de despesas, incluindo cortes nas despesas de capital. A posição fiscal dos estados orientais, em 2011, não se afastou significativamente de um orçamento estrutural equilibrado. No entanto, a eliminação gradual dos repasses federais até 2019, conforme previsto no âmbito do Pacto de Solidariedade II, levou a significativos cortes de gastos, principalmente gastos de capital. A projeção conservadora da receita tributária nos últimos anos também contribuiu para um planejamento cauteloso das despesas.[236]

Sendo assim, os estados, muito em razão da adoção de normas restritivas no que tange à responsabilidade fiscal, conseguiram apresentar resultados favoráveis em termos de equilíbrio financeiro e orçamentário. É bem verdade que a diminuição dos recursos, por

---

[235] No original: "*Despite recent increases, public investment in Germany has remained around 2-2½ percent of GDP, comparatively low among advanced economies. This Annex explores factors that may have held back public investment by looking beyond developments at the central government level, as two-thirds of public investment is executed by local governments (Länder and municipalities). The analysis shows that in recent years local governments prioritized fiscal consolidation and debt reduction to meet Germany's national fiscal rule (known as the "Debt Brake"), which resulted in a reduction in public investment spending until very recently*".

[236] No original: "*In the East Länder, the expected phasing out of federal grants prompted cautious expenditure management, including cuts to capital expenditures. The fiscal positions of the East Länder in 2011 did not significantly deviate from a balanced structural budget. However, the expected phasing out of federal grants by 2019 under the Solidarity Pact II led to significant expenditure cuts, particularly capital expenditures, even though that higher tax revenue partly compensated for lower grants. Conservative tax revenue projections in recent years also contributed to cautious expenditure planning*".

parte do governo federal, contribuiu decisivamente para a opção nessa direção. Conclui-se, por conseguinte, que, apesar das exigências por parte dos estados mais ricos no sentido de demandar maior rigor fiscal dos estados mais frágeis economicamente, não houve, ao menos por enquanto, a necessidade de se promoverem alterações profundas no federalismo cooperativo alemão, a ponto de haver uma transfiguração para um modelo de competição.

CAPÍTULO 2

A QUESTÃO DO ENDIVIDAMENTO PÚBLICO NO FEDERALISMO BRASILEIRO

2.1 Aspectos gerais do endividamento público e a equidade entre gerações

2.1.1 Como as diversas correntes econômicas enfrentam o endividamento público

A definição sobre a natureza jurídica do crédito público há muito vem provocando tormentosas reflexões na doutrina financista. Não se pode olvidar que a questão quanto à dimensão ideal do setor público está intrinsicamente relacionada ao tema.[237]

Conforme informa J. Albano Santos, o fenômeno desencadeou autênticas controvérsias, mormente com o surgimento das doutrinas mercantilistas, favoráveis ao endividamento público.[238] Nesse sentido, autores como Jean-François Melon, o qual dispunha que "a dívida pública, quando colocada junto de credores nacionais, não enfraquece o país, dado que as dívidas de um estado são dívidas da mão direita à mão esquerda".[239] Da mesma forma, o autor inglês George Berkeley sustentava que "o progresso da Grã-Bretanha era devido aos empréstimos públicos, pelo que estes deviam ser considerados uma mina de

---

[237] Eduardo Manuel Hintze da Paz Ferreira (*Da Dívida Pública e das Garantias dos Credores do Estado*. Coimbra: Almedina, 1995) traz extensas considerações sobre as diferenças entre as diversas correntes econômicas no que tange à caracterização do crédito público e as suas consequências, sendo que algumas são contrárias ao descontrole quanto a esse recurso, enquanto outras o atrelam ao estímulo ao crescimento econômico a ser fomentado por parte do Estado.

[238] SANTOS, J. Albano. A Dívida Pública como problema intergeracional. *In*: SILVA, Jorge Pereira da; RIBEIRO, Gonçalo de Almeida (Coord.). *Justiça entre Gerações*: perspectivas interdisciplinares. Lisboa: Universidade Católica, 2017. p. 221-260.

[239] MELON, Jean-François. *Essai Politique sur le Commerce*. Eugène Daire, 1843, reimpressão, Osnabrück: Otto Zeller, 1966.

ouro".[240] O mesmo raciocínio guiou o então ministro das Finanças de George Washington nos Estados Unidos, Alexander Hamilton, para quem "a dívida pública, se não for excessiva, será para nós uma bênção nacional. O crédito, seja público ou privado, é da maior importância para qualquer país; mais do que isso, não pode haver época ou situação na qual o crédito não seja essencial para uma nação".[241]

Certo é que as escolas econômicas clássica e keynesiana[242] possuem premissas e visões distintas quanto ao papel do Estado no que tange à intervenção de políticas monetária e fiscal. A primeira, com uma maior preocupação quanto às consequências que o tamanho do Estado possa provocar na propriedade individual; e a segunda, que admite um papel mais transigente com a ingerência estatal na economia, especialmente para se promover o crescimento em períodos de desaceleração econômica.

A caracterização do crédito público, na forma como hoje é adotada,[243] foi desenvolvida no decurso dos séculos, sendo certo, como leciona Eduardo Manuel H. da Paz Ferreira, que:

> As modernas formas de endividamento público, que só ficariam perfeitas depois do triunfo das revoluções liberais, começam a desenhar-se com clareza e a distinguir-se dos seus antecedentes históricos por um conjunto de características em que avultam: a visão do crédito público não como uma relação pessoal entre o monarca e os seus credores, mas sim como uma relação entre o conjunto da Nação e esses credores; a consideração do crédito como uma forma de financiamento normal e adequado à cobertura de certo tipo de despesas e não como um mero expediente; a aceitação da dívida a médio e longo prazo e não apenas

---

[240] BERKELEY, George. *The Querist*, n. 233, p. 1.735-1.737, citado em BULLOCK, Charles. *Selected Readings in Public Finance*. 3. ed. Boston: Ginn and Company, 1924.

[241] Carta a Robert Morris em 30 de abril de 1781, citada em ELMENDORF, Douglas; MANKIW, Gregory. Government Debt. *In*: TAYLOR & WOODFORD. *Handbook of Macroeconomics*. Amsterdam: North Holland Publishing Company, 1999.

[242] A menção apenas a essas duas escolas tem como objetivo a visualização de visões díspares, ao considerar as principais correntes de viés ideológico-econômico do século passado, mas, conforme será construído ao longo do texto, não se podem deixar de lado as considerações de diversas outras doutrinas de matizes diversos.

[243] Para uma análise circunstanciada da evolução histórica do crédito público, vide: FERREIRA, Eduardo Manuel Hintze da Paz. *Da Dívida Pública e das Garantias dos Credores do Estado*. Coimbra: Almedina, 1995. p. 19-41. O autor faz uma extensa análise do desenvolvimento do crédito público ao longo da história, desde os instrumentos de finanças extraordinárias gregas e romanas – que se relacionavam essencialmente às guerras –, perpassando pelas finanças na Idade Média – em razão das demandas oriundas da expansão comercial entre o Ocidente e o Oriente, mas que encontrava obstáculos nas restrições do pensamento religioso à usura –, até a Idade Moderna, em que a noção de crédito público obtém os contornos conceituais como hoje o conhecemos.

dos empréstimos a curto prazo; a admissão do emprétimo público como uma colocação normal de capitais e não como uma aplicação destinada a satisfazer ambições políticas ou a permitir a manutenção de privilégios.[244]

Sendo assim, podem-se dividir as concepções relativas aos empréstimos públicos em, basicamente, duas: as favoráveis, que, em linhas gerais, consideram o crédito público como um dos possíveis fatores relacionados à expansão da economia; e as contrárias, que se preocupam com as consequências ao uso crescente e imoderado desse instrumento. Passa-se, a seguir, a uma análise perfunctória das principais correntes de pensamento econômico quanto ao tema.

2.1.1.1 Os mercantilistas

Com o surgimento do Estado moderno e com a consequente aceleração do aproveitamento do crédito público, sobrevieram doutrinas que enalteciam essa prática estatal para a obtenção de recursos, de modo a fazer frente aos novos gastos públicos.

Inicialmente, os autores mercantilistas formularam um arcabouço teórico, segundo o qual "o crédito representava um fator de enriquecimento das nações, nunca podendo justificar qualquer motivo de apreensão, na medida em que se estaria, apenas, em presença de pagamentos feitos pela mão esquerda à mão direita".[245]

Para os mercantilistas, o crédito possui o atributo de criar moeda, o que resulta no estímulo da circulação comercial. Eduardo Manuel H. da P. Ferreira, ao fazer referência ao economista Isaac de Pinto, ressalta a visão otimista dessa corrente quanto à adoção da política creditícia expansionista. O referido economista, em uma visão positiva quanto ao recurso ao empréstimo público, salienta que:

> A Dívida Nacional enriqueceu a Nação; aqui está como eu demonstro isso. A cada empréstimo, o governo da Inglaterra, ao ceder a uma parcela dos impostos para o pagamento de juros, cria um novo capital artificial e novo, que não existia antes e que se torna permanente, circula em proveito do público, como se fosse um tesouro eficaz em prata cujo reino foi enriquecido.[246] (Tradução livre)

---

[244] Ibid., p. 41.
[245] Ibid., p. 41.
[246] PINTO, Isaac de. Traité de la Circulation et du Crédit. *In*: AMZALAK, Moses. *O economista Isaac de Pinto, e o seu Tratado da Circulação e do Crédito.* Lisboa: 1960.

2.1.1.2 Os clássicos

Os economistas clássicos formam um segmento sólido contrário à ideia de recurso ao crédito para ampliar as receitas do Estado. David Hume chegou a afirmar que "ou a Nação destrói o crédito, ou o crédito destrói a Nação".[247] Da mesma forma, David Ricardo enxergou no crédito público "uma das piores pragas que afligem os Estados modernos".[248]

Os clássicos, de modo geral, ressaltavam os riscos de se transferirem os encargos dos empréstimos para o futuro, o que, *a priori,* ocasiona um "efeito ilusionista" nos contribuintes, uma vez que estes são induzidos a concluir que o montante advindo do crédito público conduzirá a uma menor parcela da carga tributária individual. Amilcare Puviani dispôs que, "dado o grau de cultura e a alfabetização ordinárias dos contribuintes, a maioria deles não vê a conexão íntima entre o pagamento efetuado anualmente dos juros e a correspondente diminuição no valor de seus patrimônios".[249]

Adam Smith, em sua obra *An inquiry into the nature and causes of the wealth of nations,* especificamente no capítulo III do Livro V, faz um proficiente arrazoado crítico do crescente e contínuo endividamento dos países europeus, especialmente com o crescimento e o desenvolvimento das relações comerciais a partir do século XVIII. O autor não esconde a sua preocupação com o futuro das finanças nacionais e, ainda, alerta quanto ao aprimoramento do mercado de crédito, o que, além de provocar a criação de numerosos e interligados instrumentos que facilitavam o endividamento público, fazia com que os Estados se tornassem devedores de suas próprias entidades e fundos:[250]

No original: *"Je dis que la Dette Nationale a enrichi la Nation; voici comme je le démontre. A chaque emprunt le gouvernement d'Angleterre, en cédant une parcelle des taxes qu'on hypôthèque pour en payer les intérêts, crée un capital artificiel et nouveau, qui n'existait pas auparavant, qui, devient permanent, circule à l'avantage du public, comme s'il* était *un trésor effectif en argent dont le Royaume fut enrichi".*

[247] HUME, David. Of Public Credit. *In: Political Discourses,* 1753.

[248] RICARDO, David. *Essay on the Funding System* (1820). Reeditado em: SRAFFA, Pierro. *The Works and Correspondance of David Ricardo.* Cambridge University Press, 1951.

[249] PUVIANI, Amilcare. *Teoria della Ilusione* Finanziaria (1903), reimpressão organizada por Franco Volpi, ISEDI, Milano, 1973.
No original: *"Dato il grado di coltura e di avedutezza ordinaria dei contribuinti, la maggior parte di essi non vede la intima colleganza fra il pagamento fatto ogni anno degli interessi di quella somma e la corrispondente diminuzione di valor dei loro patrimonio".*

[250] O autor descreve que, no caso inglês, o governo passou a recorrer a créditos perante o Banco da Inglaterra, o que acabou acarretando o crescimento da circulação monetária.

Tem sido bastante uniforme o aumento das enormes dívidas que atualmente oprimem todas as grandes nações da Europa, e a longo prazo provavelmente as levará à ruína. [...]

Como um perdulário imprevidente, cujas necessidades urgentes não lhe permitem esperar o pagamento regular de sua receita, o Estado adota constantemente a prática de emprestar dinheiro de seus próprios consignatários e agentes, e de pagar juros para utilizar o seu próprio dinheiro [...].[251] (Tradução livre)

Adam Smith se inquieta também com a necessidade de se recorrer a aumentos de tributos para custear a amortização da dívida pública. E, de forma visionária, embora não o diga expressamente, não esconde a sua aflição com os encargos a serem repassados às gerações futuras, às quais ele se refere como "posteridade":

Em consequência dessas diversas leis, a maior parte dos impostos que anteriormente haviam sido antecipados apenas para um curto prazo de anos, se tornaram perpétuos, como fundo destinado a pagar, não o capital, mas somente os juros do dinheiro que havia sido tomado emprestado, com base nesses fundos, por diferentes antecipações sucessivas. [...]

O objetivo de primordial interesse dos que estão diretamente envolvidos na administração da coisa pública é aliviar as necessidades atuais. Quanto à liberação futura da receita pública, deixam-na aos cuidados da posteridade.[252] (Tradução livre)

2.1.1.3 O pensamento heterodoxo

Em contraposição aos clássicos, os autores "heterodoxos", com base em raízes do pensamento keynesiano, consideravam algumas premissas opostas àquela teoria que, até então, exercia predomínio nas escolas econômicas. E foi Buchanan, ao denominar a novel corrente de

---

[251] SMITH, Adam. *An Inquiry into the Nature and Causes of the Wealth of Nations*. Book V. São Paulo: Metalibri, 2007. p. 711-712. No original: *"The progress of the enormous debts which at present oppress, and will in the long-run probably ruin, all the great nations of Europe has been pretty uniform. [...] Like an improvident spendthrift, whose pressing occasions will not allow him to wait for the regular payment of his revenue, the state is in the constant practice of borrowing of its own factors and agents, and of paying interest for the use of its own Money".*

[252] Ibid., p. 713-714. No original: *"In consequence of those different acts, the greater part of the taxes which before had been anticipated only for a short term of years were rendered perpetual as a fund for paying, not the capital, but the interest only, of the money which had been borrowed upon them by different successive anticipations. (...) To relieve the present exigency is always the object which principally interests those immediately concerned in the administration of public affairs. The future liberation of the public revenue they leave to the care of posterity".*

"Nova Ortodoxia" – e apesar de objetivar criticá-la –, quem as enumerou, conforme trecho a seguir:

> A nova ortodoxia da dívida pública é baseada em três proposições básicas. São elas:
>
> 1. A criação de dívida pública não envolve qualquer transferência do ônus real primário para as gerações futuras.
>
> 2. A analogia entre dívida individual ou privada e dívida pública é falaciosa em todos os aspectos essenciais.
>
> 3. Existe uma distinção nítida e importante entre uma dívida pública interna e uma externa.[253] (Tradução livre)

Keynes, ao dispor sobre a distinção entre o *déficit* corrente e o de capital, realçava que este último poderia trazer como resultado um crescimento econômico. Daí por que não haveria maiores problemas caso a composição do endividamento público fosse advinda das despesas de capital. Fernando Ferrari Filho e Fábio Terra, em artigo no qual analisam as disfunções do capitalismo sob a visão de Keynes, afirmam:

> Para Keynes, a outra parte do orçamento público, o orçamento de capital, é aquele em que se discriminam as despesas públicas referentes a investimentos produtivos levados a cabo pelo Estado para a manutenção da estabilidade no sistema econômico. Esses investimentos devem ser realizados por órgãos públicos ou semipúblicos, desde que com objetivos claros de regulação do ciclo econômico por meio da ampliação do grau de crença racional dos empresários na demanda efetiva futura daquilo que eles, no presente, decidam empreender.
>
> O orçamento de capital, por ser um indutor de instituições produtivas, é construtor de seu próprio superávit, ao longo do tempo. Para o equilíbrio das finanças públicas basta que, no curto prazo, não se incorra em déficit corrente, uma vez que os superávits demandados no orçamento corrente financiam eventuais déficits no orçamento de capital. Por outro lado, os retornos dos investimentos públicos realizados tendem a equilibrar, no longo prazo, o próprio orçamento de capital.

---

[253] BUCHANAN, James. M. *The Collected Works of James M. Buchanan - volume 2 - Public Principles of Public Debt A Defense and Restatement*. Indianapolis/USA: Liberty Fund, 1999. p. 5. No original: "*The new orthodoxy of the public debt is based upon three basic propositions. These are:*
1. The creation of public debt does not involve any transfer of the primary real burden to future generations.
2. The analogy between individual or private debt and public debt is fallacious in all essential respects.
3. There is a sharp and important distinction between an internal and an external public debt".

Nas palavras de Keynes, que se configuram em outra regra para os *policymakers*, os "dispêndios de capital devem, no mínimo parcialmente, se não completamente, pagar a si mesmo".[254]

Com uma visão ainda mais extremada que a teoria keynesiana, os adeptos das finanças funcionais, sobretudo Hansen[255] e Lerner,[256] afirmam que os efeitos de uma política de endividamento não se podem medir, à semelhança com o que ocorre com o crédito privado, pela relação entre o total da dívida e o patrimônio, mas, sim, pela relação que apresentem com o rendimento nacional e pelo efeito que tiverem sobre este, o que implica que, se o destino dado aos capitais obtidos pelo recurso ao empréstimo tiver sido adequado, os efeitos serão sempre positivos.[257]

2.1.2 A justiça entre gerações

O tema engloba ponderações importantes, especialmente quanto aos antecedentes à própria concretização de seu conteúdo. Afinal, o que é uma geração? Existe uma justiça entre gerações? É correto falar em direitos das pessoas futuras em contraposição a deveres da geração presente?[258] De início, deve-se esclarecer que não se inclui dentre os objetivos deste trabalho o aprofundamento dessas e outras questões que eventualmente surjam quando se propõe a elaborar uma teoria de justiça, mas, por ora, concentrar-se-á na delimitação das diversas teorias que trazem reflexões sobre uma justiça entre gerações.

André Santos Campos menciona algumas das teorias que se propuseram ao estudo da justiça intergeracional, as quais podem ser subdivididas em: (i) teoria da herança; (ii) teoria do usufruto; (iii) teoria

---

[254] FERRARI FILHO, Fernando; TERRA, Fábio. As disfunções do capitalismo na visão de Keynes e suas proposições reformistas. *Rev. Econ. Contemp.*, Rio de Janeiro, v. 15, n. 2, p. 271-295, maio/ago. 2011.

[255] HANSEN, Alvin. *Fiscal Policy and Business Cycles*. London: Allen and Unwin, 1941.

[256] LERNER, Abba. *Economics of Control*. New York: 1941.

[257] FERREIRA, Eduardo Manuel Hintze da Paz. *Da Dívida Pública e das Garantias dos Credores do Estado*. Coimbra: Almedina, 1995. p. 55-56.

[258] Para uma análise mais apurada quanto a essas questões, vide CAMPOS, André Santos. *Teorias da Justiça Intergeracional*. MARTINS, Maria D'Oliveira. *Ensaio sobre a Solidariedade Intergeracional e a sua incidência na Despesa Pública*. SANTOS, J. Albano. *A Dívida Pública como problema intergeracional*. PEREIRA, Paulo Trigo. *Equidade intergeracional, dívida pública e a Constituição. In*: SILVA, Jorge Pereira; RIBEIRO, Gonçalo de Almeida (Coord.). *Justiça entre Gerações*. Lisboa: Universidade Católica, 2017.

da responsabilidade; (iv) teoria da reciprocidade indireta; (v) teoria utilitarista; e (vi) teorias igualitaristas.[259]

Sucintamente, a teoria da herança aduz que as gerações presentes herdam de seus antepassados os recursos por eles criados. Trata-se, por conseguinte, de um encargo de restituição de um benefício a outra geração, ou seja, de uma transmissão de propriedade de geração para geração ao longo do tempo histórico.

Já a teoria do usufruto, em um sentido oposto, expressa um modelo de empréstimo – e não mais o da herança – na medida em que não há que se falar em propriedade, mas em posse pertencente a outrem – por uma geração de proprietários que nunca chega a existir porque estará sempre no futuro.

A teoria da responsabilidade introduz a ética como elemento-chave para a justiça entre gerações, concentrando-se na sobrevivência da própria humanidade, uma vez que a ação humana, com o avanço da tecnologia, passou a ocasionar sérios riscos à própria habitabilidade do planeta. Propõe-se, assim, a redefinição da ética, de modo a desligá-la de uma centralidade excessiva no homem e a redirecioná-la para a conservação do mundo físico, através de um princípio de responsabilidade, que exige de cada indivíduo a assunção de ações que contribuam para a preservação da humanidade futura.

A teoria da reciprocidade indireta, ao adotar um paradigma de comutatividade, aduz que cada geração deve algo às gerações seguintes porque recebeu algo das gerações precedentes, o que provoca o surgimento de um conjunto de deveres em cadeia que conecta todas as gerações não simultâneas. A geração do presente deve algo à subsequente em razão de haver recebido algo da anterior, a qual, por seu turno, devia à presente em razão de haver recebido algo da precedente. Não só há deveres para com as gerações futuras, como esses deveres se justificam à luz de uma relação com o passado.

No que tange ao utilitarismo, trata-se de um modelo teórico que privilegia a maximização do bem-estar, com fundamento no princípio da utilidade, no sentido de que algo é bom porque é útil na promoção da felicidade, do bem-estar ou dos recursos disponíveis, em que a otimização de tudo que é bom constitui a meta principal. No contexto intergeracional, na medida em que o justo será determinado a partir de

---

[259] CAMPOS, André Santos. Teorias da Justiça Intergeracional. *In*: SILVA, Jorge Pereira; RIBEIRO, Gonçalo de Almeida (Coord.). *Justiça entre Gerações*. Lisboa: Universidade Católica, 2017. p. 52-66.

um princípio de maximização do tamanho do bolo dos recursos disponíveis (incluindo bem-estar e capital), dada uma mesma comunidade, considera-se que esse princípio ocorra indefinidamente e, portanto, perpassando várias gerações não simultâneas.

As teorias igualitaristas podem ser subdivididas da seguinte forma: (i) em uma perspectiva comunitarista; (ii) perspectiva libertarista; e (iii) perspectiva contratualista. A primeira – perspectiva comunitarista – parte da premissa de que as sociedades políticas precedem o indivíduo. As relações de justiça não se estabelecem entre indivíduos de diferentes gerações, mas entre indivíduos e as suas comunidades transtemporais. Assim, os indivíduos estabelecem vínculos de identidade com os seus antepassados, o que garante a permanência de uma "identidade comunitária" ao longo do tempo. A justiça intergeracional não é apenas uma dimensão axiológica entre gerações, mas é, sobretudo, uma característica de coesão cultural de uma comunidade. O igualitarismo se encontra, precisamente, na ausência de primazia de qualquer geração no tempo histórico da comunidade.

Completamente distinta é a visão de igualdade na perspectiva libertarista. O foco da perspectiva libertarista não é o indivíduo na comunidade, mas o indivíduo diante da comunidade. A liberdade é assumida como um valor absoluto, motivo pelo qual se conclui que a autonomia do indivíduo precede, conceitual e cronologicamente, a existência da comunidade. Considerando esse pressuposto, qualquer proibição de despoupança em prol de gerações futuras justifica-se tão somente em circunstâncias tais que direitos da liberdade de outrem sejam violados. Sendo assim, quaisquer deveres limitativos de ações no presente, com vista ao benefício de gerações futuras, acarretariam um sacrifício de liberdades individuais do presente em favor de liberdades individuais futuras, apenas possíveis e contingentes. Daí a cautela com que vozes libertaristas abordam a temática da justiça intergeracional.

Por fim, pode parecer, à primeira vista, que uma perspectiva contratualista possa não ser promissora, dado que os "contratantes", tendo vidas não concomitantes, não teriam capacidade de negociar e chegar a acordos recíprocos. John Rawls, a partir de um modelo abstrato, aborda a questão das instituições e princípios justos. Em sua obra *A theory of justice* (1971), fundamenta a responsabilidade dos indivíduos quanto à existência e ao nível de poupança para as gerações futuras, conforme disposições a seguir.

Segundo Rawls, um conjunto de indivíduos elege princípios e instituições justos, de modo a conduzir uma sociedade bem ordenada.

Rawls parte de um contexto intrageracional, em que os princípios de justiça são concebidos como resultados de um contrato (hipotético e a-histórico), elaborado a partir de uma posição original dos indivíduos. Porém, cada indivíduo decide por detrás de um véu de ignorância, ou seja, desconhecem todas as vantagens e desvantagens que poderiam obter na vida social. Os indivíduos decidem de acordo com uma estratégia *maximin*, quer dizer, optam pela alternativa cujo pior resultado possível seria menos ruim do que o pior resultado de quaisquer das demais opções. Em outras palavras, escolhe-se a alternativa que maximiza o resultado no pior cenário. Segundo Arellano:

> O raciocínio de Rawls parte da ideia de que, sob um comportamento estritamente individualista, mas partindo de situação de completa ignorância a respeito da posição social de cada indivíduo, a decisão de distribuição de recursos mais racional e, sob este critério, justa, seria a alternativa de distribuição que melhorasse ao máximo a condição daquele indivíduo em pior condição.[260]

Considerando a posição original e o véu da ignorância, os indivíduos desconhecem a que tempo específico – e a consequente inclusão em uma dada geração – pertencem, motivo pelo qual todas as gerações estarão potencialmente representadas. Cada indivíduo sabe que pertencerá a uma geração, mas o véu da ignorância o impede de conhecer a geração específica que integrará. Determina-se, portanto, um limiar de justiça abaixo do qual nenhum indivíduo, em nenhuma geração, aceitaria viver.

Nessa posição original, os indivíduos decidem se vincular a dois princípios: (i) princípio da liberdade individual e (ii) princípio da diferença – em que as desigualdades apenas se justificam se favorecerem os mais carentes. Este último princípio, no entanto, não é facilmente passível de transposição para o contexto intergeracional, uma vez que a situação de carência das gerações anteriores seja insuperável em função do decurso do tempo. Daí por que Rawls formulou um novo princípio de justiça, aplicável especificamente entre as gerações, o princípio da poupança.

---

[260] ARELLANO, Luis Felipe Vidal. O problema da representação das futuras gerações no endividamento público: repercussões para o princípio jurídico de equilíbrio intergeracional. *In*: CONTI, José Mauricio (Coord.). *Dívida Pública*. São Paulo: Blucher, 2018. p. 337-362.

CAPÍTULO 2
A QUESTÃO DO ENDIVIDAMENTO PÚBLICO NO FEDERALISMO BRASILEIRO 137

Conforme o princípio da poupança justa, cada geração deve não somente resguardar os ganhos de cultura e de civilização, além de manter intactas as instituições justas estabelecidas, mas também acumular uma quantidade adequada de capital (em sua acepção mais ampla, o que inclui capital natural, artificial, cultural, social e humano).[261] A justiça entre gerações está atrelada a um princípio de eficiência econômica – o princípio do benefício – em que a afetação de recursos decidida por cada geração só será eficiente se aqueles que a compõem tiverem de suportar o custo dos bens públicos que consomem. Assim, as despesas correntes devem ser custeadas no período em que são realizadas (isto é, por impostos pagos pela geração presente, que é a única que usufrui os benefícios que essas despesas geram), e as despesas de investimento devem ser custeadas no decurso do período de vida útil do capital que constituem, devendo haver a distribuição de seu valor entre as várias gerações que dele se beneficiam.

Para Rawls, as relações de justiça entre gerações modificam-se de acordo com as diferentes fases de desenvolvimento social. Consideramse duas fases: (i) fase de acumulação, em que as gerações presentes estão adstritas a um princípio de poupança, de modo a se preservar uma estrutura básica de justiça ao longo do tempo, ou seja, a taxa de poupança, na fase de acumulação, se justifica em razão da necessidade de se instalarem instituições justas que protejam as liberdades básicas de todos os indivíduos (integridade física, liberdade de expressão etc.); e (ii) fase de estabilidade, em que as instituições justas já estejam suficientemente estabelecidas. Aqui, o princípio da poupança dá lugar tão somente à responsabilidade de preservação das instituições já constituídas, cabendo a cada geração deixar à seguinte pelo menos o equivalente do que recebeu da geração anterior.

Em *A theory of justice* (1971), Rawls justifica o princípio da poupança na fase de acumulação em uma presunção motivacional, segundo a qual os indivíduos contraentes se preocupam com os seus descendentes e, assim, estarão dispostos a poupar em seu benefício. No entanto, em *Political liberalism* (1993), Rawls reelabora o seu princípio de poupança justa, de modo a aplicá-lo a todas as relações entre gerações, e não apenas à linha sucessiva presente-futuro. O princípio

---

[261] SANTOS, J. Albano. A Dívida Pública como problema intergeracional. *In*: SILVA, Jorge Pereira; RIBEIRO, Gonçalo de Almeida (Coord.). *Justiça entre Gerações*. Lisboa: Universidade Católica, 2017. p. 242.

da poupança a ser adotado por dada geração considera o que os seus integrantes gostariam que as gerações precedentes tivessem seguido. Em um sentido revisionista da teoria de Rawls, Gosseries traz a noção da proibição da poupança na fase de estabilidade.[262] Para ele, o consenso em torno da proibição da despoupança na fase de estabilidade é insuficiente para fundamentar uma justiça entre as gerações, sendo necessário adicionar uma proibição da poupança para benefício das gerações futuras. Na fase de estabilidade/cruzeiro, Rawls defende a proibição da despoupança (deixar para a geração seguinte ao menos o que a atual recebeu), mas ele não é contrário ao princípio da poupança, mesmo na fase de estabilidade, ou seja, a geração presente poderá deixar mais do que o equivalente que recebeu da anterior, se assim o desejar. Já Gosseries defende a proibição da poupança para a geração seguinte na fase do cruzeiro, pois, segundo ele, um defensor do *maximin* deve se preocupar com o destino dos mais desfavorecidos, qualquer que seja a geração a que pertença. Assim, não há, *a priori*, nenhuma razão para excluir os membros mais desfavorecidos da geração atual, de modo que, se uma geração dispuser de um excedente em relação ao que recebeu da geração precedente, essa mais-valia deverá ser distribuída prioritariamente em benefício dos membros mais desfavorecidos da geração atual, mais do que em benefício dos membros da geração seguinte.[263]

Sendo assim, são diversas as implicações diretamente relacionadas às teorias que tentam caracterizar a justiça e a questão da responsabilidade entre gerações. Partindo-se de premissas e consequências variáveis, a depender da visão adotada, questões empíricas, relacionadas ao tema, poderão vir a obter resultados singulares e desiguais. Questões ambientais, de bioética, previdenciárias, migratórias, de insustentabilidade financeira dos países, além de outras, estão todas diretamente atreladas à noção de justiça intergeracional. No tópico seguinte, passa-se a analisar um desses itens, especificamente no que se refere ao debate do endividamento público e suas possíveis consequências para as gerações futuras.

---

[262] GOSSERIES, Axel. *Pensar a justiça entre as gerações*. Tradução: Joana Cabral. Coimbra: Almedina, 2015. p. 165.

[263] CAMPOS, André Santos. Teorias da Justiça Intergeracional. *In*: SILVA, Jorge Pereira; RIBEIRO, Gonçalo de Almeida (Coord.). *Justiça entre Gerações*. Lisboa: Universidade Católica, 2017. p. 65.

2.1.3 A questão intergeracional e o endividamento público

A transferência de encargos para as gerações futuras envolve indagações intricadas e complexas quanto à sua natureza e à sua extensão. Não se pode olvidar que se está diante de um confronto entre valores éticos e critérios de racionalidade econômica.

Trata-se de tarefa penosa a conciliação de interesses entre as diversas gerações, até mesmo em face de um fato inquestionável: há limitação quanto à linha temporal. Ao se considerarem os interesses de gerações distanciadas ao longo do tempo, as gerações futuras não serão ouvidas quanto aos seus reais interesses e desejos. Daí por que Eduardo Manuel H. da P. Ferreira fala em um "aspecto tutório" por parte dos responsáveis pela decisão financeira da geração presente, a qual terá que realizar um juízo valorativo no que tange à interpretação dos interesses das gerações futuras, tendo em vista ser impossível a revelação das preferências dessas gerações.[264]

Arellano considera que o direito das futuras gerações a uma economia equilibrada seja decorrência do princípio fundamental da igualdade entre os cidadãos, de indiscutível existência diante do artigo 5º, *caput*, da Constituição Federal. Para ele:

> Ainda que seja problemática a aferição do nível adequado de poupança, deve-se reconhecer a existência de um princípio de equilíbrio intergeracional, isto é, um princípio de "poupança justa", para utilizar a expressão de John Rawls, como expressão do princípio da igualdade. Não há qualquer dispositivo, na Constituição brasileira, que autorize tratamento distinto entre gerações, sendo esse o fundamento para a proteção do meio ambiente, por exemplo, e o fundamento para a ideia de não retrocesso na proteção e na eficácia dos direitos fundamentais.
>
> A existência, portanto, do princípio de equilíbrio intergeracional é evidenciada em todo o capítulo da Constituição dedicado às finanças públicas e também em outros trechos, ao impor regras restritivas ao superendividamento público, salientar o papel preponderante do planejamento na função orçamentária, e orientar os gastos públicos prioritariamente para setores que geram retornos sociais em escalas temporais mais alargadas, como é o caso dos gastos em educação.[265]

---

[264] FERREIRA, Eduardo Manuel Hintze da Paz. *Da Dívida Pública e das Garantias dos Credores do Estado*. Coimbra: Almedina, 1995. p. 91.

[265] ARELLANO, Luis Felipe Vidal. O problema da representação das futuras gerações no endividamento público: repercussões para o princípio jurídico de equilíbrio intergeracional. *In*: CONTI, José Mauricio (Coord.). *Dívida Pública*. São Paulo: Blucher, 2018. p. 351.

O debate central quanto à dívida pública se prende à transmissão de ônus da geração presente para as gerações futuras,[266] o que traz, consequentemente, implicações no plano da justiça intergeracional. Pressupõe-se que determinado tipo de despesa será mais corretamente financiado através do recurso ao empréstimo público do que através do aumento da carga tributária, de modo que se alcance uma distribuição justa dos encargos.

Richard Musgrave destaca o princípio *"pay as you use"*, o qual, segundo o autor, além de constituir uma regra fundamental das finanças privadas, deverá igualmente ser estendido às finanças públicas. Significa que, ao se realizar uma despesa pública que se prolongue no tempo, o seu financiamento deverá ser equitativo pelos vários beneficiários.[267]

Partindo-se dessa premissa, poder-se-ia pensar aprioristicamente que os empréstimos somente poderiam ser utilizados para a realização de despesas de investimentos, ou seja, em capital fixo, de modo a possibilitar a repartição dos encargos entre as várias gerações beneficiadas. Da mesma forma, as despesas correntes devem ser pagas pela geração presente, dado que são consumidas quase que instantaneamente. Assim, para se evitar o prolongamento de seus custos no tempo, esse tipo de despesa deve ser custeado com a arrecadação tributária da geração presente. Em consonância com esse raciocínio, Ricardo Lobo Torres aduz que "a equidade entre gerações significa que os empréstimos públicos e as despesas governamentais não devem sobrecarregar as gerações futuras, cabendo *à* própria geração que delas se beneficia arcar com o *ônus* respectivo".[268]

Nesse sentido, aliás, há norma constitucional no Brasil que veda a realização de operações de crédito que excedam o montante das despesas de capital,[269] conhecida como "regra de ouro". Baldo, ao tecer comentários sobre a referida regra, dispõe que:

---

[266] Não se trata de assertiva unanimemente aceita na doutrina econômica. Para os defensores das finanças funcionais, por exemplo, não há que se falar em uma transferência global de ônus entre gerações, mas apenas em um fenômeno de redistribuição de riqueza entre os membros das gerações futuras. Para um aprofundamento das finanças funcionais, vide: WRAY, L. Randall. *Trabalho e Moeda Hoje a chave para o pleno emprego e a estabilidade dos preços*. Tradução José Carlos de Assis. Rio de Janeiro: UFRJ – Contraponto, 2003.

[267] MUSGRAVE, Richard A. Public Debt and Intergenerational Equity. *In*: ARROW, Kenneth; BOSKIN, Michael (Org.). *The Economics of Public Debt*. London: MacMillan, 1989. p. 133-145.

[268] TORRES, Ricardo Lobo. *Tratado de direito constitucional financeiro e tributário, volume V: o orçamento na Constituição*. 3. ed. Rio de Janeiro: Renovar, 2008. p. 308-309.

[269] Art. 167. São vedados:
(...)

Na medida em que a equidade intergeracional confere sentido finalístico aos instrumentos da dívida pública, os empréstimos públicos devem almejar, sobretudo, a consecução de investimentos e de projetos rentáveis que, no futuro, possam gerar novas receitas para o país, permitindo a distribuição temporal do ônus decorrente do endividamento público entre as atuais e as futuras gerações. [...] Dessa maneira, a chamada "regra de ouro" evita a contratação de operações de crédito para o custeio de despesas correntes, em favor das despesas de capital, impulsionando a fiscalização da dívida pública sob o viés financeiro e orçamentário.[270]

Fernando F. Scaff, ao fazer menção a apontamentos de Weder de Oliveira,[271] descreve "uma sutil distinção financeira" na aplicação dessa norma constitucional ao mencionar que:

Ela não traz uma vinculação, um liame, entre um evento e outro, devendo este controle ocorrer através da "comparação entre os montantes", o que implica em dizer que o montante de empréstimos não pode ser superior ao montante gasto em despesas de capital, pois, desta forma, seu excedente seria gasto obrigatoriamente em despesas correntes, em face da díade existente nessa classificação. Nesse sentido, segundo o Autor, seria possível obter empréstimos públicos para treinamento de pessoal, por exemplo, desde que os montantes financeiros de gastos com despesas de capital não ultrapassem o montante dos empréstimos obtidos. Trata-se de uma opinião acadêmica, mas que segue na linha da interpretação funcional do direito financeiro, preconizada por Benvenuto Griziotti[272] e referendada por Alessandro Octaviani.[273] Certamente muitos investimentos públicos não se concretizam em bens de capital, mas em valores intangíveis, tais como educação, treinamento, capacitação tecnológica, prevenção de doenças etc. Logo, se o governo brasileiro decidisse obter um empréstimo público para erradicar doenças tropicais, tais como febre amarela, dengue, malária, poderia estar descumprindo a regra de ouro orçamentária prevista na Constituição, pois tais campanhas de saúde pública não se caracterizam como bem de

---

III - a realização de operações de créditos que excedam o montante das despesas de capital, ressalvadas as autorizadas mediante créditos suplementares ou especiais com finalidade precisa, aprovados pelo Poder Legislativo por maioria absoluta;

[270] BALDO, Rafael Antonio. O déficit semântico da dívida pública brasileira. *In*: CONTI, José Mauricio (Coord.). *Dívida Pública*. São Paulo: Blucher, 2018. p. 107.

[271] OLIVEIRA, Weder. *Curso de Responsabilidade Fiscal: Direito, Orçamento e Finanças Públicas*. v. I. 2. ed. Belo Horizonte: Editora Fórum, 2015. p. 394-395.

[272] GRIZIOTTI, Benvenuto. L'Interpretacion fonctionnelle des lois financières. *Revue de Science et de Législatión Financières*, n. 1, t. XLII, Paris: LGDJ, p. 5-26, 1950.

[273] OCTAVIANI, Alessandro. A bênção de Hamilton na semiperiferia: ordem econômico-social e os juros da dívida econômica interna. *In*: CONTI, José Mauricio; SCAFF, Fernando Facury (Org.). *Orçamentos Públicos*. São Paulo: Revista dos Tribunais, 2011. p. 1.179-1.208.

capital, a despeito de seu inconteste valor em termos sociais. A interpretação funcional·aqui exposta é uma forma de resolver este problema.[274]

Segundo J. Albano Santos, o empréstimo público acaba por se traduzir em um processo de antecipação de receitas, o que permite diminuir a pressão tributária sobre os contribuintes do presente. Daí por que não se deve desatrelar a questão do endividamento do processo eleitoral, pois a dívida pública é uma forma de tornar aceitável, para os cidadãos eleitores, dada despesa que eles não estariam dispostos a arcar com o aumento de tributos.[275]

Em uma perspectiva de longo prazo, é possível se considerarem os riscos de predação dos recursos públicos pela geração presente em detrimento dos interesses das gerações futuras. Avulta, por conseguinte, uma profunda questão ética no que tange à justiça entre as diferentes gerações, de modo a se garantir que cada geração receba a herança que lhe cabe das gerações anteriores e contribua com a sua devida quota-parte para as gerações vindouras.[276]

Questão tormentosa no debate quanto à solidariedade entre gerações se refere à sua sujeição a determinados limites, ou seja, a algumas circunstâncias em que se deva priorizar a geração presente, tais como: (i) direito a um mínimo de existência condigna; (ii) conteúdo mínimo das liberdades e garantias; e (iii) conteúdo mínimo dos direitos sociais.[277]

Para se alcançar um conteúdo tangível de um dever de solidariedade entre gerações, não se pode deixar de questionar a extensão e os limites da tutela dos direitos das gerações futuras, especialmente se a geração presente, ou parcela desta, ainda não tiver alcançado um conteúdo mínimo de direitos fundamentais. Assim, a solidariedade intergeracional não deve se confundir com uma prioridade às gerações futuras, até mesmo porque a tutela dos interesses da geração atual é concreta e real, ao contrário do interesse das gerações futuras, que é intuitivamente hipotético.

---

[274] SCAFF, Fernando Facury. Crédito Público e Sustentabilidade Financeira. *Revista Direito à Sustentabilidade – UNIOESTE*, v. 1, n. 1, 2014, p. 44.

[275] SANTOS, J. Albano. A Dívida Pública como problema intergeracional. *In*: SILVA, Jorge Pereira; RIBEIRO, Gonçalo de Almeida (Coord.). *Justiça entre Gerações*. Lisboa: Universidade Católica, 2017. p. 239.

[276] Ibid., p. 242.

[277] MARTINS, Maria D'Oliveira. Ensaio sobre a Solidariedade Intergeracional e a sua incidência na Despesa Pública. *In*: SILVA, Jorge Pereira; RIBEIRO, Gonçalo de Almeida (Coord.). *Justiça entre Gerações*. Lisboa: Universidade Católica, 2017. p. 266.

No que tange ao direito a um mínimo de existência condigna, não se podem deixar de lado o respeito e a promoção dos valores jurídicos protegidos pela maior parte das constituições, como a dignidade da pessoa humana, a proteção das liberdades e garantias, e a proteção do conteúdo mínimo dos direitos sociais.

Nesses casos, deve-se reconhecer uma prioridade do presente em face do futuro.[278] Mais do que pensar no futuro, trata-se de assegurar a existência e a capacidade de os presentes gerarem filhos e netos. Isso significa que, antes de se comprometer com qualquer despesa ou com o futuro, o Estado tem de arranjar meios para distribuir bens, de forma a assegurar, pelo menos, a existência das pessoas que compõem o seu substrato.[279]

Não se pode olvidar, por outro lado, a dificuldade de implantação de direitos sociais, em especial quando se enfrenta uma efetiva escassez de recursos, o que aumenta inevitavelmente o espaço para a preocupação com as gerações futuras. Afinal, ao se admitir a ausência de recursos para a inserção de direitos sociais para a geração presente, sobra muito pouco espaço para o debate quanto ao nível de maximização da poupança ou ao nível mínimo de endividamento que possa afetar as gerações vindouras, o que tem o condão, ainda, de trazer implicações relativas ao estabelecimento da noção dos direitos fundamentais das gerações futuras, que inclui a concepção da dimensão da pessoa humana projetada para o futuro.

Talvez, por isso, muitos autores[280] venham a defender o controle legislativo – com a previsão de limitação expressa constitucional,

---

[278] Ressalte-se que a Lei Complementar nº 159, de 19.5.2017, que instituiu o Regime de Recuperação Fiscal dos Estados e do DF, o qual, em linhas gerais, estabelece uma série de exceções às restrições legais relativas a despesas de pessoal e endividamento aos entes que se encontrem com sérios comprometimento fiscais, financeiros e orçamentários, faz menção expressamente ao princípio da equidade intergeracional no §1º do artigo 1º.

[279] MARTINS, Maria D'Oliveira. Ensaio sobre a Solidariedade Intergeracional e a sua incidência na Despesa Pública. *In*: SILVA, Jorge Pereira; RIBEIRO, Gonçalo de Almeida (Coord.). *Justiça entre Gerações*. Lisboa: Universidade Católica, 2017. p. 269.

[280] Paulo Trigo Pereira, por exemplo, em defesa da existência de um limite expresso na Constituição portuguesa quanto à realização de endividamento público, dispõe que: "Para além das normas incluídas na Lei de Enquadramento Orçamental deveriam existir outras normas mais gerais inscritas na Constituição, um pouco à semelhança do modelo suíço, que deixa os pormenores técnicos para a lei ordinária, não deixando de fornecer orientações genéricas na Constituição. O âmbito da norma constitucional não deveria estar restrito à dívida pública, mas a todas as responsabilidades contingentes das administrações públicas que ultrapassem uma geração de, digamos, trinta anos. Nenhum executivo deveria ter a liberdade de tomar decisões cujo impacto, em termos de compromisso de despesa, ultrapasse uma geração, sem autorização legislativa da

inclusive – das despesas plurianuais, de modo que estas sejam equilibradamente distribuídas ao longo do tempo. Passa a fazer parte do debate, por conseguinte, o pensamento quase que uniforme no sentido de os empréstimos serem o instrumento mais adequado para fazer frente às despesas de capital. Ocorre que algumas despesas correntes, como as de educação, pesquisa e investimento em capital humano, também são aptas a favorecer os indivíduos das gerações futuras, uma vez que permitem a ampliação do capital técnico de formação humana. Perfeitamente viável o questionamento quanto à necessidade, portanto, de se incluir essa espécie de despesa corrente como componente das despesas de capital.

Por último, não se pode deixar de mencionar a problemática da sustentabilidade financeira, que está diretamente atrelada à governança fiscal. O gasto ruim ou o gasto sem planejamento tem o potencial para provocar a própria ruína nas finanças de um país ou de um bloco econômico. De acordo com o magistério de Marcus Abraham:

> A sustentabilidade fiscal está intimamente ligada à noção de equilíbrio orçamental, mas também incorpora uma dimensão de projeção temporal: não só se busca um equilíbrio das contas públicas na relação entre despesas e receitas, mas se almeja alcançar resultados eficientes que permitam a prostração no tempo deste equilíbrio de modo estável ou sustentável para as presentes e futuras gerações, numa noção de solidariedade e equidade intergeracional.[281]

Para Fernando F. Scaff, o conceito de sustentabilidade financeira é muito mais amplo que o de equilíbrio orçamentário, considerando a leitura contábil-matemática do termo. Assim, para que ocorra sustentabilidade financeira, é necessário que seja estabelecido um período de tempo de médio e longo prazos, e que todos os elementos financeiros que estejam à disposição daquele ente público sejam analisados de forma conjunta, podendo mesmo haver déficits públicos periódicos visando alcançar certas metas sociais e obter o necessário equilíbrio orçamentário, dentro do período de tempo estabelecido. Trata-se de uma análise dinâmica do fenômeno financeiro, e não uma análise

---

Assembleia da República, através de um diploma aprovado por maioria qualificada" (PEREIRA, Paulo Trigo. Equidade intergeracional, dívida pública e a Constituição. *In*: LOPES, João Carlos; SANTOS, Jorge; AUBYN, Miguel St.; SANTOS, Susana (Coord.). *Estudos em homenagem a João Ferreira do Amaral*. Coimbra: Almedina, 2013. p. 905-906).

[281] ABRAHAM, Marcus. *Governança Fiscal e Sustentabilidade Financeira – os reflexos do Pacto Orçamental Europeu em Portugal como exemplos para o Brasil*. Belo Horizonte: Fórum, 2019. p. 168.

estática, limitada a um período de 12 (doze) meses. Para o autor, portanto, "a noção de sustentabilidade financeira está mais próxima de um filme que de uma fotografia, esta mais condizente com a lógica do equilíbrio orçamentário considerado como uma equação contábil-matemática".[282]

Uma situação contínua e permanente de desequilíbrio financeiro pode trazer, por conseguinte, uma situação de desequilíbrio fiscal e orçamentário, ocasionando um verdadeiro contexto de crise econômica. Tal situação engendra, ademais, conflitos jurídicos, fazendo com que os tribunais do Poder Judiciário adotem reações diferenciadas, conforme as restrições econômicas conjunturais, gerando o que se convencionou denominar de "jurisprudência da crise".[283]

Stiglitz alerta para uma curiosidade que ocorre, especialmente, com os países ricos em recursos naturais, os quais, de acordo com a lógica, deveriam reverter a riqueza criada a partir desses recursos para o bem-estar da população. No entanto, não é o que se verifica, *in concreto*, na maioria deles. Por meio de atividades de *rent-seeking*, grupos específicos logram êxito em ter acesso à exploração dos recursos, em condições que acabam por beneficiar os seus interesses individuais em detrimento do interesse social, conforme muito bem advertido pelo autor:

> Os países ricos em recursos naturais têm uma péssima reputação no que toca a atividades de *rent-seeking*. É bem mais fácil enriquecer nestes países ganhando acesso aos recursos com condições favoráveis do que produzindo riqueza. Este costuma ser um jogo de soma negativa, o que em parte explica que, em média, tais países tenham crescido mais devagar em comparação com países idênticos sem a recompensa de tais recursos.
>
> Torna-se inquietante se pensarmos que tal abundância de recursos podia ser usada para ajudar os pobres, para garantir o acesso à educação e à saúde para todos. Taxar o trabalho e as poupanças pode enfraquecer os incentivos; por contraste, taxar as rendas de propriedades, de petróleo e de outros recursos naturais, não os fará desaparecer. Os recursos ainda lá estarão para serem extraídos, se não hoje, então amanhã. Não existem efeitos de incentivo adversos. Isto significa que, por princípio, deveria haver receitas vastas para financiar tanto as despesas sociais como os investimentos públicos em, digamos, saúde e educação. Contudo, entre os países com as taxas mais altas de desigualdade encontram-se os que têm mais recursos naturais.[284]

---

[282] SCAFF, Fernando Facury. Crédito Público e Sustentabilidade Financeira. *Revista Direito à Sustentabilidade – UNIOESTE*, v. 1, n. 1, 2014, p. 40.

[283] Para mais detalhes sobre o tema, ver subitem 3.2.3 no capítulo 3.

[284] STIGLITZ, Joseph. *O preço da desigualdade*. Título Original: *The Price of Inequality*. Tradução: Dinis Pires. Lisboa: Bertrand Editora, 2014. p. 101-102.

Segundo o relatório da Comissão Mundial de Meio Ambiente e Desenvolvimento (CMMAD), a esse conjunto de ideias, a doutrina cita o princípio do desenvolvimento sustentável, o qual, em linhas gerais, está relacionado à noção de desenvolvimento que atenda às necessidades da geração presente, mas sem comprometer a habilidade das gerações futuras para atender às suas próprias necessidades, ou, em essência, é um processo de transformação no qual a exploração dos recursos, a direção dos investimentos, a orientação do desenvolvimento tecnológico e a mudança institucional se harmonizam e reforçam o potencial presente e futuro a fim de atender as necessidades e aspirações humanas.[285] Para Ana Maria Nusdeo, um desenvolvimento sustentável diz respeito à exploração dos recursos naturais no presente sem comprometer os recursos à disposição das gerações futuras. Relaciona-se, assim, com todas as políticas públicas voltadas ao estímulo de formas de utilização dos recursos naturais no processo de produção econômica e reprodução social que permita sua conservação ou renovação para o uso futuro da presente e das próximas gerações.[286]

A questão da sustentabilidade relativa à exploração de recursos naturais não renováveis se trata de um tema hermético e de difícil compreensão no modelo brasileiro, visto estar diretamente atrelada à governança das receitas derivadas desses bens. Conforme Alexandre C. da Silveira:

> O país que se utiliza dessas receitas marcadas pela não renovabilidade para consumo atual, sem promover a criação ou incremento de fontes de renda, sem investir em capital reprodutível, em geral sem observar o caráter intrínseco de finitude dos recursos que conduz à observação dos interesses das gerações futuras, está se tornando mais pobre ano após ano e privando que os cidadãos de amanhã possam se utilizar dessa riqueza consumida ou mesmo que possam escolher dar outro rumo à exploração, fazendo suas próprias escolhas.[287]

---

[285] COMISSÃO MUNDIAL SOBRE MEIO AMBIENTE E DESENVOLVIMENTO (CMMAD). *Nosso Futuro Comum.* 2. ed. Rio de Janeiro: Fundação Getulio Vargas, 1991. p. 46-49.

[286] NUSDEO, Ana Maria de Oliveira. Desenvolvimento sustentável do Brasil e o protocolo de Quioto. In: *Direito Ambiental*: direito ambiental internacional e temas atuais. v. 6. [S.l: s.n.], 2011.

[287] SILVEIRA, Alexandre Coutinho da. *Governança pública de royalties*: federalismo fiscal e futuras gerações. 2014. 349 f. Dissertação (Mestrado em Direito Econômico, Financeiro e Tributário) – Faculdade de Direito, Universidade do Estado de São Paulo, São Paulo, 2014, p. 89.

CAPÍTULO 2
A QUESTÃO DO ENDIVIDAMENTO PÚBLICO NO FEDERALISMO BRASILEIRO | 147

Dando continuidade ao raciocínio acima, o autor faz alusão a uma questão intricada de federalismo fiscal, em que os Estados exploradores de recursos naturais não renováveis – além do dever de investir na diversificação de sua base produtiva como medida para mitigar os efeitos da doença holandesa, evitar o comportamento rentista e, de forma ampla, lutar contra as referidas armadilhas – não podem olvidar a questão do rateio desses recursos, seja no plano vertical – entre os níveis de governo da Federação –, seja no plano horizontal – entre os diferentes entes do mesmo nível – e, ainda, no plano temporal, que engloba as diferentes gerações.[288] O autor, com espeque em considerações de Fernando F. Scaff, ressalta que, "no Brasil, *é* o critério espacial que tem prevalecido nos debates".[289]

Além da ausência de preocupação com as gerações vindouras, a normatização[290] dos recursos de *royalties* e participações especiais permite a aplicação desses recursos na capitalização de fundos de previdência, o que, além de causar uma assimetria relativa ao uso de recursos de bens não renováveis em despesas de pessoal, tem provocado uma dependência excessiva dos estados produtores em relação a esses valores para fazer frente às despesas com inativos. Não se pode olvidar que, se houver eventual diminuição ou a própria extinção desses recursos no futuro, os estados produtores muito provavelmente não terão acesso a outros haveres, da mesma ou de natureza diversa, para substituí-los. Acrescentem-se, ainda, as contendas legislativas e judiciais em face da repartição desses recursos, o que vem ocasionando um verdadeiro federalismo de competição entre as esferas regionais e locais.[291]

---

[288] Ibid., p. 205.

[289] SCAFF, Fernando Facury. *Royalties decorrentes da exploração de recursos naturais não renováveis*: incidência e rateio federativo. 2013. Tese (Livre-Docência) Faculdade de Direito da Universidade de São Paulo, p. 381.

[290] Assim dispõe o §2º do art. 8º da Lei Federal nº 7.990, de 28.12.1989, acrescentado pela Lei nº 10.195, de 14.2.2001: "Art. 8º. O pagamento das compensações financeiras previstas nesta Lei, inclusive o da indenização pela exploração do petróleo, do xisto betuminoso e do gás natural será efetuado, mensalmente, diretamente aos Estados, ao Distrito Federal, aos Municípios e aos órgãos da Administração Direta da União, até o último dia útil do segundo mês subsequente ao do fato gerador, devidamente corrigido pela variação do Bônus do Tesouro Nacional (BTN), ou outro parâmetro de correção monetária que venha a substituí-lo, vedada a aplicação dos recursos em pagamento de dívida e no quadro permanente de pessoal. (...) §2º. *Os recursos originários das compensações financeiras a que se refere este artigo poderão ser utilizados também para capitalização de fundos de previdência*". (Grifos nossos)

[291] Para mais detalhes, ver: SILVEIRA, Alexandre Coutinho. *Governança pública de royalties*: federalismo fiscal e futuras gerações. 2014. 349 f. Dissertação (Mestrado em Direito Econômico, Financeiro e Tributário) – Faculdade de Direito, Universidade do Estado de São Paulo, São Paulo, 2014. p. 219-228.

2.2 Panorama histórico da legislação sobre o endividamento dos Estados-Membros

2.2.1 Do Brasil Colônia à República

A história da dívida interna brasileira tem origem no período colonial (1500-1822), no qual, desde os séculos XVI e XVII, alguns governadores da Colônia faziam empréstimos. A exemplo do processo de endividamento em outras partes do mundo, os empréstimos da época confundiam-se com empréstimos pessoais dos governantes. Além disso, no período colonial "tudo era desconhecido: o tamanho da dívida, a finalidade do empréstimo, as condições em que esse era feito etc.".[292]

No Brasil Império (1822-1889), após um período inicial de relativa liberdade concedida às províncias, dada a necessidade de desconcentração administrativa em um amplo espaço territorial com as suas respectivas especificidades e diferenças, à medida que o governo central buscou limitar esse exercício de fato dos entes locais, começaram a surgir sentimentos federalistas e separatistas que, em termos gerais, objetivavam o restabelecimento da autonomia.[293]

Após a abdicação de Dom Pedro I, em 1831, partidários do federalismo vislumbraram a possibilidade de instituírem essa formação organizativa no Brasil, quando surgiram diversas propostas de alteração da Constituição de 1824, tendo se consagrado vitoriosa a que culminou no Ato Adicional de 1834, com a aprovação da lei de 12 de agosto de 1834.

O referido ato, apesar de não ter transformado o Brasil em uma monarquia federativa, como era o desejo de muitos à época, promoveu uma grande descentralização nas funções administrativas das

---

[292] SILVA, Anderson Caputo. Origem e história da dívida pública no Brasil até 1963. *In*: SILVA, Anderson Caputo; CARVALHO, Lena Oliveira de; MEDEIROS, Otavio Ladeira de (Org.). *Dívida pública*: a experiência brasileira. Brasília: Secretaria do Tesouro Nacional, 2009. p. 33, em referência a SILVA NETO, A. L. da. *Dívida pública interna federal*: uma análise histórica e institucional do caso brasileiro. Brasília: UnB, 1980.

[293] Segundo Araújo e Mendonça (ARAUJO, Guilherme Dourado Aragão Sá; MENDONÇA, Maria Lírida Calou de Araújo e. História do federalismo fiscal no Brasil Império: texto e contexto nas deliberações legislativas do Ato Adicional de 1834. *Revista Brasileira de História do Direito*, Brasília, v. 2, n. 1, jan./jun. 2016, p. 54), em referência a Bastos (BASTOS, Aureliano Candido de Tavares. *A província*: estudo sobre a descentralização no Brasil. Rio de Janeiro: B. L. Garnier, 1870), é difícil precisar exatamente quando surgiram os sentimentos federalistas no Brasil. Ocorre que, em virtude da extensão do Império e da dificuldade de fiscalização e imposição da lei geral, as províncias exerciam, de fato, competências que lhes eram formalmente vedadas.

CAPÍTULO 2
A QUESTÃO DO ENDIVIDAMENTO PÚBLICO NO FEDERALISMO BRASILEIRO | 149

provincias, atribuindo-lhes a competência para organizar seus próprios orçamentos e instituir tributos visando financiar as suas despesas.[294]

Ocorre que as novas rendas das províncias não lhes proporcionaram uma arrecadação suficiente para custear os novos encargos que lhes foram atribuídos com a reforma. A pressa na aprovação das medidas descentralizadoras resultou em um precário sistema de distribuição, tanto de competências tributárias como de repartição de receitas. Segundo Araújo e Mendonça:

> O orçamento e a balança financeira das províncias brasileiras antes do Ato Adicional de 1834 eram, em geral, positivos. Apesar da ausência de autonomia tributária e administrativa, a arrecadação fiscal das províncias por meio dos impostos gerais era suficiente para suprir suas atribuições.

> Aqueles impostos que eram arrecadados na província, apesar de instituídos pela Assembleia Geral, revertiam à receita das respectivas localidades. Apenas uma parcela era revertida ao Tesouro Nacional, que por sua vez poderia ser destinada ao auxílio de outras províncias em dificuldades financeiras.[295]

Assim, antes do Ato Adicional de 1834, as finanças das províncias se encontravam, no geral, em equilíbrio,[296] mesmo com a ausência de uma autonomia formal reconhecida pelo ordenamento jurídico. Pode-se afirmar até que havia um "federalismo cooperativo de fato", pois as receitas tributárias, apesar de serem da titularidade do governo central, eram repartidas com os governos regionais, mediante critérios de arrecadação nos respectivos territórios e distributivos para as províncias que apresentassem déficits financeiros. No entanto, com a instituição da reforma da Constituição de 1824, em que fora reconhecida formalmente

---

[294] O governo geral poderia vetar o orçamento provincial, mas não poderia propor alterações sob risco de interferir na função legislativa provincial (DOLHNIKOFF, Miriam. *O pacto imperial*: origens do federalismo no Brasil. São Paulo: Globo, 2005).

[295] ARAUJO, Guilherme Dourado Aragão Sá; MENDONÇA, Maria Lírida Calou de Araújo e. História do federalismo fiscal no Brasil Império: texto e contexto nas deliberações legislativas do Ato Adicional de 1834. *Revista Brasileira de História do Direito*, Brasília, v. 2, n. 1, jan./jun. 2016, p. 58.

[296] Em um relatório apresentado ao imperador D. Pedro I pelo então ministro da Fazenda Nogueira da Gama, pode-se verificar que a maioria das províncias do Brasil possuía um saldo financeiro positivo. "Apenas as províncias de Minas Geraes, Goyaz, Matto Grosso, Santa Catharina e Espírito Santo possuíam déficits orçamentários, enquanto a Bahia possuía apenas um pequeno superávit" (Ibid., p. 58, em referência a GAMA, Manuel Jacinto Nogueira da. *Exposição do estado da Fazenda Pública*. Rio de Janeiro: Typographia Nacional, 1823).

a autonomia fiscal dos entes regionais, os problemas orçamentários e financeiros começaram a surgir, com as consequências gravosas para as finanças públicas, como, por exemplo, a necessidade de *bailouts* (salvamentos financeiros) por parte do ente central, conforme os autores expõem no excerto a seguir:

> As novas atribuições atribuídas às províncias, por ocasião da reforma constitucional, solaparam o equilíbrio orçamentário de outrora. É que a descentralização de atribuições promovida pelo Ato Adicional não foi coordenada com a devida repartição de competência tributária.
>
> O impacto orçamentário do Ato Adicional fez com que muitas províncias não dispusessem mais de receita suficiente a custear as novas atribuições. A título exemplificativo, pode-se elencar as províncias de Minas Geraes e Bahia, cuja arrecadação apenas cobria um terço das suas despesas (VISCONDE DO URUGUAY, 1865a).
>
> Teve o Cofre Geral de vir-lhes em socorro: a lei de 22 de outubro de 1836 determinou que se fizesse repartição de receita entre todas as províncias que não conseguissem custear suas despesas, no valor limite do estipulado pela última lei orçamentária antes do Ato adicional, a lei de 8 de outubro de 1833.[297]

De toda sorte, no que tange à dívida pública externa, no período imperial, era composta quase exclusivamente por empréstimos federais. Estados e municípios começam a se endividar somente a partir de meados da década de 1880, tendo essa tendência se agravado na fase do Brasil República (1889-1963).[298] Os empréstimos estaduais e municipais correspondiam, em 1895, a cerca de 4% do total; em 1930, essa proporção havia aumentado para cerca de 30% do endividamento externo total.[299]

---

[297] Ibid., p. 59, em referência a VISCONDE DO URUGUAY. *Estudos práticos sobre a administração das Províncias no Brasil.* Rio de Janeiro: B. L. Garnier, 1865a.

[298] A Proclamação da República marcou o momento de nascimento dos governos estaduais como novos atores no cenário político-econômico. A criação de uma república de caráter federativo alçou os estados à posição de entes políticos fundamentais no arranjo do pacto de poder cuja força ia além daquela de que dispunham como províncias do império. As condições políticas e econômicas então vigentes levaram à concessão de amplos poderes políticos às frações de classes dominantes locais e à definição de uma estrutura tributária capaz de assegurar autonomia fiscal e administrativa aos estados recém-criados (LOPREATO, Francisco Luiz Cazeiro. *O colapso das finanças estaduais e a crise da federação.* São Paulo: UNESP, 2002. p. 15).

[299] SILVA, Anderson Caputo. Origem e história da dívida pública no Brasil até 1963. *In*: SILVA, Anderson Caputo; CARVALHO, Lena Oliveira de; MEDEIROS, Otavio Ladeira de (Org.). *Dívida pública*: a experiência brasileira. Brasília: Secretaria do Tesouro Nacional, 2009. p. 49, em referência a ABREU, M. de P. *Brasil, 1824-1957*: bom ou mau pagador? Rio de Janeiro: Pontifícia Universidade Católica – Departamento de Economia, 1999 (Texto para discussão, n. 403).

O aumento do índice de endividamento dos entes subnacionais se deu, em boa medida, pelo arcabouço institucional previsto na Constituição Republicana de 1891. Conforme Lopreato:

> A primeira Constituição republicana garantiu aos Estados o controle da principal fonte de arrecadação tributária – o imposto de exportação -, o direito de manipularem os seus tributos e de criarem outros não concorrentes com a União, bem como de recorrerem à dívida pública e aos empréstimos externos. O sistema da Constituição de 1891 abriu às unidades da federação, com condições políticas e econômicas, a possibilidade de atuarem em qualquer área de seu interesse, respeitados os poderes expressos da União.[300]

Embora a Constituição de 1891 tenha estabelecido um regime mais abrangente de divisão de competências entre União e estados-membros, logo foi submetida à Reforma de 1926 e a limitações à competência dos estados. A Reforma Constitucional de 1926 é um dos exemplos históricos da centralização do federalismo brasileiro já nos seus primórdios, justificado, entre outros motivos, pela necessidade de controlar a dívida e as finanças públicas. Com o propósito de pôr fim ao "descalabro financeiro reinante em várias unidades federadas",[301] admitia-se que a União interviesse nos estados cuja incapacidade para a vida autônoma se demonstrasse pela cessação do pagamento de sua dívida fundada por mais de dois anos.[302]

No aspecto político, prevalecia o "pacto oligárquico", em que o poder central era o suporte de sustentação dos estados cafeeiros, os quais desfrutavam de sólida base financeira, dada a ampla margem arrecadatória das receitas oriundas das exportações. No entanto, os demais estados, por não possuírem uma projeção significativa no comércio exterior, se encontravam em constantes dificuldades financeiras, o que acabou ocasionando condutas anticooperativas, conforme expõe Lopreato:

---

[300] LOPREATO, Francisco Luiz Cazeiro. *O colapso das finanças estaduais e a crise da federação.* São Paulo: UNESP, 2002. p. 15-16.

[301] O autor faz uso de expressões empregadas por FAGUNDES, M. Seabra. Novas perspectivas do federalismo brasileiro. *Revista de Direito Administrativo*, Rio de Janeiro: Revista dos Tribunais, jan./mar. 1970, p. 4.

[302] SILVEIRA, Francisco Secaf Alves. *O estado econômico de emergência e as transformações do direito financeiro brasileiro.* Belo Horizonte: D'Plácido, 2019. p. 155-156.

Todavia, os demais Estados, por não possuírem importante participação no comércio exterior, sofriam dificuldades financeiras em razão da precária arrecadação. Essas unidades, em busca de maior poder de arrecadação, utilizaram-se dos impostos interestaduais para incrementar suas receitas, tributando: a) as operações de exportação de produtos para outros Estados; b) a circulação e trânsito de mercadorias nos seus territórios.

A fragilidade tributária da maioria desses Estados, amarrados aos impostos interestaduais e com precário índice de atividade interna, tornava-os incapazes de criar fontes promissoras de renda e os levava a impor medidas de entrave ao desenvolvimento do mercado interno.[303]

A estabilidade de tal situação permaneceu até o período de 1930-1945, reconhecido por alguns como uma nova fase do federalismo fiscal brasileiro, fomentada por fatores externos, que trouxeram à tona os riscos de uma política exportadora concentrada em bens primários.

A crise da economia cafeeira e a Revolução de 1930 inauguraram uma nova etapa da federação brasileira. A conjugação da crise econômica e o esgotamento do quadro político da República Velha mexeram com a realidade dos anos anteriores e abriram espaços a alterações nas relações entre as esferas de governo e no reordenamento institucional do país. A superprodução do café, aliada à grande depressão, reduziu sobremaneira o valor das exportações e a capacidade de arrecadação estadual. A crise alcançou tal dimensão que não poderia mais ser resolvida no âmbito dos estados. As burguesias regionais, comprometidas financeiramente, perderam o poder de administrá-la e abriram espaço à ação federal. O governo provisório tratou de constituir a Comissão de Estudos Financeiros e Econômicos dos Estados e Municípios com a responsabilidade de estudar a situação das finanças públicas e propor normas para a reformulação do sistema tributário.[304]

Além da necessidade de se alterar a estrutura tributária até então vigente,[305] no que tange ao endividamento, foram adotadas medidas que limitaram a liberdade das unidades de negociarem empréstimos

---

[303] LOPREATO, Francisco Luiz Cazeiro. *O colapso das finanças estaduais e a crise da federação.* São Paulo: UNESP, 2002. p. 17.

[304] Ibid., p. 20.

[305] Lopreato (ibid., p. 33) informa que o sistema anterior foi preservado em seus traços fundamentais, isto é, continuavam sendo garantidas, aos estados, autonomia – para que manipulassem os instrumentos de política tributária e fiscal – e condições para que fixassem as alíquotas de seus impostos, bem como criassem outros – não concorrentes com a esfera federal –, desde que distribuíssem 20% do total arrecadado à União e 40% aos municípios.

no exterior, que, a partir de então, passariam a depender da aprovação do Senado. No entanto, tais medidas ainda se mostravam muito pouco restritivas da autonomia fiscal dos governos regionais e locais. Após o fim do Estado Novo, a Constituição de 1946 trouxe dispositivos destinados a transferências de recursos federais para os entes subnacionais.[306]

Todavia, apesar do reconhecimento quanto à indispensabilidade de os entes subnacionais promoverem ajustes fiscais, a autonomia na manipulação da política tributária e fiscal permitia que os estados usassem o aumento das alíquotas do Imposto sobre Vendas e Consignações (IVC) e a expansão dos déficits públicos para cobrir os gastos e atender aos interesses próprios, contrapondo-se, muitas vezes, à política federal de cunho ortodoxo que defendia orçamentos superavitários.[307]

Essa situação fora, ademais, agravada com o Plano de Metas, do governo Kubitschek, voltado para a captação de recursos para a promoção da expansão industrial. O governo central optara pela permanência da autonomia tributária e fiscal dos entes subnacionais,[308] que, em contrapartida, dada a maior necessidade de elevação dos gastos com infraestrutura exigida pelo planejamento econômico nacional, fizeram uso de suas autonomias para promover o aumento das alíquotas do IVC, o qual, nada obstante, se mostrou insuficiente para fazer frente às novas despesas, o que resultou em recorrentes déficits orçamentários.[309]

No início dos anos 1960, as condições econômicas se alteraram consideravelmente com o aumento da desaceleração da taxa de acumulação da economia, acréscimos dos índices inflacionários e explosão do déficit público, fatos esses que exteriorizaram a necessidade de reformas tributárias e fiscais,[310] que somente se tornaram possíveis e conseguiram

---

[306] A Constituição de 1946 determinava a distribuição de 60% do total arrecadado com os Impostos Únicos aos Estados e Municípios, proporcionalmente à sua superfície, população, consumo e produção. Ademais, empregava 10% da arrecadação do IR aos municípios, distribuídos em partes iguais e com a obrigatoriedade de aplicar pelos menos a metade dos recursos em benefício de ordem rural.

[307] Ibid., p. 34.

[308] Segundo Lopreato (ibid., p. 36), o próprio governo, preocupado em defender sua linha de sustentação política, procurou não modificar os mecanismos de cooptação existentes na política tributária. Até porque qualquer tentativa de alterar o formato tributário objetivando redistribuir a receita em favor da União, restringir a liberdade estadual ou eliminar as transferências vinculadas enfrentaria sérios obstáculos, uma vez que deveria se sobrepor a todos os interesses representados no Parlamento. Entende-se, então, por que, apesar do aparente caos da gestão fiscal, permaneceram intactas as prerrogativas já consolidadas.

[309] Ibid., p. 37.

[310] Lopreato (ibid., p. 42) propugna que a crise na economia e, consequentemente, a necessidade de obtenção de mais recursos fizeram emergir um novo conflito de interesses entre os

se concretizar a partir de 1964, com a centralização do poder federal, a ser analisada no próximo tópico.

2.2.2 Décadas de 1960-1970

A origem remota das dívidas dos governos subnacionais pode ser identificada com a edição da Lei nº 4.131, de 3 de setembro de 1962,[311] que disciplinou a aplicação do capital estrangeiro e remessa de valores para o exterior, associada à Reforma Tributária de 1966, cujos desdobramentos levaram à concentração tributária na esfera da União e, consequentemente, à perda da autonomia dos governos subnacionais em questões fiscais e tributárias.[312]

A perda da capacidade tributária levou os estados a buscarem ganhos através do mercado de capitais,[313] tornando o endividamento uma prática atrativa para angariar recursos destinados a investimentos e inversões dos entes subnacionais. Ademais, o uso do endividamento

---

estados da federação, acirrado pelo fracionamento das disputas no Congresso com o fim do período Kubitschek, sendo que "a totalidade das bancadas parlamentares paulista e carioca e parcelas da gaúcha, mineira e fluminense empenharam-se ferrenhamente contra qualquer alteração que representasse queda na arrecadação estadual e influenciasse de modo negativo o crescimento industrial nesses Estados. Na luta contra essa posição conservadora, formou-se a 'União Parlamentar Norte e Nordeste' que via na legislação sobre a cobrança do IVC uma das causas fundamentais do empobrecimento dessas regiões. A tese dos parlamentares acirrou o debate em torno da questão da cobrança do IVC e do desenvolvimento regional desequilibrado, agravado com o Plano de Metas".

[311] Por meio da Lei nº 4.131/1962, os entes subnacionais estavam autorizados a captar crédito externo, consolidando a tendência do uso desse instrumento.

[312] CASTRO, Sebastião Helvecio Ramos de; CARVALHO, Marília Gonçalves de. O endividamento dos governos subnacionais brasileiros e o princípio federativo. *Revista TCEMG*, out./nov./dez. 2012, p. 40.

[313] O financiamento público por meio do aumento do endividamento estadual não é recente para a história brasileira. Nesse sentido, entre a Constituição da República dos Estados Unidos do Brasil de 1891 e de 1934, os estados gozaram de ampla liberdade para se endividarem, especialmente junto a credores estrangeiros. Essa liberdade foi reduzida pela Constituição de 1934, que passou a submeter a contratação de empréstimos externos pelos estados à aprovação do Senado Federal (art. 19, V). Por outro lado, devido à incipiência do mercado de capitais brasileiro, as dívidas internas dos estados não eram significativas. Só após a reforma do Sistema Financeiro Nacional, realizada pela Lei nº 4.595, de 31 de dezembro de 1964, que, entre outras medidas, flexibilizou as taxas de juros e instituiu a correção monetária dos títulos públicos, é que o endividamento interno começou a ganhar importância, capitaneando o processo de aumento da dívida pública que ocorreria nas décadas seguintes (SECRETARIA DO TESOURO NACIONAL. *Exposição da União à Insolvência dos Entes Subnacionais*. Brasília: 2018. p. 11). Disponível em: http://www.tesouro.fazenda.gov.br/documents/10180/0/Exposi%C3%A7%C3%A3o+da++Uni%C3%A3o+%C3%A0%20Insolv%C3%AAncia+dos++Entes+Subnacionais+-++CORRIGIDO/aa849fe8-582f-4167-91ad-1fa2f84dcbab. Acesso em: 13 dez. 2019.

público, pelas esferas subnacionais, em um período de ausência de recursos financeiros, satisfazia interesses políticos e acomodava os interesses privados existentes no âmbito regional.[314]

Em função dessa realidade, os estados-membros, para fazer frente aos seus gastos, passaram a recorrer, de forma contínua e contumaz, às operações de crédito e a financiamentos junto à União e ao mercado externo. Nas palavras de Lopreato:

> As operações de crédito e o fluxo de recursos federais passaram a atender aos gastos não cobertos com a poupança fiscal e foram usados na acomodação dos vários interesses em jogo. O acesso ao mercado de crédito permitiu aos estados se livrarem das amarras existentes no campo tributário e superarem os problemas criados com a concentração de poder tributário na esfera federal.
>
> A menor capacidade tributária, aliada à facilidade de acesso ao mercado financeiro internacional e às operações internas, provocou mudanças na lógica de financiamento dos governos estaduais, com a ampliação do endividamento em detrimento da poupança fiscal e com alterações na forma de articulação financeira no interior do setor público estadual e entre os seus órgãos e a União.
>
> Os estados estreitaram os vínculos com os agentes federais de crédito e com os seus próprios órgãos financeiros. A relação com a esfera federal cresceu em função do crédito das agências oficiais e das autoridades monetárias, bem como da negociação de verbas através dos convênios, dos fundos e programas, dos repasses a fundo perdido ou dos gastos realizados diretamente nos estados. O acesso às fontes de financiamento federais criou diferentes formas de articulação com as administrações diretas, os órgãos da administração descentralizada e o setor empresarial estadual. Por outro lado, as relações dos estados com os seus bancos se intensificaram no momento em que as instituições, tendo por *funding* a intermediação de repasses federais e dos recursos externos, se tornaram grandes ofertantes de crédito às empresas públicas e aos tesouros, além de atuarem na rolagem das dívidas mobiliárias estaduais.
>
> A lógica de financiamento dos governos estaduais ganhou nova dinâmica quando cresceu a participação relativa das operações de crédito e assumiu relevância a rede de relações financeiras do setor público estadual com a União e com os bancos estaduais. A possibilidade de contratação de dívida para fugir às restrições da base fiscal passou a determinar o valor e o ritmo dos investimentos.

---

[314] TORREZAN, Raphael Guilherme Araújo. *Federalismo fiscal e a desconstrução dos estados*: uma análise sob a perspectiva do endividamento público. São Paulo: UNESP, 2017. p. 74.

O crescimento acelerado e a facilidade de acesso às operações de crédito favoreceram a expansão do endividamento e não o colocaram como óbice no manejo das contas públicas, pois era viável renovar os contratos a baixas taxas de juros e manter os fluxos de pagamentos. Nestas condições, o controle do endividamento, embora existindo, não teve como meta impedir o acesso a novas operações de crédito. A legislação foi usada com o objetivo de direcionar os recursos a investimentos considerados produtivos na visão daqueles que tinham o poder de orientar os destinos do crescimento.[315]

Foram, então, editadas diversas resoluções do Senado Federal[316] na tentativa de se conter o crescente endividamento dos estados. No entanto, os limites previstos nas respectivas resoluções eram continuamente ressalvados em outros normativos ou por exceções no texto da própria resolução.[317]

Conforme bem pontuado por Lopreato, as operações de crédito externo não estavam sujeitas a qualquer limite e dependiam da autorização do Senado Federal, que deveria consultar, previamente, a Secretaria de Planejamento (SEPLAN) para se manifestar a respeito da capacidade de endividamento e quanto ao mérito, viabilidade e compatibilidade do empreendimento com os objetivos dos planos nacionais de desenvolvimento. As várias brechas por onde era viável fugir aos limites estabelecidos mostraram que a legislação, a pretexto de controlar o endividamento, manteve o objetivo de influenciar o uso dos recursos. A obrigação de negociar o direito de acesso a novas operações de crédito provocou a politização da questão da dívida e marcou o caráter das relações intergovernamentais. O processo decisório sobre o endividamento dependeu fundamentalmente dos interesses envolvidos

---

[315] LOPREATO, Francisco Luiz C. *O endividamento dos governos estaduais nos anos 90. Texto para discussão.* IE/UNICAMP, n. 94, mar. 2000, p. 3-4.

[316] Resoluções nº 58/68, 92/70, 62/75 e 93/76.

[317] A Resolução do Senado Federal nº 58, de 23.10.1968, proibiu, pelo prazo de dois anos, sucessivamente prorrogado, *a emissão e lançamento de obrigações de qualquer natureza, exceto as que se destinem exclusivamente à realização de operações de crédito para antecipação de receita* (ARO) *e ao resgate das obrigações em circulação.* A Resolução nº 92 do Senado Federal, de 27.11.1970, reforçou o controle do endividamento, vedando as operações de ARO que *importem dispêndio mensal superior a 5% da receita do exercício* e a *assunção de compromissos com fornecedores, prestadores de serviços ou empreiteiros de obras mediante emissão ou aval de promissórias, aceite de duplicatas ou quaisquer outras operações similares.* As Resoluções do Senado Federal nº 62, de 28.10.1975, e nº 93, de 11.10.1976, fixaram limites máximos da dívida consolidada interna e do dispêndio anual com a dívida, mas, ao mesmo tempo, deixaram brechas à contratação de operações além dos limites legais, desde que aprovadas nos órgãos federais e no Senado Federal.

na negociação, e não da definição de seus limites. A contratação de nova dívida assumiu *status* semelhante às transferências negociadas e transformou-se em instrumento de barganha política e controle sobre a ação dos governos subnacionais.[318]

Durante o regime militar, o federalismo brasileiro fora reduzido a um modelo "unionista-autoritário", servindo, em verdade, como um dos pilares do próprio regime. Financeiramente, centralizavam-se ao máximo as receitas tributárias nas mãos do Executivo Federal, dando--lhe o controle quase completo das transferências de recursos para os estados e municípios. A partir de receitas centralizadas, o regime militar favorecia os estados mais ricos, conforme seus interesses, alimentando o desequilíbrio na relação entre entes subnacionais em troca de apoio ao próprio regime, tendo facilitado a tomada de empréstimos estrangeiros, sobretudo para os estados mais industrializados.[319]

2.2.3 Anos 1980

A crise financeira do final da década de 1970 e início da década de 1980 comprometeu a estrutura de financiamento pautada na captação de capital externo que embalava as políticas econômicas brasileiras. O fluxo ingressante de capital estrangeiro no país, em 1982, caiu de aproximadamente US$2 bilhões, em setembro e outubro, para US$100 milhões, em novembro e dezembro. Esse movimento rareou o acesso ao crédito dos entes subnacionais, extinguindo o processo de captação de crédito externo.[320]

A queda da arrecadação provocada diretamente pelo desaquecimento da economia agravou ainda mais a situação dos estados e municípios, que passaram a encontrar sérias dificuldades para custear os seus gastos obrigatórios, o que fez surgir contínuos déficits primários.

A mudança na estratégia de política macroeconômica adotada pelo Poder Executivo nos anos 1980, especialmente no que diz respeito ao combate do déficit público, em face do acordado com o Fundo

---

[318] LOPREATO, Francisco Luiz C. *O endividamento dos governos estaduais nos anos 90. Texto para discussão*. IE/UNICAMP, n. 94, mar. 2000, p. 6.

[319] ABRUCIO, Fernando Luiz. Os Barões da Federação. *Lua Nova*, n. 33, 1994, p. 166.

[320] TORREZAN, Raphael Guilherme Araújo. *Federalismo fiscal e a desconstrução dos estados*: uma análise sob a perspectiva do endividamento público. São Paulo: UNESP, 2017. p. 76, em referência a SALVIANO JUNIOR, Cleofas. *Bancos Estaduais*: dos Problemas Crônicos ao Proes. Brasília: 2004. p. 47; e ABRUCIO, Fernando Luiz. Os Barões da Federação. *Lua Nova*, n. 33, 1994, p. 169.

Monetário Internacional (FMI), fez com que o Banco Central editasse normativos que instituíam regras mais rigorosas no que se refere ao endividamento dos estados-membros.[321] As normas de controle de endividamento, apesar de aceitáveis tecnicamente, tiveram um alcance limitado. O quadro de deterioração financeira do setor público e a dificuldade de gestão das contas públicas forçaram a revisão constante das regras então vigentes. No campo econômico, a disposição de se cumprirem as metas rigorosas definidas na Resolução nº 831/83 levaria ao caos a gestão financeira dos estados, com atrasos nos pagamentos e cortes profundos nos gastos correntes e de investimentos.[322]

A Lei nº 7.614/87 autorizou a criação de linhas de crédito para o saneamento financeiro dos estados, comprometidos após o colapso do Plano Cruzado. Os estados, porém, em situação cada vez mais atribulada, passaram a fazer uso de operações triangulares com os bancos estaduais e com as empresas estatais, de modo a se esquivarem dos limites estabelecidos ao endividamento na legislação de regência, o que provocou a expansão das dívidas mobiliárias. A reação do governo central deu-se com a edição da Resolução nº 1.469, de 21.03.1988, do Banco Central,[323] que, aliada às taxas de juros elevadas, provocou uma maior fragilização das finanças estaduais. O Senado Federal, por sua vez, ao acompanhar a tendência mais restritiva relativa à dívida dos entes federativos, editou a Resolução nº 94, de 15.12.1989, que passou a limitar o volume das operações de crédito, e não mais o estoque da dívida.

Assim, ao final dos anos 1980, os estados-membros se encontravam em uma situação preocupante, tendo vários entes recorrido a atrasos recorrentes de pagamentos junto a fornecedores, o que colocava em risco a profícua prestação de serviços públicos à população. Surge, por conseguinte, o fenômeno da *federalização* da dívida estadual, instituído pela Lei nº 7.976, de 27.12.1989, em que o Banco do Brasil foi

---

[321] O Banco Central, através da Resolução nº 831, de 09.03.1983, deixou de determinar limites à dívida consolidada interna e adotou o critério de fixar, periodicamente, tetos para os empréstimos ao setor público, cujo valor era determinado pelo saldo devedor, corrigido pela inflação, acumulado junto ao agente financeiro. O Banco Central passou a definir o tratamento a ser dispensado ao saldo devedor e a fixar tetos para novos empréstimos.

[322] LOPREATO, Francisco Luiz C. *O endividamento dos governos estaduais nos anos 90. Texto para discussão*. IE/UNICAMP, n. 94, mar. 2000, p. 8.

[323] Essa resolução limitou o empréstimo das instituições financeiras ao setor público não financeiro ao valor do saldo existente em dezembro de 1987, corrigido monetariamente pela variação das Obrigações do Tesouro Nacional.

autorizado a refinanciar, pelo prazo de 20 (vinte) anos, a dívida dos estados junto ao Tesouro Nacional.

No entanto, em termos concretos, não houve a repercussão esperada quanto à melhoria na situação desses entes, pois, conforme constata Lopreato, a proposta da União respondeu a questões imediatas e avançou pouco. O refinanciamento deixou de lado a dívida mobiliária, a dívida bancária com os agentes financeiros dos próprios estados e parte dos contratos com o setor privado. A federalização parcial da dívida pouco alterou o quadro das finanças estaduais. Os altos juros e a inflação contribuíram para a deterioração patrimonial de empresas e de bancos estaduais, bem como acentuaram o desequilíbrio entre os fluxos de pagamentos e de arrecadação fiscal, responsável pela incapacidade de as administrações honrarem as obrigações financeiras. O resultado foi o aumento da dívida líquida dos estados e municípios nos anos finais da década, em termos de participação no PIB e da equivalência em dólares correntes. Por outro lado, cresceu a dependência dos estados em relação a outros movimentos de federalização de suas dívidas e à política do Banco Central de sustentação da liquidez dos bancos estaduais.[324]

O regime inaugurado pela Constituição de 1988 proporcionou, ao menos formalmente, uma maior autonomia fiscal dos entes subnacionais. A sua elaboração, após um longo período (1964-1985) de regime militar, bem como o clima de redemocratização da Assembleia Constituinte, em que predominou a ideia de que, "quanto mais explícitos fossem os direitos estabelecidos e quanto mais poder se concedesse aos estados e municípios, mais democrático seria o Brasil",[325] contribuiu para uma maior distribuição de transferências aos entes subnacionais dos recursos oriundos da arrecadação tributária federal, o que, no entanto, foi revertido em pouco tempo pela União, com a concentração de esforços na arrecadação de contribuições especiais, espécie tributária que não participa da partilha.[326]

---

[324] LOPREATO, Francisco Luiz C. *O endividamento dos governos estaduais nos anos 90. Texto para discussão.* IE/UNICAMP, n. 94, mar. 2000, p. 12-13.

[325] O autor informa que "os interesses do governo federal não estavam fortemente representados na Assembleia Constituinte porque o Brasil não tinha um presidente escolhido por eleições diretas desde 1960. Mas os governadores, eleitos pela via direta em 1982, tinham grande ascendência moral e política na Assembleia Constituinte, e a Constituição descentralizadora, que transferia uma quantidade significativa da receita de impostos do país da União para os estados e municípios servia a muitos interesses políticos, financeiros e fiscais".

[326] STEPAN, Alfred. Toward a new comparative analysis of democracy and federalism: demos constraining and demos enabling federations. *DADOS*, 42, 2, 1999.

2.2.4 A década de 1990 e o advento do Plano Real

No início dos anos 1990, o Banco Central substituiu a Resolução nº 1.469/88 pela Resolução nº 1.718, de 29.05.1990, tendo limitado as operações de empréstimos aos saldos existentes no final do exercício de 1989, ou seja, em contraposição às resoluções anteriores, não se ateve ao teto do endividamento, mas passou a concentrar a sua atenção no estoque da dívida. O Senado, por conseguinte, substituiu a Resolução nº 94/89 pela Resolução nº 58, de 13.12.1990, trazendo limites mais estreitos ao dispêndio anual com encargos e amortizações.

Foi aprovada a Lei nº 8.388/91, que estabelecia o refinanciamento dos saldos devedores das dívidas dos estados, além de fixar limites de comprometimento de receitas com o pagamento dos encargos da dívida.[327] Ocorre que não houve consenso quanto às condições legais e regulamentares, sendo que nenhum contrato fora assinado. Assim, foi editada a Lei nº 8.727, de 05.11.1993, que permitiu o refinanciamento, por 20 (vinte) anos, pelo Tesouro Nacional, dos saldos devedores existentes em 30 de junho de 1993.[328] O acordo de renegociação significou o alongamento do perfil do endividamento e a possibilidade de retomada dos pagamentos das obrigações estaduais suspensas desde o governo Collor. Entretanto, a solução do problema da dívida foi parcial e cobriu apenas as operações contratadas com as instituições federais, deixando de fora as dívidas com as instituições financeiras privadas, as operações de ARO e a dívida pública mobiliária.[329]

Com o advento do Plano Real, a situação dos estados se agravou em face da perda oriunda da extinção do imposto inflacionário, que permitia aos entes federativos um ganho real em face do período derivado entre o fato gerador da obrigação e o tempo de seu efetivo pagamento, em que a moeda era corroída pelos efeitos da inflação. Luís Roberto Barroso destaca que:

---

[327] A Resolução nº 36/92 do Senado Federal fixou o limite de 11% para o comprometimento da receita com as prestações do refinanciamento da dívida nos primeiros doze meses de vigência do contrato e de 15% nos períodos subsequentes, conforme determinação do art. 13 da lei.

[328] A Resolução nº 11, de 31.01.1994, fixou os limites de comprometimento das receitas com o pagamento das prestações mensais do refinanciamento em 9% da Receita Líquida Real para o exercício de 1994 e de 11% para os exercícios subsequentes, bastante abaixo dos valores anteriormente estabelecidos pela Resolução nº 36/92.

[329] LOPREATO, Francisco Luiz C. *O endividamento dos governos estaduais nos anos 90. Texto para discussão*. IE/UNICAMP, n. 94, mar. 2000, p. 15.

CAPÍTULO 2
A QUESTÃO DO ENDIVIDAMENTO PÚBLICO NO FEDERALISMO BRASILEIRO | 161

Por fim, *o plano real e a política de estabilização econômica* acabaram com o escamoteamento trazido pela inflação, desnudando números reais e não mais números nominais defasados. Interromperam, ademais, o ganho inflacionário com a demora na efetivação dos pagamentos, quer de salários, como das obrigações em geral, inclusive dos precatórios. Aliás, a generalizada inadimplência de praticamente todos os Estados da Federação quanto às dívidas judiciais é grave fator de desmoralização do Poder Público, com respingos sobre o Poder Judiciário. Comporta inclusão neste elenco, ainda, a política de juros elevadíssimos levada a efeito durante a maior parte do período de vigência do plano, aumentando vegetativamente a dívida dos Estados e Municípios.[330] (Grifos do autor)

Assim, com a combinação desses dois fatores – diminuição dos índices inflacionários e aumento vertiginoso dos juros[331] –, resultado da adoção de uma política macroeconômica de austeridade pelo governo federal, a situação dos estados se deteriorou a níveis nunca antes alcançados.[332]

Nesse quadro de tensões federativas e de constrangimentos fiscais, observa-se, ao longo dos anos 1990, a tendência de o Congresso brasileiro – e o Senado Federal, em particular – legislar em favor da redução das possibilidades de endividamento público. Assim, em 1993, foi promulgada a Emenda Constitucional nº 3, que, por seis anos, só

---

[330] BARROSO, Luís Roberto. A Derrota da Federação: o colapso dos Estados e Municípios. *In*: BARROSO, Luís Roberto. *Temas de direito constitucional*. 2.ed. Rio de Janeiro: Renovar, 2001. p. 111.

[331] Maria Rita Loureiro (O Senado e o controle do endividamento público no Brasil. *In*: LEMOS, Leany Barreiro (Org.). *O Senado Federal brasileiro no pós-constituinte*. Brasília: Senado Federal, Unilegis, 2008. p. 400) aponta que, na realidade, os governos estaduais perderam duas fontes alternativas de receitas: não só o imposto inflacionário desapareceu, mas igualmente os bancos estaduais foram, em sua grande maioria, liquidados ou privatizados. A autora alerta, ainda, para o fato de que o uso irregular dos bancos estaduais contou durante muito tempo com a complacência do Banco Central, pois o governo federal precisava, para a aprovação de sua agenda política no Congresso, do apoio dos governadores que controlavam a bancada parlamentar de seus respectivos estados.

[332] A autora esclarece que o agravamento das contas públicas, especialmente nos governos subnacionais, decorreu, em grande parte, da elevação da taxa de juros, imposta pela implementação do Plano Real, a partir de 1994. Entre 1990 e 1995, por exemplo, os estados viram sua dívida crescer 150% e acumularam, até o final de 1997, um débito de 97 bilhões de dólares. Antes das negociações com a União, que desembocaram na federalização de suas dívidas, vinte e dois estados deviam mais do que um ano de arrecadação. Em seu conjunto, a dívida pública no Brasil (incluindo União, estados, municípios e empresas estatais) passou de 35% do PIB no início de 1998 para mais de 50% em abril de 2001. Também os juros pagos pelo setor público passaram de 4% do PIB, no mesmo período, para mais de 10% no primeiro trimestre de 2001. Dessa forma, o ajuste fiscal tornou-se mais premente ainda com a estabilização da moeda (Ibid., p. 398).

permitiria a emissão de títulos públicos por parte de estados e municípios para o refinanciamento de dívidas anteriores e estabelecia, como única exceção, o financiamento para pagar precatórios judiciais, isto é, dívidas de particulares contra o poder público decididas em juízo. Como emitir títulos públicos para pagar precatórios significava, na prática, criar uma dívida nova, essa foi a única brecha deixada pela legislação para o financiamento dos estados e municípios. Ela foi usada ao máximo pelos governos subnacionais como fonte "adicional" de financiamento público e permitiu, inclusive, muita irregularidade, objeto de farta cobertura da imprensa, o que levou à instalação, em novembro de 1996, de uma Comissão Parlamentar de Inquérito (CPI).[333]

Se é verdade que os escândalos acerca da emissão irregular de títulos para cobrir os precatórios mostraram a profunda crise financeira em que se encontravam muitos governos subnacionais, estes puderam agir assim porque sabiam que a elevada inflação dificultava sua percepção e fiscalização, mas, sobretudo, sabiam que contavam com a conivência e "flexibilidade" das autoridades encarregadas do controle do endividamento. O próprio relatório da CPI indicou que os tribunais de contas dos estados, o Banco Central e o Senado não estavam exigindo como condição prévia para autorizar a emissão de um novo título a comprovação do valor de parcelas efetivamente pagas de títulos relativos aos precatórios, nem tampouco controlavam o índice de correção monetária aplicado aos mesmos.[334]

2.2.5 Lei nº 9.496/97

Diante do quadro de total desajuste fiscal dos entes subnacionais, foi editada a Lei nº 9.496, de 11.09.1997, no âmbito do Programa

---

[333] Ibid., p. 401. Em acréscimo, Arvate, Biderman e Mendes (ARVATE, Paulo Roberto; BIDERMAN, Ciro; MENDES, Marcos. Aprovação de empréstimos a governos subnacionais no Brasil: há espaço para comportamento político oportunista? *DADOS – Revista de Ciências Sociais*, Rio de Janeiro, v. 51, n. 4, 2008, p. 988) esclarecem que a Comissão Parlamentar de Inquérito – CPI descobriu uma série de fraudes na emissão e na negociação de títulos públicos estaduais. Naquele momento, dado o número excessivo de títulos estaduais no mercado, o Senado somente aprovava a emissão de novos títulos para financiar o pagamento de precatórios dos estados. Por isso, alguns estados criaram fraudulentamente condenações inexistentes para obter autorização para emitir letras. Além disso, descobriu-se que essas emissões fraudulentas estavam associadas a esquemas de negociação no mercado secundário que eram igualmente fraudulentos e geravam perda de recursos públicos e lucros para alguns bancos e corretoras.

[334] LOUREIRO, Maria Rita. O Senado e o controle do endividamento público no Brasil. *In*: LEMOS, Leany Barreiro (Org.). *O Senado Federal brasileiro no pós-constituinte*. Brasília: Senado Federal, Unilegis, 2008. p. 401-402.

de Apoio à Reestruturação e ao Ajuste Fiscal de Estados (PAF),[335] que estabeleceu "critérios para a consolidação, a assunção e o refinanciamento, pela União, da dívida pública mobiliária e outras que especifica, de responsabilidade dos Estados e do Distrito Federal", em que vinte e cinco estados e o DF assinaram um novo acordo com a União, no montante de cerca de R$120 bilhões. Os governos estaduais tiveram de assumir uma série de compromissos, incluindo a obtenção de superávit primário, aumento da arrecadação, privatização de empresas e/ou bancos, além de penalidades mais claras e efetivas, como a retenção dos recursos do Fundo de Participação dos Estados (FPE).

Em linhas gerais, a lei estabeleceu que a atualização monetária seria calculada pelo Índice Geral de Preços – Disponibilidade Interna (IGP-DI); a dívida seria refinanciada em até 360 prestações (30 anos), calculadas com base na tabela *Price*; que as cláusulas contratuais poderiam estabelecer limite máximo de comprometimento da Receita Corrente Líquida (RCL) estadual para efeito de atendimento das obrigações correspondentes aos serviços da dívida; que eventual saldo devedor residual poderia ser renegociado por mais 10 (dez) anos; e que o refinanciamento estava condicionado à assinatura de um contrato, com as seguintes condições:

---

[335] Conforme Loureiro (ibid., p. 402-403), se a CPI não resultou na punição dos envolvidos na emissão irregular de títulos relativos aos precatórios, teve, contudo, um efeito importante: gerou a produção de regras cada vez mais restritivas para o controle do endividamento público no país. Assim, em setembro de 1997, foi sancionada a Lei nº 9.496, que estabeleceu critérios rígidos para a União refinanciar a dívida pública mobiliária dos estados e do Distrito Federal. Em julho de 1998, o Senado baixou a Resolução nº 78/98, ainda mais rigorosa, que se tornou um marco de referência na consolidação das condições institucionais para o controle do endividamento público no país. Dentre as modificações mais importantes trazidas por esta resolução, cabe destacar:
1. o Banco Central não mais encaminhará ao Senado Federal pedido de autorização para a contratação de qualquer operação de crédito (aí incluindo a emissão de títulos da dívida pública) de governo que possua resultado primário negativo;
2. os estados que desejarem contratação de operações de crédito, dependentes da aprovação do Senado, não poderão conceder qualquer tipo de isenção fiscal sobre o ICMS, imposto que é sabidamente a maior fonte de arrecadação estadual;
3. governadores e prefeitos ficam impedidos de se endividar por meio de operações ARO (Antecipação de Receita Orçamentária) no último ano de mandato;
4. prorroga até o ano de 2010 a proibição de emissão de títulos públicos, salvo para o refinanciamento do principal (devidamente atualizado) e proíbe os governos subnacionais que tiverem sua dívida mobiliária refinanciada pela União de emitir, sob qualquer pretexto, novos títulos públicos;
5. dentre outras medidas visando maior transparência nas operações de crédito, estabelece que os governos têm de fazer leilões eletrônicos na contratação de ARO e que o Banco Central deve dar ampla divulgação dos leilões para colocação dos títulos estaduais no mercado.

(i) pagamento de 20% à vista, com taxa de juros de 6%;

(ii) pagamento de 10% à vista, com taxa de juros de 7,5%;

(iii) pagamento de 0% à vista, com taxa de juros de 9%.

Apesar de os contratos terem sido concretizados, inicialmente, em condições favoráveis aos estados – uma vez que a captação no mercado era mais onerosa –, fato é que, com o passar dos anos e as mudanças nas condições da economia, os estados viram a situação se inverter em face da ausência de uma cláusula de reequilíbrio contratual, tendo os entes assistido a uma piora considerável dos seus endividamentos frente à União. João Batista Camargo e Marcos Gomes Rangel descrevem, sequencialmente, os resultados dessas operações:

> a) o pagamento dos serviços da dívida intralimite – os principais estados devedores pagaram muitos juros e pouco amortizaram suas dívidas. O resíduo prosperou e ficou evidente a impossibilidade de quitação da dívida no prazo previsto (de 30 anos) para alguns estados, como São Paulo (SP), Rio de Janeiro (RJ), Minas Gerais (MG), Rio Grande do Sul (RS) e Alagoas (AL);
>
> b) o IGP-DI (indexador definido pela Lei nº 9.496/1997) – entre junho de 1998 e junho de 2008, o crescimento acumulado desse índice alcançou 170,99%. Caso o IPCA fosse escolhido, o crescimento seria de 92,99%. Vale lembrar que, à época da edição da Lei nº 9.496/1997, o IGP-DI era uma escolha compatível: entre 07/1994 (logo após o Plano Real) e 08/1997 (mês anterior à edição da Lei nº 9.496/1997), o acumulado do IGP-DI foi de 53,95%, contra 65,84% do IPCA; e
>
> c) os juros (6 a 7,5 % ao ano), que também se mostravam razoáveis em relação à SELIC, à época da edição da Lei nº 9.496/1997, permaneceram com seus percentuais contratuais sem nenhuma revisão.
>
> Os contratos assinados pela maioria dos subnacionais, com prazo de 40 anos (30 anos e, na existência de resíduo, mais 10 anos), indicaram serem longos em demasia para permanecerem inalterados.[336]

Apesar da constatação do agravamento das condições do endividamento dos entes subnacionais, ocasionada pelas respectivas cláusulas contratuais em consonância com a Lei nº 9.496/1997, somente quase duas décadas depois é que o Congresso buscou alterar a referida situação, com a edição da Lei Complementar nº 148, de 25.11.2014,

---

[336] CAMARGO, João Batista; RANGEL, Marcos Gomes. A Dívida Pública dos Estados Brasileiros: Desafios para o Controle. *In*: LIMA, Luiz Henrique; OLIVEIRA, Weder de; CAMARGO, João Batista (Coord.). *Contas Governamentais e Responsabilidade Fiscal*: Desafios para o Controle Externo. Belo Horizonte: Fórum, 2018. p. 305.

a qual, no entanto, se transformou em mais um capítulo da disputa federativa entre a União e os estados-membros, conforme será visto no próximo tópico.

O novo padrão de política econômica trazido pelo Plano Real exigia uma ampla adesão ao planejamento nacional por parte de todos os entes subnacionais. O governo central, como forma impositiva de suas diretrizes mais restritivas e aproveitando o momento favorável às mudanças, sagrou-se vitorioso com a edição da Lei de Responsabilidade Fiscal (LRF) no ano 2000. Tavares, fazendo referência aos fatos então presentes, esclarece que:

> Esse quadro social e político exigia criatividade nas respostas às crises. Não se podia simplesmente perseguir metas de mega superávits primários. Era necessário um avanço adicional em áreas ainda pouco exploradas – como eram os casos da formalização de regras fiscais e da instituição de padrões de conduta dos governantes e dos administradores de recursos públicos – que representassem mudanças duradouras, permanentes. Ademais, as exigências de responsabilidade e de eficiência não vinham apenas do novo contexto econômico, eram também exigências da nova sociedade brasileira, que não tolerava mais desmandos e irresponsabilidades na gestão dos recursos públicos. A nova sociedade, filha do Real, não aceitava ajustes fiscais baseados exclusivamente em aumento da carga tributária; era necessário também impor rigor e controle na aplicação dos recursos públicos. Assim, a redução necessária dos gastos não podia ser cega; era necessário aumentar o sacrifício coletivo, mas, ao mesmo tempo, preservar programas e projetos prioritários nas áreas sociais e de infraestrutura. O desafio era aumentar o superávit com a menor elevação de carga tributária possível. Portanto, era necessário cortar gastos com o menor prejuízo possível nas áreas sociais e de infraestrutura. É precisamente nesse contexto que foi elaborado e discutido com a sociedade e com o Congresso o anteprojeto de LRF, mas a lei não foi aprovada apenas por causa da crise externa de 1998/1999 – também por isso, mas não apenas por isso. Foi aprovada porque a sociedade brasileira exigia mudança de postura dos governantes e dos administradores de recursos públicos, o que lhe confere um caráter muito permanente.[337]

---

[337] TAVARES, Martus. Vinte anos de política fiscal no Brasil: dos fundamentos do novo regime à Lei de Responsabilidade Fiscal. *Revista de Economia e Relações Internacionais / Faculdade de Economia da Fundação Armando Alvares Penteado*, v. 4, n. 7, São Paulo: FEC-FAAP, 2005. p. 93-94.

2.2.6 Medidas adotadas com a nova crise fiscal dos estados

O novo regime fiscal advindo com a LRF, conjugado com a privatização das empresas estatais e bancos estaduais, bem como o processo de renegociação das dívidas dos estados e municípios imposto pela Lei nº 9.496/1997, se mostrou eficaz, ao menos em um primeiro momento,[338] quanto à contenção de gastos e à redução do endividamento dos entes subnacionais, tendo as unidades apresentado superávits primários necessários ao pagamento dos encargos da dívida com a União, até porque, caso não o fizessem, teriam bloqueados recursos do Fundo de Participação dos Estados – FPE e do Fundo de Participação dos Municípios – FPM.

O baixo crescimento das receitas próprias e a virtual ausência de acesso ao crédito transformaram os estados em prisioneiros da lógica do ajuste fiscal. Esse caminho tornou-se praticamente o único capaz de assegurar o cumprimento das exigências das regras fiscais. Isto é, as novas regras de execução orçamentária deixaram pouca margem de manobra para as unidades escaparem da política de corte de gastos, sem comprometerem as exigências de gerar superávit primário e pagar o serviço da dívida negociada com a União.[339]

Ocorre que o baixo desempenho do PIB depois da crise da Ásia (1997) e o peso dos encargos financeiros, atrelados ao índice de atualização monetária da dívida (IGP-DI), dificultaram a retomada dos investimentos e sacramentaram o lento processo de perda de relevância dos governos estaduais iniciado nos anos 1980 e agravado com o processo de renegociação das dívidas. Segundo Prado:

> Os estados, submetidos a uma estreita camisa de força pelos contratos de renegociação, sem acesso a crédito senão para a rolagem da dívida que excedesse os pagamentos obrigatórios, é que realizaram efetivamente um verdadeiro ajuste fiscal, contando com a ajuda mais modesta de um

---

[338] Mônica Mora e Fabio Giambiagi (*Federalismo e endividamento subnacional*: uma discussão sobre a sustentabilidade da dívida estadual e municipal. Rio de Janeiro: Instituto de Pesquisa Econômica Aplicada – IPEA, 2005. p. 31) ressaltam que somente os estados de Alagoas, Goiás, Mato Grosso do Sul, Minas Gerais, Rio Grande do Sul e São Paulo, além do município de São Paulo, desrespeitavam os limites ao endividamento estipulados pela LRF até o exercício de 2005, sendo que os autores fazem uma análise individualizada dos exemplos desses entes.

[339] LOPREATO, Francisco Luiz Cazeiro. *Governos estaduais*: o retorno à debilidade financeira. São Paulo: UNICAMP, 2018. p. 4.

ICMS que cresceu, no período, muito menos que a carga tributária total. O baixo dinamismo da arrecadação estadual é com certeza resultado da própria gestão tributária estadual, em grande medida, devido à acomodação na tributação de serviços e às diversas modalidades de guerra fiscal que passaram a ser constantemente criadas. Esta situação foi agravada pela necessária realização de uma segunda rodada de desoneração das exportações, através da chamada lei Kandir, em 1997, reduzindo a arrecadação do ICMS. Neste contexto, o enorme esforço de ajuste foi um fator sem dúvida relevante no progressivo encolhimento da presença política dos governos estaduais, relegando à história a velha imagem da "república de governadores" esgrimida pelos analistas políticos dos anos oitenta.[340]

Prado[341] e Lopreato[342] ressaltam que tais fatos levaram à reconfiguração de nosso federalismo, com os municípios ganhando espaço e negociando diretamente com a esfera federal. A União, por sua vez, ao contrário do que defendia o pensamento dominante da Constituição de 1988, assumiu o protagonismo ao concentrar recursos, definir programas de políticas públicas, repassar às outras esferas de governo verbas condicionadas, além de ter em mãos o controle sobre a política de renegociação das dívidas. Isso deixa claro que a descentralização brasileira é somente municipalização, o que se torna ainda mais verdadeiro se se considerar que a Constituição de 1988, ao consagrar a autonomia municipal, enterrou de vez qualquer possibilidade de uma atuação dos governos estaduais na gestão e coordenação dos serviços municipais ampliados. É municipalização, efetivamente, porque alguma ação coordenadora das ações municipais só pode emanar da autoridade financiadora, o governo federal, e tem sido, como não poderia deixar de ser, ineficiente e incapaz de acompanhar adequadamente a atuação municipal.

Consequentemente, não demorou muito para que as antigas deficiências financeiras dos estados ressurgissem também nessa fase. Após um período de relativa tranquilidade nas finanças estaduais[343]

---

[340] PRADO, Sérgio. *A questão fiscal na federação brasileira*: diagnóstico e alternativas. CEPAL, 2007. p. 67.

[341] Ibid., p. 68.

[342] LOPREATO, Francisco Luiz Cazeiro. *Governos estaduais*: o retorno à debilidade financeira. São Paulo: UNICAMP, 2018. p. 3.

[343] Segundo Lopreato (ibid., p. 3), sobretudo a partir de 2006, com a expansão do PIB, favorecido com o aumento dos preços das *commodities* no mercado internacional e as medidas adotadas a favor do crescimento, a nova administração não alterou as regras institucionais estabelecidas no processo de renegociação das dívidas estaduais e na LRF, sendo que

– oriundo, basicamente, na melhoria da arrecadação de ICMS,[344] ocasionada por fatores de crescimento econômico e aumento da exportação das *commodities* –, a partir de 2013, essa tendência fora revertida, por conta da retração dos índices favoráveis até então presentes na economia.

O período benéfico descrito acima, especialmente a partir de 2011, acabou por provocar, em alguns estados, uma situação de maior gravidade devido à decisão do governo federal de facilitar o acesso ao crédito,[345] com o propósito de ampliar os investimentos e a contribuição dos governos subnacionais na expansão do PIB, o que permitiu o uso da contratação de empréstimos como principal fonte de financiamento,[346]

---

também não mudou as normas de endividamento definidas nas Resoluções nº 40 e 41 do Senado Federal. Ou seja, a taxa de juro e o índice de correção da dívida, o valor de comprometimento da receita com o pagamento dos encargos e as regras temporárias de ajuste fiscal no caso de desobediência dos tetos de gastos fixados pela LRF, bem como a obrigação de gerar os superávits primários, continuaram a ditar o comportamento estadual. A mudança ocorreu graças à retomada do crescimento. O aumento da arrecadação própria, assegurada pelo ICMS, ao lado do desempenho favorável das transferências constitucionais, permitiu sustentar os superávits primários e reduzir o grau de endividamento, abrindo espaço à busca de novos empréstimos.

[344] Contudo, a Secretaria do Tesouro Nacional alerta que, por mais que a economia tenha crescido significativamente após 2000, a arrecadação do ICMS não acompanhou o crescimento do PIB. Esse comportamento é, ao menos em parte, explicado pelo acirramento da guerra fiscal, que aumentou o conjunto de renúncias fiscais concedidas pelos estados (SECRETARIA DO TESOURO NACIONAL. *Exposição da União à Insolvência dos Entes Subnacionais*. Brasília: 2018. p. 36).

[345] Segundo a Secretaria do Tesouro Nacional (ibid., p. 24), a crise financeira internacional, deflagrada no segundo semestre de 2008, motivou a adoção de políticas expansionistas, tanto pela União quanto pelos governos regionais, como instrumentos de reanimação da debilitada atividade econômica. O Plano de Aceleração do Crescimento – PAC foi o principal palco para essas medidas, inclusive financiando a realização de eventos esportivos internacionais (Copa do Mundo e Olimpíadas); além da expansão intensa de desonerações tributárias, que afetaram as transferências constitucionais, e da concessão de subsídios. Houve, ainda, o acirramento da "guerra fiscal" no âmbito do ICMS e das disputas pelos recursos de compensações financeiras pela exploração do petróleo e gás. Nesse contexto de deterioração do federalismo fiscal, verificou-se um aumento acentuado, com respaldo da União, do volume de operações de crédito tomadas por tais entes, viabilizado por meio de um relaxamento nas regras de restrição à contratação de operações de crédito, notadamente: os limites do Senado Federal, a classificação de risco dos entes subnacionais desenvolvida pelo Tesouro Nacional (CAPAG) e o Programa de Apoio à Reestruturação e ao Ajuste Fiscal dos Estados (PAF).

[346] De acordo com dados da Secretaria do Tesoura Nacional (ibid., p. 33-34), tais operações provocaram o agravamento do índice de endividamento de boa parte dos entes subnacionais, tendo em vista que a dívida bruta de estados e municípios retomou uma trajetória crescente e sofreu uma mudança em seu perfil – o aumento da proporção das dívidas com instituições financeiras nacionais e multilaterais. Nesse sentido, a queda no endividamento gerada pelas medidas tomadas entre 1997 e 2003 foi revertida a partir de 2009, com a participação relativa da dívida dos entes subnacionais com a União diminuindo. Por outro lado, a dívida formada pelas operações de crédito com instituições financeiras nacionais e organismos multilaterais experimentou aumento em sua composição, fruto do deferimento em maior volume de operações de crédito com garantia

inclusive, com diversas resoluções do Senado Federal excepcionando os limites de endividamento previstos na Resolução nº 43/2001, conforme gráfico abaixo:

Gráfico 5 – Operações de crédito executadas fora dos limites da Resolução nº 43/2001

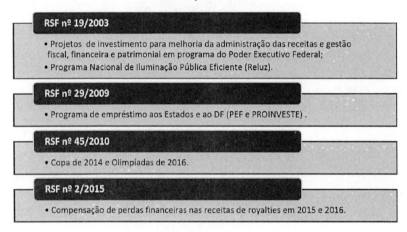

Fonte: Elaborado pela STN.

Fonte: Secretaria do Tesouro Nacional.[347]

Destaca-se a peculiar situação do estado do Rio de Janeiro, que ganhou contornos graves graças às circunstâncias dos eventos esportivos.[348] Os investimentos realizados de 2009 a 2014, em termos

---

da União aos entes subnacionais, permitidos pela extensão das hipóteses de flexibilização da Capag e do PAF.

[347] Ibid., p. 28. Disponível em: http://www.tesouro.fazenda.gov.br/documents/10180/0/Exp osi%C3%A7%C3%A3o+da++Uni%C3%A3o+%C3%A0%20Insolv%C3%AAncia+dos++Ent es+Subnacionais+-++CORRIGIDO/aa849fe8-582f-4167-91ad-1fa2f84dcbab. Acesso em: 11 mar. 2020.

[348] Em verdade, os eventos esportivos ocasionaram problemas orçamentários em diversos estados, conforme alertado por Camargo e Rangel (CAMARGO, João Batista; RANGEL, Marcos Gomes. A Dívida Pública dos Estados Brasileiros: Desafios para o Controle. *In*: LIMA, Luiz Henrique; OLIVEIRA, Weder de; CAMARGO, João Batista (Coord.). *Contas Governamentais e Responsabilidade Fiscal*: Desafios para o Controle Externo. Belo Horizonte: Fórum, 2018. p. 316): "Muitos governos estaduais se entusiasmaram com o evento Copa do Mundo de 2014. Havia a promessa de que receberiam ajuda do Governo Federal. Porém, grande parte dos investimentos ficou sob a responsabilidade dos estados, por meio de empréstimos e/ou financiamentos obtidos junto aos bancos federais. E alguns destes começaram a ser pagos logo após a Copa, ou seja, uma herança deixada para os governadores que assumiram em 2015".

reais, mais do que dobraram em comparação aos anos anteriores, e o desempenho do índice Investimento/RCL foi quase semelhante. O aumento da RCL até 2013 ajudou a sustentar esses gastos. Porém, a reversão do ciclo e as perdas de *royalties* do petróleo afetaram a receita, e os empréstimos assumiram o papel de principal impulsionador dos investimentos, em um momento em que o aumento da Necessidade de Financiamento Bruto (NFB), desde 2012, e os déficits primários, a partir do ano seguinte, apontavam sinais de deterioração fiscal.

Os compromissos assumidos impediram a revisão dos investimentos, que só desaceleraram com o fim dos eventos esportivos. A contração da receita e das operações de crédito, ao lado do maior serviço da dívida nos anos de 2014 e 2015, transformou a situação anterior, merecedora de atenção, em derrocada, com os investimentos alcançando, em 2016, índice próximo a 25% do montante de 2014.[349]

É claro que cada estado da federação possui as suas especificidades,[350] o que resvala nos resultados financeiros e orçamentários, mas, considerando uma amostra (gráfico abaixo), tem-se uma clara percepção

---

[349] LOPREATO, Francisco Luiz Cazeiro. *Governos estaduais*: o retorno à debilidade financeira. São Paulo: UNICAMP, 2018. p. 19.

[350] Torrezan (TORREZAN, Raphael Guilherme Araújo. *Federalismo fiscal e a desconstrução dos estados*: uma análise sob a perspectiva do endividamento público. São Paulo: UNESP, 2017. p. 99) menciona alguns exemplos de estados com dificuldades fiscais: "No biênio 2015-2016, percebe-se a diminuição da arrecadação tributária de 17 unidades federativas. Estados como Rio de Janeiro, Rio Grande do Norte e Espírito Santo tiveram queda na arrecadação superior a 10%. Observou-se também que todos os quatro estados que concentram o maior estoque de dívida (São Paulo, Rio de Janeiro, Minas Gerais e Rio Grande do Sul) tiveram resultados negativos. O resultado da desaceleração econômica e da queda de receitas afetou os investimentos e a oferta de serviços públicos estaduais, a partir do biênio 2015-2016. O estado do Rio de Janeiro teve sua estrutura da saúde comprometida por falta de investimentos e de recursos destinados ao custeio, recorrendo a ajudas da esfera federal. Em 2017, a crise financeira instaurada alcançou a gestão educacional, atingindo, inclusive a Universidade Estadual do Rio de Janeiro (UERJ). Os atrasos salariais tornaram-se constantes para os servidores estaduais, gerando uma crise interna sem precedentes no estado fluminense. Já São Paulo reduziu parte de seus investimentos no período, contingenciando 1,2 bilhão de seus recursos destinados a investimentos na construção e ampliação de rodovias estaduais não privatizadas, habitação, turismo, desenvolvimento econômico e administração penitenciária. Em Minas Gerais, Rio Grande do Sul e Rio Grande do Norte, foram feitos ajustes sistêmicos para garantir o pagamento do décimo terceiro salário aos servidores estaduais, reduzindo investimentos e pagamentos de fornecedores. Ademais, não foram concedidos reajustes para os servidores, gerando perdas reais dos salários. Nessa toada, o Espírito Santo decretou calamidade financeira, levando ao colapso dos serviços públicos essenciais e à paralisação da Polícia Militar. A falta de recursos disponíveis a todos os estados da federação levou ao atraso do pagamento de fornecedores, produzindo um efeito cascata nas economias regionais. Esse atraso nos pagamentos cria um ciclo nocivo à economia com a paralisação de obras, a diminuição de consumo pelos empresários e o desemprego".

de que o período inicial de crescimento, na verdade, mascarou um problema muito mais grave, que está relacionado a um federalismo estrutural assimétrico no país, com a diminuição do papel dos estados-membros, concomitante a uma conduta do governo federal pouco atinente aos princípios federalistas de cooperação.

Gráfico 6 – Resultado primário em relação à RCL de alguns estados

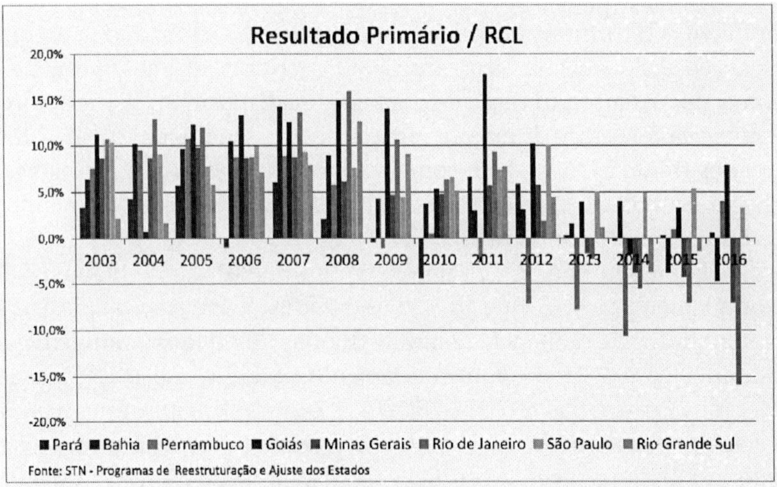

Fonte: STN - Programas de Reestruturação e Ajuste dos Estados

Fonte: Secretaria do Tesouro Nacional.[351]

Observa-se que a situação fiscal dos estados de maior nível econômico revelou-se pior. Os gastos não financeiros tornaram-se maiores do que a RCL no RJ, a partir de 2011; no exercício de 2012, em MG; e, de 2013, no RS, a sinalizar dificuldades fiscais antes de a crise ganhar vulto. A deterioração fiscal atingiu de modo particular essas unidades no último triênio e forçou a política de corte de gastos, adotada em tempos distintos: RJ, diante do conjunto de fatores adversos, adere aos cortes desde 2014; o RS o faz a partir de 2015, sendo que MG foi o último a seguir o mesmo procedimento.

A redução das despesas dos três estados trouxe pouco alento à reversão do quadro fiscal. O medíocre comportamento da receita restringiu os gastos tradicionais e o pagamento do serviço da dívida.

---

[351] Disponível em: http://www.tesouro.fazenda.gov.br/-/programa-de-reestruturacao-e-de-ajuste-fiscal. Acesso em: 11 mar. 2020.

O estado fluminense viveu a situação mais aguda com o não pagamento dos salários dos servidores públicos e das despesas de serviços básicos, como saúde e educação, enquanto outras unidades (MG e RS) também tiveram problemas para sustentar os gastos tradicionais.[352]

Constata-se que o regime de maior restrição fiscal inaugurado após o Plano Real – no qual se apostaram todas as fichas de solução de nosso federalismo – não apresentou os resultados esperados com o passar dos anos. Sobretudo em fases de desaquecimento econômico, os problemas estruturais do federalismo brasileiro vieram à tona e, com eles, a necessidade de se recorrer a medidas tão criticadas anteriormente, como, por exemplo, a edição de uma série de dispositivos legais autorizativos da concessão de maiores prazos de pagamentos das dívidas dos estados frente à União, bem como a adoção de encargos mais suaves, chegando, inclusive, ao extremo de, em algumas situações, suspender os limites restritivos da LRF.[353]

Foi assim que, em 25 de novembro de 2014, foi editada a Lei Complementar nº 148, que alterou os critérios de indexação aplicáveis aos contratos de refinanciamento de dívidas de estados e municípios, firmados com a União, com fundamento na Lei nº 9.496/1997 e nas Medidas Provisórias nº 2.192-70/2001 e 2.185/2001. Após uma recusa inicial, por parte da União, em dar cumprimento ao determinado no referido diploma legal, foi editada a Lei Complementar nº 151, em 05 de agosto de 2015, com a finalidade de impor o desconto no estoque da dívida dos entes subnacionais, mas que, mesmo assim, ainda

---

[352] LOPREATO, Francisco Luiz Cazeiro. *Governos estaduais*: o retorno à debilidade financeira. São Paulo: UNICAMP, 2018. p. 11.

[353] A título de exemplo, o Regime de Recuperação Fiscal (RRF) traz algumas contrapartidas por parte da União aos estados que nele ingressarem, que, em síntese: permite a redução integral das prestações referentes aos contratos das dívidas administradas pelo Tesouro Nacional por até 36 meses, podendo ser prorrogados por mais 36 meses, em tese, permitindo um período para recomposição das finanças internas sem se comprometer com os compromissos a serem honrados com a União. Ademais, durante o período do RRF, a União permite a suspensão dos requisitos para contratação de operações de créditos e para a suspensão de comprovações para o recebimento de transferências voluntárias. Medidas dessa natureza facilitam a captação de recursos junto à União e demais entidades para as unidades federativas que vierem a aderir ao programa, pois estariam isentas de comprovar sua regularidade fiscal. Por fim, o RRF prevê a contratação de operações de crédito para a promoção de ações que visem à modernização fazendária estadual. Dessa maneira, a contrapartida estimularia a melhora por meio da tecnologia de processos tributários, gestão de pessoas, controle de folha de pagamento de servidores ativos e inativos, visando à modernização da administração pública direta e indireta estadual (TORREZAN, Raphael Guilherme Araújo. *Federalismo fiscal e a desconstrução dos estados*: uma análise sob a perspectiva do endividamento público. São Paulo: UNESP, 2017. p. 107).

apresentou obstáculo de cumprimento por parte do governo federal, tendo diversos estados ajuizado os seus pleitos junto ao STF em face do conflito federativo instaurado.[354]

Posteriormente, foi editada a Lei Complementar nº 156, de 28 de dezembro de 2016.[355] A norma abriu espaço à renegociação das dívidas com a União e o BNDES, além de ter definido como regra de controle fiscal a obrigação de os estados aprovarem leis fixando, nos dois exercícios subsequentes à assinatura do termo aditivo, a variação da inflação como limite de crescimento anual das despesas primárias. A maioria dos estados solicitou o acordo e teve redução do serviço da dívida. Os interessados comprometeram-se, assim, por um período de 24 (vinte e quatro) meses, a seguir a lógica de controle fiscal definida na Emenda Constitucional do Teto de Gastos (EC nº 95/2016) em troca dos benefícios financeiros do termo aditivo e da redução extraordinária da parcela mensal durante os meses de janeiro de 2017 a junho de 2018.[356]

Ocorre que, devido à extrema gravidade fiscal apresentada por alguns estados,[357] houve a necessidade de se ir além de uma mera renegociação das linhas de crédito, motivo pelo qual foi editada a Lei Complementar nº 159, de 19 de maio de 2017, que instituiu o Regime de Recuperação Fiscal, ao qual Torrezan denomina *"déjà vu* federativo", por indagar a rigidez e a dureza dos ajustes necessários em contrapartida à sua adesão, trazendo, ainda, os seguintes questionamentos: "Após esses acordos, os estados terão algum papel no contexto federativo? O rigor das medidas adotadas não levaria *à* 'desconstrução' dos estados?".[358]

---

[354] No capítulo 3, especificamente no item 3.3, subitem 3.3.5, esse imbróglio federativo será analisado de forma pormenorizada.

[355] A LC nº 156/2016 permitiu o alongamento dos prazos dos estados por mais 240 meses. Além de refinanciar as dívidas que envolviam recursos do Fundo de Garantia do Tempo de Serviço (FGTS) e do Banco Nacional de Desenvolvimento Econômico e Social (BNDES). A nova legislação deixou claro o papel de alívio a curto prazo para as esferas subnacionais, concedendo um "respiro" aos estados diante do conturbado momento econômico, mas não atacou em nenhum momento os alicerces estruturais dos problemas fiscais existentes (TORREZAN, Raphael Guilherme Araújo. *Federalismo fiscal e a desconstrução dos estados*: uma análise sob a perspectiva do endividamento público. São Paulo: UNESP, 2017. p. 101).

[356] LOPREATO, Francisco Luiz Cazeiro. *Governos estaduais*: o retorno à debilidade financeira. São Paulo: UNICAMP, 2018. p. 22.

[357] Os Programas de Reestruturação e Ajuste Fiscal (PAF) podem ser verificados individualmente, por estado-membro da federação, no endereço eletrônico do Tesouro Nacional Transparente, disponível em: https://www.tesourotransparente.gov.br/publicacoes/programas-de-reestruturacao-e-ajuste-fiscal-paf-assinados-pelos-estados/2019/114. Acesso em: 10 jan. 2020.

[358] TORREZAN, Raphael Guilherme Araújo. *Federalismo fiscal e a desconstrução dos estados*: uma análise sob a perspectiva do endividamento público. São Paulo: UNESP, 2017. p. 97.

O processo de negociação em torno do RRF é diferente, pois são tratativas com estados isolados, em crise financeira[359] e, consequentemente, com baixo poder de barganha e pouca capacidade de resistência; logo, sujeitos a acatarem as duras regras de ajustamento em troca de apoio para sustentarem gastos essenciais e evitarem o caos administrativo. O programa, em vigência no Rio de Janeiro, defende regras de conduta fiscal capazes de obscurecer o sentido da convivência típica de relações federalistas. O problema é complexo. Certamente, não se pode abstrair o fato de que a situação financeira estadual é grave e deve ser enfrentada de alguma forma. No entanto, a disputa desigual que ora se coloca pouco tem a ver com os princípios federalistas, que pressupõem a presença de entes com autonomia suficiente para balizarem o próprio futuro.[360]

Tais diplomas normativos, na realidade, representam mais um capítulo das relações assimétricas do federalismo brasileiro, que, pautado em uma cooperação apenas formal, prioriza enfrentar questões pontuais, sem que haja uma discussão efetiva que busque solucionar "um pacto federalista doente", com a redução da relevância dos governos estaduais, que perderam o poder de apoiar ações municipais; a quase atomização das forças municipais, incapazes de se aglutinarem em torno de projetos comuns; e o poder difuso de coordenação da União, preso a definir programas e convênios e a ditar as normas a serem seguidas.[361]

2.2.7 A crise fiscal ocasionada pelo coronavírus

Com a edição do Decreto Legislativo nº 6, em 20 de março de 2020, reconheceu-se, para os fins do art. 65 da Lei Complementar nº 101, de 4 de maio de 2000,[362] a ocorrência do estado de calamidade pública,

---

[359] Para aderirem ao regime, os estados devem apresentar cumulativamente três características: (i) receita corrente líquida anual menor que a dívida consolidada ao final do exercício financeiro anterior ao pedido de adesão ao RRF; (ii) comprometimento com despesas com pessoal e serviço da dívida superior a 70% da RCL do exercício; (iii) acúmulo de um volume total de obrigações contraídas superior a disponibilidades de caixa e equivalentes de caixa de recursos sem vinculação.

[360] LOPREATO, Francisco Luiz Cazeiro. *Governos estaduais*: o retorno à debilidade financeira. São Paulo: UNICAMP, 2018. p. 23.

[361] Ibid., p. 24.

[362] Art. 65. Na ocorrência de calamidade pública reconhecida pelo Congresso Nacional, no caso da União, ou pelas Assembleias Legislativas, na hipótese dos Estados e Municípios, enquanto perdurar a situação:

nos termos da solicitação do presidente da República encaminhada por meio da Mensagem nº 93, de 18 de março de 2020.[363]

Conforme previsto no artigo 1º do referido decreto, busca-se, primordialmente, dispensar o atingimento do resultado fiscal previsto no Anexo de Metas Fiscais da Lei de Diretrizes Orçamentárias da União referente ao exercício de 2020, bem como a limitação de empenho prevista no art. 9º da LRF. Em outras palavras, as diretrizes de contenção de gastos primários devem ser temporariamente abandonadas enquanto em vigor o estado calamitoso, tendo em vista que todos os entes necessitarão promover políticas públicas para o enfrentamento da situação emergencial. Em apurado artigo sobre essa temática, Élida Graziane Pinto alerta para a urgência da adoção dessas medidas:

> Não é momento para cortar salários na iniciativa privada ou pública, nem de ampliar a carga tributária, tampouco para buscar resultado primário. Precisamos, entre outras medidas, de (i) renda básica de cidadania, (ii) reconversão da indústria e do setor de serviços para atender à demanda sanitária e (iii) fluxo coordenado e ampliado de transferências federativas para Estados e Municípios executarem urgentemente a profunda expansão de custeio das ações e serviços públicos de saúde no âmbito do SUS e da segurança pública.[364]

De fato, no mundo inteiro, foram necessárias ações para fazer frente às crises fiscal e financeira decorrentes da crise sanitária.[365] Com as medidas de isolamento adotadas em praticamente todos os países, os índices de aferição do crescimento econômico apresentaram quedas

---

I - serão suspensas a contagem dos prazos e as disposições estabelecidas nos arts. 23, 31 e 70;

II - serão dispensados o atingimento dos resultados fiscais e a limitação de empenho prevista no art. 9o.

[363] Antes da edição do Decreto Legislativo nº 6/2020, já se encontrava em vigor a Lei nº 13.979, de 6 de fevereiro de 2020, que adota diversas medidas sanitárias e de proteção da coletividade para o enfrentamento da emergência de saúde pública decorrente do coronavírus.

[364] PINTO, Élida Graziane. Diante da catástrofe sanitário-econômica não cabe genocídio fiscal. *Revista Consultor Jurídico*, mar. 2020. Disponível em: https://www.conjur.com.br/2020-mar-24/contas-vista-catastrofe-sanitaria-economica-nao-cabe-genocidio-fiscal. Acesso em: 17 set. 2020.

[365] A título de exemplo, a Organização para Cooperação e Desenvolvimento Econômico (OCDE) sugeriu que os mais variados países promovessem políticas públicas comuns, através de uma atuação conjunta de cooperação. Segundo o secretário-geral, Angel Gurría, "os esforços comuns precisam estar à altura da ambição de um Plano Marshall e visão do New Deal, só que desta vez a nível global". Disponível em: https://valorinveste.globo.com/mercados/internacional-e-commodities/noticia/2020/03/21/ocde-conclama-pases-a-fazerem-uma-espcie-de-plano-marshall-global.ghtml. Acesso em: 21 set. 2020.

significativas do PIB a nível mundial. No Brasil, não foi diferente. Conforme os relatórios de acompanhamento fiscal da Instituição Fiscal Independente referentes aos meses de março e abril de 2020, a crise sanitária do coronavírus provocou forte deterioração das expectativas com a consequente interrupção da trajetória de recuperação da economia. Além dos desafios no quadro fiscal, a queda do preço do petróleo no comércio mundial afetou a arrecadação federal em cerca de R$15 bilhões. Acrescentem-se as projeções de queda do PIB para 2020, do déficit primário do governo central em torno de R$515 bilhões (cerca de 7% do PIB) e da dívida pública bruta, que deverá atingir 85% do PIB.[366]

Sendo assim, o governo federal precisou adotar diversas condutas em resposta ao desaquecimento da economia, o que incluiu programas de transferência de renda aos trabalhadores formais e, sobretudo, aos informais; empréstimos subsidiados às empresas; e, também, a necessidade de socorro às finanças dos entes subnacionais, especialmente se considerarmos que são estes os principais executores de ações direcionadas à saúde pública. É certo que, com a retração econômica, os entes federativos regionais e locais tiveram expressiva queda de arrecadação tributária combinada com o aumento de gastos relacionados à pandemia, o que, muito provavelmente, irá agravar a situação fiscal, tanto dos estados que já se encontravam em uma conjuntura de fragilidade como dos estados que apresentavam bons resultados em suas contas.[367]

Por conseguinte, durante a pandemia, a União vem adotando operações de suporte financeiro aos estados e municípios. Inicialmente, foi editado um conjunto de medidas provisórias[368] com a abertura de créditos extraordinários para o enfrentamento direto da crise sanitária oriunda da COVID-19, uma vez que os recursos deveriam atender à programação constante da função contábil-orçamentária "enfrentamento da emergência de saúde pública de importância internacional decorrente do coronavírus". No que tange a esses recursos específicos,

---

[366] Disponíveis em: https://www12.senado.leg.br/ifi/relatorio-de-acompanhamento-fiscal. Acesso em: 21 set. 2020.

[367] De acordo com o Boletim de Finanças dos Entes Subnacionais da Secretaria do Tesouro Nacional, em termos de aferição da capacidade de pagamento dos estados, ao final do exercício de 2019, dez estados alcançaram nota "B" e a apenas um estado fora conferida nota "A". Em contrapartida, treze estados obtiveram nota "C", e atribuiu-se três estados a nota "D". Disponível em: https://sisweb.tesouro.gov.br/apex/cosis/thot/transparencia/ar quivo/30407:981194:inline:9731352684720. Acesso em: 21 set. 2020.

[368] Vide Medidas Provisórias nº 924, 940, 941, 967, 969, 976, 989, 994 e 1.004, todas editadas durante a calamidade pública dentro do exercício financeiro de 2020.

uma nota técnica da Instituição Fiscal Independente alertou para "o grau de incerteza em relação à sua concretização", uma vez que, como se trata de mera autorização orçamentária, poderá não ser executada na íntegra. Aliás, a nota técnica adverte que "até o dia 18 de junho, cerca de 38,5% havia sido executado (liquidado e pago)".[369]

Em seguida, o chefe do Executivo federal editou as Medidas Provisórias nº 938 e 939, ambas em 2 de abril de 2020. De acordo com a primeira, a União fica obrigada a prestar apoio financeiro aos demais entes federativos que recebem recursos do Fundo de Participação dos Estados (FPE) e do Fundo de Participação dos Municípios (FPM). Em outras palavras, a União deve complementar as transferências realizadas aos FPE e FPM, de modo que os valores nominais relativos aos meses de março a julho de 2020 não sejam inferiores aos recebidos em igual período de 2019. Já a MP nº 939 promove a abertura de créditos extraordinários para essa função específica – "Auxílio Financeiro aos Estados, ao Distrito Federal e aos Municípios para Compensação da Variação Nominal Negativa dos Recursos Repassados pelo Fundo de Participação".

Posteriormente, a Lei Complementar nº 173, de 27 de maio de 2020,[370] em seu artigo 5º, dispôs sobre o auxílio financeiro da União para estados e municípios, em 4 (quatro) parcelas mensais e iguais, no valor total de R$60.000.000.000,00 (sessenta bilhões de reais), conforme critério de repartição previsto no próprio dispositivo legal, sendo que, no caso dos estados, R$30.000.000.000,00 (trinta bilhões de reais) são de uso livre e R$7.000.000.000,00 (sete bilhões de reais) devem ser aplicados em ações de saúde e assistência social.[371]

---

[369] PELLEGRINI, Josué. *Nota Técnica nº 43 - Perda de Receita dos estados com o coronavírus e a ajuda da União*. Brasília: IFI, 2020. p. 4.

[370] A Lei Complementar nº 173/2020 acabou por positivar as flexibilizações de alguns dispositivos da Lei de Responsabilidade Fiscal, que já haviam sido reconhecidas – e afastadas temporariamente durante o período da pandemia – na ADI nº 6.357/DF. Para mais detalhes, ver item 3.3.2 no capítulo 3.

[371] Em reforço à flexibilização das limitações constitucionais e legais ordinárias previstas na Emenda Constitucional nº 106, de 7 de maio de 2020 (conhecida como "Emenda do Orçamento de Guerra"), a Lei Complementar nº 173/2020, em seu artigo 3º, dispensa a observância de dispositivos da Lei de Responsabilidade Fiscal referentes à geração de despesa, à renúncia de receitas e ao recebimento de transferências voluntárias. Para mais detalhes, ver: ABRAHAM, Marcus. *Orçamento de guerra contra a Covid-19*. Disponível em: https://www.jota.info/opiniao-e-analise/colunas/coluna-fiscal/orcamento-de-guerra-contra-a-covid-19-09042020. Acesso em: 11 out. 2020, e CONTI, José Maurício. *O inimigo mora ao lado*: 'orçamento de guerra' exige controle e responsabilidade. Disponível em: https://www.jota.info/opiniao-e-analise/colunas/coluna-fiscal/o-inimigo-mora-ao-lado-orcamento-de-guerra-exige-controle-e-responsabilidade-16042020. Acesso em: 11 out.

E, por último, os artigos 1º, §1º, inc. I e 2º da mesma lei complementar acima preveem a suspensão dos pagamentos das dívidas contratadas entre, de um lado, a União e, de outro, os estados, o Distrito Federal e os municípios, além do impedimento de execução das garantias dessas dívidas por parte do governo central no período de 1º de março a 31 de dezembro de 2020. Segundo a Nota Técnica nº 43/2020 da IFI:

> Diferentemente das outras medidas que elevam a despesa primária (não financeira) da União, essa suspensão reduz a sua receita financeira. O governo federal estimou que a suspensão chegará a R$ 32,6 bilhões no referido período, considerando-se apenas os estados. Esse valor será incorporado ao saldo devedor e pago a partir de 2022, nos mesmos termos dos contratos a que se refere.
>
> Ainda a respeito das dívidas junto à União, cabe esclarecer que os pagamentos já estavam suspensos bem antes do início da crise, nos casos de Minas Gerais, Rio Grande do Sul e Goiás, por meio de liminar junto ao STF e, no caso do Rio [de Janeiro], com base no ingresso no Regime de Recuperação Fiscal. Com o início da crise, outros 18 estados deixaram de pagar por um período de seis meses, também com base em liminar do STF. A LC 173 formaliza a suspensão, amplia o prazo até o fim deste ano e estabelece os termos do pagamento.[372]

Verifica-se, por conseguinte, que tal providência fora inócua para três dos estados mais endividados da federação – Minas Gerais, Rio Grande do Sul e Rio de Janeiro –, tendo em vista que, por motivos diversos – liminares concedidas pelo STF e adesão do Regime de Recuperação Fiscal –, já se encontravam com os seus respectivos pagamentos suspensos.

De qualquer forma, as transferências financeiras promovidas pela União e a suspensão dos pagamentos das parcelas das dívidas estaduais se mostraram eficazes para minorar os efeitos da crise. Os dados orçamentários confirmam esse resultado, conforme pode ser observado em estudo especial elaborado pela Instituição Fiscal Independente:

2020. Segundo este último, a EC nº 106/2020 adotou um regime extraordinário fiscal, financeiro e de contratações durante o estado de calamidade pública, caracterizando-se, portanto, como um regime de exceção, e não, necessariamente, um orçamento paralelo, ainda que na forma de fundo, para gerir os recursos a serem destinados a gastos excepcionais da pandemia, o que acarreta uma dificuldade adicional ao controle e à fiscalização desses valores.

[372] PELLEGRINI, Josué. *Nota Técnica nº 43 - Perda de Receita dos estados com o coronavírus e a ajuda da União*. Brasília: IFI, 2020. p. 5.

Quanto às transferências financeiras, foram de dois tipos. A primeira serviu para compensar a redução dos recursos destinados ao Fundo de Participação dos Estados. A redução se deveu à perda de receita da União com impostos, já que essa receita é partilhada com os estados por meio do referido fundo. Assim, a Medida Provisória nº 938, convertida na Lei nº 14.041, de 18 de agosto de 2020, regulou o apoio da União e R$ 7,4 bilhões foram enviados em sete parcelas, de abril a outubro, na exata medida para compensar a redução do valor nominal dos recursos enviados ao fundo, em relação a igual mês de 2019.

O segundo tipo de transferência se deu por meio da Lei Complementar nº 173, de 27 de maio de 2020. A norma instituiu a transferência de R$ 37 bilhões em auxílio financeiro para os estados, em quatro parcelas desembolsadas de junho a setembro. Do total de R$ 37 bilhões, R$ 7 bilhões foram vinculados ao uso na saúde e assistência social. O objetivo nesse caso foi compensar a perda de receita tributária dos estados, advinda da retração da atividade econômica. [...]

A própria LC 173/2020 que instituiu o auxílio financeiro suspendeu o pagamento das prestações de março a dezembro deste ano relativas à dívida dos estados junto à União. O montante será incorporado ao saldo devedor no início de 2022 e pago nas mesmas condições e prazos do restante do passivo.

No Boletim,[373] páginas 78 a 79, informa-se que os pagamentos suspensos chegam a R$ 29 bilhões. Cerca de 90% desse montante diz respeito aos quatro grandes devedores: São Paulo, Minas Gerais, Rio de Janeiro e Rio Grande do Sul. O maior beneficiário imediato foi São Paulo porque os outros três já não estavam pagando as prestações por conta de liminar do STF e do ingresso no Regime de Recuperação Fiscal, no caso do Rio de Janeiro. A vantagem para os estados beneficiados com liminares é a possibilidade aberta pela LC 173/2020 de regularizar as pendências mediante desistência da ação judicial. [...]

Em meio a essas providências, surpreendentemente, a julgar pelas expectativas existentes no início da pandemia, os estados tiveram superávit primário de abril a setembro de 2020, de acordo com o critério abaixo da linha, medido pelo Banco Central. No acumulado desses meses, os governos estaduais tiveram superávit primário de R$ 24,1 bilhões, bem acima dos R$ 2,1 bilhões em igual período de 2019. Aquele valor resulta da soma de déficits em abril e maio com os superávits crescentes de junho a setembro, seguindo o cronograma de liberação do auxílio financeiro.[374]

---

[373] A referência, *in casu*, é ao Boletim de Finanças dos Entes Subnacionais – ano-base 2019. Disponível em: https://www.tesourotransparente.gov.br/publicacoes/boletim-de-finan cas-dos-entes-subnacionais/2020/114. Acesso em: 12 nov. 2020.

[374] PELLEGRINI, Josué. *Estudo Especial nº 14 – Análise da situação fiscal dos estados*. Brasília: IFI, 2020. p. 28-31.

Como se percebe, apesar de os estados terem apresentado superávit primário no período de abril a setembro de 2020, tendo como nexo causal os repasses efetuados pela União, não se pode olvidar que os entes subnacionais já vinham apresentando uma situação fiscal debilitada. Paradoxalmente, apesar do aumento dos gastos oriundos da pandemia, os estados conseguiram apresentar um resultado fiscal melhor do que o dos últimos exercícios, o que comprova a necessidade de o governo central assumir o ônus, se não do todo, mas ao menos de parcela da dívida dos demais entes federativos que se encontrem em condição de insustentabilidade fiscal, uma vez que a transferência de recursos pela União foi determinante para a melhoria – mesmo que temporária – nas finanças dos demais entes.

O fato é que os benefícios financeiros aos estados têm data-limite para o seu término e que o montante da suspensão dos pagamentos da dívida será incorporado ao saldo devedor a partir de 2022, acrescido dos encargos financeiros que deixaram de ser recolhidos. Esse excesso de recursos verificado em 2020 se deu em face de conjunturas especiais ocasionadas por uma crise de saúde pública de repercussão mundial, o que nos permite considerar o seguinte questionamento: e quando as transferências se esgotarem e o pagamento da dívida for retomado? Os estados, muito provavelmente, retornarão à situação de recorrentes déficits fiscais, se considerarmos que as despesas obrigatórias seguramente serão ainda mais agravadas em face dos reflexos da crise sanitária e, ainda, a possível circunstância de imprevisibilidade das receitas tributárias a partir do próximo exercício, as quais possuem uma relação direta com o nível de aquecimento – ou não – dos índices econômicos. Em outros termos, a partir de 2021, as despesas obrigatórias dos entes subnacionais tendem a aumentar, enquanto as receitas tributárias – dadas as previsões pouco otimistas relativas a eventual crescimento da atividade econômica[375] – tendem a sofrer quedas abruptas, o que implicará, invariavelmente, o regresso aos problemas estruturais do federalismo brasileiro.

---

[375] Segundo o Relatório de Acompanhamento Fiscal da IFI, relativo ao mês de novembro de 2020, apesar de ter havido uma pequena melhora em relação ao relatório de junho do mesmo ano, há projeções para uma queda do PIB em torno de 5%, perspectiva de déficit primário da União de R$779,8 bilhões, o gasto primário do governo central deve alcançar 27,4% do PIB, alto risco de descumprimento do teto de gastos em 2021, e a dívida bruta deve atingir 100% do PIB em 2024. Disponível em: https://www2.senado.leg.br/bdsf/bitstream/handle/id/579879/RAF46_NOV2020.pdf. Acesso em: 21 nov. 2020.

2.2.8 Período pós-pandemia

Apesar de os efeitos sanitários da pandemia ainda estarem longe de encontrar uma solução de continuidade, o fato é, conforme visto no item anterior, que os auxílios financeiros da União aos demais entes federativos foram restritos ao exercício de 2020. E, como era de se esperar, as finanças federais e estaduais sofreram fortes revezes com a desaceleração econômica provocada pela crise de saúde pública.[376]

Como os reflexos econômicos da pandemia ainda irão perdurar por alguns exercícios pós-2020, veio a lume, uma vez mais, a necessidade de socorrer financeiramente os estados-membros, os quais, repita-se, já vinham apresentando, em sua grande maioria, sérios problemas em suas finanças.[377]

A partir dessa constatação, o Congresso Nacional aprovou a Lei Complementar nº 178, de 13 de janeiro de 2021, que instituiu um novo refinanciamento para os estados com melhores capacidades de pagamento e uma maior flexibilização nos parâmetros de ingresso no Regime de Recuperação Fiscal para os estados com classificações piores.

Apenas o estado do Rio de Janeiro conseguiu ingressar no RRF sob a égide da redação originária da Lei Complementar nº 159/2017, muito em função da rigidez dos critérios de adesão. Estados como Minas Gerais e Rio Grande do Sul não obtiveram êxito em seus pleitos, apesar de apresentarem uma classificação "D" em suas respectivas capacidades de pagamento.

Ocorre que mesmo o estado do Rio de Janeiro, após a permanência no regime por um período de 3 (três) anos, encontrou dificuldades para prorrogá-lo, tendo em vista os obstáculos criados pelo governo

---

[376] Segundo o Banco Central do Brasil, o setor público consolidado registrou déficit primário de R$51,8 bilhões em dezembro [de 2020]. O governo central, os governos regionais e as empresas estatais apresentaram déficits respectivos de R$44,7 bilhões, R$5,9 bilhões e R$1,3 bilhão. No ano, o resultado primário do setor público consolidado foi deficitário em R$703,0 bilhões (9,49% do PIB), ante déficit de R$61,9 bilhões (0,84% do PIB) em 2019. Esse resultado anual decorreu de déficit de R$745,3 bilhões no governo central (10,06% do PIB), e de superávits de R$38,7 bilhões (0,52% do PIB) nos governos regionais e de R$3,6 bilhões (0,05% do PIB) nas empresas estatais. Disponível em: https://www.bcb.gov.br/estatisticas/estatisticasfiscais. Acesso em: 01 fev. 2021.

[377] Em última atualização do *ranking* da Capacidade de Pagamento (CAPAG) dos estados e do DF, datada de 15 de setembro de 2020, elaborado pela Secretaria do Tesouro Nacional, verifica-se que apenas dois estados obtiveram a classificação máxima "A" (ES e RO); oito conseguiram o *score* "B" (AC, AL, AM, CE, PA, PB, PR e SP); treze estados a nota "C" (BA, DF, GO, MA, MS, MT, PE, PI, RN, RR, SC, SE e TO); e, três, com os piores resultados, apresentaram a classificação "D" (MG, RJ e RS). Disponível em: https://www.tesourotransparente.gov.br/ckan/dataset/capag-estados. Acesso em: 31 jan. 2021.

federal. Sendo assim, decisões do TCU e do STF acabaram por estender os efeitos do regime até o pronunciamento conclusivo do Ministério da Economia sobre a necessidade e a eficácia da prorrogação definitiva para o equilíbrio das contas estaduais ou sobre sua rejeição, nos termos do art. 2º, §2º, c/c art. 4º, §§3º e 5º; e art. 7º, inciso II, todos da Lei Complementar nº 159/2017.[378]

A Lei Complementar nº 178/2021, tendo em vista as dificuldades preexistentes e as adicionais provocadas pela crise sanitária nas finanças dos estados, tem por objetivo melhorar a situação fiscal desses entes e está fundada em cinco eixos. São eles:

(i) a instituição do Programa de Acompanhamento e Transparência Fiscal (PATF);

(ii) a criação do Plano de Promoção do Equilíbrio Fiscal (PEF);

(iii) a alteração das regras dos contratos de refinanciamento com a União;

(iv) alterações no Regime de Recuperação Fiscal (RRF) previsto na Lei Complementar nº 159/2017 para os estados mais endividados;

(v) implementação de medidas de reforço à Lei de Responsabilidade Fiscal.[379]

Em linhas gerais, a referida lei complementar instituiu uma novel repactuação de valores que deixaram de ser pagos à União por conta do refinanciamento feito em 2017 (Lei Complementar nº 156/16), em que o estado aderente ao Programa de Acompanhamento e Transparência Fiscal terá a opção de recalcular esses valores não pagos com incidência de encargos de inadimplência e incorporá-los ao saldo devedor principal da dívida, com a respectiva dispensa de encargos moratórios; no que tange ao financiamento estabelecido pela Lei nº 9.496/1997, acrescentou o §12 ao seu art. 3º para permitir que os Programas de Reestruturação e de Ajuste Fiscal possam estabelecer limites individualizados para

---

[378] Nos autos da Representação nº 029.151/2020-1 no TCU fora deferida cautelar, permitindo a possibilidade de renovação do acordo com efeitos retroativos a 05.09.2020. Da mesma forma, na ACO nº 3.457, o ministro Luiz Fux, na qualidade de presidente do STF, tendo em vista o período de recesso, deferiu a tutela provisória de urgência para determinar à União que mantivesse o estado do Rio de Janeiro no Regime de Recuperação Fiscal, nos termos do que já inicialmente determinado pelo Tribunal de Contas da União.

[379] Classificação dos eixos estabelecida pelo parecer do relator na Câmara dos Deputados ao Projeto de Lei Complementar nº 101/2020, que posteriormente fora convertido na Lei Complementar nº 178/2021. Disponível em: https://www.camara.leg.br/proposicoesWeb/prop_pareceres_substitutivos_votos;jsessionid=node01e0panm1wpk4w1u3ftorxkht ta4919987.node0?idProposicao=2249891. Acesso em: 31 jan. 2021.

a contratação de dívidas, conforme metodologia a ser definida pela Secretaria do Tesouro Nacional; flexibilizou as regras de ingresso no RRF, especialmente à relativa ao inciso II do art. 3º, que agora passa a exigir, para adesão ao regime, que as despesas correntes sejam superiores a 95% (noventa e cinco por cento) da RCL ou, alternativamente, que as despesas de pessoal representem, no mínimo, 60% (sessenta por cento) da RCL aferida no exercício financeiro anterior ao pedido; além disso, o prazo de vigência do RRF será de até 9 (nove) exercícios financeiros e, nos três primeiros exercícios, ficam dispensados todos os requisitos legais exigidos para a contratação com a União e aqueles exigidos pela LRF para a realização de operações de crédito e equiparadas.

Dentre as medidas de reforço à responsabilidade fiscal destacam-se as novas condições da regra de retorno das despesas de pessoal que estejam acima do limite previsto no art. 20 da LRF, sendo que o poder ou órgão deverá eliminar o excesso à razão de, pelo menos, 10% (dez por cento) a cada exercício a partir de 2023 até o término do ano de 2032; o §7º é acrescentado ao artigo 20 da LRF, de modo que os poderes passem a apurar, na aplicação dos limites de despesas com pessoal, as dos seus servidores inativos e pensionistas, mesmo que o custeio das despesas esteja a cargo de outro poder ou órgão; da mesma forma, o §3º foi inserido no artigo 18 para que, na apuração da despesa total com pessoal, seja observada a remuneração bruta do servidor, sem qualquer dedução ou retenção; o art. 40 foi alterado para estipular que a União, na concessão de garantia de operações de crédito internas ou externas, deverá observar, além dos limites e condições estabelecidos pelo Senado Federal, a classificação de capacidade de pagamento emitida conforme norma do Ministério da Economia.

Todas essas flexibilizações trazidas pela Lei Complementar nº 178/2021, seguindo o mesmo exemplo dos refinanciamentos de períodos anteriores, somente serão implantadas mediante rigorosas contrapartidas de ajuste fiscal previstas em seus dispositivos. Para os estados com melhores capacidades de pagamento, a adesão ao PATF é condição necessária para a repactuação de acordos oriundos da Lei Complementar nº 156/2016 e da Lei Federal nº 9.496/1997, o que implicará a sujeição desses entes ao acompanhamento e à fiscalização concomitantes do cumprimento das regras pela Secretaria do Tesouro Nacional.

No mesmo sentido, os entes com as finanças em piores condições deverão, além da adesão ao PATF, pactuarem o Plano de Promoção do Equilíbrio Fiscal (PEF), de modo a pleitearem o ingresso no Regime de

Recuperação Fiscal, o qual prevê requisitos adicionais, tais como: (i) o estado ou município deverá vincular, em contragarantia das operações de crédito autorizadas, as suas respectivas receitas de impostos, bem como os recursos recebidos do FPE e do FPM; (ii) o Plano contemplará a aprovação de leis ou atos normativos de que decorra a implementação das medidas elencadas no §1º do artigo 2º da Lei Complementar nº 159/2017, medidas essas, diga-se de passagem, consideravelmente restritivas à autonomia dos entes quanto à gestão de suas finanças e políticas públicas; (iii) hipótese de configuração de inadimplência do plano, prevista no artigo 7º-B da LC nº 178/2021, que determina a implementação das medidas de ajuste, assim como o cumprimento das metas e dos compromissos fiscais estipulados; (iv) constatada a inadimplência, o ente irá se submeter às vedações do artigo 7º-C, que prevê, entre outras, a impossibilidade de contratação de operações de crédito e a elevação dos percentuais de pagamentos após a redução extraordinária das prestações contratuais; (v) e, por fim, uma série de vedações impostas durante a vigência do RRF, com acréscimos às previstas originalmente no artigo 8º da LC nº 159/2017, relacionadas, em boa parte, ao impedimento de aumentos com gastos de pessoal, à geração de despesas obrigatórias e à instituição de benefícios tributários.

Um adendo merece destaque quanto a essa última imposição. Com o veto à alínea "c" do inciso IV do artigo 8º da LC nº 159/2017, incluída pela LC nº 178/2021, fora excluída a ressalva quanto à possibilidade de, durante a vigência do RRF, haver a reposição referente à vacância de cargos efetivos ou vitalícios. Se o veto, de fato, vier a ser ratificado pelo Parlamento, o ente que estiver submetido às regras do RRF somente poderá admitir ou contratar cargos de chefia, de direção e assessoramento que não acarretem aumento da despesa ou, ainda, mediante o regime de contratação temporária. Repita-se: os cargos efetivos e vitalícios não poderão ser repostos! [380]

Há, ademais, uma agravante quanto a esse ponto. A LC nº 178/2021 acrescentou, conforme visto acima, o §7º ao artigo 20 da LRF,

---

[380] Apesar de o veto ter sido mantido, posteriormente foi aprovada a Lei Complementar nº 181, de 6 de maio de 2021, que acabou por minorar os prováveis efeitos drásticos decorrentes da impossibilidade de reposição de vacâncias de cargos efetivos e vitalícios ao acrescentar o inciso II ao §2º do artigo 8º da LC nº 159/2017, o qual dispõe que "as vedações previstas neste artigo poderão ser afastadas, desde que previsto expressamente no Plano de Recuperação Fiscal em vigor". Sendo assim, apesar de prever a possibilidade de nomeação desses cargos durante a vigência do RRF, tal flexibilidade dependerá de inclusão expressa desta ressalva no Plano de Recuperação Fiscal, que, em certa medida, ficará condicionada à aprovação do Ministério da Economia.

de modo que, a partir de agora, os poderes e órgãos deverão computar, em seus limites das despesas de pessoal, a integralidade das despesas com os respectivos servidores inativos e pensionistas. Logo, os Poderes Judiciário e Legislativo, além de órgãos autônomos, como Defensoria Pública, Ministério Público e tribunais de contas, em especial, passarão a incluir na base de cálculo de suas despesas com pessoal aquelas relativas aos inativos e pensionistas. Por conseguinte, os percentuais dos referidos limites sofrerão um acréscimo. Considerando que não poderá haver a reposição de cargos efetivos e vitalícios e que, muito provavelmente, haverá a extrapolação dos limites com despesas de pessoal de boa parcela dos poderes e órgãos dos estados sob o Regime de Recuperação Fiscal, indaga-se: como compatibilizar uma redução significativa do número de servidores efetivos com os princípios da eficiência e da continuidade dos serviços públicos? Como conciliar a vacância de cargos efetivos e vitalícios referentes à atividade-fim dos poderes e órgãos com a possibilidade de somente se permitir a recomposição de cargos comissionados e mediante contratação temporária?

Ainda que nas razões de justificativa do veto[381] o chefe do Executivo federal vislumbre a possibilidade de reposição dos referidos cargos, tendo em vista o disposto no §2º do mesmo dispositivo legal, tal fato, além de constar obrigatoriamente do plano, somente poderá ser excepcionado após o 4º ano de vigência do RRF e, mesmo assim, mediante disciplinamento a critério do ministro de Estado da Economia. Pergunta-se: e se o ministro da Economia vier a entender, conforme o seu juízo de discricionariedade, que os cargos vitalícios e

---

[381] Nas razões do veto, o presidente da República aduz que: "A propositura legislativa indica, como exceção ao rol das vedações ao Estado durante a vigência do Regime de Recuperação Fiscal, a possibilidade de admissão ou contratação de pessoal, a qualquer título, salvo para reposição de cargos de chefia e direção e assessoramento que não acarretem aumento de despesa, contratação temporária, e vacância de cargo efetivo ou vitalício. Entretanto, contraria interesse público ao desmembrar a possibilidade em alíneas, pois possibilita que sejam admitidas ou contratadas reposições de pessoal para o caso de vacância de cargo efetivo ou vitalício mesmo que acarretem aumento de despesa, tendo em vista que não foi definida a data base para calcular o estoque de vacâncias que deve ser reposto, abrindo margem para aquelas anteriores ao ingresso ao Regime de Recuperação Fiscal (RRF), o que poderia aumentar as contratações no RRF, considerando cargos que foram vagos ao longo das últimas décadas, aumentando-se, assim, as despesas com pessoal, que correspondem à maior parte das despesas correntes dos Estados. *Ressalta-se que o veto não é impedimento absoluto para a contratação de pessoal para reposição de vacância de cargo efetivo ou vitalício, uma vez que o §2º do mesmo artigo dispõe que as vedações, desde que expressamente previstas no plano, poderão ser excepcionalmente ressalvadas, a partir do 4º exercício de vigência, sendo que ato do Ministro de Estado da Economia disciplinará a aplicação do referido dispositivo"* (grifos nossos). Disponível em: http://www.planalto.gov.br/ccivil_03/_Ato2019-2022/2021/Msg/VEP/VEP-9.htm. Acesso em: 31 jan. 2021.

efetivos dos estados não devam ser preenchidos? Caberá a um agente político federal decidir quais cargos vitalícios ou efetivos dos poderes e órgãos estaduais mereçam ser repostos ou continuar vagos? A referida ingerência tem o condão de permitir que a União interfira no quadro de pessoal dos Poderes Judiciário, Legislativo e Executivo, bem como de órgãos autônomos, como Ministério Público, Defensoria Pública e tribunais de contas dos estados em RRF, em franca contrariedade aos valores e premissas de um federalismo cooperativo.

Em acréscimo às contrapartidas a que os estados normalmente se submetem para obterem os refinanciamentos desejados, não se pode olvidar que, mais uma vez, fora facultado à União o recurso à submissão dos estados à desistência de eventuais ações judiciais que tenham por objeto os financiamentos anteriores.

Com o perdão da palavra, mas a verdade é que se trata de mais uma "chantagem federativa": ou os estados se submetem às exigências legais – de extremo rigor em suas finanças –, ou deverão permanecer às suas próprias sortes, com as graves consequências administrativas e sociais daí advindas. Ainda que se possa questionar a constitucionalidade de tal exigência,[382] fato é que, em episódio muito recente, relativo à imposição idêntica prevista na LC nº 173/2020, os estados envolvidos acabaram cedendo à referida determinação.[383]

Em 15 de março de 2021, foi promulgada a Emenda Constitucional nº 109, oriunda da conhecida "PEC Emergencial", tendo como objetivos principais a instituição de um auxílio emergencial para o exercício de 2021 e a criação de instrumentos de ajuste fiscal para o futuro, de modo a compensar os gastos – de saúde pública, assistenciais e de estímulo à economia – a serem realizados com as medidas de enfrentamento à crise sanitária.

Tais medidas de ajustes fiscais são direcionadas a todos os entes,[384] mas, no que concerne aos estados-membros e municípios,

---

[382] Ver, com mais detalhes, o item 3.3.4 no capítulo 3.

[383] Conforme pode ser verificado nas ACOs nº 3.378/RN, 3.379/MT, 3.380/SE e outras equivalentes, os estados renunciaram ao direito devido à necessidade premente de se obterem os recursos para fazer frente a uma situação emergencial ocasionada pela pandemia. Percebam que os estados sequer cogitaram discutir a constitucionalidade desses dispositivos da LC nº 173/20, tamanha a urgência quanto à obtenção da transferência desses valores. Por óbvio que, caso algum estado resolvesse judicializar a questão no STF, tal fato, muito provavelmente, atrasaria o repasse dos recursos, o que, em uma situação de pandemia, poder-se-ia considerar até mesmo temerária essa opção.

[384] Para um maior aprofundamento das medidas relativas à União, ver: MENDES, Marcos. *Emenda Constitucional 109 (PEC Emergencial)*: a fragilidade e a incerteza fiscal permanecem. São Paulo: INSPER, 2021.

podem-se destacar: (i) a criação de gatilhos de contenção de despesas obrigatórias; (ii) a inclusão expressa no *caput* do artigo 169 da despesa com pensionistas do setor público no conceito de despesas de pessoal; e (iii) a impossibilidade dos poderes e órgãos independentes com autonomia orçamentária de criarem fundos com os recursos de sobra de execução do orçamento em dado exercício financeiro.

A EC nº 109/2021 acrescentou o artigo 167-A à Constituição Federal de modo a permitir, facultativamente, aos poderes e órgãos independentes dos entes subnacionais a criação de gatilhos, que são instrumentos de contenção de despesas obrigatórias quando a despesa corrente for superior a 95% da receita corrente.

Apesar da previsão do caráter facultativo quanto à adoção das referidas medidas, não se pode perder de vista que o §6º do mesmo dispositivo impede que o ente federativo realize operações de crédito ou obtenha garantias junto à União, caso não as executem. Conclui-se, por conseguinte, que não há que se falar em qualquer "facultatividade" por boa parte dos estados-membros, tendo em vista as recorrentes necessidades de refinanciamento de suas dívidas junto ao ente central. É evidente que a constitucionalização dessa questão tem o claro intuito de restringir as demandas dos entes subnacionais junto ao Supremo Tribunal Federal, que tem, em situações equivalentes, decidido a favor dos estados.

Com relação à inclusão expressa dos pensionistas no conceito de despesas de pessoal, a emenda buscou uniformizar a metodologia de cálculo desse tipo de despesa, que, há muito, vinha ocasionando diversidades de entendimentos entre os tribunais de contas estaduais.[385]

A Emenda Constitucional nº 109/2021 incluiu, ainda, os §§1º e 2º ao artigo 168 da Constituição Federal, impedindo que os poderes e órgãos com autonomia orçamentária utilizem os saldos financeiros decorrentes dos repasses duodecimais na transferência a fundos, sendo que eventual sobra terá que ser restituída ao caixa único do Tesouro do respectivo ente federativo.

De início, a restrição tem o condão de provocar a redução, ao longo do tempo, dos gastos com investimentos – de capital físico ou humano – dos referidos órgãos autônomos, uma vez que boa parte desses saldos era redirecionada para essas despesas.[386] Em acréscimo, há

---

[385] Ver subitem 3.2.4.1, relativo aos tribunais de contas, no capítulo 3.

[386] A título de exemplo, a Lei Estadual nº 6.113, de 16.12.2011, que instituiu o Fundo Especial de Modernização do Controle Externo do Tribunal de Contas do Estado do Rio de

boas chances de surgir outro problema, relativo ao denominado "gastos apressados", que acabam sendo realizados para evitar a devolução dos recursos ao Poder Executivo.

Segundo Daniel Alves, em texto sobre o tema, são gastos de qualidade questionáveis e desnecessários, vez que, dado o curto espaço de tempo em que são executados, muitas vezes não são seguidos todos os trâmites licitatórios e formais recomendados, e boa parte desses gastos acaba sendo realizada via dispensa de licitação ou via do instituto do carona.[387]

Conforme a opinião esposada por Marcos Mendes, "do ponto de vista do poder ou órgão individual, o gestor que devolver dinheiro será visto como ineficiente, incapaz de gastar em favor da organização".[388]

2.3 O endividamento dos estados e as implicações para o federalismo fiscal

2.3.1 Os efeitos do endividamento dos entes na gestão da política macroeconômica

Questões importantes são verificadas, no que tange ao federalismo fiscal, em face do endividamento dos entes federativos, em especial, pelo endividamento dos estados-membros frente à União. Volta-se, a primeira delas, para a promoção da efetividade das políticas econômicas adotadas.

Cabe ao governo central a competência para dispor sobre a política econômica.[389] Não se pode olvidar, no entanto, a possibilidade de

---

Janeiro, prevê que o resultado do superávit financeiro do Tribunal de Contas poderá ser redirecionado para desenvolvimento e execução de planos, de projetos e de programas de modernização, aperfeiçoamento e reaparelhamento dos serviços do Tribunal de Contas, incluindo a área de tecnologia; execução de obras, reformas de instalações e de prédios destinados ao funcionamento das atividades do Tribunal de Contas; capacitação, formação e treinamento dos servidores do Tribunal de Contas; aprimoramento das atividades da Escola de Contas e Gestão do Tribunal de Contas, inclusive aquelas destinadas aos órgãos e entidades fiscalizadas; desenvolvimento, pelo Tribunal de Contas, de ações destinadas à preservação do meio ambiente etc.

[387] ALVES, Daniel P. *Carry-over*: a flexibilização do princípio da anualidade orçamentária como indutora da qualidade do gasto público e da transparência fiscal. XVI Prêmio Tesouro Nacional 2011. Brasília: Secretaria do Tesouro Nacional, 2011. p. 11.

[388] MENDES, Marcos. *Emenda Constitucional 109 (PEC Emergencial)*: a fragilidade e a incerteza fiscal permanecem. São Paulo: INSPER, 2021. p. 16.

[389] Dentre as competências administrativas outorgadas à União, encontra-se a autorização para emitir moeda, a administração das reservas cambiais do país, bem como a fiscalização das operações de natureza financeira, especialmente de crédito, câmbio, capitalização

CAPÍTULO 2
A QUESTÃO DO ENDIVIDAMENTO PÚBLICO NO FEDERALISMO BRASILEIRO | 189

os entes federativos interferirem, direta ou indiretamente, nas escolhas econômicas do governo central, em virtude do gasto agregado de que se fazem portadores, bem como de seus níveis de endividamento.[390] Para Giambiagi e Além, o sucesso de qualquer política macroeconômica do estado depende do comportamento dos demais entes da federação, em função de sua influência sobre o gasto agregado e do condicionamento da liquidez da economia.[391]

Encontra-se, dentre as prerrogativas dos estados, a administração de suas finanças e de seus respectivos patrimônios em face do reconhecimento constitucional de suas autonomias. No entanto, a autonomia dos entes federativos não é absoluta, havendo que se compatibilizarem os diversos interesses em jogo. Desta feita, é lícito aos estados disporem livremente de seus patrimônios, desde que não coloquem em risco a política orientadora da economia proposta pelo governo central. Esta, inclusive, é a tendência no federalismo contemporâneo, conforme as lições de Raul Machado Horta:

> Constitui tendência do federalismo contemporâneo, especialmente no seu modelo brasileiro, o controle federal da autonomia financeira dos Estados-membros da Federação.
>
> A Lei Fundamental da Alemanha, no título X, que condensa a matéria financeira da Federação (art. 104 a 115), inclui regras de controle das finanças dos *Länder*, por intermédio do *Bundesrat*, com o objetivo de evitar excessiva pressão fiscal sobre os contribuintes, garantir uniformidade das condições de vida no território federal (art. 106,2) e assegurar o equilíbrio econômico global (art. 109, 2, 4). As regras constitucionais de natureza financeira estabelecem ampla articulação federal entre a Federação e os *Länder* com a presença do *Bundesrat*, sempre que o assunto envolver interesse ou competência dos *Länder*.
>
> No federalismo constitucional brasileiro, verificou-se progressiva ampliação do controle federal, com incidência na autonomia financeira dos Estados-membros, praticamente desconhecida na Constituição Federal de 1891, para, a partir da Constituição Federal de 1934, instituir

---

e seguro (artigo 21, incisos VII e VIII, da CF/88). Cabe, ainda, à União a competência privativa para legislar sobre sistema monetário, política de crédito, câmbio, seguros e transferências de valores; e, comércio exterior (artigo 22, incisos VI, VII e VIII, da CF/88).

[390] FARIA, Rodrigo de Oliveira. Reflexos do endividamento nas relações federativas brasileiras. *In*: CONTI, José Mauricio; SCAFF, Fernando Facury; BRAGA, Carlos Eduardo Faraco (Coord.). *Federalismo Fiscal*: Questões Contemporâneas. São Paulo: IBDF, 2010. p. 437-460.

[391] GIAMBIAGI, Fabio; ALÉM, Ana Cláudia. *Finanças Públicas Teoria e Prática no Brasil*. 5. ed. Rio de Janeiro: Elsevier, 2016. p. 359.

o controle sobre empréstimos externos dos Estados, que dependeriam de autorização do Senado Federal (art. 19-V).

[...]

O propósito de evitar endividamento descontrolado das Unidades Federadas, com reflexos no crédito da União, explica limitações à autonomia financeira dos Estados-membros.[392] (Grifos nossos)

Dessa forma, se é certo que a competência da gestão macroeconômica em um estado federativo é atribuição do governo central, não menos certo é que as entidades subnacionais devem fazer uso do recurso ao endividamento de forma responsável, nos limites fixados pelo ordenamento jurídico, ainda mais em face de políticas de estabilização adotadas pelo governo central – com o que se pode implementar a lealdade federal.[393]

Como as escolhas quanto à política econômica a ser adotada fica a cargo da União, em um ambiente federalista cooperativo, os entes subnacionais devem contribuir para o seu sucesso. Caso não haja esse comprometimento para se atingir uma finalidade comum, eventual postura em oposição aos parâmetros nacionais, mesmo que individual, será passível de provocar distúrbios na política macroeconômica nacional.

Um exemplo foi a utilização dos bancos estaduais, nas décadas de 80 e 90 do século passado, como intermediadores financeiros para custearem os gastos dos entes subnacionais, tendo, ao final, provocado desajustes graves na política macroeconômica nacional.[394]

Maria Rita Loureiro chama a atenção para os principais mecanismos de financiamento usados pelos estados à época como fonte alternativa de recursos: primeiro, as receitas extraordinárias geradas pelo chamado "imposto inflacionário" – oriundo tanto de reajustes da folha de pessoal em níveis inferiores à taxa de inflação quanto do prolongamento dos prazos de pagamentos de credores – e, segundo, o uso dos bancos estaduais como fonte (não legal) de "quase-emissão" de moeda,[395] ou seja, através de práticas reiteradas de empréstimos

---

[392] HORTA, Raul Machado. *Direito Constitucional*. 5. ed. atual. por Juliana Campos Horta. Belo Horizonte: Del Rey, 2010. p. 454-455.

[393] FARIA, Rodrigo de Oliveira. Reflexos do endividamento nas relações federativas brasileiras. *In*: CONTI, José Mauricio; SCAFF, Fernando Facury; BRAGA, Carlos Eduardo Faraco (Coord.). *Federalismo Fiscal*: Questões Contemporâneas. São Paulo: IBDF, 2010. p. 446.

[394] Vide itens 2.2.3, 2.2.4 e 2.2.5.

[395] A Secretaria do Tesouro Nacional, em texto para discussão quanto à exposição da União à insolvência dos entes subnacionais, propugna que Novaes e Werlang (NOVAES, W.;

não saldados junto a essas agências financeiras, cujos dirigentes eram nomeados pelos próprios governadores.[396]

WERLANG, S., 1993. *Financial Integration and Public Financial Institutions*. FGV/EPGE *Economics Working Papers*), por exemplo, debatem os malefícios de se permitir que estados sejam possuidores de instituições financeiras (os chamados bancos públicos estaduais). Para esses autores, os bancos estaduais foram transmissores de déficits estaduais para o governo federal e contribuíram significativamente para a manutenção das elevadas taxas inflacionárias da década de 1990. A lógica por trás dessa transmissão era bastante simples, conforme explica Werlang: um banco oficial fazia um empréstimo ruim ou, no caso de bancos estaduais, era forçado a absorver os títulos estaduais de seu acionista majoritário (o estado a que pertencia). Para isso, o banco captava depósitos a prazo a taxas acima do mercado. Como esses bancos eram grandes tomadores, normalmente havia falta de recursos no mercado financeiro para os volumes demandados. Nesse cenário, o Banco Central quase sempre tinha que aportar recursos nesses bancos, seja oficialmente através do redesconto ou de um empréstimo de assistência à liquidez, seja indiretamente, por meio do Banco do Brasil – que funcionava como uma espécie de intermediário ao repassar recursos a bancos privados para que eles repassassem aos bancos estaduais. Dado o conceito amplo de moeda, aponta o autor, o corolário desse arranjo era de que bancos oficiais podiam (e ainda podem) ser considerados emissores. É claro que não se tratava de uma prerrogativa apenas dos bancos públicos. Os bancos privados também eram (são) considerados emissores, mas seu poder de criação de moeda, esclarece Werlang, era (é) limitado pelo seu crédito junto ao setor privado. Os bancos privados, como podem ser liquidados pelo Banco Central, e este tem exercido de fato seu poder de direito, evitam correr riscos excessivos, de forma que a criação de moeda pelo setor privado é previsível. Já os bancos oficiais, principalmente os bancos estaduais de porte relevante existentes à época (Banespa, Nossa Caixa, Bemge, Credireal, Caixa Econômica do Rio Grande do Sul, Banrisul e Banerj) não estavam sujeitos, na prática, às regras de liquidação usuais. Dessa forma, podiam emitir moeda (num conceito amplo) de forma praticamente ilimitada, sem o controle do Banco Central ou do Tesouro Nacional. A variação líquida desse agregado monetário amplo correspondeu a um déficit fiscal que foi absorvido pela União. Logo se viu que os bancos estaduais não só geraram déficits, mas também os transmitiram ao governo federal. Werlang e Novaes prosseguem afirmando que a possibilidade de transferência dos desequilíbrios estaduais para o plano federal dificultou a execução da política fiscal no Brasil. Isso porque o governo federal, por um lado, não tinha efetivo controle sobre as arrecadações estaduais e municipais e, por outro lado, tinha que suportar os gastos excessivos dos governos estaduais, visto que era uma prática recorrente dos estados financiarem suas frustrações de receita frente aos seus gastos com emissão de títulos estaduais, que eram, em grande parte, absorvidos pelo próprio banco estadual. Assim, o que se observava era uma verdadeira transferência de desequilíbrios estaduais para a União. A manutenção daquele tipo de situação, concluíram os autores, causou descontrole fiscal e obrigou o país a conviver com elevadas taxas de juro real e/ ou altos índices de inflação. Além disso, aquela situação induzia a um comportamento irresponsável por parte dos governos estaduais: como o impacto do déficit estadual podia ser diluído por toda a sociedade brasileira, os estados maiores tendiam a gerar déficits monumentais, em especial nos períodos eleitorais, que eram amenizados durante os anos subsequentes às eleições, mas que causavam imenso descontrole às finanças públicas federais, tornando praticamente impossível a estabilização da economia brasileira. Disponível em: http://www.tesouro.fazenda.gov.br/documents/10180/0/Exposi%C3%A7 %C3%A3o+da++Uni%C3%A3o+%C3%A0%20Insolv%C3%AAncia+dos++Entes+Subnacio nais+-++CORRIGIDO/aa849fe8-582f-4167-91ad-1fa2f84dcbab. Acesso em: 9 jan. 2020.

[396] LOUREIRO, Maria Rita. O Senado e o controle do endividamento público no Brasil. *In*: LEMOS, Leany Barreiro (Org.). *O Senado Federal Brasileiro no Pós-Constituinte*. Brasília: Senado Federal; Unilegis, 2008. p. 400-404.

A autora menciona, em remissão a Ferreira,[397] Toneto Jr. e Gremaud,[398] mais um efeito drástico em termos de política macroeconômica que fora utilizado naquela ocasião como instrumento de contenção de tais práticas irregulares pelos bancos estaduais: a proibição de emissão de títulos públicos por mais de dez anos pelos referidos entes, determinada pela Resolução nº 78/1998 do Senado Federal, o que, segundo alguns estudiosos, fez com que os estados abrissem mão de uma fonte alternativa importante para o setor público no país, ou seja, a expansão do mercado primário de títulos estaduais e municipais, tal como existe nos Estados Unidos, a qual, inclusive, tem a aptidão de evitar a elevação da já onerosa carga tributária.

A ausência de disciplina fiscal, apesar de gerar alívio no curto prazo, pode vir a ocasionar um cenário bastante preocupante no médio e no longo prazo, com possíveis reflexos danosos às gerações vindouras.[399] A título de exemplo, houve uma redução da disciplina fiscal a partir de 2011, estimulada, por mais paradoxal que possa parecer, pelo próprio governo federal, que acabou adotando uma postura de contenção dos controles sobre a contratação de novos empréstimos, inclusive liberando o aval da União para estados e municípios com classificação de crédito muito baixa, segundo os critérios de avaliação da própria Secretaria do Tesouro Nacional. Segundo Mendes:

> Entre 2011 e 2014, foram nada menos que R$ 23 bilhões em dívidas autorizadas para estados e municípios com classificação de crédito "C" e "D". Autorizações que foram ratificadas pelo Senado.
>
> Com mais acesso ao crédito, os governos subnacionais precisaram fazer menor esforço fiscal para gerar os excedentes necessários ao pagamento de juros e amortização de suas dívidas vincendas. Ou seja, passaram a ter caixa não só para pagar as dívidas anteriores, como para expandir despesas. O resultado foi a queda do superávit primário de estados e municípios de 1,15% do PIB, em 2007, para 0,34%, em 2013.

---

[397] FERREIRA, Ivan Fecury Sydrião. *A Economia Política do Endividamento Público em uma Federação. Um Estudo Comparativo entre o Brasil e os Estado Unidos.* São Paulo: Fundação Getúlio Vargas, 1998.

[398] GREMAUD, A.; TONETO JR., R. Por que não um mercado de títulos municipais? *Informações FIPE*, n. 239, ago. 2000.

[399] A questão intergeracional relativa ao endividamento público foi contemplada no item 2.1.3 deste capítulo.

Isso certamente melhora a situação de curto prazo para o gestor que está no poder, mas em nada contribui para melhorar a qualidade da gestão pública ou gerar incentivos à boa gestão fiscal.[400]

O resultado desse "abrandamento" do controle foi o aumento no índice de endividamento dos entes subnacionais, o que tem obrigado a União a cobrir as operações de crédito realizadas pelas demais esferas, já que atua como garantidora destas. Como contrapartida, há cláusulas contratuais que permitem o bloqueio de repasses de verbas constitucionais, como os fundos de participação dos estados e municípios; no entanto, não é o que tem ocorrido na prática, seja pela adesão ao Regime de Recuperação Fiscal (caso do estado do Rio de Janeiro), seja pela obtenção de decisões judiciais favoráveis aos estados (casos de Goiás, Minas Gerais, Rio Grande do Norte e do Amapá).[401]

Segundo Maia, o endividamento dos estados acarreta não somente problemas macroeconômicos para o governo central, mas também para o restante dos governos subnacionais. Para o autor:

> Na ausência de limites sobre o endividamento subnacional, o governo federal pode enfrentar o risco de os governos locais "pegarem carona" em seus esforços para estabilizar a economia, repassando efetivamente os custos do endividamento excessivo para outras jurisdições ou gerações futuras. Neste ponto, governos subnacionais maiores a ponto de serem "grandes demais para quebrar"[402] podem manter o governo federal refém para resgatá-los por meio de perdão de dívidas e transferências

---

[400] MENDES, Marcos José. Federalismo Fiscal Brasileiro no âmbito econômico. *In*: CAMPOS, Cesar Cunha; MENDES, Gilmar Ferreira (Org.). *Federalismo fiscal Brasil-Alemanha*. v. 4. Brasília: FGV Projetos, 2016. p. 37-38.

[401] Segundo o Relatório de Garantias honradas pela União em operações de crédito – novembro/2019, elaborado pela Secretaria do Tesouro Nacional, a União está impedida de executar as contragarantias dos estados de Goiás, Minas Gerais, Rio Grande do Norte e do Amapá, que obtiveram liminares no Supremo Tribunal Federal (STF), ao longo de 2019, suspendendo a execução das referidas contragarantias, e também as relativas ao estado do Rio de Janeiro, que está sob o Regime de Recuperação Fiscal (RRF) instituído pela Lei Complementar nº 159, de 19 de maio de 2017. No total, desde 2016, a União realizou o pagamento de R$18.411,67 milhões com o objetivo de honrar garantias concedidas a operações de crédito. Em novembro, a União pagou R$830,26 milhões em dívidas garantidas dos entes subnacionais, sendo R$670,32 milhões relativos a inadimplências do estado do Rio de Janeiro, R$43,56 milhões do estado de Minas Gerais, R$82,24 milhões do estado de Goiás, R$13,80 milhões do estado do Rio Grande do Norte, R$18,75 do estado do Amapá e R$1,59 milhão da prefeitura de Belford Roxo. Em 2019, o total chegou a R$7.151,07 milhões. Disponível em: https://www.tesourotransparente.gov.br/publicacoes/relatorio-mensal-de-garantias-honradas-rmgh/2019/11. Acesso em: 10 jan. 2020.

[402] Esse tema relativo à situação dos entes "grandes demais para quebrar" ou "grandes demais para falir" (*too big to fail*) será analisado com mais detalhes no item 2.3.5.

fiscais. Ademais, se o empenho dos governos subnacionais em expandir gastos não for controlado pode também resultar em elevação das despesas públicas em âmbito da federação.[403]

Assim, as transferências ou *bailouts* (socorros financeiros) por parte do governo federal para um ente específico, para, por exemplo, custear um projeto de infraestrutura pública – o qual traz benefícios especialmente a uma dada jurisdição, mas é financiado através de uma massa comum de impostos cobrados de todo o país –, fará com que o ente beneficiado arque com apenas uma pequena fração dos custos do projeto, enquanto desfruta de uma grande fração de seus benefícios. Essa falta de internalização dos custos de um projeto resultará em gastos excessivos e criará incentivo para os governos subnacionais competirem por transferências federais que lhes permitam financiar projetos regionais específicos com recursos da federação.[404]

Aliás, o autor ressalta que a questão dos resgates realizados pelo governo central, além de criar uma "cultura do não pagamento" pelos governos periféricos,[405] ainda contribui para que os credores da dívida pública percam os incentivos para fiscalizar as finanças dos governos regionais em face da garantia implícita do governo central, embora reconheça que pressões políticas e sociais em tais casos acabem obrigando a União a intervir para garantir a normalidade da ordem pública, até porque um calote de um governo subnacional pode aumentar o custo dos empréstimos para os demais entes federativos, de modo que mesmo os outros governos subnacionais mais austeros e comprometidos com o equilíbrio das finanças públicas acabem por apoiar o resgate federal a um ente inadimplente.[406]

2.3.2 A descentralização tributária e a guerra fiscal

Usualmente, associa-se o endividamento público ao descontrole dos gastos. Em regra, priorizam-se medidas de contenção de despesas,

---

[403] MAIA, José Nelson Bessa. *A Paradiplomacia Financeira dos Estados Brasileiros*: Evolução, Fatores Determinantes, Impactos e Perspectivas. 2012. 598 f. Tese (Doutorado em Relações Internacionais) - Instituto de Relações Internacionais, Universidade de Brasília, Brasília, 2012. p. 485.

[404] Ibid., p. 485.

[405] Essa questão, quanto à possibilidade de resgates provocarem instabilidades no federalismo fiscal, será explorada com profundidade no item 3.1 do próximo capítulo.

[406] Ibid., p. 486-487.

de modo a se obterem resultados superavitários. Ocorre que a ocorrência de situações deficitárias também pode advir da diminuição da receita. Há, por conseguinte, uma via de mão dupla. Para se combaterem resultados deficitários, deve-se ter em mente que há duas frentes a serem arrostadas, tanto do lado dos gastos como das receitas. Daí por que não se pode olvidar uma questão crucial quando do estudo da dívida pública, que se relaciona justamente à problemática da geração da arrecadação tributária, uma vez que, na grande maioria dos países, os tributos são a principal fonte de renda estatal.[407]

O protagonismo do papel dos governadores durante a Constituinte de 1988 trouxe um novo fôlego às relações interfederativas, com um alargamento da autonomia dos estados-membros e dos municípios e, ao menos em um primeiro momento, um enfraquecimento das atribuições da União, frente a maior descentralização verificada.

Ocorre que, apesar de a Constituição ter instituído novos critérios de repartição de recursos das receitas do ente central em favor dos entes subnacionais, no que tange à competência própria destes últimos, a nova distribuição tributária não foi capaz de solucionar as crescentes demandas por políticas sociais, em grande parte designadas como encargo dos estados. Assim, por conta da ausência de recursos suficientes,[408] a busca desenfreada por investimentos do setor privado levou os estados a uma competição sem limites, incorporada através das inúmeras concessões de incentivos fiscais, o que, por fim, acabou por

---

[407] Fernando F. Scaff (Crédito Público e Sustentabilidade Financeira. *Revista Direito à Sustentabilidade*, UNIOESTE, v. 1, n. 1, 2014, p. 38) pontua que o custeio dos gastos públicos é realizado primordialmente através de tributos, podendo haver outras fontes de receita pública, tal como a de *royalties*, que sustentam muitos Estados Patrimoniais que ainda existem ao longo do mundo, tais como os Emirados Árabes. Existem Estados que se sustentam através de outros serviços, como o Principado de Mônaco, que explora a atividade de jogo. A despeito dessas exceções, a maior parte dos gastos públicos hoje realizados nos Estados do Ocidente é custeado por tributos.

[408] Fernando F. Scaff e Francisco Secaf A. Silveira (Competência tributária, transferências obrigatórias e incentivos fiscais. *In*: CONTI, José Mauricio; SCAFF, Fernando Facury; BRAGA, Carlos Eduardo Faraco (Org.). *Federalismo fiscal*: Questões contemporâneas. Florianópolis: Conceito Editorial, 2010. p. 290-291) alertam para o fenômeno que pode ser identificado como retorno a posições mais centralistas, com a balança federativa pendendo em favor da União em detrimento dos estados e municípios, o que retira parte da autonomia dos entes subnacionais, seja de gestão/administrativa, seja financeira. Para tanto, os autores chamam a atenção para o "desinteresse" da União pela arrecadação de algumas espécies tributárias, eis que grande parte do produto da arrecadação deverá ser repartida com outros entes, passando a centrar a sua atenção nas contribuições. Somem-se, ainda, a essa situação as sucessivas prorrogações da DRU, a qual possibilita que as receitas vinculadas se tornem despesas não vinculadas, as quais podem ser manipuladas no orçamento público para custear despesas gerais.

prejudicar todos os entes envolvidos, seja com a perda de considerável parcela da arrecadação, seja com o recebimento de menor cota das transferências intergovernamentais, sendo que, em última instância, a própria União veio a ser afetada, já que se viu obrigada a promover socorros financeiros aos estados.

A guerra fiscal, portanto, nada mais é do que a generalização de uma competição entre entes subnacionais pela alocação de investimentos privados por meio da concessão de benefícios e renúncia fiscal, conflito este que se dá em decorrência de estratégias não cooperativas dos entes da federação e pela ausência de coordenação e composição dos interesses por parte do governo central.[409]

Essa confrontação infrene e desmedida ocasiona diversas externalidades negativas, com a consequente produção de efeitos ruinosos ao equilíbrio federativo brasileiro. Não por outra razão, Camargo aponta os resultados deletérios ocasionados no âmbito dos estados brasileiros, através dos quais a competição horizontal se realiza por intermédio da base tributária do imposto sobre operações relativas à circulação de mercadorias e sobre prestações de serviços de transporte interestadual e intermunicipal e de comunicação (ICMS). Nesse caso, acontece uma verdadeira "guerra fiscal" entre os governos regionais, os quais, ao perseguirem mais recursos para seus respectivos territórios, mediante a concessão de diversos incentivos a empresas, acabam provocando desarmonia no aparato federativo. Na mencionada disputa, o poder central é incapaz de atuar como coordenador eficiente para evitar prejuízos e desequilíbrios à federação.[410]

Dentre essas externalidades, destacam-se os prejuízos trazidos aos habitantes dos estados que concedem os referidos benefícios, pois, em face de dispositivo expresso da LRF,[411] as renúncias fiscais só podem

---

[409] CAMARGO, Guilherme Bueno de. A guerra fiscal e seus efeitos: autonomia x centralização. *In*: CONTI, José Mauricio (Org.). *Federalismo fiscal*. São Paulo: Manole, 2004. p. 203-204.

[410] Ibid., p. 128.

[411] A LRF dispõe que: "Art. 14. A concessão ou ampliação de incentivo ou benefício de natureza tributária da qual decorra renúncia de receita deverá estar acompanhada de estimativa do impacto orçamentário-financeiro no exercício em que deva iniciar sua vigência e nos dois seguintes, atender ao disposto na lei de diretrizes orçamentárias e a pelo menos uma das seguintes condições:
I - demonstração pelo proponente de que a renúncia foi considerada na estimativa de receita da lei orçamentária, na forma do art. 12, e de que não afetará as metas de resultados fiscais previstas no anexo próprio da lei de diretrizes orçamentárias;
II - estar acompanhada de medidas de compensação, no período mencionado no caput, por meio do aumento de receita, proveniente da elevação de alíquotas, ampliação da base de cálculo, majoração ou criação de tributo ou contribuição.

ser concedidas com as correspondentes compensações conferidas às sociedades empresárias. Uma segunda externalidade é apontada por Mendes e se refere à exportação de parte da carga tributária para contribuintes de outros estados, dada a sistemática atual da tributação na origem.[412]

Outra externalidade está relacionada à ausência de estudos aprofundados ou de planejamentos adequados com o intuito de verificar as vantagens econômicas e financeiras com a instalação de determinada empresa em dado território regional. Segundo Carvalho, salvo as regras expostas na Lei de Responsabilidade Fiscal (artigo 14), que obrigam o ente federado a estimar o impacto orçamentário-financeiro dos incentivos e a compensar eventuais estímulos que representem renúncia de receita, não há qualquer obrigação para o ente de demonstrar, detalhadamente, o motivo pelo qual se está dirigindo benefícios a esta ou aquela empresa. Surge, por conseguinte, eventual abertura para práticas de *rent-seeking*, clientelismo e corrupção, com o favorecimento a empresas (por meio de renúncia fiscal ou de vantagens creditórias) em troca de benefícios pessoais (dentre eles, os eleitorais) ao governante ou aos representantes da administração, tudo em detrimento do interesse público.[413]

De outro lado, a ausência de coordenação do poder central, bem como sua incapacidade de proporcionar políticas regionais de

---

§1º A renúncia compreende anistia, remissão, subsídio, crédito presumido, concessão de isenção em caráter não geral, alteração de alíquota ou modificação de base de cálculo que implique redução discriminada de tributos ou contribuições, e outros benefícios que correspondam a tratamento diferenciado.
§2º Se o ato de concessão ou ampliação do incentivo ou benefício de que trata o caput deste artigo decorrer da condição contida no inciso II, o benefício só entrará em vigor quando implementadas as medidas referidas no mencionado inciso.
§3º O disposto neste artigo não se aplica:
I - às alterações das alíquotas dos impostos previstos nos incisos I, II, IV e V do art. 153 da Constituição, na forma do seu §1º;
II - ao cancelamento de débito cujo montante seja inferior ao dos respectivos custos de cobrança".

[412] MENDES, Marcos. Federalismo fiscal. *In*: BIDERMAN, Ciro; ARVATE, Paulo (Org.). *Economia do Setor Público no Brasil*. 10ª tiragem. Rio de Janeiro: Elsevier, 2005. p. 457. Em acréscimo, Guilherme B. de Camargo (A guerra fiscal e seus efeitos: autonomia x centralização. *In*: CONTI, José Mauricio (Org.). *Federalismo fiscal*. São Paulo: Manole, 2004. p. 207) informa que a opção pela tributação na origem provoca a inusitada situação em que, mesmo que uma empresa exporte toda a sua produção para outros estados, deixaria no estado onde estivesse localizada uma parcela significativa da arrecadação do ICMS.

[413] CARVALHO, José Augusto Moreira de. *O federalismo fiscal brasileiro e o desvio de recursos*. 2010. 225 f. Tese (Doutorado em Direito) - Faculdade de Direito, Universidade de São Paulo, São Paulo, 2010, p. 131.

desenvolvimento – principalmente com vistas a organizar e planejar o desenvolvimento industrial no Brasil –, permite a manutenção dessas práticas destrutivas no âmbito dos estados.[414]

As relações prejudiciais se verificam, por conseguinte, tanto no plano vertical (entre o governo central e demais entes) como no horizontal (entre os entes de mesmo nível federativo). No que se refere à situação de repasses das dívidas à esfera federal, dada a combinação devastadora de renúncia de receitas concomitante ao acréscimo de despesas obrigatórias pelos governos subnacionais, Baggio faz alusão a uma característica peculiar do modelo brasileiro, a qual denomina "federalismo predatório", já que o ônus deixa de ser assumido pela esfera que optou por correr os riscos.[415]

Ademais, a ausência de critérios objetivos de mensuração e de controle sobre os incentivos fiscais traz graves consequências em termos de transparência fiscal, além de provocar um acirramento ainda mais dramático na competição entre os entes. Neste sentido, Baggio informa que, em outras federações, existem formas de coibir a competição baseada no prejuízo dos demais entes, e essa moderação ocorre, geralmente, por meio de um órgão responsável por estabelecer os parâmetros mínimos dos mecanismos de captação de recursos. No Brasil, existe um órgão com a função de mediar a relação entre os estados, chamado Conselho Nacional de Política Fazendária (CONFAZ). Contudo, suas regras, criadas pelos próprios estados, não têm a mínima eficácia. O motivo principal é que, para que um benefício fiscal seja concedido a determinado estado, é preciso a aprovação unânime de todos os outros.[416] Ou seja, basta um estado votar contra para que o benefício não seja aprovado. Assim, os estados preferem fechar os olhos em relação ao Confaz e elaborar as suas próprias estratégias.[417]

---

[414] Ibid., p. 130.

[415] BAGGIO, Roberta Camineiro. *Federalismo no Contexto da Nova Ordem Global*: Perspectivas de (Re)formulação da Federação Brasileira. Curitiba: Juruá, 2012. p. 125. Mais à frente, no item 2.3.4, será aprofundada a questão da "socialização dos prejuízos" entre as esferas de mesmo nível federativo.

[416] A Constituição de 1988 exige que os benefícios fiscais de ICMS observem a deliberação dos estados, consoante regulação de lei complementar (art. 155, §2º, XII, "g"). A Lei Complementar nº 24/75, por sua vez, estabelece que a concessão de benefícios fiscais de ICMS depende sempre de decisão unânime dos estados representados (art. 2º, §2º), o que macularia com o vício da inconstitucionalidade todos os atos normativos estaduais que concedam benefícios e incentivos fiscais sem obedecer às regras citadas.

[417] Ibid., p. 125.

CAPÍTULO 2
A QUESTÃO DO ENDIVIDAMENTO PÚBLICO NO FEDERALISMO BRASILEIRO | 199

Daniel V. Marins e Gustavo da Gama V. de Oliveira chamam a atenção para a geração do fenômeno conhecido como "inconstitucionalidade útil", através do qual, basicamente, os estados acabam se beneficiando em alguma medida de suas leis inconstitucionais. Conforme explicitam os autores:

> O problema brasileiro é a baixa eficácia do sistema de "*hard law*" interno. Isto porque a firme atuação do STF mostrou-se ineficaz, pois os Estados continuavam editando novas leis de benefícios fiscais de ICMS, bastante semelhantes, em muitos casos, às declaradas inconstitucionais. Ainda há a prática reiterada de revogar a lei estadual de benefício fiscal às vésperas do julgamento da ADI em face da norma, para tornar necessária a perda de objeto da ADI e evitar o julgamento da inconstitucionalidade pelo STF.
>
> Tais circunstâncias garantiam assim para os Estados a certeza de que suas leis estaduais, ainda que fossem declaradas inconstitucionais, teriam sua eficácia assegurada por tempo bastante razoável, de forma a atender a demanda dos setores empresariais interessados nos investimentos, gerando o fenômeno conhecido como "inconstitucionalidade útil".[418]

A fim de atenuar os diversos desequilíbrios federativos provocados pela atual normatização do ICMS, foi editada a Lei Complementar nº 160, de 7 de agosto de 2017, a qual, de forma resumida, permite aos estados a regulação, mediante convênio, dos efeitos das leis estaduais inconstitucionais até a sua edição.[419] A referida regulação, segundo o art. 2º, inciso I, estabelece o quórum de dois terços das unidades federadas para a aprovação do convênio, o que denota a tentativa do legislador no sentido de flexibilizar a regra da unanimidade estabelecida na LC

---

[418] MARINS, Daniel Vieira; OLIVEIRA, Gustavo da Gama Vital de. Competição tributária ou guerra fiscal? Do plano internacional à Lei Complementar nº 160/2017. *Revista Estudos Institucionais*, v. 4, n. 1, 2018, p. 173. Os autores alertam que o fenômeno da "inconstitucionalidade útil" ocasionou uma situação de extrema insegurança jurídica para os contribuintes, pois adotou-se uma prática, pelos estados de destino das mercadorias, que, por decisões próprias, reputam inconstitucional o benefício fiscal conferido pelo Estado de origem – mesmo na ausência do julgamento de uma ação direta de inconstitucionalidade por parte do STF – e, por conseguinte, desconsiderando o crédito (glosa) apresentado pelo contribuinte e exigindo o tributo de forma integral no destino, como se nenhum valor tivesse sido recolhido na origem.

[419] A lei complementar estabeleceu a possibilidade de reconhecer a validade dos atos concessivos de benefícios concedidos em desacordo com a LC nº 24/75, desde que cumpridas as formalidades indicadas, possibilitando até mesmo a prorrogação de tais benefícios, observados os limites temporais do art. 3º, §2º, de até quinze anos.

nº 24/75; porém, não se aplica a benefícios futuros, que continuam submetidos ao regime da concordância de todos. Em condizente crítica à manutenção do *status quo*, os autores ressaltam que:

> O modelo da deliberação por unanimidade é um dos responsáveis pela notória deterioração do pacto federativo experimentada nos últimos anos, pois acaba por admitir uma postura individualista dos Estados ao invés de estimular uma relação de cooperação entre os Estados necessária para a manutenção da federação e acaba impondo um modelo autoritário e centralizador muito distante das diretrizes democráticas estabelecidas pela CF. É especialmente difícil compatibilizar a regra da unanimidade com a necessidade de redução das desigualdades regionais, um dos objetivos expressos da República (art. 3º, III, da CF), visto que a regra acaba por consolidar, nas mãos dos Estados mais desenvolvidos, o poder de veto em relação a políticas públicas adotadas por Estados menos desenvolvidos.

> Ou seja, a LC 160/07 buscou apenas alterar e acrescentar critérios ao modelo já fixado pela Lei Complementar nº 24/75. Contudo, seria mister enfrentar o próprio modelo estabelecido que é oriundo de período histórico no qual o país vivia a centralização do regime militar com a evidente primazia do governo federal em relação à autonomia estadual.[420]

Eles registram, contudo, uma tentativa da LC nº 160/2017 no sentido de contrapor a ineficácia do modelo do CONFAZ como árbitro das demandas federativas, ao estatuir a importantíssima regra sancionatória do artigo 6º,[421] a qual prevê as mesmas sanções do art. 23, §3º, da LRF (aplicadas ao ente federativo que não observa o limite legal das despesas de pessoal) ao estado que descumpre a LC nº 24/75,

---

[420] Ibid., p. 176-177.

[421] Art. 6º Ressalvado o disposto nesta Lei Complementar, a concessão ou a manutenção de isenções, incentivos e benefícios fiscais ou financeiro-fiscais em desacordo com a Lei Complementar nº 24, de 7 de janeiro de 1975, implica a sujeição da unidade federada responsável aos impedimentos previstos nos incisos I, II e III do §3º do art. 23 da Lei Complementar nº 101, de 4 de maio de 2000, pelo prazo em que perdurar a concessão ou a manutenção das isenções, dos incentivos e dos benefícios fiscais ou financeiro-fiscais.
§1º A aplicação do disposto no *caput* deste artigo é condicionada ao acolhimento, pelo Ministro de Estado da Fazenda, de representação apresentada por Governador de Estado ou do Distrito Federal.
§2º Admitida a representação e ouvida, no prazo de 30 (trinta) dias, a unidade federada interessada, o Ministro de Estado da Fazenda, em até 90 (noventa) dias:
I - determinará o arquivamento da representação, caso não seja constatada a infração;
II - editará portaria declarando a existência da infração, a qual produzirá efeitos a partir de sua publicação.
§3º Compete ao Tribunal de Contas da União verificar a aplicação, pela União, da sanção prevista no caput deste artigo.

através de representação ao ministro da Fazenda, em nítida alternativa à "judicialização da guerra fiscal". Assim, com a interveniência do Ministério da Fazenda, o legislador conduz a União a assumir o papel de coordenação dos conflitos federativos.

Em face do princípio constitucional da inafastabilidade do controle judicial, por certo que qualquer estado que se considere prejudicado com a decisão do ministro da Fazenda poderá levar a sua demanda ao STF. Sendo assim, resta saber como será a postura da Corte Constitucional nesses casos, se de contenção ou não à eficácia das decisões na via administrativa, ou melhor, se o Supremo adotará uma conduta de árbitro ou de jogador na resolução dos conflitos federativos.[422]

2.3.3 A escassez de recursos e a efetivação de atribuições administrativas

Uma segunda questão trazida pelo endividamento dos entes em face das implicações que podem vir a ocasionar o equilíbrio do sistema é decorrência da primeira vista acima: a escassez dos recursos – sejam arrecadados ou partilhados – dos estados-membros para fazer frente aos gastos com os serviços que são de suas competências, conforme distribuição constitucional. Mesmo reconhecendo que a Constituição de 1988 tornou a repartição de competência tributária menos centralizadora, Luís Roberto Barroso destaca que tal medida ainda não é satisfatória:

> Chega-se, assim, a uma contestação inafastável: nem antes nem depois da Constituição em vigor foram os Estados e os Municípios capazes de viver, equilibradamente, com os recursos correspondentes à sua arrecadação própria, acrescida das transferências intergovernamentais constitucionalmente previstas.
>
> As causas deste desequilíbrio são muitas e de origem variada. Dentre elas, com indisfarçável destaque, encontra-se a não superação, na atual partilha de competências político-administrativas, das crônicas indefinições e superposições de atribuições, inclusive em domínios vitais como educação e saúde. No tocante aos Municípios, seus atributos de competência própria somente têm expressão econômica em áreas desenvolvidas e urbanas. No âmbito dos Estados, o ICMS, sua principal fonte de recursos, tem ficado comprometido por fatores como a guerra

---

[422] Para mais detalhes quanto à condição de árbitro ou jogador do STF, ver item 3.3 do capítulo 3.

fiscal e as distorções causadas pela existência de alíquotas internas e interestaduais.[423]

Sergio Prado faz alusão ao fenômeno da "brecha vertical" ou *"vertical gap"*, em que:

> As características estruturais das federações modernas, no que se refere à atribuição de receitas e encargos (tomados num sentido amplo) entre níveis de governo, resultam na relativa concentração de recursos nos governos superiores e de encargos nos governos subnacionais, tornando necessárias transferências verticais em geral de grande porte, pelas quais se define a distribuição final de capacidade de gasto entre níveis de governo. A brecha vertical refere-se, portanto, à diferença entre o volume de encargos efetivamente assumidos pelos GSN, medido pelo gasto final por eles realizado, e o volume de recursos que estes governos podem obter autonomamente, a partir das bases tributárias que lhes são atribuídas, sem depender de transferências federais.[424]

É claro que a maior ou menor concentração de recursos no ente central depende da combinação de diversos fatores de ordens social, histórica e política, mas, especificamente no caso brasileiro, a referida concentração provoca uma grande dependência dos demais entes no que tange à transferência de recursos e, ainda, uma diminuição de suas autonomias em face da menor capacidade de expansão de suas arrecadações próprias.

Assim, a distribuição de competência tributária pelos diversos entes federativos não tem sido suficiente para que os estados e municípios desloquem os referidos recursos para a promoção efetiva das políticas públicas de que são titulares os indivíduos e a coletividade. Acrescente-se, ainda, o fato de a União, nos últimos tempos, ter recorrido à instituição de tributos não partilháveis, o que, além de trazer distorções no sistema tributário, tem contribuído para a diminuição contínua dos repasses aos demais entes federativos. Gustavo da Gama V. de Oliveira chama a atenção para essa específica conduta da União em contrariedade aos princípios de um federalismo cooperativo:

---

[423] BARROSO, Luís Roberto. A Derrota da Federação: o colapso dos Estados e Municípios. *In*: BARROSO, Luís Roberto (Org.). *Temas de Direito Constitucional*. Rio de Janeiro: Renovar, 2001. p. 109-110.

[424] PRADO, Sérgio. *A questão fiscal na federação brasileira*: diagnóstico e alternativas. Cepal, 2007. p. 6-7.

Com efeito, uma das características mais marcantes da formulação do sistema tributário na constituinte de 1988 foi a busca da formatação de um sistema que pudesse fortalecer a autonomia de Estados e Municípios pela maior participação dos entes subnacionais na distribuição da competência tributária e na própria divisão das receitas tributárias obtidas pelos impostos federais. Ocorre que, logo após a promulgação da Constituição, diversas emendas constitucionais foram aprovadas com o incentivo do Governo Federal com o escopo de aumentar a arrecadação com tributos cujas receitas não eram objeto de repartição aos demais entes federativos (contribuições).

Ademais, diversas emendas constitucionais foram editadas para desvincular parcelas dos recursos oriundos de tributos cujas receitas deveriam ser repartidas com Estados e Municípios, por intermédio da instituição de fundos especiais (como o Fundo Social de Emergência – Emenda de Revisão nº 1/94, Fundo de Estabilização Fiscal – Emenda Constitucional nº 10/96, Desvinculação de Receitas da União – Emenda Constitucional nº 27/00).

[...]

Em consequência de tal cenário, a participação do IR e do IPI, que compõem o Fundo de Participação dos Estados e o Fundo de Participação dos Municípios, acabou decrescendo ao longo dos anos em detrimento das contribuições, tributos cuja receita não é compartilhada entre Estados e Municípios (com exceção da CIDE-combustíveis). Contribuiu ainda para o cenário o fato de que a União Federal adotou nos últimos anos políticas de desoneração fiscal concentradas nos impostos de arrecadação compartilhada (especialmente IPI), o que agravou ainda mais as finanças dos entes subnacionais.[425]

Não é escopo deste trabalho destrinchar os efeitos nocivos que essas práticas antifederativas relativas à crescente instituição de contribuições, por parte da União, têm trazido ao equilíbrio do sistema, mas não se pode deixar de mencionar as consequências que as referidas condutas desleais vêm promovendo ao longo das últimas décadas.[426]

Ainda que se reconheça a importância da transferência de recursos no sistema federalista, mormente como instrumento de redistribuição de rendas para as regiões mais carentes, não se pode deixar de reconhecer que a excessiva dependência do ente subnacional

---

[425] OLIVEIRA, Gustavo da Gama Vital de. *Reforma Tributária e Federalismo Fiscal*. Apresentado no 1º Congresso de Direito Tributário de Juiz de Fora e Região, realizado em 03.09.2014, na sede da OAB, Subseção Juiz de Fora.

[426] Para uma análise aprofundada do tema, recomenda-se a obra: ALVES, Raquel de Andrade Vieira. *Federalismo Fiscal Brasileiro e as Contribuições*. Rio de Janeiro: Lumen Juris, 2017.

de recursos repassados pelo ente central também contribui para o desequilíbrio fiscal vertical.

Echeverria e Ribeiro ressaltam não apenas a questão do deslocamento de custos,[427] mas também a transferência de responsabilidade para o ente central, já que:

> Quando os entes subnacionais passam a depender de recursos do ente central para cumprir com as funções e as competências que lhe foram delegadas, há uma redução da responsabilidade fiscal, fundamentada na crença de que o governo central deve prover essa ajuda econômica, pois não há uma efetiva autonomia financeira dos entes descentralizados. Tem-se, assim, a transformação do ente central em uma espécie de garantidor implícito da saúde financeira dos entes subnacionais.[428]

Os autores acrescentam a problemática da redução da *accountability*, já que a própria população não consegue mais identificar qual a esfera responsável pela consecução das políticas públicas, o que afeta o controle social sobre a aplicação dos recursos.

Mendes menciona outra manifestação clara das consequências do conflito distributivo sobre as relações federativas, conhecida no idioma inglês como *"unfunded mandates"*: o legislador federal cria uma obrigação de ação ou gasto para os estados ou municípios sem, contudo, lhes fornecer os recursos necessários para cumprir a nova lei. Há abundantes exemplos de legislação recentemente aprovada no Congresso com essas características, como, por exemplo, o piso nacional para a remuneração do magistério, a absorção dos agentes comunitários de saúde como servidores públicos com plenos direitos e as obrigações decorrentes da nova legislação de coleta e tratamento de lixo. Para ele:

> De uma hora para outra, o prefeito ou governador descobre que tem mais metas a cumprir, mais gastos a fazer, e tem que encontrar dinheiro no orçamento para custear isso. Por que tais leis são aprovadas? Exatamente, porque os grupos de pressão interessados nos benefícios que elas proporcionam (professores, agentes comunitários de saúde, organizações de defesa do meio-ambiente) conseguem se fazer ouvir e, sobretudo, conseguem fazer aprovar legislação sem um adequado

---

[427] O deslocamento de custos está intimamente relacionado à socialização dos prejuízos, a ser analisada no próximo tópico deste capítulo.

[428] ECHEVERRIA, Andrea de Quadro Dantas; RIBEIRO, Gustavo Ferreira. O Supremo Tribunal Federal como árbitro ou jogador? As crises fiscais dos estados brasileiros e o jogo de resgate. *Revista Estudos Institucionais*, v. 4, n. 2, 2018, p. 652-653.

estudo de seus custos e benefícios. Trata-se de clara expressão do conflito distributivo, em uma sociedade com interesses diversos e fragmentados, onde há ampla representação classista e setorial.

É preciso evoluir no sentido de se colocar restrições institucionais que impeçam o legislador federal de criar obrigações para os estados e municípios sem, concomitantemente, fornecer os meios financeiros para viabilizar a implantação de novas políticas.[429]

Por fim, Baggio faz uma crítica à ausência de regulamentação do artigo 23 da Constituição Federal, visto que a lei complementar prevista em seu parágrafo único ainda não foi editada,[430] o que, segundo ela:

> Dificulta a resolução de alguns problemas próprios desse tipo de relação intergovernamental, como, por exemplo, a omissão dos entes da federação. Ou seja, quando todos os entes têm competências para as mesmas ações sem que existam regras que definam como executá-las, a omissão desses entes pode prevalecer sob a argumentação de que a competência pertence sempre ao outro membro da federação.[431]

2.3.4 A socialização dos prejuízos

Uma questão crucial se aventa em consequência da insuficiência de recursos pelos entes federativos. Trata-se dos efeitos advindos de uma fraca cooperação horizontal. Conforme visto, há uma desproporcionalidade de forças entre a União, de um lado, e dos estados e municípios, de outro. Tal assimetria provoca desajustes no chamado "federalismo cooperativo vertical", em que a União determina, coativamente, restrições aos demais entes. No que tange à cooperação horizontal, no entanto, surgem disparidades ocasionadas pelos comportamentos de cada estado em relação aos demais.

---

[429] MENDES, Marcos José. Federalismo Fiscal Brasileiro no Âmbito Econômico. *In*: CAMPOS, Cesar Cunha; MENDES, Gilmar Ferreira (Org.). *Federalismo fiscal Brasil-Alemanha*. Rio de Janeiro: FGV Projetos, 2016. p. 33.

[430] Registre-se que, no âmbito de matéria ambiental, foi editada a Lei Complementar nº 140, de 8.12.2011, que fixa normas, nos termos dos incisos III, VI e VII do *caput* e do parágrafo único do art. 23 da Constituição Federal, para a cooperação entre a União, os estados, o Distrito Federal e os municípios nas ações administrativas decorrentes do exercício da competência comum relativas à proteção das paisagens naturais notáveis, à proteção do meio ambiente, ao combate à poluição em qualquer de suas formas e à preservação das florestas, da fauna e da flora.

[431] BAGGIO, Roberta Camineiro. *Federalismo no Contexto da Nova Ordem Global*: Perspectivas de (Re)formulação da Federação Brasileira. Curitiba: Juruá, 2012. 113.

A tradição brasileira, com relação à questão do endividamento dos entes subnacionais, é no sentido de promover sucessivas "federalizações" das dívidas, o que provoca distorções, especialmente para os estados que observaram as regras de responsabilidade fiscal. Para Rodrigo O. de Faria:

> Tal fenômeno pode ser denominado de socialização da gestão fiscal irresponsável. Na medida em que entidades subnacionais contem com o seguro amparo e o beneplácito do governo federal aos seus desequilíbrios financeiros, nenhum incentivo haveria em se proceder de forma responsável no *âmbito* fiscal. Mais do que isso, a gestão fiscal irresponsável de uma determinada entidade federativa implicaria um *ônus* a ser partilhado entre todos os entes da Federação, em visível afronta ao princípio da isonomia. Destarte, a probidade na administração e no gerenciamento dos recursos e do patrimônio próprio de uma determinada entidade federativa seria "premiada" com a partilha dos encargos relegados pela entidade que procedera com irresponsabilidade na gestão fiscal.[432]

Fabio Giambiagi e Ana Cláudia Além ressaltam certa similitude do sistema federativo brasileiro com o norte-americano, porém destacam uma diferença relevante na questão do endividamento:

> Pelas normas vigentes nos Estados Unidos, os estados podem se endividar, mas se um estado tem dificuldade de honrar seus compromissos, primeiro, o banco que financiou o estado, no limite, pode quebrar; e segundo, a solução do problema diz respeito exclusivamente aos residentes do próprio estado. É inconcebível, por exemplo, o governo dos Estados Unidos aumentar o imposto de renda federal para socorrer um estado X que tenha sido mal administrado. Em contraste com essa atitude, no Brasil, a prática tradicional sempre foi a de tentar "empurrar" a solução das dificuldades financeiras estaduais e municipais para a União, através de diferentes formas de "federalização" do problema, o que nada mais é do que uma "socialização de perdas".[433]

---

[432] FARIA, Rodrigo de Oliveira. Reflexos do endividamento nas relações federativas brasileiras. *In*: CONTI, José Mauricio; SCAFF, Fernando Facury; BRAGA, Carlos Eduardo Faraco (Coord.). *Federalismo Fiscal*: Questões Contemporâneas. São Paulo: IBDF, 2010. p. 446.

[433] GIAMBIAGI, Fabio; ALÉM, Ana Cláudia. *Finanças Públicas Teoria e Prática no Brasil*. 5. ed. Rio de Janeiro: Elsevier, 2016. p. 361.

CAPÍTULO 2
A QUESTÃO DO ENDIVIDAMENTO PÚBLICO NO FEDERALISMO BRASILEIRO | 207

Se, por um lado, a federalização da dívida de determinado estado traz consequências financeiras para os demais, por outro, surgem incontáveis conflitos nas relações entre os estados e a própria União. Conforme muito bem lembrado por Barroso:

> De fato, os acordos celebrados pela União com os Estados implementavam o programa macroeconômico do governo federal, com ênfase na redução do déficit público, na privatização de empresas e nas concessões de serviços públicos *à* iniciativa privada. Tais ajustes, ainda quando vantajosos sob uma ótica financeira, passaram a comprometer uma parcela insuportável da receita estadual e são fonte de tensão permanente entre os Estados e a União Federal.[434]

A socialização dos prejuízos nada mais é que um comportamento *rent-seeking* por parte de determinados estados. Com eventual socorro financeiro do governo central,[435] o estado endividado, na verdade, está ocasionando a transferência de renda de outros estados para o seu território. O ente, ao agir com irresponsabilidade fiscal, mas com o beneplácito do governo central[436] – seja por interesse político (obtenção de apoio), seja para evitar dispositivos previstos no ordenamento jurídico que proíba a União de realizar reformas constitucionais em eventual situação de intervenção federal –, provoca uma sinalização para os demais que eles também poderão vir a se beneficiar do mesmo mecanismo. Ou seja, os estados seriam incentivados a se endividar,

---

[434] BARROSO, Luís Roberto. A Derrota da Federação: o colapso dos Estados e Municípios. *In*: BARROSO, Luís Roberto (Org.). *Temas de Direito Constitucional*. Rio de Janeiro: Renovar, 2001. p. 111-112.

[435] Evidentemente que, caso exista legislação que proíba a União de socorrer os estados inadimplentes, a expectativa e, por consequência, a conduta dos entes subnacionais não seriam as mesmas descritas nesta hipótese. De qualquer forma, esse tema será analisado pormenorizadamente no capítulo 3 (item 3.1), quando do estudo da teoria do "jogo de resgate", de Jonathan Rodden.

[436] Echeverria e Ribeiro (ECHEVERRIA, Andrea de Quadro Dantas; RIBEIRO, Gustavo Ferreira. O Supremo Tribunal Federal como árbitro ou jogador? As crises fiscais dos estados brasileiros e o jogo de resgate. *Revista Estudos Institucionais*, v. 4, n. 2, 2018, p. 653), em referência a Rodden (RODDEN, Jonathan. *Hamilton's Paradox*: The Promise and Peril of Fiscal Federalism. Cambridge: Cambridge, 2005), advertem que "o mais perigoso desequilíbrio é aquele gerado pela combinação de autonomia financeira para obter empréstimos com um alto desequilíbrio vertical fiscal, que torna o ente subnacional ao mesmo tempo dependente de transferências de recursos do ente central, mas autônomo para contrair dívidas. Nesse caso, tem-se a ocorrência simultânea de dois mecanismos de deslocamento de custos, sem os instrumentos fiscais de controle necessários para impedir o aumento desordenado de gastos públicos".

pois partem da presunção de que o governo federal irá socorrê-los em situações de dificuldades financeiras.[437]

Em texto elaborado pela Secretaria do Tesouro Nacional, com fundamento em Canuto,[438] ressalta-se a existência de *free riders* – agentes que se beneficiam de recursos, bens ou serviços sem terem contribuído para tais benefícios. O interesse de um ente individualmente pode divergir do interesse da nação como um todo ou de outras esferas. Nesse contexto, um ente pode optar por seguir uma política fiscal insustentável, considerando que irá obter benefícios a curto prazo e que os malefícios serão suportados em conjunto com os demais.

Em tal situação, caracteriza-se o "risco moral", em contextos nos quais se acredita que o governo central irá resgatar os entes subnacionais em eventual inadimplência por parte destes. Nesses casos, os entes podem ser incentivados a não quitarem suas obrigações, e os credores podem ser estimulados a prover financiamentos sem a adequada análise de risco – que, por sua vez, necessita do provimento de informações transparentes e confiáveis a respeito do endividamento e da capacidade de pagamento dos entes.[439]

A presença de risco moral, de regras fiscais flexíveis e da expectativa de algum tipo de salvamento por parte do governo central pode se tornar uma combinação explosiva em termos de equilíbrio das finanças públicas. Ademais, a existência apenas de regras *ex ante* – limites de dívida e de déficit, regras para operações de crédito externas e regulamentações baseadas na capacidade de pagamento, entre outras –, sem consequências posteriores, incentiva devedores e credores a contornarem as regras e realizarem operações sem a devida análise de risco, com a expectativa de que serão posteriormente suportadas pelo governo central. Por outro lado, quando o governo central sinaliza que não irá resgatar entes insolventes, os próprios credores passam a ser agentes indutores de disciplina fiscal, na medida em que precificam os riscos. Há, ainda, a questão das externalidades negativas, que afetam diretamente os demais governos subnacionais, uma vez que pode aumentar o prêmio de risco e os custos de captação. Em casos extremos, há

---

[437] FERREIRA, Ivan Fecury Sydrião. *A Economia Política do endividamento público em uma federação*: um estudo comparativo entre o Brasil e os Estados Unidos. 1998. 77 f. Dissertação (Mestrado em Administração Pública e Governo) - FGV/EAESP, São Paulo, 1998, p. 35-36.

[438] CANUTO, O.; LIU, L. *Subnational Debt, Insolvency, and Market Development*. Washington: World Bank, 2013.

[439] SECRETARIA DO TESOURO NACIONAL. *Exposição da União à Insolvência dos Entes Subnacionais*. Brasília: novembro de 2018, p. 7-8.

chances de a inadimplência de um ente levar ao contágio e prejudicar o acesso dos demais ao crédito, especialmente em um cenário de pouca transparência sobre a real situação das contas públicas de cada ente.[440]

2.3.5 A paradoxal situação dos estados ricos e endividados

De acordo com o Boletim de Finanças dos entes subnacionais, editado pela Secretaria do Tesouro Nacional,[441] os estados mais endividados são Rio de Janeiro, Rio Grande do Sul, Minas Gerais e São Paulo. À primeira vista, pode parecer surpreendente que os estados mais ricos da federação sejam justamente os que possuem as maiores dívidas. Ocorre que tal fato não se trata de uma peculiaridade do sistema federativo brasileiro, tendo sido, inclusive, observado em outras federações.

Rodden faz menção ao dilema do "grande demais para falir" (*too big to fail*), através do qual, em regra, os estados mais desenvolvidos e mais capitalizados de um país criam contundentes expectativas de resgate em situações de desajustes fiscais por parte do ente central, pois eventual insolvência dos estados "grandes demais para falir" pode ocasionar sérias externalidades para os demais entes subnacionais e para o governo central, especialmente no que se refere a diretivas de política macroeconômica.[442]

A título de exemplo, o autor traz a experiência do estado norte--americano da Pensilvânia, vivenciada na década de 1840. Nesse período, um grupo de estados endividados pressionavam o governo federal para a obtenção de resgates que lhes trouxessem algum grau de alívio financeiro,[443] sendo que, dentre esses, apenas a Pensilvânia poderia ser considerada um estado rico. A Pensilvânia tinha o maior número de detentores de títulos estrangeiros, e eventuais *defaults* desse estado claramente teriam o condão de ocasionar as maiores externalidades para a reputação de crédito do país.

---

[440] Ibid., p. 9.

[441] STN–SECRETARIA DO TESOURO NACIONAL. Secretaria Especial de Fazenda, Ministério da Economia. *Boletim de Finanças dos Entes Subnacionais*. Agosto/2019. Disponível em: http://sisweb.tesouro.gov.br/apex/cosis/thot/transparencia/arquivo/30407:981194:inline: 9731352684720?fbclid=IwAR2iuZa5gx9XCWKd8b_sn_Pl1VfHFgaPA1h41k_ uOdIZ0dSxIp5FbD_axVc. Acesso em: 2 mar. 2020.

[442] RODDEN, Jonathan. *Hamilton's Paradox*: The Promise and Peril of Fiscal Federalism. Cambridge: Cambridge, 2005. p. 84-85.

[443] Para mais detalhes, ver subitem 3.1.2.2 do capítulo 3.

Rodden, com remissão a McGrane,[444] alerta para um fato determinante para a bancarrota fiscal do estado da Pensilvânia, que foi a decisão de voltar a fundar o Banco dos Estados Unidos como o Banco dos Estados Unidos da Pensilvânia, após o qual o balanço do estado e o do banco eram praticamente indistinguíveis, tendo a instituição financeira se envolvido fortemente em atividades com externalidades para o resto da federação. A título de exemplo, o banco foi um participante fundamental na venda de títulos de outros estados no exterior e detinha as dívidas dos produtores de algodão americanos. Por essas razões, o governo do estado passou a ser visto como "grande e importante demais para falir".[445]

Em seguida, o autor trata de "um caso surpreendentemente semelhante" ao da Pensilvânia – o do estado brasileiro de São Paulo. Segundo ele, devido à importância do BANESPA e de São Paulo para a economia nacional, eles eram vistos pelo governo central como "too big to fail". O Ministério das Finanças temia que o default do BANESPA provocasse uma crise de liquidez e uma corrida aos depósitos, o que minaria a confiança no sistema bancário como um todo.

Em 1995, contrariamente ao exemplo do governo central norte--americano (que resistiu ao resgate), o Banco Central assumiu o controle do BANESPA e do Banco do Estado do Rio de Janeiro com o objetivo de privatizá-los, mas acabou por infundir-lhes dinheiro e devolvê-los um ano depois, sem a reforma necessária. Ao assumir brevemente o controle desses dois bancos estaduais e continuar lhes dando suporte de liquidez, o Banco Central não apenas permitiu que permanecessem em operação e capitalizassem os juros não pagos devidos pelos mutuários, mas também reforçava a percepção de que o passivo dos bancos possuía uma garantia federal implícita.

Além das disfuncionalidades ocasionadas pelo fenômeno "too big to fail", outro aspecto – agora, sim, uma peculiaridade do federalismo brasileiro – é determinante para o maior endividamento dos estados mais ricos. Trata-se da ineficiência da repartição de recursos intergovernamentais. Em geral, nos sistemas de partilha existentes, o mais frequente é que o compartilhamento de impostos (*sharing*) seja realizado pelo princípio da derivação,[446] devolvendo os recursos que

---

[444] MCGRANE, Reginald. *Foreign Bondholders and American State Debts*. New York: Macmillan, 1935.

[445] Ibid., p. 84.

[446] Sérgio Prado esclarece que a "distribuição por derivação" indica o procedimento pelo qual a receita de dado imposto é distribuída de forma que cada governo subnacional

foram arrecadados em cada jurisdição. As transferências equalizadoras são posteriormente feitas a partir da parcela federal de recursos. Nesse caso, a lógica subjacente reside em que certos impostos devem ser arrecadados por níveis de governo superiores por razões de eficiência alocativa, e o governo superior simplesmente se limita a realizar o trabalho que poderia ser feito pela jurisdição inferior, devolvendo-lhe a receita recolhida em sua jurisdição.[447]

Há, por conseguinte, dois critérios típicos de repartição de recursos entre entes federativos: (i) o devolutivo ou por derivação, em que se beneficia o ente que gerou a arrecadação dentro de seu território; e (ii) o redistributivo ou equalizador, em que se priorizam os entes mais carentes de recursos, em conformidade com princípio de isonomia de todos os habitantes de um país ou região. Na maioria dos sistemas, é comum a interseção entre ambos os critérios, com a prevalência de um ou outro, a depender das características do federalismo adotado.

Mesmo na federação alemã, conforme visto no capítulo 1, na qual há uma valorização da uniformidade das condições de vida em todo o território nacional – e, por esse motivo, se opta por um dos critérios mais redistributivos do mundo –, ao menos em um momento inicial da repartição dos recursos, considera-se um critério estritamente devolutivo, especificamente no que tange à parcela do IR, conforme disposto por Prado:

> A parcela estadual do IR, que compõe aproximadamente 40% dos recursos totais estaduais, é distribuída segundo um critério tipicamente devolutivo, por derivação. No IR pessoa física, os recursos devem ir para o estado de domicílio do contribuinte. Na pessoa jurídica, para o domicílio da empresa. Isto exige, evidentemente, diversos ajustamentos, uma vez que há muitas situações em que o recolhimento se dá em localidade distinta das respectivas sedes (recolhimento na fonte, no endereço da firma, recolhimento de filiais da empresa em outros estados etc.). [...]
>
> Estes fluxos não têm qualquer caráter redistributivo ou equalizador. O montante recebido por cada governo subnacional reflete sua capacidade econômica, sob diversos pontos de vista. Por isso, são rigorosamente devolutivos, ficando a função de equalização da capacidade de gasto por conta das demais etapas do sistema de partilha.[448]

---

receba exatamente a receita que seria capaz de arrecadar em sua jurisdição caso o imposto fosse de sua competência, ou seja, a receita gerada pela sua base econômica.

[447] PRADO, Sérgio. *Equalização e federalismo fiscal*: uma análise comparada. Rio de Janeiro: Konrad-Adenauer-Stiftung, 2006. p. 101-102.

[448] Ibid., p. 102.

O modelo federativo brasileiro baseia-se, primordialmente, em mecanismos de transferências intergovernamentais[449] (da União para estados e municípios, e dos estados para os municípios, ou da União, estados e municípios para um fundo destinado a uma atuação específica), com destaque para os Fundos de Participação dos Estados e dos Municípios (FPE e FPM), em que se busca a correção de desequilíbrios verticais (transferência de verbas para que estados e municípios estejam aptos a implementarem políticas e serviços públicos de suas competências) e horizontais (com o incremento da capacidade fiscal dos entes subnacionais menos favorecidos).

Ocorre que predominam os critérios redistributivos de rateio em ambos os fundos, o que, se, por um lado, esteja em consonância com a finalidade de redução das desigualdades inter-regionais, por outro, desconsidera por completo a base territorial de arrecadação, o que, por óbvio, acaba por prejudicar os entes mais ricos da federação. Francisco Neto aduz que:

> O Fundo de Participação dos Estados cumpre uma função redistributiva, na medida em que 85% dos recursos são direcionados para os Estados das regiões Norte, Nordeste e Centro-Oeste. Já o Fundo de Participação dos Municípios privilegia os pequenos municípios do interior, sob o pressuposto de que as capitais são centros urbanos mais desenvolvidos e dotados de potencial para obter os próprios recursos de que necessita. [...]
>
> Em relação ao Fundo de Participação dos Municípios (FPM), dados da Secretaria do Tesouro Nacional indicavam que, no ano de 2001, 63% dos municípios do Norte e Nordeste receberam o menor valor per capita a título de FPM, ao passo que os municípios do Sul e Sudeste – mais ricos e com maior capacidade de arrecadação própria – receberam 34% a mais que os do Nordeste.
>
> Um outro complicador da divisão do FPM refere-se aos critérios estipulados por faixa de população: enquanto um município com cerca de

---

[449] Segundo Francisco Neto (FRANCISCO NETO, João. *Responsabilidade fiscal e gasto público no contexto federativo*. 2009. 272 f. Tese (Doutorado em Direito Econômico e Financeiro) – Faculdade de Direito, Universidade de São Paulo, São Paulo, 2009, p. 217), as transferências são classificadas sob 2 (duas) modalidades: transferências constitucionais e legais, e as voluntárias. As primeiras são assim designadas porque são obrigatórias e realizadas por força de dispositivo constitucional ou legal e obedecem às regras de rateio previamente estabelecidas. Já as transferências voluntárias resultam de convênio ou acordos de cooperação financeira entre a União e estados e municípios. Na prática, são considerados um adicional de recursos, obtidos além da fatia constitucional a que regularmente fazem jus.

CAPÍTULO 2
A QUESTÃO DO ENDIVIDAMENTO PÚBLICO NO FEDERALISMO BRASILEIRO | 213

300 mil habitantes foi aquinhoado com R$ 44 per capita, um pequeno município de 3 mil habitantes (um micromunicípio) recebeu o montante de R$ 664.

Por outro lado, evidências empíricas demonstram que os pequenos municípios, de população até 5 mil habitantes, não reúnem as condições necessárias para oferecer a maior parte dos serviços públicos que uma municipalidade deveria oferecer, ou seja, escolas de nível médio, hospitais aptos a realizar cirurgias e procedimentos complexos etc. Daí que os recursos recebidos por esses municípios tendem a ser aplicados nos custos fixos da instalação e manutenção dos prédios da prefeitura e da câmara municipal local, além dos salários de funcionários públicos, dos detentores do mandato, bem como em obras ornamentais que, muitas das vezes, não resultam em nenhum benefício à coletividade.[450]

A rigidez e a permanência desses critérios de rateio dos fundos de participação encontram as suas causas em fatores essencialmente políticos. Rodden argui, com base em estudos econométricos de transferências no Brasil, que fora constatado que os resgates e a distribuição de subsídios são altamente políticos. Acima de tudo, os pequenos estados com vantagens de negociação legislativa são favorecidos, assim como os membros da coalizão legislativa do presidente e os estados que forneceram mais votos para o presidente na última eleição. O autor lembra que, na Alemanha, não há efeitos políticos partidários nas transferências. No padrão brasileiro, as variáveis partidárias funcionam bem como instrumentos para obtenção de recursos.[451]

Conseguintemente, para a correta compreensão do porquê os estados mais ricos se encontrarem com os índices mais elevados de endividamento, não se pode olvidar a sua origem essencialmente política de baixa representatividade nas decisões nacionais. Nesse sentido, Arvate, Biderman e Mendes esclarecem que:

---

[450] Ibid., p. 219-221.

[451] RODDEN, Jonathan. *Hamilton's Paradox*: The Promise and Peril of Fiscal Federalism. Cambridge: Cambridge, 2005. p. 255. No original: *"Yet as in the previous chapter, it is difficult to view grants as exogenous. Indeed, Arretche and Rodden (2004) have conducted an econometric study of transfers in Brazil, finding that like the bailouts examined above, the distribution of grants is highly political. Above all, small states with legislative bargaining advantages are favored, as are members of the president's legislative coalition, and states that provided more votes for the president in the last election. Recall that in Germany there are no party-political effects on transfers — only a small state bias. The Brazilian pattern provides an advantage that is discussed further below — some of these partisan variables work well as instruments for grants".*

Há grande desigualdade social e econômica entre os Estados e as regiões do Brasil. Os Estados de menor renda têm maioria no Senado (os Estados do Norte e do Nordeste têm a menor renda per capita e, juntos, 59% dos assentos no Senado). Pode haver um jogo político em andamento nesse ponto, em que os Estados mais pobres usam sua maioria política para obter vantagens econômicas dos Estados mais ricos. Assim, senadores dos Estados mais pobres podem criar dificuldades quando se trata de aprovar solicitações dos Estados mais ricos.[452]

Corroborando o raciocínio acima, Stepan afirma que somente o Brasil, dentre os principais sistemas federativos do mundo, tem condições potenciais para fazer obstrução à maioria democrática no plano federal:

O contexto geral dentro do qual os congressistas efetivamente atuam está em parte relacionado com os grupos de interesse regionais que os levaram para o Parlamento, e que ajudarão a derrotá-los ou a reelegê-los em menos de dois anos. A rigor, os vetores do novo institucionalismo, assim como os vetores da escolha racional individual, podem apontar na mesma direção em muitos sistemas federativos o *status quo*.

Se isso acontece na Câmara dos Deputados dos Estados Unidos, em que a representação proporcional é muito próxima do princípio da igualdade (um cidadão, um voto), não é preciso ser "um novo institucionalista" para perceber as implicações políticas do federalismo em um país que tem uma Câmara dos Deputados desproporcional como o Brasil, que por conta das prerrogativas do Senado vai para o extremo do *continuum demos constraining*,[453] e onde os eleitorados e os governadores que ajudam

---

[452] ARVATE, Paulo Roberto; BIDERMAN, Ciro; MENDES, Marcos. Aprovação de empréstimos a governos subnacionais no Brasil: há espaço para comportamento político oportunista? *DADOS – Revista de Ciências Sociais*, Rio de Janeiro, v. 51, n. 4, 2008, p. 993.

[453] O autor exemplifica da seguinte maneira: "Em uma forma de federalismo extremamente *demos constraining*, legisladores que representam menos de 10% do eleitorado podem constituir um grupo com poder de obstrução [*blocking win-set*]. Nessas circunstâncias, ainda que favoráveis à lei por razões programáticas, esses legisladores podem ser estruturalmente seduzidos a tirar proveito de sua posição de bloco de obstrução para extrair vantagens "de monopólio" [*rent-seeking rewards*]. É evidente que pequenos grupos de obstrução, constitucionalmente encravados em um sistema federativo democrático, também acarretam graves problemas para a equidade do princípio de "um cidadão, um voto". Portanto, do ponto de vista político, grupos com poder de obstrução incorporados na Constituição podem criar sérios problemas para o funcionamento legítimo e eficaz da democracia. Por exemplo, é possível que, em um país, durante um longo período de tempo, exista uma grande maioria de líderes políticos e uma grande maioria do eleitorado que acreditam na necessidade de mudanças importantes. Mas, se a federação foi estruturada de modo a facilitar a formação de grupos de veto por parte de pequenas maiorias, a legitimidade e a eficácia da democracia poderiam ser prejudicadas por esses aspectos restritivos da maioria. Se muitos cidadãos acreditarem que um governo

a enviar membros para a Câmara Alta têm suas próprias agendas e controlam recursos valorizados pelos senadores. [...]

Na Câmara Alta brasileira, um grupo de senadores que representa menos de 9% do eleitorado pode criar um grupo *"win-set"* capaz de obstruir a aprovação de importantes reformas legislativas. Se as instituições da Câmara dos Deputados americana mais igualitária são capazes de produzir equilíbrios induzidos pela estrutura, o federalismo brasileiro, que se caracteriza por uma Câmara Alta de baixíssima proporcionalidade e por uma Câmara Baixa igualmente desproporcional, certamente contribui para a perpetuação estrutural do *status quo*.[454]

Assim, considerando o sistema representativo político brasileiro, não é de se surpreender que, dada a significativa menor parcela de transferência de recursos, os estados mais endividados sejam justamente os que apresentem os melhores índices de produto interno bruto (PIB) – Rio de Janeiro, Rio Grande do Sul, Minas Gerais e São Paulo –, como pode ser comparado no gráfico e tabela abaixo:

---

popular, que realiza políticas populares, está sendo bloqueado pelas próprias instituições da democracia (como acontece em uma variedade extremada de federalismo *demos-constraining*), é possível que isso crie uma situação na qual a maior parte da legislação não seja propriamente barrada, mas introduzida por decreto do Executivo, com um apoio difuso da opinião pública. Essa situação pode ser boa ou má para a eficácia, mas certamente não contribui para a consolidação democrática, que progride muito mais quando a aprovação das principais leis se faz de acordo com os procedimentos legislativos democráticos, e não à revelia deles".

[454] STEPAN, Alfred. Toward a new comparative analysis of democracy and federalism: demos constraining and demos enabling federations. *DADOS*, 42, 2, p. 197-251, 1999. Comparando os modelos norte-americano e brasileiro, o autor aduz que: "Os Estados Unidos e o Brasil seguem a mesma regra decisória no que diz respeito aos votos na Câmara Alta; cada estado, independentemente de sua população, recebe um número igual de cadeiras no Senado (duas nos Estados Unidos e três no Brasil). Nos Estados Unidos, o estado de menor população em 1990 era o Wyoming, com 453.588 pessoas e o estado com maior número de habitantes era a Califórnia, com 29.760.021 (Whitackers Almanac, 1997). Assim, um voto no Wyoming equivalia a 66 votos na Califórnia. O Brasil ainda restringe mais o poder do *demos* do que os Estados Unidos. Em 1991, o menor estado brasileiro era Roraima, com uma população de 215.790; e o maior era São Paulo, com 31.192.818 habitantes (Europe World Yearbook, 1995:618; Elazar, 1994). Desse modo, um voto em Roraima pesa 144 vezes mais do que um voto em São Paulo. A natureza restritiva do *demos* do federalismo brasileiro torna-se ainda maior se levarmos em conta a Câmara Baixa. Cabe notar, porém, que a força retórica e política da necessidade de representar o território (em vez da população, quer dizer, "um voto, uma pessoa") é tão forte no Brasil que cada estado, independentemente de seu tamanho, recebe um "piso" de oito representantes na Câmara dos Deputados e nenhum estado, a despeito da extensão de sua população, pode receber mais do que o "teto" de setenta deputados. Se houvesse uma perfeita proporcionalidade no Brasil, Roraima teria um deputado e São Paulo teria perto de 115. Na situação atual, Roraima elege oito deputados e São Paulo apenas setenta".

Gráfico 7 – Relação entre a Dívida Consolidada
e a Receita Corrente Líquida dos estados

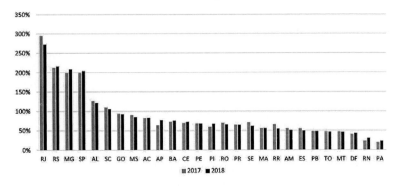

Fonte: Secretaria do Tesouro Nacional.[455]

Tabela 5 – PIB dos estados brasileiros

Unidades da federação	PIB em 2017 (1.000.000 R$)
Acre	14.271
Alagoas	52.843
Amapá	15.480
Amazonas	93.204
Bahia	268.661
Ceará	147.890
Distrito Federal	244.683
Espírito Santo	113.352
Goiás	191.899
Maranhão	89.524
Mato Grosso	126.805
Mato Grosso do Sul	96.372
Minas Gerais	576.199
Paraná	421.375
Paraíba	62.387
Pará	155.195
Pernambuco	181.551
Piauí	45.359
Rio de Janeiro	671.362
Rio Grande do Norte	64.295
Rio Grande do Sul	423.151
Rondônia	43.506
Roraima	12.103
Santa Catarina	277.192
Sergipe	40.704
São Paulo	2.119.854
Tocantins	34.102

Fonte: IBGE.[456]

---

[455] Boletim de Finanças dos Entes Subnacionais – 2019, p. 25. Disponível em: http://www.tesourotransparente.gov.br/publicacoes/boletim-de-financas-dos-entes-subnacionais/2019/114-2. Acesso em: 12 jan. 2020.

[456] IBGE – Instituto Brasileiro de Geografia e Estatística. Disponível em: https://www.ibge.gov.br/explica/pib.php. Acesso em: 12 jan. 2020.

Uma maneira de se tentar contornar o problema distributivo é sugerida por Prado, mediante a utilização de sistemas de equalização que efetivamente considerem a totalidade das receitas e, em certos casos, também os gastos de cada governo:

> Por exemplo, um Sistema de Equalização[457] pode pretender equalizar a capacidade de gasto per capita dos estados. Para isso, uma primeira opção mais simples é considerar a receita própria efetivamente arrecadada por cada estado, a partir de seus impostos próprios, em termos per capita, e definir aportes compensatórios com base nesta estimativa. Uma opção mais sofisticada seria utilizar estimativas da arrecadação tributária potencial do estado, através de modelos estatísticos mais sofisticados. Alternativa que deve também ser considerada um SE seria partir igualmente das receitas estaduais, e realizar trocas horizontais, com os estados mais ricos transferindo recursos para os mais pobres até lograr algum grau pré-definido de equalização. De forma sintética, portanto, poderíamos caracterizar um SE como um dispositivo que analisa de forma abrangente e inclusiva as receitas e gastos de cada GSN para definir transferências que ele deva receber.[458]

Embora se reconheça que em todas as federações existam estados doadores e estados recebedores, com estes últimos sendo financiados por impostos pagos por contribuintes de outros territórios, dada a necessidade de se promover uma equalização na qualidade de vida de todos os habitantes do país, não se pode desconsiderar, no entanto, o surgimento de efeitos negativos, como, aliás, admite Prado:

---

[457] O autor faz uma distinção entre Sistemas de Equalização (SE) e Fluxos Redistributivos (FR). Estes últimos são dotações de recursos originadas de governos superiores, às quais se aplica um parâmetro qualquer autônomo de distribuição: população, renda *per capita*, pobreza, demandas de infraestrutura etc. Enquanto um SE avalia todas as fontes de recursos de cada jurisdição para chegar a um montante transferido que reduza as diferenças na receita final disponível das jurisdições, um FR ignora totalmente as demais fontes de recursos dos governos receptores, definindo aportes com base num critério autônomo. O autor reconhece, ainda, que a grande maioria das federações existentes, incluindo o Brasil, tem, na realidade, um ou mais fluxos redistributivos, o que é bastante adequado para distribuir recursos para finalidades setoriais específicas; contudo, quando se trata da necessidade de equalização da capacidade geral orçamentária de gasto dos governos subnacionais, em que cada jurisdição tem acesso diferenciado às diversas fontes de recursos, devido, por exemplo, às diferenças inter-regionais nas bases tributárias, este tipo de fluxo pode ser bastante impreciso e até perverso no resultado final gerado. De forma geral, nos SEs, a maior precisão é obtida ao custo de maior complexidade e, evidentemente, maiores custos. Não por coincidência, apenas nas federações mais desenvolvidas, nas quais a equidade é vista como valor fundamental, encontramos SEs.

[458] PRADO, Sérgio. *A questão fiscal na federação brasileira*: diagnóstico e alternativas. Cepal, 2007, p. 34.

Muito frequentemente, níveis elevados de dependência por transferências levam à desconsideração do esforço de arrecadação própria, o que acaba por levar à exploração inadequada das bases tributárias disponíveis aos governos. Exatamente por este motivo os sistemas de equalização exigem complexos sistemas de estimativa da arrecadação potencial, quando, à primeira vista, poderia atuar com base na arrecadação efetiva de cada jurisdição. O motivo desta complexidade é exatamente evitar que a "preguiça" fiscal – pouco esforço e eficiência na arrecadação própria-, reduzindo a receita efetiva, acabe sendo recompensada por transferências maiores. Sendo a transferência baseada na receita potencial, qualquer que seja a postura fiscal do governo receptor a transferência será a mesma.[459]

A distribuição de recursos do FPE, no sistema anterior à Constituição de 1988, apoiava-se em um fluxo redistributivo, com a adoção do seguinte critério de distribuição: *per capita* ponderada pela extensão territorial (incidindo sobre 5% dos recursos) e pelo inverso da renda *per capita* (incidindo sobre 95% dos recursos). No entanto, o regime inaugurado em 1989, com a edição da Lei Complementar nº 62/89, retirou os "pouco atributos positivos daquele sistema de fluxos redistributivos", o qual, de acordo com o referido autor:

> A opção simplificadora, típica de sistemas políticos sem capacidade para (ou vocação de) resolução dos conflitos fundamentais, foi, no essencial, destruir o sistema de fluxos redistributivos criado em 1967, e substituí-lo por um grosseiro critério de porcentagens fixas de distribuição dos recursos por estado. Após algumas adaptações e correções *ad hoc*, voltadas para aumentar a participação dos estados das regiões menos desenvolvidas, foram congeladas percentualmente as participações dos estados nos recursos do FPE e do FPM. O sistema de redistribuição de recursos na federação brasileira foi reduzido, naquele momento, a uma simples e rústica tabela de percentuais fixos, contida no famoso anexo da lei complementar 62/1989.
>
> Uma das consequências relevantes deste dispositivo "congelado" é que os estados mais atrasados foram provavelmente beneficiados, com toda certeza no caso do FPE. A ideia subjacente à utilização de um critério como inverso da renda per capita, que comandava a distribuição do FPE originalmente, é que a ponderação reflita o grau de desenvolvimento relativo dos estados. Se a diferença em nível de desenvolvimento se reduz entre estados atrasados e avançados, isto tem que se refletir na distribuição dos recursos, que são eminentemente compensatórios.

---

[459] Ibid., p. 109.

Com o congelamento, a situação distributiva existente em 1988 (com os "acertos" de origem política) foi perpetuada. Desde então, os dados indicam que a distância em renda per capita entre os estados do sul-sudeste e norte nordeste diminuíram, devido a taxas de crescimento significativamente acima da média nacional para pelo menos alguns estados das regiões atrasadas, combinada a uma aparente desaceleração relativa do crescimento no sul-sudeste. Assim, se os critérios fossem dinâmicos, provavelmente a participação dos estados do norte nordeste no FPE seriam, hoje, menores do que indica o anexo da LC 62/89.[460]

O regime atual, portanto, se mostra ainda mais danoso aos interesses dos estados mais ricos da federação e, diga-se de passagem, os que mais arrecadam tributos federais.[461] Apesar de anuir que os critérios adotados necessitem de revisão e ajustes, Mendes reconhece as dificuldades quanto a um consenso para se atingir a devida alteração. Mesmo tendo alguns estados levado o conflito ao STF,[462] o efeito

---

[460] Ibid., p. 108-109.

[461] Um levantamento realizado pelo Instituto Brasileiro de Economia da Fundação Getúlio Vargas (Ibre/FGV) apontou que, em 2011, "o Rio [de Janeiro] repassou, em forma de impostos e contribuições de pessoas físicas e empresas, R$ 141 bilhões para o governo federal. Em troca, recebeu de volta apenas R$ 14,7 bilhões em repasses constitucionais obrigatórios, investimentos e *royalties* do petróleo. É como se cada cidadão fluminense destinasse à União R$ 8.824 ao ano, mas recebesse de volta somente R$ 918, ou 10% do total. [...] O estudo mostra que, considerando os repasses totais de cada estado para a União, Rio e São Paulo são os que mais transferem recursos para o governo federal. São também as unidades da Federação que, junto com o Distrito Federal, proporcionalmente menos recebem de volta. No caso de São Paulo, o valor dos repasses e investimentos da União representa apenas 4% do que foi transferido. Para o Distrito Federal, volta menos de 1%". Reportagem de Gilberto Scofield Jr., publicada no Jornal *O Globo*, em 2.6.2012. Disponível em: https://oglobo.globo.com/brasil/rio-so-recebe-de-volta-10-do-que-repassa-uniao-5105869. Acesso em: 23 set. 2019.

[462] O autor faz referência às Ações Diretas de Inconstitucionalidade nº 875/DF, nº 1.987/DF, nº 2.727/DF e nº 3.243/DF, as quais questionavam o cumprimento do artigo 161, inciso II, da CRFB, pela LC nº 62/1989. Este dispositivo constitucional determina que os critérios de rateio do FPE sejam estabelecidos por lei complementar, a fim de promover o equilíbrio socioeconômico entre os entes federativos. Tendo em vista que a LC nº 62/1989 fixou coeficientes de distribuição sem critérios objetivos, e apenas para os exercícios de 1990 e 1991, o STF declarou a inconstitucionalidade, sem a pronúncia de nulidade, do artigo 2º, incisos I e II, §§1º, 2º e 3º, e do Anexo Único, em 24.02.2010. O autor esclarece, ainda, que "o Supremo, como é sabido, decidiu pela inconstitucionalidade da lei e determinou ao Congresso a substituição da norma por outra cujos critérios contemplassem a variação das condições socioeconômicas dos estados ao longo do tempo. A obrigatoriedade de se discutir novos critérios, em que não havia como gerar ganhos para todos, e alguns estados certamente perderiam, abriu forte conflito. Jamais se chegou próximo a um acordo para uma solução que distribuíssem os recursos de forma eficiente, transferindo-se mais verbas para os estados com maior hiato entre a capacidade de arrecadação e os gastos obrigatórios. Uma característica importante da decisão do Supremo era a de impor o risco de elevada perda a todos os estados, caso não se aprovasse uma nova legislação. Findo o

prático final fora a "aprovação de uma lei que reproduzia a regra já existente,[463] com uma transição para o novo critério que é tão lenta que vai durar mais de um século para que os novos critérios passem a valer",[464] concluindo o autor que:

> A lição e o incentivo transmitidos aos estados nesse episódio é a seguinte: é muito perigoso para um ou alguns poucos entes federativos agirem sozinhos, contra o interesse dos demais, por mais justas que sejam as suas reivindicações. Abrir uma disputa entre entes federados torna todos mais vulneráveis. O risco de perder o FPE enquadrou os estados "rebeldes" e os fez aceitar a manutenção do *status quo*.
>
> Com esse tipo de incentivo, fica muito difícil propor qualquer mudança de critério na partilha dos recursos que vise aumentar a equidade ou a eficiência na alocação das verbas. Esse tipo de debate coloca estado contra estado e enfraquece o grupo frente a suas disputas com o governo federal. Até porque, em outras disputas, em que a recompensa é tão alta que vale a pena partir para o conflito (como nos *royalties* e na Guerra Fiscal), já há grande tensão entre estados. Por isso, é preciso evitar conflito quando a recompensa não é alta, como no caso do FPE.[465]

---

prazo, o FPE deixaria de ser distribuído a todos. O correr do tempo sem se chegar a um consenso redistributivo levou os estados a se unirem em torno de uma solução para evitar a perda para todos, mantendo-se tudo como estava antes".

[463] O autor se refere à Lei Complementar nº 143, de 17.7.2013.

[464] No que se refere à expectativa quanto à dilação do prazo para que os novos critérios legais apresentem resultados efetivos, Kleber Pacheco de Castro (Novo critério de rateio do fundo de participação dos Estados: efetivo ou inócuo? *Cadernos Gestão Pública e Cidadania*, São Paulo, v. 23, n. 76, set./dez. 2018, p. 410), a partir da simulação da aplicação da LC 143/13 sobre determinados cenários macroeconômicos futuros, concluiu que: "Buscando incorporar as mais distintas situações conjunturais, os resultados mostraram que, de uma forma geral, no curto e médio prazos, a nova lei altera apenas marginalmente a distribuição do fundo entre os estados. O caráter dinâmico do critério de partilha previsto na LC 143/13 (relacionado à renda per capita e à população) só seria plenamente atingido com, pelo menos, um século de vigência da nova regra, mesmo considerando um cenário favorável, com elevado crescimento econômico, inflação baixa e elasticidade da tributação com relação ao produto superior à unidade. Se o cenário for alterado para um perfil mais conservador (intermediário), essa transição poderia levar quase dois séculos. Os prazos são tão dilatados que é inviável imaginar que a LC vigoraria por tanto tempo. Além do pouco razoável intervalo de tempo no qual continuaria vigorando o critério estático de distribuição da LC 62/89, cumpre salientar que, efetivamente, a regra que foi declarada inconstitucional pelo STF continuaria vigorando de modo residual para sempre, enquanto a LC 143/13 não fosse alterada. Não é por acaso que essa lei é alvo de muitas críticas pelos especialistas em contas públicas e já foi questionada judicialmente antes mesmo de entrar em vigor, a partir da ADI nº 5.069, impetrada pelo Estado de Alagoas em 2013".

[465] MENDES, Marcos José. Federalismo Fiscal Brasileiro no âmbito econômico. *In*: CAMPOS, Cesar Cunha; MENDES, Gilmar Ferreira (Org.). *Federalismo fiscal Brasil-Alemanha*. v. 4. Brasília: FGV Projetos, 2016. p. 35.

Talvez, como alternativa para se compensar a atual situação crítica de endividamento dos estados mais ricos, o governo federal vem adotando medidas que, se, por um lado, trazem algum tipo de alívio à situação desses estados, por outro, vêm minimizando as normas de responsabilidade fiscal. Assim, as restrições e limites legais ao endividamento foram afastados em diversas situações de autorização de novas operações de crédito.[466] No mesmo sentido, Monteiro Neto, Silva e Gerardo relembram o caso dos "subsídios implícitos"[467] concedidos pela Lei nº 9.496/1997, que acabaram por beneficiar os estados mais endividados, pois:

> Calculados os subsídios implícitos (tabela 2), uma importante característica assumida pelo processo de ajustamento das dívidas estaduais tende a se tornar clarividente ao longo da primeira década do século XXI: os subsídios implícitos foram mais relevantes para aqueles estados da Federação com estoques de dívidas muito elevados, como São Paulo, em que os subsídios implícitos representam muito mais que a metade do total nacional: 57,4% do total em 1999 e 65,8%, em 2011.

> A distribuição regional de tais subsídios implícitos às dívidas estaduais evidencia as pequenas participações, respectivamente, em 1999 e em 2011, das regiões Norte (0,5% e 0,7%), Nordeste (4,0% e 4,6%) e Centro-Oeste (2,9% e 3,3%) no conjunto do país. É na região Sudeste e, secundariamente, na Sul, que os benefícios dos subsídios foram mais representativos: no Sudeste, 79,8%, em 1999, e 76,8%, em 2011; no Sul, 12,8%, em 1999, e 14,6%, em 2011.

> O formato geral adotado pelo processo de renegociação das dívidas estaduais gerou inequívocos benefícios ao controle de gastos públicos, freando a necessidade de endividamento dos estados e melhorando a gestão das suas finanças. No entanto, apresentou uma característica de iniquidade representada pela maior predisposição da União em ajudar os governos estaduais com maiores estoques de dívidas, os quais eram justamente as economias mais desenvolvidas do país: São Paulo, Minas Gerais, Rio de Janeiro e Rio Grande do Sul.[468]

---

[466] Esse tema será analisado com maior profundidade no capítulo 3, mais especificamente nos itens 3.3.1 e 3.3.2.

[467] O subsídio é calculado pela diferença entre a taxa Selic – que define o custo de captação da União – e o custo de financiamento da dívida estadual. O autor apresenta tabela com os referidos cálculos, considerando a situação de cada estado que aderiu à contratação com base na Lei nº 9.496/1997, no período de 1999-2011.

[468] MONTEIRO NETO, Aristides; SILVA, Alexandre Manoel Angelo da; GERARDO, José Carlos. Dívidas estaduais, federalismo fiscal e desigualdades regionais no Brasil: percalços no limiar do século XXI. *In*: MONTEIRO NETO, Aristides (Org.). *Governos estaduais no federalismo brasileiro*: capacidades e limitações governativas em debate. Brasília: IPEA, 2014. p. 125-126.

O grande entrave na repartição de recursos dos fundos de participação se concentra, por conseguinte, na ausência de qualquer contrapartida por parte dos estados e municípios que mais recebem esses valores. Não há qualquer exigência, como, por exemplo, a melhoria de condições sociais, de equalização dos gastos públicos ou, mesmo, de incremento dos índices de arrecadação tributária própria.

No entanto, os estados que mais contribuem para a arrecadação tributária federal são justamente os que menos recebem recursos – como já visto, no caso de São Paulo, o valor dos repasses e investimentos da União representa apenas 4% do que foi transferido –, sendo obrigados a recorrerem a financiamentos como forma de compensação pela falta de disponibilidades financeiras que abarquem os seus respectivos gastos.

O modelo político-federativo brasileiro, da forma como moldado na Constituição de 1988, contribui para os fracassos das tentativas de alteração do sistema vigente, o que, cada vez mais, vem exigindo que os atores do nosso "jogo federativo" sejam chamados ao debate, até porque os conflitos vêm se intensificando ao longo do tempo. Para isso, é mister que todos os envolvidos, ou seja, os poderes, os órgãos de controle e a sociedade compreendam e assumam o que está formalmente previsto na Constituição – um efetivo federalismo cooperativo. A teoria dos jogadores/atores, desenvolvida por Jonathan Rodden, será explicitada no próximo capítulo.

CAPÍTULO 3

O ENDIVIDAMENTO DOS ENTES SUBNACIONAIS E OS ATORES DO FEDERALISMO FISCAL BRASILEIRO

3.1   O jogo de resgate (*bailout game*)

3.1.1 Condições gerais

A teoria do jogo de resgate (*bailout game*) foi desenvolvida por Jonathan Rodden, em sua obra *Hamilton's paradox: the promise and peril of fiscal federalism*. Resumidamente, está relacionada à vontade e ao comprometimento dos entes subnacionais no que tange à adoção de políticas de ajuste fiscal. A expectativa quanto ao comportamento do governo central determinará a utilização ou não de correções fiscais por parte dos entes periféricos.

Assim, um estado de dada federação, ao tomar decisões em termos de política fiscal, levará em consideração uma série de fatores, tais como: o custo de eventual opção por uma política mais restritiva e os impactos causados nos eleitores locais em face do aumento dos tributos ou da contenção dos gastos públicos; o ganho político junto aos eleitores, com a opção por uma política menos restritiva e a provável distribuição dos custos para outras regiões do país,[469] assim como os efeitos ocasionados na política macroeconômica nacional;[470] e, primordialmente, a conduta que o ente espera que será adotada pelo governo central quanto à possibilidade – ou não – de haver resgates financeiros em situações de grave crise fiscal (*defaults*).

---

[469] Ver item 2.3.4 do capítulo 2, que trata da socialização dos prejuízos como uma das consequências que o endividamento dos estados-membros provoca nas relações interfederativas.

[470] Para mais detalhes, ver item 2.3.1 do capítulo 2.

Inicialmente, considera-se que o ente subnacional não possui informação adequada quanto ao tipo de jogador que seja o ente central: se é resoluto, isto é, permitirá o *default* do governo estadual; ou, se é irresoluto, em que acabará por anuir em arcar com o déficit fiscal regional através de operações de salvamento ou socorro financeiro (*bailout*).

Em ocorrendo uma primeira crise fiscal, o ente subnacional poderá decidir por duas opções: encerrar a jogada com a promoção do ajuste imediato (AI) e, por consequência, arcar com os custos políticos e sociais daí advindos; ou requerer mais recursos, mediante empréstimos ou transferências intergovernamentais para tentar contornar a crise. O socorro do governo central poderá ocorrer ou não. Nesta última situação, de total ausência de resgate do governo federal, restarão ao ente subnacional duas alternativas: promover o ajuste tardio (AT), com a consequente elevação dos custos derivados do atraso das medidas; ou se sujeitar a uma situação de completo descontrole nas finanças (*default*) nos casos em que o ajuste tardio não seja suficiente para enfrentar o desequilíbrio fiscal.[471]

Caso o ente central resolva encerrar o jogo de antemão, optará por socorrer o ente subnacional nessa primeira fase através do resgate imediato (RI). Poderá também optar por permanecer inerte e provocar uma segunda rodada do jogo, com a possibilidade de ocorrência de elevação dos riscos – diante de um provável aprofundamento da crise –, optando por um resgate tardio (RT). Por sua vez, embora prefira um resgate imediato (RI), o governo subnacional compreende que uma situação de *default* (D) é muito mais gravosa do que o resgate tardio (RT). Nas palavras do próprio Rodden:

> As utilidades esperadas do governo subnacional são orientadas pelos valores eleitorais esperados de cada resultado.[472] Os gestores subnacionais estão preocupados com as consequências eleitorais negativas do ajuste e preferem que os custos do ajuste sejam pagos por cidadãos de outras jurisdições. O governo subnacional prefere um resgate antecipado tranquilo (RI), mas, se não puder obter um resgate no primeiro

---

[471] ECHEVERRIA, Andrea de Quadro Dantas; RIBEIRO, Gustavo Ferreira. O Supremo Tribunal Federal como árbitro ou jogador? As crises fiscais dos estados brasileiros e o jogo de resgate. *Revista Estudos Institucionais*, v. 4, n. 2, 2018, p. 649.

[472] Conforme visto no item 1.1.2, no primeiro capítulo, pode-se deduzir que Rodden considera, em seu modelo – contrariamente aos pressupostos admitidos pelos *federalistas de 1ª geração* –, que os gestores não são benevolentes, isto é, que, *a priori*, não estão preocupados em maximizar a função de bem-estar de seus governados em vista dos interesses políticos e eleitorais que os guiam.

estágio, prefere obtê-lo no estágio posterior (RT). Se nenhum resgate for fornecido e o governo subnacional precisar arcar com os custos do ajuste, ele teria preferido um ajuste inicial menos dispendioso (AI) do que um doloroso ajuste tardio (AT). O pior de todos os mundos é o *default* sem assistência federal (D).[473] (Tradução livre)

A vontade do ente central, em uma primeira situação de crise fiscal, será alvo de especulação pelo ente subnacional. Simplesmente, não se sabe se o ente central é resoluto (não propenso a efetuar resgates) ou irresoluto (que consente, em maior ou menor grau, com o salvamento), embora se possa concluir que, independentemente do tipo de governo central, este sempre irá preferir um ajuste imediato (AI) por parte do ente subnacional.

A partir das referidas premissas, podemos extrair as funções-utilidade (U) dos atores (governo central e entes subnacionais) envolvidos. Nesse contexto, a função-utilidade dos entes subnacionais (Usub) pode ser assim escalonada:

$$\text{Usub (RI)} = 1 > \text{Usub (RT)} > \text{Usub (AI)} > \text{Usub (AT)} > \text{Usub (D)} = 0.[474]$$

---

[473] RODDEN, Jonathan. *Hamilton's Paradox: the promise and peril of fiscal federalism.* Cambridge: Cambridge, 2005. p. 62. No original: "*The expected utilities of the subnational government are driven by the expected electoral values of each outcome. Subnational officials are concerned about the negative electoral consequences of adjustment, and would prefer that the costs of adjustment be paid by citizens of other jurisdictions. The subnational government prefers a quiet early bailout (EB), but if it cannot get a bailout at the first stage, it prefers to get one at the later stage (LB). If no bailout will be provided and the subnational government must pay the costs of adjustment itself, it would prefer a less costly early adjustment (EA) to a painful late adjustment (LA). The worst of all worlds is default without federal assistance (D)*".

[474] RODDEN (ibid., p. 64) esclarece o intervalo de 0 a 1, em que varia "p" (probabilidade), da seguinte forma: "O governo subnacional começa acreditando que o centro é resoluto, com probabilidade p, e, irresoluto, com probabilidade 1-p. Considerando os equilíbrios sob informações perfeitas, por indução reversa, fica claro que, se p = 1 (o governo subnacional acredita com certeza que o centro é resoluto), o jogo termina rapidamente porque o governo subnacional "se ajusta" em sua primeira jogada (AI), prevendo que o centro jogará "sem resgate" a cada passo do caminho, deixando no futuro o governo subnacional com opções ainda menos atraentes que o ajuste. Se se sabe que o centro é irresoluto (p = 0), o governo subnacional permitirá que uma crise fiscal se desenvolva, recusando-se a ajustar, sabendo que o centro não pode tolerar um *default*. O jogo termina com um resgate antecipado (RI), já que o governo central irresoluto vai preferir não esperar para promover o resgate". No original: "*The subnational government starts out believing that the center is resolute with probability p, irresolute with probability 1-p. First, consider the equilibria under perfect information. By backwards induction, it is clear that if p=1 (the subnational government believes with certainty that the center is resolute), the game ends quickly because the subnational government plays "adjust" in its first move, foreseeing that the center will play "no bailout" every step of the way, leaving the subnational government in the future with even less attractive options than adjustment. If the center is known to be irresolute (p=0), the subnational government will allow a fiscal crisis to develop by refusing to adjust, knowing that the center cannot tolerate*

Destarte, o ente subnacional sempre irá preferir um resgate imediato (RI) por parte do governo central. Ainda que este não ocorra, a opção do ente periférico continuará sendo a do resgate, mesmo que tardio (RT), a fim de evitar os custos políticos de um eventual ajuste, seja com o aumento de tributos regionais, seja com o corte de gastos ou a diminuição na prestação de serviços públicos. Nas situações de ausência de resgates, o ajuste inicial (AI) é preferível ao tardio (AT) em face da ampliação dos custos oriundos do atraso, o que pode, inclusive, levar a uma situação de total insolvência (D) do ente periférico, que seria a situação menos desejada por este. Echeverria e Ribeiro esclarecem que:

> O nível de incerteza sobre o comprometimento do ente central com eventual resgate irá impactar diretamente a matriz de incentivos dos entes subnacionais. Se esses acreditam que o ente central não irá realizar o resgate, a indução reversa do jogo indica que não há espaço para o comportamento oportunista dos entes subnacionais, que deverão realizar o ajuste imediato. De outro lado, se os entes subnacionais sabem que o ente central será obrigado a realizar o resgate, o ajuste não será realizado e o jogo deveria terminar com um resgate imediato.
>
> Entretanto, considerando que a preferência primordial do ente central – seja ele do tipo resoluto (não resgate) ou irresoluto (resgate) – é pela realização do ajuste pelo ente subnacional, a ação racional do ente central é negar o resgate nas primeiras rodadas, tentando sinalizar como sendo do tipo resoluto, com o intuito de induzir o ajuste pelo ente subnacional.
>
> Desse modo, nas primeiras rodadas do jogo, diante da incerteza da espécie do ente central, o ente subnacional deverá decidir sua ação com fundamento na probabilidade de resgate por parte do ente central. Ou seja, se o ente subnacional acredita que o ente central irá realizar o resgate, ele arriscará e não realizará o ajuste; caso contrário, se há indícios suficientes de que o ente central é resoluto e não irá resgatar, a tendência é que o ente subnacional realize o ajuste, ainda que de forma tardia. No limite, o ente subnacional poderá decretar sua falência, como *ultima ratio* na tentativa de forçar um resgate do ente central, que poderá ou não realizá-lo.[475]

Já a construção do escalonamento da função-utilidade do governo central vai depender do tipo de comportamento deste último,

---

a *default. The game ends with an early bailout since the irresolute center can gain nothing by waiting".*

[475] ECHEVERRIA, Andrea de Quadro Dantas; RIBEIRO, Gustavo Ferreira. O Supremo Tribunal Federal como árbitro ou jogador? As crises fiscais dos estados brasileiros e o jogo de resgate. *Revista Estudos Institucionais*, v. 4, n. 2, 2018, p. 651.

se resoluto (Ucr) ou irresoluto (Uci). Desta feita, um governo central resoluto (não disposto a resgatar) apresentaria a seguinte graduação:

$$Ucr (AI) = 1 > Ucr (AT) > Ucr (D) > Ucr (RI) > Ucr (RT) = 0$$

O ajuste promovido pelo ente subnacional sempre será a situação ótima do ponto de vista do governo central. Claro que o ajuste imediato (AI), por não trazer maiores consequências fiscais, políticas e sociais, é preferível ao ajuste tardio (AT). Um governo central resoluto vai preferir, ainda, uma situação de insolvência (*default* – D) do ente subnacional a ter que realizar qualquer tipo de resgate.

Um governo central irresoluto (propenso a resgatar) apresentará a seguinte sequência de sua função-utilidade:

$$Uci (AI) = 1 > Uci (AT) > Uci (RI) > Uci (RT) > Uci (D) = 0.$$

Da mesma forma que o governo central resoluto, o ente central irresoluto vai dar preferência ao ajuste por parte do ente subnacional. Também aqui se verifica a preferência pelo ajuste imediato (AI) para evitar uma situação de maior agravamento da situação fiscal caso o ajuste seja postergado (AT). Difere, no entanto, quanto à importância que se dá ao *default* (D). O governo central irresoluto deseja impedir uma situação de insolvência do ente subnacional em face das implicações políticas e sociais daí advindas. Neste sentido, vai preferir, antes que o *default* venha a ocorrer, resgatar o ente subnacional em dificuldade financeira.

Rodden alerta que o jogo é passível de se repetir continuamente nos países sempre que houver um choque negativo que necessite de ajustes. Com a reiteração das jogadas, as autoridades passam a dispor de um histórico através do qual podem embasar as suas avaliações de "p" (probabilidade). Assim, se o centro tem um histórico recente de fornecer resgates, será muito difícil assumir um compromisso crível de "não resgatar". Outro fator de influência é a alteração no comando dos atores do jogo. Quando um novo sistema político e fiscal está tomando forma, as primeiras rodadas do jogo são especialmente importantes, uma vez que os governos subnacionais não têm uma experimentação para fundamentar as suas avaliações quanto à resolução do centro. Portanto, os primeiros testes figuram entre os mais importantes. No entanto, deve-se ter em mente que o jogo passado não determina necessariamente o jogo atual. Os governos subnacionais também recebem indicações das instituições políticas e fiscais que moldam os benefícios do governo central. Por conseguinte, alterações nas circunstâncias e instituições políticas podem levar a mudanças nas utilidades dos governos subnacionais, bem como em suas percepções sobre as preferências do centro.[476]

O que efetivamente está por trás do jogo de resgate é, em verdade, uma questão crítica de federalismo fiscal, que nada mais é que a origem e a adequação dos recursos para fazer frente aos gastos dos entes subnacionais, sendo as formas mais usuais os empréstimos, as transferências de verba e o aumento de tributos.

Com relação aos empréstimos, é importante analisar o grau de autonomia dos entes subnacionais. Situações de ausência de normatização – especialmente com relação aos limites –; de liberdade para os entes subnacionais recorrerem a financiamentos no mercado interno ou no exterior, sem haver a necessidade de autorizações ou garantias do ente central; ou a existência de bancos estaduais têm a aptidão de fazer o ente subnacional postergar as medidas de ajustes, ou seja, de não haver propensão a realizar o ajuste imediato, circunstância que, conforme já visto, pode vir a ocasionar um *default* nas finanças estaduais, uma vez que o ajuste tardio tende a ocasionar a reiteração da obtenção de mais operações de crédito.

No que tange às transferências intergovernamentais, apesar de os autores reconhecerem a sua importância redistributiva, não se pode olvidar que a excessiva dependência dos governos subnacionais quanto a esses recursos pode ocasionar um desequilíbrio vertical da maior gravidade, fazendo surgir situações como o deslocamento de custos e a transferência de responsabilidade fiscal para o ente central.[477]

---

[476] Ibid., p. 67. No original: *"It is also useful to consider that the game may be repeated over and over again within countries, meaning that with every negative shock requiring adjustment, subnational officials have a long history of past play on which to base their assessments of p. If the center has a recent history of providing bailouts, it will be very difficult to make a credible "no bailout" commitment. Thus a central government, if concerned with future plays of the game, faces strong incentives to establish a reputation for resolve. When a new political and fiscal system is taking shape, the first rounds of the game are especially important since subnational governments have no past play on which to base their assessments of the center's resolve. Thus early tests of the center's resolve can be among the most important. In the case studies to follow, past play is extremely important and historical legacies loom large. Yet past play does not necessarily determine current play. Subnational governments also take cues from the political and fiscal institutions that shape the central government's payoffs. Changes in political circumstances and institutions can drive changes in the utilities of subnational governments as well as their perceptions of the center's preferences".*

[477] ECHEVERRIA, Andrea de Quadro Dantas; RIBEIRO, Gustavo Ferreira. O Supremo Tribunal Federal como árbitro ou jogador? As crises fiscais dos estados brasileiros e o jogo

CAPÍTULO 3
O ENDIVIDAMENTO DOS ENTES SUBNACIONAIS E OS ATORES DO FEDERALISMO FISCAL BRASILEIRO | 229

Por último, a opção pelo aumento de tributos regionais ocasiona resistências por parte dos contribuintes, atrelado, ainda, ao fato de os gestores dos entes subnacionais passarem a se sujeitar a um maior controle social daí advindo. Por outro lado, dada a ineficiência alocativa da maioria das espécies tributárias, não se pode olvidar a restrita capacidade tributária dos entes subnacionais, sendo que a maioria das federações tende a concentrar a maior parte de seus tributos na esfera federal. A forma como esses recursos são repartidos passa a ter um papel central, pois a falta de autossuficiência financeira das regiões é uma das principais causas de assimetria no federalismo fiscal.

3.1.2 O jogo de resgate nos federalismos brasileiro, norte-americano e alemão

3.1.2.1 Brasil

A estrutura federativa brasileira, moldada pela Constituição de 1988, permitiu uma ampla concentração legislativa no âmbito federal associada a uma baixa capacidade de arrecadação tributária das demais esferas e, ao menos inicialmente, uma ampla autonomia para contrair empréstimos por parte dos entes subnacionais.[478]

Essa combinação levou, em pouco tempo, a diversas situações de desajustes fiscais regionais. De fato, essa liberdade desmedida no que tange à contratação de empréstimos, em conjunção com a sua alta dependência das transferências de recursos do ente central, gerou uma insustentável dívida estadual e municipal, que culminou com o resgate de 25 dos 27 estados e mais de 150 dos maiores municípios, ao custo aproximado de R$100 bilhões, que representava, em dezembro de 1998,

---

de resgate. *Revista Estudos Institucionais*, v. 4, n. 2, 2018, p. 653. Quanto ao deslocamento de custos, vide item 2.4.4, do capítulo 2, relativo à "socialização dos prejuízos". Quanto à transferência da responsabilidade fiscal para o ente central, os autores destacam que, "quando os entes subnacionais passam a depender de recursos do ente central para cumprir com as funções e as competências que lhe foram delegadas, há uma redução da responsabilidade fiscal, fundamentada na crença de que o governo central deve prover essa ajuda econômica, pois não há uma efetiva autonomia financeira dos entes descentralizados. Tem-se, assim, a transformação do ente central em uma espécie de garantidor implícito da saúde financeira dos entes subnacionais, o que reduz drasticamente a probabilidade de não resgate. De outro lado, a própria população não consegue mais identificar qual a esfera responsável pela consecução das políticas públicas, o que afeta o controle social sobre a aplicação dos recursos, reduzindo a *accountability*, e consequentemente, a disciplina fiscal".

[478] Para mais detalhes quanto à organização federativa brasileira, ver item 1.2 do capítulo 1.

11,3% do PIB e 77,9% da dívida líquida dos estados e municípios, com a manutenção de uma cultura de indisciplina fiscal.[479]

Surgiu, por conseguinte, a necessidade de se redesenhar o protótipo federalista brasileiro, principalmente após uma série de resgates promovidos pelo governo central nas décadas de 80 e 90 do século passado,[480] o que culminou com a edição de uma legislação que impôs normas de restrição fiscal, limitando o acesso dos entes subnacionais ao crédito, bem como impedindo o resgate por parte da União. Além disso, iniciou-se um processo de privatização dos bancos estaduais, o que restringiu sobremaneira o acesso dos estados a novas emissões de títulos de crédito. Buscou-se, ademais, incrementar o controle dos gastos subnacionais, com a imposição de limites legais a determinadas despesas, especialmente pela Lei de Responsabilidade Fiscal.

Apesar da instituição de todo esse arcabouço de controle e limitação de gastos públicos, fato é que, com o passar dos anos, os estados novamente se depararam com graves desajustes em suas finanças e, considerando o histórico do governo central em promover resgates em situações como essa, é de se concluir que os entes regionais confiaram, inicialmente, na expectativa no sentido de que a União iria socorrê-los, como já fez de igual modo no passado. De acordo com Rodden:

> Se os governos subnacionais acreditam que, em última análise, o centro prefere resgates a insolvências regionais, eles enfrentam incentivos para adiar ou evitar ajustes fiscais. Os governos subnacionais captam sinais sobre o provável comportamento futuro do centro, atualizando constantemente as suas crenças, avaliando incentivos institucionais e políticos, bem como o comportamento passado do centro.[481] (Tradução livre)

Assim é que, de fato, novos resgates foram realizados após os ajustamentos da década de 1990, com a instituição de novos

---

[479] RIGOLON, Francisco José Zagari; GIAMBIAGI, Fabio. A renegociação das dívidas e regime fiscal dos estados. *In*: GIAMBIAGI, Fabio; MOREIRA, Maurício Mesquita (Org.). *A economia brasileira nos anos 90*. 1. ed. Rio de Janeiro: Banco Nacional de Desenvolvimento Econômico e Social, 1999. p. 132.

[480] Para uma análise pormenorizada do histórico e da legislação relativa ao endividamento dos entes estatais brasileiros, ver item 2.2 do capítulo 2.

[481] RODDEN, Jonathan. *Hamilton's Paradox*: The Promise and Peril of Fiscal Federalism. Cambridge: Cambridge, 2005. p. 90. No original: *"If subnational governments believe that the center will ultimately prefer bailouts to subnational defaults, they face incentives to delay or avoid fiscal adjustment. Subnational governments pick up cues about the center's likely future behavior, constantly updating their beliefs by assessing institutional and political incentives as well as the center's past behavior".*

refinanciamentos e a criação de regimes especiais de recuperação,[482] o que veio a corroborar a tradição de salvamentos financeiros no âmbito do federalismo fiscal brasileiro.[483]

No capítulo 1, foram analisados os exemplos de federalismo alemão e norte-americano em face, principalmente, das extensas diferenças entre ambos, sendo que o primeiro é baseado em um concerto cooperativo, solidário e de equalização das diferenças regionais; e o segundo, calcado na descentralização, liberdade e autonomia dos entes subnacionais. Apesar das diferenças, ambos os países não se abstiveram de realizar salvamentos financeiros aos entes periféricos no decorrer de sua história, conforme será visto a seguir.

3.1.2.2 Estados Unidos

No caso norte-americano, foram raros os exemplos de *bailouts* no desenvolvimento histórico de seu federalismo. O primeiro caso ocorreu em 1790, em que Rodden destaca a preocupação de Hamilton com a liberdade dos entes subnacionais em contrair empréstimos e,

---

[482] Vide item 2.2.6 do capítulo 2.

[483] Rodden (ibid., p. 242-243) assegura que os estados brasileiros passaram por três crises de dívida na última década (o autor se refere à década de 1990). Em meados da década de 1960, a dívida de todos os governos subnacionais representava quase um por cento do PIB, enquanto em 1998 atingiu acima de 14%. O rápido crescimento da dívida em nível estadual ocorreu por meio de uma série de crises, cada uma delas precipitada por eventos um pouco além do controle dos estados. No entanto, cada incidente acelerou e se transformou em uma crise sistêmica devido aos problemas de risco moral. Em cada caso, quando confrontados com níveis crescentes e insustentáveis de dívida, os estados se recusaram a arcar com os custos do ajuste e exigiram que o governo federal assumisse as suas dívidas de alguma forma. Além disso, a credibilidade das demandas dos estados por resgates foi reforçada pela incapacidade declarada (e em muitos casos real) de responder adequadamente à crise. Em acréscimo, a credibilidade do compromisso do governo federal de não assumir dívidas subnacionais foi prejudicada por sua história de resgates e pela forte representação dos estados no Congresso e no Executivo. No original: *"The Brazilian states have been through three debt crises in the last decade. In the mid 1960s, the debt of all subnational governments accounted for nearly one percent of GDP, while by 1998 it reached over 14 percent. The following historical account demonstrates that the rapid growth in state-level debt came about through a series of crises, each of which was precipitated by events somewhat beyond the control of the states. Each incident ultimately accelerated and transformed into a systemic crisis, however, because of the moral hazard problems described above. In each case, when faced with growing, unsustainable debt levels, the states refused to bear the costs of adjustment and demanded that the federal government assume their debts in some way. In each case the credibility of the states' demands for bailouts was enhanced by their professed (and in many cases real) inability to respond adequately to the crisis alone. Moreover, in each case the credibility of the federal government's commitment not to assume subnational debt was undermined by its history of bailouts and the strong representation of the states in Congress and the executive".*

por conseguinte, ocasionar externalidades para o governo federal e para os demais estados:

> Ao argumentar pela assunção federal de dívidas estatais no Primeiro Relatório sobre o Crédito Público (1790), Hamilton antecipou a literatura moderna de escolha pública sobre concorrência fiscal ao apontar que a mobilidade do capital e a política do estado impuseram severas restrições à capacidade dos estados de tributar. Em vez de enaltecer tal situação como uma restrição ao Leviatã, Hamilton temia que os estados fossem capazes de contrair empréstimos pesadamente – reforçados pelo bom crédito do governo federal –, mas depois se tornassem inadimplentes quando confrontados com choques negativos devido à falta de base de receita, prejudicando, assim, a credibilidade de outros estados e do governo federal. Ademais, ele temia que, devido à influência dos estados no processo de política federal, decisões racionais sobre emissão de dívida federal fossem prejudicadas pelas disputas entre estados, com base na força dos detentores de dívida em cada estado, com os estados endividados pressionando resgates federais.[484] (Tradução livre)

Apesar das referidas preocupações, Hamilton fora favorável à operação de resgate por parte do governo central, em boa medida, por uma questão de moralidade e justiça, uma vez que os estados com as maiores dívidas haviam suportado o peso das despesas na condução da Guerra Revolucionária. No entanto, a sua lógica se concentrava, em face do seu receio quanto às externalidades, em estabelecer o governo federal como o único credor dos estados e interromper o acesso independente destes últimos aos mercados de crédito no futuro, o que fez com que, de fato, o ente central assumisse a dívida dos estados endividados. Os críticos mais expressivos de Hamilton se insurgiram contra a assunção da dívida, especialmente porque o governo central estabeleceria um precedente incentivando os estados a acreditarem que era do tipo irresoluto. Com efeito, o temor dos críticos veio a se

---

[484] Ibid., p. 69. No original: *"In arguing for federal assumption of state debts in the First Report on the Public Credit (1790), Hamilton anticipated the modern public choice literature on fiscal competition by pointing out that capital mobility and state politics placed severe constraints upon the ability of states to tax. Rather than celebrating this as a constraint on Leviathan, however, Hamilton feared that states would be able to borrow heavily — bolstered by the good credit of the federal government — but then fall easily into default when faced with negative shocks because of their lacking revenue base, thereby damaging the creditworthiness of other states and the federal government. Next, he feared that due to the influence of the states in the federal policy process, rational decisions about issuing and retiring federal debt would be precluded by squabbles between states based on the strength of debt holders in each state, with indebted states pushing hard for federal bailouts".*

efetivar cinquenta anos após a assunção inicial da dívida, tendo esta sido mantida como precedente em pedidos urgentes por outra assunção de volume muito maior.

No início da década de 1820, a maioria dos estados não possuía qualquer dívida, sendo certo que os orçamentos estaduais eram bastante restritos e quase não havia impostos diretos. Os estados conseguiram sobreviver sem tributação significativa, contando com recursos provenientes da emissão de cartas bancárias, vendas de terras públicas e vários investimentos. Os empréstimos, no entanto, tornaram-se uma maneira muito atraente de aumentar drasticamente os gastos, sem o respectivo aumento dos impostos.[485]

Com o advento da gestão de Andrew Jackson, o governo federal reduziu as suas atividades e enfraqueceu as operações creditícias do Banco dos Estados Unidos em um momento em que movimentos populacionais maciços levaram ao aumento da demanda por infraestrutura de transporte, especialmente nos novos estados. Nos anos entre 1836 e 1839, o crescimento foi explosivo, e os estados contraíram mais dívidas novas do que em toda a sua história anterior. Todos os estados foram incentivados a tomar empréstimos por causa do rápido aumento dos valores da terra[486] e da crença de que, mesmo que à época não houvesse impostos sobre a propriedade, esse recurso poderia ser utilizado em caso de emergência.[487]

Um choque negativo ocorreu com o pânico financeiro de 1837 e o início de uma grande recessão, que perdurou de 1839 a 1843. Atingindo o primeiro nó de decisão dos governos subnacionais no jogo de resgate, muitos dos estados continuaram a tomar empréstimos de forma ainda mais agressiva, embora o serviço da dívida tenha se tornado difícil,

---

[485] Ibid., p. 70-71.

[486] Os autores esclarecem que o governo federal rapidamente pagou todas as suas dívidas da Guerra de 1812 e enfrentou um grande e crescente superávit, que decidiu simplesmente transferir para os estados, juntamente com inúmeras doações de terras. Essas doações serviram apenas para incentivar empréstimos adicionais, e os encargos da dívida cresceram constantemente. Ademais, esses novos títulos eram muito populares entre os investidores holandeses e especialmente britânicos. Havia uma abundância de fundos no mercado monetário de Londres, e os títulos estaduais americanos carregavam taxas de juros mais altas. Enquanto outros empréstimos a países estrangeiros desapareciam em campanhas militares, os investidores britânicos tinham experiências muito boas emprestando dinheiro ao governo federal dos EUA, e os estados americanos eram vistos como envolvidos em investimentos produtivos em uma terra próspera.

[487] RODDEN, Jonathan (ibid., p. 71), em referência a: SYLLA, Richard; GRINATH, Art; WALLIS, John. Sovereign Default and Repudiation: The Emerging-Market Debt Crisis in the United States, 1839-1843. *Unpublished Paper*, University of Maryland, 2004.

além de os bancos e os projetos de infraestrutura ainda não estarem gerando receita. Eles continuaram a contrair empréstimos até que toda a estrutura financeira entrou em colapso com o choque bancário de 1840. Os empréstimos cessaram, o trabalho em canais e ferrovias parou, e as poucas receitas tributárias secaram completamente. Acima de tudo, os valores da terra que sustentavam o empréstimo começaram a cair. À medida que a crise se aprofundava, alguns dos governos estaduais mais endividados se recusaram a se ajustar, resistindo a quaisquer aumentos de impostos diretos até o fim, até que, um depois de outro, nove estados "faliram" entre 1841 e 1842.[488]

Cesar A. Seijas de Andrade, ao comentar a profunda recessão do período de 1839 a 1843, ratifica que, para enfrentar a crise, muitos estados continuaram a contrair dívida, até que todo o sistema financeiro ruísse com o colapso bancário de 1840. Com o avanço da crise, alguns dos estados mais endividados se recusaram a promover o ajuste das contas públicas, até que nove estados decretaram a moratória de sua dívida em 1841 e 1842, a saber: Maryland, Pennsylvania, Arkansas, Florida, Illinois, Indiana, Louisiana, Michigan e Mississipi. As moratórias dos nove estados causaram externalidades para os demais estados e para o próprio governo federal, que encontravam dificuldades em ter acesso ao crédito externo. Investidores europeus chegaram a afirmar que não voltariam a emprestar recursos ao governo federal enquanto a dívida dos estados não fosse assumida por este.[489]

Previsivelmente, a assunção da dívida dos estados pelo governo central era apoiada pelos estados mais endividados (especialmente Maryland e Pennsylvania) e pelos investidores, mas não pelos estados menos endividados. Após anos de debate, um comitê presidido por William Cost Johnson, de Maryland, submeteu um relatório ao Congresso em 1843, defendendo a federalização das dívidas. Os opositores da assunção da dívida dos estados pelo governo federal argumentaram que tal medida transferiria os ônus da dívida de estados irresponsáveis para estados fiscalmente prudentes. O relatório de Johnson não foi aprovado pelo Congresso. As principais explicações para tanto talvez sejam simples: a maioria dos estados não possuía dívidas elevadas, ao passo que parte significativa dos estados mais

---

[488] Ibid., p. 71.
[489] ANDRADE, Cesar Augusto Seijas de. *O controle do endividamento público e a autonomia dos entes da federação*. 2012. 199 f. Dissertação (Mestrado em Direito Econômico, Financeiro e Tributário) – Faculdade de Direito, Universidade de São Paulo, São Paulo, 2012, p. 99.

endividados tinha populações pequenas (confira-se, por exemplo, que sete dos nove estados que decretaram moratórias eram novos). Além disso, a população dos estados menos endividados enxergava a assunção da dívida pelo governo federal como uma injusta transferência dos seus ônus, e os candidatos presidenciais não queriam perder votos nesses estados. Foi de certa forma surpreendente que as externalidades das moratórias dos estados e as pressões sofridas pelo governo central não surtiram efeito para a assunção da dívida.[490]

Logo após, os Estados Unidos da América se mostraram novamente um investimento atrativo, e o país voltou a receber capitais estrangeiros. Também ficou claro que, embora tenha sido um processo custoso sob o ponto de vista político e financeiro, os estados encontraram formas de retomar o pagamento dos juros da dívida, com aumento de alíquotas de tributos, liquidação de bancos, venda de empresas estatais etc. Igualmente, a maioria dos estados (inclusive os que não estavam com a dívida pública elevada) adotou limites constitucionais ao endividamento nas décadas de 1840 e 1850 para acalmar eleitores e investidores. Os empréstimos para obras públicas foram retomados na década de 1850, mas nenhum dos estados inadimplentes participou e, embora os investidores britânicos voltassem com cautela, a maioria dos detentores de títulos era formada agora por cidadãos americanos.[491]

A experiência histórica americana da década de 1840 foi vital, pois a conduta do governo federal, ao resistir às pressões dos estados endividados e dos credores, estabeleceu um precedente no sentido de priorizar efetivamente a autonomia dos entes subnacionais e, mesmo sob as condições mais severas, o ente central deixou claro que não seria responsável pelas dívidas públicas dos estados, assim como não poderia ser obrigado a refinanciá-las. Considerando, ainda, o precedente de resgate de 1790, o referido comportamento por parte do ente central foi determinante para incutir nos eleitores e no mercado financeiro a ausência ou a diminuição de expectativas quanto à possibilidade de salvamentos futuros, o que acabou por provocar também uma mudança de conduta de todos eles.

Segundo Rodden, os investidores começaram a insistir em informações muito mais substanciais sobre a qualidade dos projetos de investimento, a organização das instituições estatais e, sobretudo, a

---

[490] Ibid., p. 100.
[491] Ibid., p. 101.

força dos sistemas tributários estaduais. Os eleitores também aprenderam algumas lições extremamente valiosas. Os empréstimos nem sempre substituem os impostos na construção de infraestrutura, bem como as decisões sobre endividamento acabam afetando o bem-estar dos cidadãos – potencialmente de maneira bastante dramática.[492]

Maria Rita G. L. Durand traz outro exemplo de *default* dos governos subnacionais norte-americanos, desta vez, o da cidade de Nova Iorque, que apresentou uma severa crise fiscal em 1975. Inicialmente, o governo federal não assumiu as suas dívidas e somente depois de seguidas demandas por parte do governo do estado de Nova Iorque – que temia que os efeitos da crise da cidade se estendessem a nível estadual – é que o governo federal, na administração Ford, e o Congresso concordaram em realizar empréstimos de curto prazo, mas, diga-se de passagem, mediante rigorosas exigências relacionadas ao ajuste das contas públicas do ente federativo e após ter interferido e assumido o controle das finanças locais. A cidade teve que aceitar mudanças drásticas na condução de sua política fiscal, com a instituição de normas de controle, a imposição de aumento de sua arrecadação tributária e a redução de empréstimos para o financiamento de gastos correntes.[493]

Mais recentemente, houve o caso da insolvência da cidade de Detroit, localizada no estado norte-americano de Michigan. Segundo Katharina Herold, em remissão a dados coletados por R. Geissler:[494]

---

[492] RODDEN, Jonathan. *Hamilton's Paradox*: The Promise and Peril of Fiscal Federalism. Cambridge: Cambridge, 2005. p. 77-78.

[493] DURAND, Maria Rita Garcia Loureiro. *O Controle do Endividamento Público no Brasil*: uma Perspectiva Comparada com os Estados Unidos. São Paulo: Fundação Getúlio Vargas, 2003. p. 23. A autora, em referência a WILSON, J. Q. (*American Government.Institutions and policies*. 5. ed. D.C. Heath and Company, Lexington, Ma. and Toronto, 1992, p. 56-57), ressalta que, apesar de o governo central dos EUA não estabelecer limitações ao endividamento dos entes subnacionais (vide item 1.3.3 do capítulo 1), e, em contrapartida, não promover socorros financeiros em situações de *defaults*, a ajuda federal (*Federal aid*) para certos programas na área social, como saúde, educação, *affirmative action* etc., é indispensável para o equilíbrio fiscal desses governos. Ela lembra que as transferências do governo federal cresceram enormemente ao longo do século passado, passando de menos de 6 milhões de dólares, em 1915, para mais de 100 bilhões, em 1985. Consequentemente, também aumentou a importância dessas transferências no conjunto das receitas desses governos subnacionais. Em 1927, elas representavam menos de 2% do total de gastos dos estados e governos locais, atingindo 26% nos anos 1980. Em algumas cidades, porém, as transferências federais atingiram 77% de suas receitas, como foi o caso de Detroit em 1978.

[494] GEISSLER, R. *Detroit. Hintergründe eines historischen Bankrotts*. Analysen und Konzepte aus dem Programm "Lebenswerte Kommune", Ausgabe 2, BertelsmannStiftung, 2015.

CAPÍTULO 3
O ENDIVIDAMENTO DOS ENTES SUBNACIONAIS E OS ATORES DO FEDERALISMO FISCAL BRASILEIRO | 237

O maior pedido de falência municipal na história dos EUA é o de Detroit, Michigan. Tendo acumulado dívida em valor superior a US $ 18 bilhões (US $ 26.000 por habitante), Detroit requereu insolvência nos termos do Capítulo 9,[495] em julho de 2013. Até o final de 2014, após 16 meses, Detroit conseguiu se reerguer. Em novembro de 2014, o tribunal aprovou o plano de reestruturação da dívida negociado com os detentores de títulos e pensionistas. De acordo com o plano, o passivo seria reduzido em US $ 7 bilhões. Os credores experimentaram uma diminuição substancial de 80% em suas reivindicações, enquanto as pensões obtiveram um corte mais brando. Honorários a advogados, consultores e analistas financeiros relacionados à falência totalizaram mais de US $ 150 milhões. Em conclusão, o processo de insolvência de Detroit permitiu um novo começo. Iniciou-se um processo de reestruturação administrativa, com a atração de novas indústrias e capital.[496] (Tradução livre)

Stiffler informa que Detroit já foi a quarta maior cidade dos EUA em população e capital em face do desenvolvimento de sua indústria automobilística, a qual, no entanto, a partir da década de 1980, em face, primordialmente, da concorrência internacional – em especial da indústria asiática –, acabou perdendo participação no mercado, com a consequente queda de sua taxa de lucratividade, tendo resultado, ainda, na redução da arrecadação tributária e piora orçamentária da cidade, o que a levou a um estado de insolvência em 2013.[497]

---

[495] A autora se refere ao capítulo 9 (*Chapter 9*) do *United States Bankruptcy Code*, de 1937, que estabelece regras para a recuperação financeira das municipalidades norte-americanas. Segundo José Mauricio Conti (Um Salve pela Recuperação Financeira do Estado do Rio de Janeiro. *In*: CONTI, José Mauricio (Org.). *Levando o Direito Financeiro a Sério - A luta continua*. 2. ed. São Paulo: Blucher, 2018. p. 379), "o Código de Falências norte-americano prevê que, estando demonstrada a insolvência e for impraticável a composição com os credores, o ente poderá requerer os benefícios previstos na legislação, devendo firmar uma declaração pública de insolvência (*disclosure statement*) e apresentar um plano de ajuste de suas dívidas (*plan of debt adjustment*), que será submetido à aprovação e acompanhamento pelo Poder Judiciário, em um processo que se assemelha à nossa recuperação judicial de empresas".

[496] HEROLD, Katharina. *Insolvency Frameworks for Sub-national Governments*. OCDE: OECD Working Papers on Fiscal Federalism n. 23, 2018, p. 15. No original: "*The largest municipal bankruptcy filing in US history is that of Detroit, Michigan. Having accumulated debt amounting to over USD 18 billion (USD 26 000 per inhabitant), Detroit filed for insolvency under Chapter 9 in July 2013. By the end of 2014, after 16 months, Detroit emerged from it. In November 2014, the court approved the debt restructuring plan that had been negotiated with bondholders and pensioners. According to the plan, liabilities will be reduced by USD 7 billion. Creditors experienced a substantial haircut of 80% on their claims, while pensions were cut only slightly. Fees to lawyers, consultants and financial advisors related to bankruptcy resulted in total to more than USD 150 million. In conclusion, the insolvency proceeding of Detroit enabled a fresh start. It launched an administrative restructuring process and attracted new industries and capital*".

[497] STIFFLER, Myles O. Fiscal Federalism and Insolvency: Contrasting Cases of the U.S.A. and Germany. Case Study Analysis of Subnational Debt Frameworks and Insolvency Mechanisms. *Institut Barcelona Estudis Internacionals – IBEI*, 2015, p. 23.

Outros problemas relacionados a questões de assimetrias federalistas também foram verificados, como o fato de cidades próximas terem oferecido benefícios fiscais para atrair investimentos privados, com o concomitante aproveitamento da infraestrutura de Detroit, que cobrava alíquotas maiores, tanto nos impostos incidentes sobre a renda quanto sobre a propriedade.

Uma das primeiras medidas do procedimento de insolvência foi a suspensão de ações judiciais e de pagamentos aos credores, o que permitiu à cidade, no curto prazo, lidar com alguns de seus problemas de fluxo de caixa e, ainda, obter um acordo com o estado de Michigan, que assentiu em investir US$350 milhões nos fundos de pensão de Detroit por duas décadas. Em 7 de novembro de 2014, apenas quinze meses após o pleito, o Judiciário aprovou o ajuste fiscal de Detroit. Ao final, Detroit conseguiu reduzir a sua dívida de longo prazo em torno de US$7 bilhões, com respectivos investimentos da ordem de US$1,7 bilhão em serviços de infraestrutura urbana. Stiffler ressalta uma circunstância crucial no caso do *default* de Detroit:

> Embora o Estado de Michigan tenha fornecido um apoio considerável à cidade de Detroit, através de empréstimos para apoiar as pensões dos funcionários estatais e fundos para proteger o DIA (*Detroit Institute of Arts*), não se tratou explicitamente de uma operação de resgate a Detroit. Além disso, o governo federal dos EUA não interveio ou forneceu qualquer forma de resgate ou liquidez para o Estado de Michigan ou para a cidade de Detroit, com fundamento no argumento de suas autonomias individuais. Trata-se de um importante compromisso intergovernamental em prol de uma política de não resgate, com fundamento nas 10ª e 11ª Emendas, em que se trata os governos subnacionais como devedores autônomos, sendo estes considerados independentes em termos de política fiscal.[498] (Tradução livre)

Houve, por conseguinte, uma diferença substancial entre os *bailouts* de Nova Iorque e Detroit: a participação do governo federal. No primeiro caso, após uma considerável relutância por parte do

---

[498] Ibid., p. 27. No original: *"While the State of Michigan did provide considerable support to the city of Detroit, through loans to support state worker's pensions, and funds to protect the DIA, it did not explicitly bailout out Detroit. Furthermore, the U.S. federal government did not intervene or provide any form of bailout or liquidity to either the State of Michigan or city of Detroit, arguing their individual sovereignty. This is important for the U.S.'s intergovernmental commitment to a policy of non-bailout and support of the 10th and 11th amendments, that SNGs are largely treated as sovereign debtors. These actions supply evidence of non-bailout policy in our process-tracing model and a signal of fiscally independent SNGs".*

ente central é que este concordou em financiar parte do déficit, mas, conforme visto, mediante a implantação de rigorosas restrições fiscais impostas à cidade. Em Detroit, foi o estado de Michigan que promoveu o socorro financeiro, mas, ainda assim, por intermédio de um plano previamente ajustado entre credores e com a interveniência do Poder Judiciário, sendo certo que todo o processo transcorreu à margem de qualquer participação financeira do governo central.

3.1.2.3 Alemanha

A estrutura federativa alemã, antes das Reformas de 2006 e de 2009,[499] atribuía aos *Länder* (governos regionais) considerável poder discricionário sobre decisões orçamentárias e de contratação de empréstimos, mas muito pouca autonomia para o incremento de receitas tributárias, visto que os impostos que mais arrecadam se encontram no âmbito de competência do ente central (*Bund*). Além disso, o sistema de equalização utilizado na repartição de recursos era interpretado pelos credores como garantias implícitas da dívida dos entes subnacionais, o que provocou uma situação de risco moral (*moral hazard*) para o sistema.[500]

Mesmo adotando um sistema de repartição que busca concretizar o princípio constitucional da uniformidade das condições de vida em todo o território alemão – o que acarreta uma maior parcela de recursos para os estados com os menores índices de desenvolvimento e, por conseguinte, mais fracos financeiramente –, episódios de pedido de

---

[499] Com relação ao período posterior às reformas, Francisco Secaf A. Silveira (*O estado econômico de emergência e as transformações do direito financeiro brasileiro*. Belo Horizonte: D'Plácido, 2019. p. 160-161) informa sobre as transformações ocasionadas no modelo federativo alemão, que, "na segunda reforma, dentre outras modificações, impôs-se equilíbrio para os orçamentos da 'federação' (governo central) e dos '*Länder*' (entes subnacionais); a adoção de limites mais restritos de endividamento estrutural (financiamento regular dos gastos públicos exigidos por falta de receitas tributárias ou patrimoniais), tanto para o governo central quanto para os entes regionais; aspectos que acabaram com a capacidade de endividamento por parte destes últimos. Antes mesmo do Pacto Orçamentário europeu, já havia questionamentos sobre o enfraquecimento do federalismo alemão. A proibição de endividamento pelos entes subnacionais (*Länder*) colocou em dúvida se eles poderiam prosseguir com o exercício adequado das competências constitucionalmente asseguradas na Federação Alemã (considerando que, no texto original da Constituição, tais entes possuíam plena capacidade de endividamento). Essa dúvida provavelmente levou a uma série de reduções das competências dos *Länder*, indicando um enfraquecimento do federalismo alemão pós-reformas e uma saída recentralizadora para a crise".

[500] Para mais detalhes sobre o sistema federal alemão, ver item 1.4 do capítulo 1.

resgate ocorreram na história do federalismo alemão, sendo ocasionados justamente pelos estados recebedores de recursos.

Destacam-se, inicialmente, os casos de Bremen e Sarre, no final da década de 1980. Nessa época, o governo central não tinha poder para impor restrições numéricas às atividades de empréstimos dos *Länder*, as quais também não se submetiam à aprovação ou à revisão pelo *Bund*. No sistema alemão, os *Länder* têm as suas próprias disposições constitucionais e estatutárias, que, no geral, os impedem de contrair empréstimos que superem os gastos para fins de investimento projetados no orçamento, as quais são conhecidas como "regra de ouro".

No entanto, essas disposições da regra de ouro não impedem o surgimento de diversas brechas. De início, "fins de investimento" é um conceito que permite interpretações ampliativas, não sendo difícil enquadrar uma variedade de despesas como da espécie investimento. Em segundo lugar, acordos de financiamento associados à contratação de projetos de infraestrutura pública local fornecem uma maneira adicional de contornar as disposições da "regra de ouro", uma vez que os investidores privados recebem garantias e são solicitados a construir e pré-financiar projetos de infraestrutura. Após a conclusão da obra, o governo resgata os custos de construção por certo período. Terceiro, desde 1969, as constituições dos *Länder* lhes permitiram violar a "regra de ouro" em casos de "distúrbios do equilíbrio econômico geral". Além do problema das brechas, Bremen e Sarre optaram por simplesmente ignorar essas disposições constitucionais.[501]

Bremen e Sarre, a partir das décadas de 1970 e 1980, enfrentaram grandes crises econômicas e tiveram que lidar com problemas críticos de desemprego, o que ocasionou uma pressão significativa em suas finanças. Apesar da constante dependência de transferências de recursos suplementares e equalizadores, ambos os *Länder* continuaram a aumentar os gastos, o que gerou grandes déficits orçamentários e uma maior dependência do endividamento público para o financiamento das despesas. Em face de seus respectivos níveis de dependência fiscal de outros *Länder* e do *Bund*, a estratégia dos governos de Bremen e Sarre era dizer aos eleitores que eles não eram responsáveis pelos crescentes déficits e ônus da dívida, argumentando que o restante da federação não

---

[501] RODDEN, Jonathan. *Hamilton's Paradox*: The Promise and Peril of Fiscal Federalism. Cambridge: Cambridge, 2005. p. 190, em referência a: SPAHN, Paul Bernd; FÖTTINGER, Wolfgang. Germany. *In*: TER-MINASSIAN, Teresa (Ed.). *Fiscal Federalism in Theroy and Practice*. Washington, D.C.: International Monetary Fund, 1997. p. 237.

estava cumprindo com as suas obrigações constitucionais, no sentido de garantir um financiamento adequado. Apesar dos níveis alarmantes de dívida, os governos de Sarre e Bremen não tiveram problemas em obter crédito de seus *Landesbanks*.[502]

Em meados da década de 1980, ficou claro que os níveis de dívida acumulada em Bremen e Sarre eram insustentáveis, e ambos os *Länder* declararam que enfrentavam "emergências" fiscais, pedindo à federação e aos outros *Länder* que fornecessem fundos especiais para pagar parte de suas dívidas. O estado de Bremen acabou solicitando que o *Bund* assumisse explicitamente as suas obrigações. A década de 1980 viu uma variedade de reclamações dos *Länder* perante o Tribunal Constitucional, tendo Sarre e Bremen conduzido os seus pleitos de resgates aos tribunais. Uma decisão de 1986 considerou que as transferências suplementares federais poderiam ser usadas para ajudar os *Länder* com problemas fiscais, o que reforçou as expectativas das autoridades de Bremen e Sarre de que o governo central acabaria sendo irresoluto, enfraquecendo ainda mais seus incentivos para arcar com os custos do ajuste. Durante o resto dos anos 1980, eles não fizeram nenhum esforço para se ajustarem. Em vez disso, continuaram a articular demandas de resgate junto ao Tribunal Constitucional e, em maio de 1992, o Tribunal declarou que a obrigação de solidariedade contida na Lei Básica exigia que o *Bund*, como parte da renegociação do sistema de equalização em 1993, utilizasse as transferências suplementares para fornecer salvamentos a ambos os estados, no valor de 17 bilhões de marcos.[503]

Verifica-se, por conseguinte, que, dada a estrutura de equalização – vertical e horizontal – do sistema alemão, estados recebedores de recursos, que se encontrem em dificuldades fiscais, tenderão a não promover um ajuste imediato em suas finanças em face da criação de expectativas quanto a um possível resgate por parte do ente central e dos demais *Länder*. Apesar de ter havido uma resistência inicial, já que ambos os estados tiveram que recorrer ao Poder Judiciário, e mesmo conseguindo o salvamento, ainda que mediante decisão judicial, fato é que Bremen e Sarre continuaram a apresentar problemas fiscais e orçamentários. Nesse sentido, Rodden dispõe que:

---

[502] Ibid., p. 190. Rodden esclarece que, embora a maior parte da dívida do governo federal seja na forma de títulos, os *Länder* dependem principalmente de empréstimos bancários diretos para financiar seus déficits. Os *Länder* controlam indiretamente uma rede de bancos comerciais – o *Landesbanken* –, que realiza empréstimos aos municípios e aos *Länder*.

[503] Ibid., p. 195.

Bremen e Sarre começaram a receber os fundos especiais em 1994. Bremen, um extra de 1,8 bilhão de DM por ano e Saarland, um extra de 1,6 bilhão de DM. Bremen e Saarland não tinham o ônus de efetuar reembolsos, embora os governos estaduais tenham concordado com as limitações no crescimento das despesas e tenham prometido usar os fundos extras apenas para a redução da dívida pública, bem como em usar os excessos oriundos do corte de juros na redução da dívida ou em investimento adicional em infraestrutura. Os resgates foram suficientes para equilibrar os orçamentos temporariamente. Não obstante, o *Bund* ainda não possuía meios para punir ou recompensar as mudanças nos gastos ou o progresso na redução da dívida, e o resultado de ambos os *Länder* na redução da dívida ficou aquém das expectativas. A análise empírica de Seitz (1998)[504] mostra que o crescimento das despesas primárias em Bremen e Sarre continuou a superar alguns dos outros estados após os acordos de resgate. De fato, desde então, os dois *Länder* argumentaram que os resgates eram insuficientes e justificaram as suas incapacidades em reduzir a dívida, ao apontar que sofreram déficits inesperados de receita.[505] (Tradução livre)

Outra tentativa de resgate na federação alemã foi protagonizada por Berlim. Após a Reunificação, os estados do Leste passaram a receber um considerável volume de recursos em atendimento ao princípio equalizador constitucional, visto que eram menos desenvolvidos economicamente que os estados do Oeste. Embora detentora da situação privilegiada de ente recebedor de recursos, a cidade-estado de Berlim, com o passar dos anos, assistiu à sua situação fiscal se deteriorar com o acúmulo de crescentes índices de endividamento, o que fora traduzido em números por Stiffler:

---

[504] SEITZ, Helmut. *Subnational Government Bailouts in Germany*. ZEI Center for European Integration Studies, n. B20. Bonn, Germany: 1998-1999.

[505] Ibid., p. 195-196. No original: "*Bremen and Saarland started receiving the special funds in 1994, Bremen an extra 1.8 billion DM per year, and Saarland an extra 1.6 billion DM. Bremen and Saarland are under no obligation to make repayments, though the state governments agreed to limitations on expenditure growth, and promised to use the extra funds only for the reduction of public debt, and only to use savings on interest for further debt reduction or additional infrastructure investment. The bailouts were sufficient to balance current budgets temporarily. Nevertheless, the Bund still has no carrots or sticks with which to punish or reward changes in spending or progress in reducing debt, and the progress of both Länder in reducing debt has fallen far short of expectations. Empirical analysis by Seitz (1998) shows that primary expenditure growth in Bremen and Saarland continued to outpace some of the other states after the bailout agreements. In fact, both Länder have since argued that the bailouts were insufficient, and they explain their inability to reduce debt by pointing out that they have experienced unexpected revenue shortfalls*".

CAPÍTULO 3
O ENDIVIDAMENTO DOS ENTES SUBNACIONAIS E OS ATORES DO FEDERALISMO FISCAL BRASILEIRO | 243

Após a reunificação de 1990, Berlim e o resto da Alemanha Oriental não foram incorporados ao sistema de equalização fiscal até o Programa Federal de Consolidação de 1993, instituído em 1995. Apesar da inclusão de Berlim, sua dívida continuou a aumentar, em grande parte resultante de custosos projetos de infraestrutura e uma administração pública com estrutura pesada, levando a um inchaço nas finanças públicas, que careciam de vontade política e dependiam de subsídios anteriores (Economist 2006). O fraco desempenho orçamentário de Berlim atingiu o pico em 2000. Em 2003, Berlim registrou um pedido de assistência financeira de 35 bilhões de euros, significativamente maiores que os 15 bilhões de euros pleiteados por Bremen e Sarre ao Tribunal Constitucional. Em 2005, Berlim possuía a maior relação da taxa de juros em face da receita da Alemanha, enquanto de 2000 a 2005, Berlim teve a maior taxa de crescimento da dívida per capita entre os *Länder* alemães. Em 2006, Berlim devia mais de 60 bilhões de Euros, aproximadamente 70% do seu PIB e três vezes a média dos outros *Länder* (Economist 2006; Homola 2006). Entre 2003 e 2006, o ministro das Finanças de Berlim, Thilo Sarrazin, promoveu cortes orçamentários em três universidades e em casas de ópera, negociando cortes salariais e aumentando as horas de trabalho. Em 2006, Sarrazin propôs um orçamento equilibrado de aproximadamente 18 bilhões de euros, excluindo 2,4 bilhões de euros por ano em pagamentos de juros (Ibid). Berlim, sem autoridade legal para aumentar receitas através de alíquotas de impostos ou reduzir os custos com o corte de serviços, foi limitada pela estrutura fiscal do governo federal. Em 19 de outubro de 2006, a Corte Constitucional decidiu contra o pleito de Berlim, divergindo de suas decisões anteriores com relação a Bremen e Sarre. A Corte reconheceu a crise orçamentária, mas salientou que Berlim, de forma habitual, abandonara as determinações do artigo 87 2m, sentença 2, referentes aos limites de empréstimos.[506] (Tradução livre)

---

[506] STIFFLER, Myles O. Fiscal Federalism and Insolvency: Contrasting Cases of the U.S.A. and Germany. Case Study Analysis of Subnational Debt Frameworks and Insolvency Mechanisms. *Institut Barcelona Estudis Internacionals – IBEI*, 2015, p. 31. No original: "*After the 1990 reunification, Berlin and the rest of Eastern Germany were not incorporated into the fiscal equalization system until the 1993 Federal Consolidation Program, instituted in 1995. Despite Berlin's inclusion, its debt has continued to rise, largely resulting from costly infrastructure projects and an unwieldy public administration, leading to ballooning public finances, which lacked political will and relied on past subsidies (Economist 2006). Berlin's poor budgetary performance peaked in 2000. In 2003, Berlin filed a claim for financial assistance for 35 billion Euros, significantly larger than Bremen and Saarland's combined 15 billion Euro bailout request to the FCC. In 2005 Berlin had the highest interest payment-to-revenue ratio in Germany, while from 2000 to 2005 Berlin had the highest growth rate of per-capita debt of German Länder. In 2006, Berlin owed more than 60 billion Euros, roughly 70% of its GDP and three times the average of other Länder (Economist 2006; Homola 2006). Between 2003 and 2006 Berlin's finance minister, Thilo Sarrazin, cut Berlin's three universities and opera house budgets by negotiating salary cuts and increasing working hours. In 2006, Sarrazin proposed a balanced budget of roughly 18*

O Tribunal Constitucional, ao indeferir o pleito de Berlim pelo resgate, decidiu de forma distinta dos casos de Bremen e Sarre, o que, à primeira vista, pode ser considerado um resultado surpreendente, se considerarmos as equivalências entre os problemas fiscais e orçamentários entre esses *Länder*, assim como a estrutura federativa alemã, que tende a priorizar a solidariedade e a equalização entre os entes. A fundamentação para o indeferimento, além do descumprimento, por parte de Berlim, das normas relativas à limitação quanto aos índices de endividamento, também se baseou no fato de Berlim não se encontrar em uma situação de extrema dificuldade financeira.

Conforme já visto no capítulo 1, há diversas críticas ao modelo federativo alemão, em que se pode destacar o pouco incentivo de exigência aos estados recebedores de recursos em promoverem um efetivo ajuste fiscal. Por outro lado, há diminuta autonomia dos *Länder* quanto à possibilidade de efetivarem aumentos de alíquotas de impostos ou a expansão da base arrecadatória, visto que a legislação tributária se concentra, quase que exclusivamente, na esfera federal. Adicione-se a esse fato a ampla autonomia orçamentária e fiscal que os estados possuíam em períodos anteriores às 1ª e 2ª reformas do federalismo alemão – de 2006 e 2009, respectivamente –, o que fez com que alguns *Länder* compensassem as suas deficiências financeiras com a contratação de empréstimos junto ao mercado.

Tal cenário gerou uma situação de risco moral (*moral hazard*), pois criou-se uma expectativa no sentido de que os estados recebedores de recursos seriam os mais necessitados e, por isso, poderiam contar com o auxílio do governo central e dos demais *Länder* em casos de insolvência ou de crises fiscais. Da mesma forma, incutiu-se nos credores a confiança de que o sistema de equalização das desigualdades inter-regionais se trata, em verdade, de uma garantia implícita federativa com relação às dívidas de estados que venham a apresentar desequilíbrios fiscais.

Assim é que Stiffler, em remissão a Seitz,[507] sugere que a decisão de 1992 do Tribunal Constitucional, determinando o resgate da dívida

---

billion Euros, excluding 2.4 billion Euros a year of interest payments (Ibid). Berlin, lacking legal authority to increase revenues through tax rates or reduce costs by cutting services, was limited by the German fiscal federal structure. On October 19th 2006, the FCC ruled against Berlin's case, diverging from their previous rulings for Bremen and Saarland. The FCC acknowledged Berlin's increasing budget crises but pointed out that Berlin had habitually foregone Art. 87 2m, sentence 2, pertaining to limits on borrowing".

[507] SEITZ, Helmut. *Subnational Government Bailouts in Germany.* ZEI Center for European Integration Studies, n. B20. Bonn, Germany: 1998-1999, p. 23.

CAPÍTULO 3
O ENDIVIDAMENTO DOS ENTES SUBNACIONAIS E OS ATORES DO FEDERALISMO FISCAL BRASILEIRO | 245

de Bremen e Sarre, acabou por provocar um acréscimo no índice de endividamento de ambos os estados e de outros, o que levou Berlim a aumentar a sua dívida *per capita* de 4.000 DM, em 1991, para quase 17.000 DM em 1998. Considerando o jogo de resgate, conclui-se que Berlim optou, deliberadamente, em não promover os devidos ajustes fiscais em face da esperança em um salvamento por parte dos demais entes.[508]

E apesar de o Tribunal Constitucional ter indeferido o pleito de Berlim, a fundamentação no sentido de não se encontrar o ente, naquele momento, em uma grave situação financeira, acabou deixando em aberto a possibilidade de eventuais resgates futuros. Segundo Stiffler, a decisão pelo não resgate representou, inicialmente, uma surpresa negativa para os credores, tendo o mercado reduzido o *spread* em títulos emitidos por Berlim, situação que, no entanto, fora revertida em alguns meses, presumivelmente, porque os investidores ainda enxergavam uma probabilidade de resgate para os casos de índices de endividamento mais elevados.[509]

3.1.3 Comparativo entre os diferentes modelos

Fernando Roberto S. Santos estatui que o federalismo brasileiro foi inspirado, no início, no modelo norte-americano. Questões políticas e sociais da época orientaram a referida opção.[510] Para ele, o federalismo implantado foi dual e segregador. Dual porque foram atribuídas competências legislativas e tributárias tanto à União quanto aos estados-membros, e segregador porque não contemplava nenhuma forma

---

[508] Ibid., p. 34.

[509] Ibid., p. 35.

[510] O autor discorre que, "em 1889, é proclamada pelo Marechal Deodoro da Fonseca a implantação da República em território nacional. Assim ficou instituído o sistema federalista no Brasil, oficializado na Constituição de 1891, contando com imensa colaboração do então vice-presidente Rui Barbosa. Por influência norte-americana, o país passou a chamar-se Estados Unidos do Brasil, usando o modelo ianque de constituição como parâmetro. [...] Nesse período, as antigas províncias, hoje denominadas de Estados, mais ricas eram São Paulo, Rio de Janeiro e Minas Gerais, cujos representantes da classe dominante trabalharam para defender a implantação do Federalismo. O intuito, político, era proporcionar um maior grau de autonomia a essas unidades subnacionais. Os Estados recém-criados gozavam de grande autonomia, mas nem sempre fizeram bom uso dela. Muitos caíram sob o comando de oligarquias regionais, exercendo ainda mais domínio sobre as comunidades locais. Do ponto de vista administrativo, no início do período republicano, pode-se dizer que houve uma euforia descentralizadora, em que os Estados se viram com extensa autonomia na área internacional. No entanto, o ultra federalismo – ideia defendida por positivistas gaúchos – foi combatido, já que o esfacelamento do poder central era um risco que a maioria dos Estados não queria correr".

de cooperação entre os estados da federação.[511] Apesar da inspiração dualista, o próprio Rui Barbosa reconheceu as diferenças históricas de formação entre o federalismo brasileiro e o norte-americano, em especial, a tendência centralizadora brasileira, verificada desde a monarquia:

> Não somos uma federação de povos até ontem separados, reunidos de ontem para hoje, pelo contrário, é da União que partimos. Na União ainda não cessamos de estar, pois a Federação é absolutamente o único meio de sustentar deste país imenso, enfraquecida pelas absorções da monarquia.[512]

A história do federalismo brasileiro foi marcada por períodos em que se intercalavam tendências descentralizadoras e de concentração de poder no ente federal. Apesar de o seu nascimento ter sido marcado por uma aptidão dual, o modelo de federalismo escolhido pela Constituição de 1988 foi o cooperativo, mais próximo do sistema vigente na Alemanha. As assimetrias verificadas no caso brasileiro, no entanto, não se coadunam com a solidariedade e a busca da equalização das desigualdades inter-regionais do federalismo germânico, apesar de terem sido essas diretivas, repita-se, as escolhidas pelo constituinte originário. O fato é que os problemas do federalismo fiscal verificados no Brasil podem ter como causa a tentativa de se adotarem parâmetros do federalismo dual e do federalismo cooperativo, mas, ao mesmo tempo, não possuir instrumentos e instituições fortes suficientes para implantar os mecanismos necessários de modo a coibir os problemas estruturais. Na prática, ficamos pelo "meio do caminho" entre o dual e o cooperativo, com o engessamento das ferramentas de competição, bem como as de cooperação entre os entes subnacionais.[513]

No que se refere ao endividamento dos entes subnacionais, foram constatadas diferenças substanciais entre o federalismo fiscal norte-americano e o alemão. Conforme visto, os EUA possuem uma tradição de ampla liberdade dos entes subnacionais e, mesmo que, nos dias atuais, não se verifique um aspecto dualista como nos primórdios do federalismo norte-americano, deve-se reconhecer que os estados possuem ampla autonomia fiscal, orçamentária e tributária. Daí por que

---

[511] SANTOS, Fernando Roberto Souza. *Federalismo, Políticas Públicas e Reforma do Estado*. Porto Alegre, RS: Editora Fi, 2018. p. 71-73.

[512] BARBOSA, Ruy. *Trabalhos Jurídicos*. Rio de Janeiro: Imprensa Nacional, 1909.

[513] Para uma melhor análise das assimetrias do federalismo brasileiro, ver item 1.2.3 do capítulo 1.

o governo federal não impõe restrições à contratação de empréstimos pelos entes subnacionais, mas, como regra, não os socorre financeiramente em situações de *defaults*. No Brasil, logo nos primeiros anos de vigência da CF/88, também não se verificou a imposição de limites ou regramento normativo aos empréstimos realizados pelos entes subnacionais, o que acabou resultando situações de déficits estaduais recorrentes e, por consequência, a necessidade de se estabelecer um controle efetivo desses entes já na década de 1990.

O modelo alemão, dotado de ampla equalização em face, primordialmente, de transferências verticais e horizontais, possui uma tendência de auxiliar os estados financeiramente mais fracos, motivo pelo qual se pode inserir uma garantia implícita de resgate no referido sistema. Ocorre que, ao contrário dos salvamentos brasileiros, na Alemanha não se verificou a imposição de encargos financeiros nas referidas transferências. No federalismo fiscal brasileiro, as operações de resgate, conhecidas como "federalizações da dívida", assumiram a forma de novas operações de crédito, no início, com a União assumindo a condição de credora no lugar dos particulares e, correntemente, com a União promovendo novos refinanciamentos, com postergação dos prazos e a implantação de mais encargos.

Em resumo, a ideia inicial de se conceder ampla autonomia aos entes subnacionais para contrair empréstimos – como no federalismo dos EUA – logo se mostrou ineficiente, pois provocou níveis de endividamento elevados de vários estados e municípios. Ao contrário do governo federal norte-americano, o ente central brasileiro acabou promovendo operações de resgate, o que incutiu uma expectativa de salvamento no interior do sistema. De fato, essa tendência de resgate se verifica na legislação mais atual sobre o tema.[514] Os raros casos de salvamentos norte-americanos foram adotados com a concomitante exigência de fortes restrições fiscais e com o compromisso do ente recebedor dos recursos de conter os gastos públicos ou ampliar a carga tributária. Apesar de tentativas brasileiras nesse sentido, as restrições legais acabaram sendo suavizadas com o tempo em face da atuação de diversos atores do jogo de resgate, o que inclui os Poderes Executivo, Legislativo e Judiciário, além de outros órgãos de controle.[515]

---

[514] Ver item 2.2.6 do capítulo 2, que trata das medidas adotadas com a nova crise fiscal dos estados.

[515] A partir do próximo item deste capítulo, será analisado o papel dos atores brasileiros no jogo de resgate.

Por outro lado, os diversos refinanciamentos realizados pelo governo federal brasileiro, além de provocarem uma assimetria, como no governo alemão, no que tange à existência de uma garantia implícita de resgate, com este último não se assemelham, pois as novas operações de salvamentos foram realizadas com a imposição de juros – alguns, aliás, excessivos e criadores de mais assimetrias[516] – e necessidade de amortização, que acabaram por resultar em diversos *defaults* estaduais e municipais posteriormente. Na Alemanha, de outro modo, as transferências foram realizadas diretamente para os estados em dificuldades fiscais e orçamentárias, sem lhes atribuir mais encargos financeiros ou a obrigação de devolução, em consonância com um federalismo cooperativo e solidário.

O que se observou no federalismo fiscal brasileiro, na prática, foi a tentativa de junção de instrumentos típicos de um federalismo dual e de um federalismo cooperativo, o que fez com que o sistema não se decidisse pela prevalência de um ou outro modelo, sendo obrigado a se deparar com a dura realidade em que se verificam assimetrias estruturais graves relacionadas ao endividamento dos entes subnacionais e que, ainda hoje, talvez em face da indecisão estrutural, apresenta fortes disparidades.

3.2 Os atores/jogadores envolvidos

3.2.1 Poder Legislativo

A partir da teoria do poder de veto (*veto players theory*), com fundamento no papel conferido aos atores que integram instituições políticas, George Tsebelis desenvolveu um estudo sobre a forma como esses atores, ao fazerem uso de suas prerrogativas institucionais, realizam ações que têm o condão de influenciar o processo de decisão política de um país – e eles o fazem através do poder de veto. Seja na atribuição do Legislativo, enquanto legislador negativo vetando propostas de leis, seja no Executivo com o veto presidencial, ou no Judiciário, com a revisão judicial, o veto é uma realidade que afeta diretamente a estabilidade decisória política.[517]

---

[516] Uma nova disputa federativa veio à tona com a alteração da situação fática, inicialmente verificada quando da edição da Lei nº 9.496/97. Com o passar dos anos, em face da ausência de cláusulas contratuais de reequilíbrio, os estados foram sobrecarregados com o pagamento de elevadas taxas de juros. Para mais detalhes, ver item 2.2.5 do capítulo 2.

[517] TSEBELIS, George. Veto Players and Law Production in Parliamentary Democracies: An Empirical Analysis. *The American Political Science Review*, 1999.

Com o recurso a evidenciações empíricas, o autor conclui que a adoção do federalismo como forma associativa de organização "produz mais atores com poder de veto, de modo que, *ceteris paribus*, os países federais possuem mais atores com poder de veto do que os unitários", motivo pelo qual aqueles apresentam níveis mais altos de estabilidade decisória. Tal resultado é devido aos arranjos institucionais do federalismo, que pode adotar o bicameralismo ou a técnica das maiorias qualificadas. Em ambos, verificou-se um aumento do número de atores com poder de veto e maior estabilidade decisória.[518]

Como a teoria enfoca a atividade política legislativa e o modo como são tomadas as decisões sobre a elaboração de leis, os atores com poder de veto integrantes do Legislativo são considerados peças-chave no objeto do estudo, sendo necessário considerar as características específicas de cada formação organizacional. Neste mister, Tsebelis leva em conta determinadas condicionantes:

> Os tipos de regimes diferem quanto à configuração de seus atores com poder de veto. O presidencialismo e o parlamentarismo diferem quanto ao número de atores institucionais com poder de veto; diferem com relação a quem controla a agenda legislativa e até que ponto controla. Os países federais e unitários também diferem quanto ao número de atores institucionais com poder de veto. As coalizões multipartidárias e os governos unipartidários diferem quanto ao número de atores partidários com poder de veto. Os partidos fortes e fracos diferem em sua coesão partidária. Todos os sistemas diferem quanto à distância entre os atores com poder de veto, o que afeta a estabilidade decisória.[519]

Segundo Carlos Alexandre de A. Campos, o processo de alocação em dada constituição demanda que os *designers* e os intérpretes se ocupem "de como melhor distribuir o poder entre atores políticos e instituições, do quanto de poder esses atores e instituições podem de fato possuir e de como redistribuir esse poder em respostas às mudanças fáticas e políticas sucessivas", fenômeno ao qual a doutrina hodierna denomina direito constitucional estrutural, que tem por objeto a repartição de poder, através de instrumentos como o princípio da separação de poderes e o federalismo. Com relação ao federalismo fiscal, não se pode prescindir da busca do melhor meio de se conciliarem duas

---

[518] Ibid., p. 196.
[519] Ibid., p. 392-393.

abordagens – a alocação de funções ou responsabilidades e a obtenção de recursos entre as esferas de governo –, sendo certo que todos os atores envolvidos não podem olvidar a importância de ambas quando do exercício de suas respectivas prerrogativas no processo decisório.[520]

Um dos atores se trata do Poder Legislativo, sendo que, na visão de Alfred Stepan, tal como ocorre nos Estados Unidos,[521] a Câmara Baixa brasileira possui mais poder na formulação de projetos que dispõem sobre matéria financeira e, a não ser que o Senado rejeite um projeto em sua totalidade, a Câmara dos Deputados pode modificar qualquer mudança introduzida pelo Senado, sem discussão. No entanto, por outro lado, o Senado tem atribuição exclusiva em diversas áreas de política. A título de exemplo, indica, diretamente com a Câmara, dois terços dos juízes responsáveis pela verificação das contas federais e tem o direito de rejeitar ou confirmar o terço restante. Cabe, também, exclusivamente ao Senado autorizar empréstimos externos dos entes federativos ou derrubar um parecer negativo do Banco Central, além de dispor de competência exclusiva para aprovar os níveis de endividamento de todas as esferas.[522]

Conforme já visto,[523] a desproporcionalidade distributiva nas duas casas do Legislativo é um fator que provoca severa assimetria no federalismo brasileiro, com o surgimento de sérios problemas de obstrução de pautas por representantes de uma minoria da população, o que dificulta sobremaneira a aprovação de importantes reformas legislativas relacionadas ao federalismo fiscal.

---

[520] CAMPOS, Carlos Alexandre de Azevedo. RE 572.672/SC: Federalismo fiscal e a importância da interpretação estrutural. *In*: SCAFF, Fernando Facury; TORRES, Heleno Taveira; DERZI, Misabel de Abreu Machado; BAPTISTA JÚNIOR, Onofre Alves (Coord.). *Federalismo (s)em juízo*. São Paulo: Noeses, 2019. p. 541-542.

[521] O autor informa que a Câmara dos Deputados dos Estados Unidos tem mais prerrogativas do que o Senado no campo da legislação financeira e, por isso, alguns analistas acham que a primeira é mais poderosa do que o segundo. Porém, é possível sustentar que, em certos assuntos de grande importância, o Senado não representativo dispõe de muito mais poder do que a Câmara dos Deputados (cuja composição muda a cada dois anos para refletir as mudanças na população). Na nomeação de juízes para o Supremo Tribunal, por exemplo, o presidente da República indica, o Senado confirma ou rejeita a indicação e a Câmara dos Deputados é constitucionalmente marginalizada do processo. O mesmo regime se aplica a todos os mais importantes cargos do Executivo. Os ministros, vice-ministros e secretários-gerais de todos os ministérios devem ser confirmados pelo Senado, assim como os ocupantes de cargos de direção na CIA, no Conselho de Segurança Nacional, no FBI e em outros importantes órgãos governamentais.

[522] STEPAN, Alfred. Toward a new comparative analysis of democracy and federalism: demos constraining and demos enabling federations. *DADOS*, 42, 2, 1999, p. 215-216.

[523] Vide item 2.3.5 no capítulo 2.

CAPÍTULO 3
O ENDIVIDAMENTO DOS ENTES SUBNACIONAIS E OS ATORES DO FEDERALISMO FISCAL BRASILEIRO | 251

Muitas dessas reformas dependem de alterações das normas constitucionais, o que exige a demarcação de um arcabouço teórico mínimo no processo legislativo de emenda ao texto constitucional em face das cláusulas pétreas em matéria financeira e tributária. Segundo Gustavo da Gama V. de Oliveira:

> O trabalho de delimitação das cláusulas pétreas tributárias e financeiras precisa ser exercido com verdadeira "precisão cirúrgica", de maneira a evitar, de um lado, a retirada excessiva de espaços de poder decisório das maiorias políticas eventuais (pelo reconhecimento de que determinada norma ostenta o *status* de cláusula pétrea) e, de outro lado, evitar que Emendas Constitucionais possam corroer o projeto do constituinte originário pela violação das normas que compõem o seu núcleo de identidade.[524]

Trata-se de tarefa difícil a obtenção do equilíbrio entre a necessidade de reformas e o respeito ao esboço federativo determinado pelo constituinte originário. Nesse sentido, o referido autor ressalta que a Constituição não deve ser encarada como um obstáculo à governabilidade, mas, sim, como um centro de integração política e democrática, de modo a se constituir em um instrumento inspirador do respeito aos parâmetros mínimos que devem ser observados por todas as correntes políticas e ideologias diversas. Daí a importância de os legisladores se engajarem no trabalho de interpretação da Constituição para que se possibilite que, no próprio processo legislativo, haja o devido amadurecimento quanto aos limites materiais às emendas de natureza fiscal. Em outros termos, é necessária a capacitação institucional do Legislativo.[525] E prossegue, ao estatuir que:

---

[524] OLIVEIRA, Gustavo da Gama Vital de. *Cláusulas pétreas financeiras e tributárias*. Rio de Janeiro: Gramma, 2019, p. 43-44.

[525] O autor (ibid., p. 45-46) esclarece que, nos Estados Unidos, a questão da capacitação institucional do Legislativo para o trabalho de interpretação constitucional é objeto de intenso interesse e debate. Informa, ainda, que Mark Tushnet (Interpretation in Legislatures and Courts: Incentives and Institutional Design. *In*: BAUMAN, Richard; KAHANA, Tsvi (Ed.). *The Least Examined Branch*: The Role of Legislatures in the Constitutional State. Cambridge: Cambridge University Press, 2006. p. 468-479) enfatiza que um dos principais incentivos que levam os membros do Legislativo e do próprio Executivo a incorporarem, no debate político, aspectos ligados à constitucionalidade das medidas legislativas que se pretendem adotar, liga-se à circunstância de que é muito "comum surgir no seio do debate político argumentos de grupos de oposição que são articulados em forma de argumentos constitucionais contrários às inovações que o grupo majoritário pretende realizar".

Se o Legislativo brasileiro, já no processo de deliberação de propostas de Emendas Constitucionais, mantivesse o respeito aos limites materiais ao poder de reforma, tais decisões políticas fundamentais estariam presentes dentro do próprio debate das ideias políticas, qualificando o debate democrático, sem que haja a necessidade da intervenção judicial para reconhecer a inconstitucionalidade de Emendas Constitucionais.[526]

Questões que envolvem a equalização dos distúrbios federativos e que perpassam pela distribuição de competências com a respectiva repartição de recursos são tormentosas em todas as federações do mundo e necessitam de constantes ajustes. O federalismo norte-americano priorizou a competência tributária própria dos entes subnacionais; já o alemão, a repartição da arrecadação tributária com o correspondente sistema de transferências. Nenhum dos modelos se encontra indene de problemas. No primeiro, apesar da menor dependência dos estados frente à União, há barreiras quanto à função alocativa dos tributos, sendo certo que a eficiência de boa parte dos impostos se concentra no âmbito federal. No segundo, apesar da prioridade à uniformidade das condições de vida e à diminuição das desigualdades inter-regionais, a autonomia dos entes periféricos é prejudicada em face da maior dependência do governo central.

Quanto ao federalismo brasileiro, A. Shah propõe uma série de ajustamentos, como: a redução do papel federal nas diversas políticas públicas e a respectiva delegação dessas atribuições aos estados; a concentração do papel de planejamento no governo federal, com, por exemplo, o estabelecimento de padrões mínimos; a concentração dos três impostos sobre a venda no governo central; que o critério de repartição dos fundos de participação considere o princípio da derivação e a equalização; e que o sistema de transferências negociadas (convênios) seja completamente reformulado, com uma maior integração entre todas as esferas e a contenção de acordos diretos entre a União e os municípios.[527]

A implantação de todas essas medidas é complexa e demanda, por certo, uma inesgotável fonte de diálogo e o firme propósito de correção das deficiências por parte de todos os atores envolvidos.

---

[526] Ibid., p. 45.
[527] SHAH, Anwar. *The New Fiscal Federalism in Brazil.* The World Bank: Country Economics Department, 1990. p. 89.

CAPÍTULO 3
O ENDIVIDAMENTO DOS ENTES SUBNACIONAIS E OS ATORES DO FEDERALISMO FISCAL BRASILEIRO | 253

A superação dos interesses políticos e da insistente tendência assimétrica do federalismo brasileiro exigirá muito mais do que meros discursos genéricos e que não se restrinjam a questões de amplitude tão vasta que sejam quase impossíveis de se concentrarem e implantarem em uma única ação.[528] Da mesma forma, a "salvação" do nosso sistema federalista não ocorrerá das atitudes de atores específicos. É imprescindível a participação de todos, assim como é fundamental o diálogo, com o consequente aperfeiçoamento entre as instituições.

Argelina C. Figueiredo e Fernando Limongi propugnam que a Constituição de 1988 aprovou dois conjuntos distintos e contraditórios de medidas relacionadas ao Poder Legislativo. De um lado, os constituintes aprovaram uma série de medidas tendentes a fortalecer o Congresso,[529] recuperando, assim, os poderes subtraídos do Legislativo

---

[528] Gustavo da Gama V. de Oliveira (*Cláusulas pétreas financeiras e tributárias*. Rio de Janeiro: Gramma, 2019. p. 47-48) alerta que não há razões políticas de ordem concreta que conduzam à crença de que haverá uma diminuição das emendas constitucionais financeiras nos próximos anos. Com amparo em Ricardo Lobo Torres (Reforma Constitucional Tributária. *In*: ROSA Eugênio (Coord.). *A reforma tributária da Emenda Constitucional nº 42/2003. Aspectos polêmicos e controvertidos* Rio de Janeiro: Lumen Juris, 2004. p. 203), conclui que cada vez há menos espaço para se acreditar em uma reforma tributária utópica, que resolveria todos os problemas da tributação no Brasil. A tendência, destarte, é que haja novas emendas constitucionais financeiras e tributárias que modifiquem pontos específicos da matéria fiscal. Com espeque nas assertivas de Gustavo Sampaio Telles Ferreira (*Federalismo e poder local (ontem e hoje)*: das metrópoles nacionais e da reorganização político-administrativa a partir da cidade-estado. Tese (Doutorado em Direito da Cidade) – Programa de Pós-Graduação em Direito, Faculdade de Direito, Universidade do Estado do Rio de Janeiro. Rio de Janeiro, 2008, p. 203), aponta que, embora a defesa de uma ampla reforma tributária tenha se tornado veículo comum de propaganda política, o que ocorreu na prática foi a substituição de tal ampla reforma por minirreformas voltadas a mudanças pontuais, sem que fosse promovida verdadeira mudança substancial especialmente em relação aos problemas federativos.

[529] Os autores destacam, em linhas gerais, a redefinição da participação do Congresso no processo orçamentário e no controle das finanças públicas, visto que os governos militares restringiam ao mínimo a atuação do Legislativo nessa matéria. Dentre as novas atribuições e poderes reservados ao Legislativo, cabe destacar a maior abrangência dos orçamentos a serem enviados pelo Executivo à apreciação do Legislativo, a maior capacidade deste último para emendar o orçamento enviado, o fortalecimento do Tribunal de Contas e a maior participação do Congresso na nomeação dos membros desse tribunal. Outras medidas, menos abrangentes, também apontam para o fortalecimento do Legislativo, como, por exemplo, a derrubada do veto presidencial passou a depender do voto da maioria absoluta e não mais de 2/3, e a abrangência do próprio veto presidencial foi circunscrita, não mais podendo ele incidir sobre palavras isoladas. O fortalecimento do Legislativo se faz notar, ainda, na definição das áreas em que lhe foi reservada competência exclusiva para legislar. O caso mais conspícuo está no capítulo referente à apreciação das concessões para exploração de serviços de radiodifusão e televisão. A limitação aos amplos poderes do Executivo se traduz igualmente na capacidade do Congresso Nacional para "sustar os atos normativos do Poder Executivo que exorbitem do poder regulamentar ou dos limites de delegação legislativa" (art. 49, V).

ao longo do período militar. De outro lado, a Constituição de 1988 manteve muitos dos poderes legislativos de que foi dotado o Poder Executivo ao longo daquele regime, visto que não se revogaram inúmeras prerrogativas que lhe permitiram dirigir o processo legislativo.[530] Há, portanto, uma continuidade legal entre o período autoritário e o atual. Os poderes legislativos obtidos pela presidência ao longo do regime militar não foram retirados. Essa continuidade teve efeitos sobre a produção legal a partir da Constituição de 1988, sendo certo que o Executivo comanda o processo legislativo, minando o fortalecimento do Congresso como poder autônomo. O resultado é a atrofia do próprio Legislativo e a predominância do Executivo, principal legislador *de jure* e de fato.[531]

Os autores ressalvam, no entanto, que, mesmo nas matérias orçamentárias, nas quais as atribuições do Legislativo foram ampliadas,[532] os novos poderes do Congresso não podem ser sobrestimados. Em primeiro lugar, vale notar que, enquanto a Constituição de 1946 estabelecia que a iniciativa dessas matérias era compartilhada pelo Executivo e Legislativo, a Constituição de 1988 confere o monopólio da iniciativa ao Executivo. Ademais, praticamente todas as leis de diretrizes orçamentárias aprovadas pelo Congresso estabelecem que, no caso de não cumprimento dos prazos para aprovação do orçamento, o Executivo está automaticamente autorizado a efetuar gastos à razão de 1/12 ao mês do orçamento enviado. Assim, é subtraído do Legislativo o seu principal poder de barganha na negociação do orçamento, já que as consequências da não aprovação do orçamento passam a ser mínimas.

---

[530] Apesar de os autores alertarem para o fato da redefinição com a concessão de menores poderes ao presidente, a capacidade de editar medidas provisórias pode ser vista como a manutenção do poder presidencial de editar decretos-leis.

[531] FIGUEIREDO, Argelina Cheibub; LIMONGI, Fernando. *Executivo e Legislativo na nova ordem constitucional*. 2. ed. Rio de Janeiro: FGV, 2001. p. 41.

[532] Quanto à ampliação dos poderes do Legislativo no âmbito orçamentário, Adilson A. Dallari informa que "atualmente, quem estabelece as prioridades que vão condicionar a elaboração do projeto da lei orçamentária anual é o Poder Legislativo, por meio de uma lei de diretrizes orçamentárias. A iniciativa dessa lei é do Executivo, que deve observar as indicações contidas no Plano Plurianual, mas ela deve ser votada pelo Legislativo até o fim do primeiro semestre do ano, para que o Executivo possa, com base nela e com observância de suas prioridades, preparar e apresentar, no segundo semestre, o projeto da lei orçamentária para o exercício seguinte. [...] no exame do projeto da lei de diretrizes orçamentárias o Legislativo tem ampla liberdade de emendar, inclusive modificando as prioridades indicadas pelo Executivo, além de estabelecer condicionamentos para os orçamentos do Legislativo e do Judiciário" (DALLARI, Adilson Abreu. Orçamento Impositivo. *In*: CONTI, José Mauricio; SCAFF, Fernando Facury (Coord.). *Orçamentos Públicos e Direito Financeiro*. São Paulo: Revista dos Tribunais, 2011. p. 311).

Outra limitação, trazida pelo constituinte originário, à livre conformação do Legislativo em matéria orçamentária é a relativa à proibição de apresentação de emendas à LOA em relação a determinadas funções, dentre estas, as relacionadas ao serviço da dívida. Fernando F. Scaff, utilizando o conceito trazido por Sandoval Alves da Silva,[533] traz a noção de cláusula pétrea orçamentária, a saber:

> Do conceito constitucional de cláusula pétrea pode-se retirar a noção de cláusula pétrea orçamentária, e que são aquelas que a Constituição brasileira veda à apreciação parlamentar, isto é, temas e valores sobre os quais o Poder Legislativo é proibido de deliberar no Projeto de Lei Orçamentária enviado pelo Poder Executivo, o que faz com que o texto enviado se transforme automaticamente em lei, em face do bloqueio constitucionalizado à apreciação parlamentar. Aqui há o deslocamento do legislador orçamentário do Poder Legislativo, seu *locus* primário, para o Poder Executivo, em face do bloqueio parlamentar à apreciação de certas matérias, podendo ocorrer que tal bloqueio possa atingir integralmente a capacidade deliberativa do legislador orçamentário, onde quer que ele se encontre.[534]

Assim, os parâmetros decididos pelo Poder Executivo relativos ao pagamento dos encargos da dívida, conjuntamente com os resultados primário e nominal previstos no Anexo de Metas Fiscais da Lei de Diretrizes Orçamentárias,[535] permanecem à margem do controle parlamentar durante o processo legislativo orçamentário. Aquilo que for decidido pelo Executivo será o que prevalecerá ao final, o que, segundo Scaff, contraria os princípios democrático e republicano.[536]

No que tange aos limites e requisitos referentes às operações de crédito a serem realizadas pelos entes subnacionais, o Senado possui um

---

[533] SILVA, Sandoval Alves da. *O Ministério Público e a concretização dos direitos humanos.* Salvador: Juspodivm, 2016. p. 216.

[534] SCAFF, Fernando Facury. *Orçamento Republicano e Liberdade Igual, ensaio sobre Direito Financeiro, República e Direitos Fundamentais no Brasil.* Belo Horizonte: Fórum, 2018. p. 325.

[535] O autor assevera que, "no caso brasileiro, tal segurança é explicitada na Constituição, sob a forma de uma das cláusulas pétreas orçamentárias, que afasta do controle democrático a deliberação sobre o pagamento do serviço da dívida pública, deixando tal decisão circunscrita ao Anexo de Metas Fiscais contido na Lei de Diretrizes Orçamentárias anual, por força de Lei de Responsabilidade Fiscal, o que veicula a meta de superávit primário, isto é, o montante que deve ser pago anualmente pelo serviço da dívida, o que permite que o governo contingencie orçamentariamente em busca dessa meta".

[536] SCAFF, Fernando Facury. Crédito Público e Sustentabilidade Financeira. *Revista Direito à Sustentabilidade – UNIOESTE,* v. 1, n. 1, p. 34-47, 2014.

papel de proeminência[537] no ordenamento jurídico, conforme diretriz constitucional. Dispõe Maria Rita Loureiro que:

> O enfoque específico sobre o Senado no controle do endividamento público justifica-se na medida em que, por regra constitucional, ele tem poder privativo para legislar sobre esta matéria. O artigo 52 da Constituição de 1988 lhe dá a prerrogativa exclusiva de autorizar operações de natureza financeira para a União, os Estados, os Municípios e as empresas estatais; de estabelecer as condições de financiamento interno e externo e de fixar os limites de endividamento de todos estes entes federativos. Ou seja, não só a União, mas todos os governos subnacionais precisam, para emitir títulos públicos e contratar outras dívidas, do consentimento de seu respectivo Poder Legislativo e, também, de autorização do Senado Federal. Assim, diferentemente de outros países federativos, como, por exemplo, os Estados Unidos, – onde as restrições legais são produzidas de forma descentralizada pelas constituições estaduais e o mercado acaba exercendo o papel mais efetivo (Briffault, 1996; Peterson, 1995; Cligermayer & Dan Wood, 1995)[538] – no Brasil, o controle do endividamento público em qualquer nível de governo é realizado de forma centralizada pelo Senado Federal.[539]

Em se considerando que a questão do endividamento público é de suma importância para o federalismo fiscal, tendo em vista, fundamentalmente, a sua contribuição para a diminuição da autonomia dos entes subnacionais em relação ao centro, conclui-se, por conseguinte, que o Senado, com a atribuição exclusiva de estabelecer os parâmetros e limites das operações de crédito das diversas esferas, exerce – ou deveria exercer – uma função primordial de equilíbrio do sistema, em especial, se considerarmos que se trata de um órgão de representação dos interesses dos estados-membros.

---

[537] Consoante a autora, "[...] a mais importante atividade legislativa exclusiva do Senado refere-se ao endividamento público. Cerca de 80% de suas resoluções, no período de 1989 a 1999, envolviam autorização para endividamento ou para renegociação de dívidas dos diferentes entes da federação".

[538] BRIFFAULT, R. *Balancing Acts. The Reality Behind State Balanced Budget Requirements*. New York: The Twentieth Century Fund Press, 1996.
PETERSON, Paul E. *The Price of Federalism – a twentieth century fund book*. Washington, DC: Library of Congress, 1995.
CLIGERMAYER, J.; DAN WOOD, B. Disentangling Patterns of State Debt Financing. *The American Political Science Review*, v. 89, n. 1, p. 108-120, mar. 1995.

[539] LOUREIRO, Maria Rita. O Senado e o controle do endividamento público no Brasil. *In*: LEMOS, Leany Barreiro (Org.). *O Senado Federal brasileiro no pós-constituinte*. Brasília: Senado Federal, Unilegis, 2008. p. 396-397.

Entretanto, conforme já visto no item 2.3.5 do capítulo 2, não se pode olvidar o caráter altamente partidário – e não federativo – do Senado brasileiro. Com sustentação em dados empíricos relativos a estudo do comportamento dos membros do Senado Federal, por ocasião da adoção do Plano Real,[540] Marcello S. Branco conclui que:

> O resultado do trabalho das comissões e das votações em plenário é afetado pelos recursos de que dispõem o Executivo Federal e os líderes partidários para obter apoio às propostas do Executivo Federal. Uma vez que esse obtenha apoio em uma coalizão partidária, restringe-se enormemente os recursos de veto da oposição.
>
> E o que constatamos na análise das votações nominais das duas Casas, em especial do Senado, é que a clivagem de interesses é partidária e não federativa (ou regional). Os temas se articulam nos partidos, divididos entre os que apoiam o governo e aqueles que fazem oposição. A maior parte dos votos contrários às emendas analisadas está na oposição. Inclusive, o grau de adesão da casa federativa foi maior do que a da Casa do povo nas votações analisadas. Quer dizer: o Senado coopera de forma partidária com os interesses nacionais e – nos casos em questão – antifederativos do Governo Federal.
>
> Além disso, observa-se que os votos da oposição estão concentrados de forma majoritária nas regiões Sudeste e Sul. Ou seja, mesmo que os interesses das regiões mais afetadas pelas emendas tenham sido as sobrerrepresentadas, elas votaram com o governo, porque a articulação é partidária e não de defesa dos interesses regionais. [...]
>
> Isso não significa que o tema federativo tenha estado ausente das discussões e considerações por parte dos parlamentares na hora de decidirem seus votos, mas a defesa dos interesses dos estados e municípios foi realizada em sua maior parte pela oposição. Ou seja, a oposição defendeu os interesses federativos porque estava contra o Governo. Depois, no governo, a mesma oposição passa a defender os interesses nacionais.[541]

Um exemplo da natureza partidária da Câmara Alta brasileira é elencado por Arvate, Biderman e Mendes, que realizaram estudo[542]

---

[540] O estudo se concentrou na análise do desempenho do Senado no processo de negociação das dívidas dos bancos estaduais e da criação do Fundo Social de Emergência (FSE) e suas renovações, com o objetivo de constatar de que forma o Senado atuou no processo, ou seja, se defendeu mais os interesses das unidades federativas ou cooperou com os interesses da União, por meio de apoio partidário.

[541] BRANCO, Marcello Simão. A atuação do Senado Federal no processo de ajuste fiscal dos anos 90. *In*: LEMOS, Leany Barreiro (Org.). *O Senado Federal brasileiro no pós-constituinte*. Brasília: Senado Federal, Unilegis, 2008. p. 322-323.

[542] Os autores esclarecem que o prazo de análise se inicia a partir da data em que o pedido chega ao Senado até o momento em que é aprovado no plenário. Segundo eles, o sistema

com o escopo de investigar a existência de manipulação política interna no Senado com relação aos prazos de aprovação de concessão de empréstimos aos estados.

Os autores identificaram, com base na amostra observada, uma dispersão considerável no prazo de ratificação dos pleitos, "o que levanta a hipótese de que a manipulação política pode estar sendo feita mediante aceleração (ou postergação) da aprovação dos pedidos com maior (ou menor) suporte político".[543]

Outra reflexão que se impõe é a relativa à priorização dos interesses do Poder Legislativo. Nos últimos anos, foram editadas, sucessivamente, as Emendas Constitucionais nº 86/2015, 100/2019, 102/2019 e 105/2019, todas relacionadas à implantação do chamado orçamento impositivo, que, resumidamente, torna vinculante a execução de emendas individuais ou de bancada de parlamentares, criando-se, por conseguinte, mais um item de despesa obrigatória.

Segundo Regis Fernandes de Oliveira, apesar da razoabilidade em se admitir certa margem de discricionariedade ao Executivo, quando da execução orçamentária, deve-se combater a forma abusiva com que essa faculdade vem sendo utilizada, pois:

---

de aprovação de endividamento pode ser interpretado como um "jogo" entre agentes do Senado e do Executivo, o qual pode ser dividido em quatro etapas. Na primeira, o presidente da CAE (Comissão de Assuntos Econômicos) define o relator; na segunda, o relator publica seu relatório; na terceira, o relatório é aprovado ou encaminhado para análise mais aprofundada no plenário da CAE; na última etapa, o relatório é aprovado ou devolvido para análise mais aprofundada pelo plenário do Senado. Em cada etapa, há diferentes jogadores que podem ou não estar participando de um jogo cooperativo.

[543] ARVATE, Paulo Roberto; BIDERMAN, Ciro; MENDES, Marcos. Aprovação de empréstimos a governos subnacionais no Brasil: há espaço para comportamento político oportunista? *DADOS – Revista de Ciências Sociais*, Rio de Janeiro, v. 51, n. 4, p. 983-1014, 2008, p. 985. Apesar de reconhecerem que a diferença nos prazos de aprovação pode estar ligada a muitos fatores não políticos, verificou-se, no entanto, que, dentre as variáveis consistentemente correlacionadas com o prazo de aprovação, a ligação política entre o governador do estado solicitante e o relator foi deveras impactante. Os autores concluíram que, quando o governador e o relator pertencem à mesma coalizão, o processo se acelera. Se o relator pertencer à mesma coalizão que o governador, mas ocorrer uma mudança que encerre essa ligação (por exemplo, uma mudança de relator, sendo o novo relator não pertencente à coalizão do governador), o processo passa a tramitar mais devagar. Outra variante relevante é a existência de ligações políticas com o presidente da República, pois, embora o prazo de aprovação seja definido pelo Legislativo, o presidente costuma ter influência sobre o Congresso. Assim, uma solicitação apresentada por um governador aliado do presidente, por exemplo, poderia adquirir peso político e ser aprovada mais rapidamente desde que o chefe do Executivo federal conte com maioria sólida e fiel no Senado.

> Embora o orçamento seja peça fundamental para o destino da nação, no plano formal, as disposições orçamentárias convertem-se em mera promessa, expectativas que, quase sempre, não se realizam.
>
> Nesse cenário, o debate acerca do modelo orçamentário impositivo ganhou força. Nota-se uma crescente tendência à limitação da margem de discricionariedade administrativa concedida ao Executivo para gerir os recursos públicos, o que pode ser notado, inclusive, pelo aumento gradativo da criação de vinculações orçamentárias, hoje expostas em vários dispositivos do próprio texto constitucional.
>
> Ora, se a gênese do orçamento guarda relação com a autorização dada pelo povo aos seus governantes para a utilização dos recursos públicos, não é errado concluir que, quando não se efetiva a aplicação conforme consentido, estar-se-á agindo à revelia daquilo que foi autorizado. Ao arrepio do regime democrático, que exige a sujeição dos governantes aos objetivos do Estado. O caráter autorizativo do orçamento não pode originar em benesse ao Executivo de forma a ser possível descumpri-lo. Caso contrário, voltaríamos à fase anterior à existência do orçamento, com a aplicação arbitrária dos recursos públicos. A discricionariedade administrativa deve ser exercida visando unicamente cumprir os objetivos encampados na Lei Maior. [...]
>
> O chamado orçamento impositivo, em contraposição ao modelo autorizativo, promove o resgate do relevante papel do Poder Legislativo na elaboração e execução orçamentária, como legítimos representantes dos anseios da sociedade.[544]

Apesar das valorosas tentativas no sentido de se promover uma maior efetividade da atuação do Legislativo no sistema orçamentário – o que traz impactos, inclusive, no campo da despesa pública –, não se verifica o mesmo empenho quando se trata da normatização do crédito público. Em vigoroso artigo sobre o tema, Pinto, Afonso e Porto, ao disporem sobre a inconstitucionalidade por omissão em face da ausência de fixação de um regime jurídico que imponha limites às dívidas consolidada e mobiliária da União, asseveram que:

> A inconstitucionalidade da seletiva mora legislativa que nega a edição de limites apenas à dívida pública federal (mobiliária e consolidada) é evidente, sobretudo à luz das cláusulas pétreas nucleares que amparam o pacto federativo e o regime democrático, na medida em que, sem a regulamentação dos limites de endividamento da União, não é possível haver federalismo fiscal equitativo e debate efetivamente democrático

---

[544] OLIVEIRA, Régis Fernandes de. *Curso de Direito Financeiro*. 7. ed. São Paulo: Revista dos Tribunais, 2015. p. 619.

acerca das leis do ciclo orçamentário. Daí por que se tornam incipientes e tortas as tarefas de o governo federal acompanhar e tentar controlar as dívidas Estaduais e Municipais quando exige deles algo a que a União se nega a submeter-se.[545]

Verifica-se, por conseguinte, mais uma conduta incongruente por parte da União, ao exigir dos entes subnacionais um elevado rigor – com a possibilidade de aplicação de sanções institucionais, inclusive – quanto aos limites da dívida pública, impostos pelo ordenamento jurídico, porém, sem se submeter a essas mesmas delimitações normativas. O mais surpreendente é que cabe ao Senado Federal, repita-se, órgão de representação dos estados, a imposição de limites globais à dívida consolidada da União (art. 52, VI, CF/88), tendo esse órgão regulamentado o teto de endividamento dos próprios estados, mas não o do ente central.

3.2.2 Poder Executivo

Na seção anterior, salientou-se a preponderância institucional do Executivo na produção legislativa brasileira, fato, aliás, que não é exclusivo de nosso país, como muito bem orienta Francisco S. A. Silveira:

> A transição para a democracia na América Latina não garantiu efetivamente que as crises fossem resolvidas de uma maneira institucionalmente democrática. Guilhermo O'Donnel[546] classifica como *democracia delegativa* os regimes adotados na América Latina (a exemplo de Argentina, Brasil e Peru) no final do século passado, nos quais há uma tendência anti-institucional e que ratifica uma tradição de personalização e concentração de poderes no Executivo. Enquanto, nas democracias mais institucionalizadas, as decisões são lentas, mas, uma vez tomadas, tendem a ser implementadas; nas *democracias delegativas*, as decisões são tomadas de um modo frenético, de forma unilateral e apressada (o que também se pode denominar *decretismo*), revelando uma paradoxal onipotência e impotência dos governos frente à crise.[547]

---

[545] PINTO, Élida Graziane; AFONSO, José Roberto; PORTO, Laís Khaled. Limites à dívida consolidada e mobiliária da União: um estudo acerca da inconstitucionalidade por omissão na falta de fixação do seu regime jurídico. *In*: CONTI, José Mauricio (Coord.). *Dívida Pública*. São Paulo: Blucher, 2018. p. 600.

[546] O'DONNELL, Guilhermo. Democracia Delegativa. *Journal of Democracy em español*, v. 5, n. 1, p. 55-69, jan. 1994.

[547] SILVEIRA, Francisco Secaf Alves. *O estado econômico de emergência e as transformações do direito financeiro brasileiro*. Belo Horizonte: D'Plácido, 2019. p. 239.

CAPÍTULO 3
O ENDIVIDAMENTO DOS ENTES SUBNACIONAIS E OS ATORES DO FEDERALISMO FISCAL BRASILEIRO | 261

O autor destaca, ainda, que as reformas constitucionais na América Latina a partir dos anos 1980 tiveram essas características paradoxais, com a ampliação, por um lado, da previsão de direitos individuais e coletivos, mas, por outro, instituíram mecanismos para diminuir a participação do Congresso na elaboração de políticas públicas, o que acabou contribuindo para a não concretização dos direitos sociais previstos. Ele traz o exemplo ventilado por Leda Paulani,[548] que identificou uma série de medidas adotadas, especificamente no combate às crises econômicas, que deixaram de passar pelo crivo do Legislativo.[549]

Argelina C. Figueiredo e Fernando Limongi, em conclusão a um estudo estatístico quanto à iniciativa legal no período de 1946-94, ilustram que, na vigência da Constituição de 1946, as leis de iniciativa do Executivo corresponderam a 43% do total de leis do período, participação que aumentou para 89% no governo militar. Após a Constituição de 1988, manteve-se o padrão do regime militar, com a média de leis do Executivo atingindo 85% do total.[550]

Tal estado de coisas é precisamente gravoso quanto à temática fiscal. Ferreira, Meneguin e Bugarin, ao estatuírem um modelo teórico de evidências do comportamento dos agentes, em períodos de transição de governos, no que tange à repercussão no aumento nas despesas de pessoal, concluíram, considerando um cenário com ausência de atuação do Poder Judiciário, que:

> A conclusão desta primeira análise é que governantes populares não têm incentivos a manipularem a política fiscal para prejudicar seu oponente, uma vez que é baixa a expectativa desse oponente vencer o pleito eleitoral. Nesse caso, o governante prefere garantir uma melhor

---

[548] PAULANI, Leda Maria. *Capitalismo financeiro e estado de emergência econômico no Brasil*: o abandono da perspectiva do desenvolvimento. *In*: I Colóquio da Sociedade Latino-Americana de Economia Política e Pensamento Crítico. Santiago: 2006.

[549] SILVEIRA, Francisco Secaf Alves. *O estado econômico de emergência e as transformações do direito financeiro brasileiro*. Belo Horizonte: D'Plácido, 2019. p. 241. O autor informa que grande parte dessas medidas econômicas (programas de privatizações e planos de estabilização monetária, como o Programa Nacional de Desestatização – PND, o Plano Bresser, os Planos Collor I e Collor II, e o Plano Real) foi adotada por meio de decretos e medidas provisórias, conduzidas quase que exclusivamente pelo Executivo. Antes da Emenda Constitucional nº 32/2001, que modificou o regime das medidas provisórias, uma das estratégias da Presidência era a de inundar o Congresso com esses atos normativos, reeditando-os quando não eram aprovados pelo Legislativo.

[550] FIGUEIREDO, Argelina Cheibub; LIMONGI, Fernando. *Executivo e Legislativo na nova ordem constitucional*. 2. ed. Rio de Janeiro: FGV, 2001. p. 49.

situação fiscal para seu próximo mandato (ou aquele de seu correligionário), que ocorrerá com elevada probabilidade. Já governantes impopulares manipularão a política fiscal a ser entregue ao oponente, de forma a dificultar a gestão desse opositor e, assim, aumentar suas próprias chances de voltar ao poder no futuro.

O resultado sugere que um governante, com elevada probabilidade de reeleição, escolherá uma política fiscal mais restritiva que a de um governante com baixa probabilidade de ser reeleito. A explicação para esse fenômeno baseia-se no fato de que uma política fiscal muito frouxa implicará elevado custo fiscal e político após as eleições, o que preocupa mais um governante com verdadeiras chances de ser reeleito.[551]

A ampla liberdade conferida ao Executivo, em particular quanto à matéria fiscal, tende a provocar essas situações de maior ou menor responsabilidade na gestão das finanças, a depender das expectativas políticas do administrador, especialmente em época de eleição, máxime se considerarmos um arcabouço normativo ineficiente quanto a punições individuais e, diga-se de passagem, também inefetivo quanto às sanções institucionais.[552]

F. Pedro Jucá chama a atenção para a realização das despesas públicas, a qual precisa considerar dois aspectos importantes. O primeiro se refere às escolhas ou opções políticas formuladas, que se materializam pelas instâncias decisórias da organização política, geralmente através do órgão de representação popular, ou seja, o Parlamento; mas, ainda assim, eis que, no segundo, há um espaço discricionário atribuído ao Poder Executivo para efetuar escolhas no que diz respeito à forma e ao tempo de concretização,[553] o qual, conforme adverte Marcus Abraham, "apesar das prioridades e parâmetros que conduzem o processo decisório das despesas públicas decorrerem de previsões constitucionais, sempre haverá um campo deliberativo para a sua realização, a ser definido e executado pelo administrador público".[554]

---

[551] FERREIRA, Débora Costa; MENEGUIN, Fernando B.; BUGARIN, Maurício Soares. *Responsabilidade fiscal, a atuação do Poder Judiciário e o comportamento estratégico dos governantes.* Brasília: Núcleo de Estudos e Pesquisas/CONLEG/Senado, 2017. p. 13.

[552] No item 3.3 deste capítulo, há extensa análise da jurisprudência do STF, órgão que vem contribuindo para "suavizar" as sanções institucionais e os limites legais previstos na LRF.

[553] JUCÁ, Francisco Pedro. Dívida pública: algumas reflexões. *In:* CONTI, José Mauricio (Coord.). *Dívida Pública.* São Paulo: Blucher, 2018. p. 74-75.

[554] ABRAHAM, Marcus. *Curso de Direito Financeiro Brasileiro.* Rio de Janeiro: Elsevier, 2010. p. 155.

O simples processo de aprovação das peças orçamentárias (PPA-LDO-LOA) junto ao Parlamento tampouco lhes confere legitimidade inquestionável como documento de definição de prioridades governamentais construído publicamente, já que é perfeitamente possível que o Legislativo, por vezes, comporte-se como mero ratificador das decisões já tomadas no Executivo, sem sequer discuti-las, sem investigar a consistência das metas físicas e financeiras ali concebidas de forma meramente protocolar, sem efetivo diagnóstico junto aos cidadãos interessados. Assim, os programas de governo inscritos no orçamento se traduzem em políticas públicas, tanto avalizadas pelas eleições de determinado governante e seu partido como também fruto de um processo formal de aprovação de diretrizes do chefe do Poder Executivo para transformá-las em disposições legais.[555]

No que se refere ao endividamento, conforme visto no item anterior, o papel do Executivo é determinante quanto ao montante a ser pago dos encargos da dívida, visto que os parlamentares estão impedidos de propor emendas às leis orçamentárias quanto a essa matéria. Da mesma forma, os resultados primário e nominal também são determinados pelo Executivo, uma vez que a elaboração do Anexo de Metas Fiscais da Lei de Diretrizes Orçamentárias é da competência privativa deste.

Assim, políticas de ajustes fiscais podem vir a ser prejudicadas, a depender dos interesses políticos e eleitorais em jogo, especialmente quando se afasta o Legislativo da discussão de determinadas matérias, concentrando-as no âmbito de decisão do Executivo. Uma maneira de atenuar a prevalência da vontade do Executivo nessa questão seria a adoção, em nosso ordenamento jurídico, de um instrumento semelhante ao capítulo 9 (*Chapter 9*) do municipal *Bankruptcy Act* norte-americano,[556] ou seja, a implantação da ideia de um direito falimentar público. Segundo Conti:

> Diante de nossa aversão à falência de entes federados, que, como já se pode antever, não se mostra viável, até por razões culturais, a única solução plausível é mesmo a de estabelecer regras que permitam a recuperação financeira, até para atender o princípio da continuidade dos serviços públicos.

---

[555] PINTO, Élida Graziane. Controle qualitativo no ciclo orçamentário das políticas públicas: um breve ensaio sobre a tensão pendular entre discricionariedade e vinculação à luz da Lei 13.655/2018. *Direito Público - Revista Jurídica da Advocacia-Geral do Estado de Minas Gerais*, Belo Horizonte, v. 15, n. 1, p. 55-61, jan./dez. 2018.

[556] Vide item 3.1.2.2.

A reestruturação fiscal pode ser um excelente instrumento para implementar um sistema de disciplina fiscal, pois obriga o gestor a tomar medidas impopulares que não teria condições de fazer em outras circunstâncias, facilitando as negociações com os credores. Aumentar tributos, cortar gastos, reduzir benefícios fiscais e outras medidas de arrocho financeiro dificilmente são tomadas "voluntariamente" por um político que precisa de apoio da população que o elegeu e poderá voltar a fazê-lo na próxima eleição.[557]

Independentemente da discussão quanto ao modelo mais apropriado para a adoção da respectiva medida, se mediante emenda à Constituição ou através de legislação infraconstitucional, fato é que não se pode prescindir da conjunção de esforços e de vontade política dos poderes nessa direção. Um instituto previsto no ordenamento jurídico e, ainda, com a interveniência do Poder Judiciário sairia do âmbito de discricionariedade do chefe do Executivo, deixando as condutas daí advindas de serem vistas pelos eleitores como escolhas individuais do governador ou do prefeito, que, a seu turno, estariam obrigados a implementá-las.

3.2.3 Poder Judiciário

Não há como tratar a questão do funcionamento das federações sem passar pelos conflitos federativos dela resultantes e, somado a isso, ao papel de árbitro desses conflitos exercido pelo Poder Judiciário. Esse papel varia imensamente de país para país, de acordo tanto pelo poder que é dado ao Judiciário para exercer o seu papel de árbitro como pelo desenho institucional adotado pelas federações no que tange aos limites de ação das esferas de governo. No Brasil, cujo sistema federativo se destaca por seu caráter trino (União, estados e municípios são entes federados), esse papel é ainda maior, dada a existência de um elevado número de atores envolvidos em possíveis conflitos federativos.[558]

Considerando a teoria já analisada no item 3.2.1, George Tsebelis aduz que os tribunais constitucionais têm condições de abolir legislações e, por esse motivo, também são atores com poder de veto. Partindo da

---

[557] CONTI, José Mauricio. Um Salve pela Recuperação Financeira do Estado do Rio de Janeiro. *In*: CONTI, José Mauricio (Org.). *Levando o Direito Financeiro a Sério - A luta continua*. 2. ed. São Paulo: Blucher, 2018. p. 379.

[558] OLIVEIRA, Vanessa Elias de. *Poder Judiciário*: árbitro dos conflitos constitucionais entre Estados e União. São Paulo: Lua Nova, 2009. p. 227-228.

premissa de que um ator com poder de veto deve estar localizado fora do núcleo de unanimidade dos outros atores de modo a não sofrer influências destes e possuir efetiva independência funcional, ele reconhece, no entanto, que, "muitas vezes, os tribunais constitucionais se situam dentro do núcleo de unanimidade dos outros atores com poder de veto", tendo como principal razão o processo de nomeação para os cargos mais altos, sendo certo que, em regra, eles são absorvidos pelos atores políticos existentes.[559]

O grau de independência dos membros de uma corte com poderes para resolver eventuais conflitos entre as esferas federativas se trata de um elemento essencial no estudo das federações. Vanessa E. de Oliveira, ao comentar uma análise comparativa, realizada por Obinger, Castles e Leibfried,[560] entre seis países (Austrália, Áustria, Canadá, Alemanha, Suíça e Estados Unidos) – embora reconheça carecer de maiores dados empíricos – ao considerar as cortes alemã e suíça – em que os juízes não são nomeados, mas, sim, eleitos –, parece ser razoável supor que a eleição de juízes produz maior autonomia no julgamento dessas questões quando comparados com juízes nomeados por uma das partes do litígio – em geral, o governo federal.[561]

Ao analisar a corte norte-americana, com amparo em estudos de Katz,[562] no período de 1803/1968, informa que a sua atuação tendeu ao fortalecimento do governo nacional, e não à sua limitação diante do poder dos estados. Concluiu-se no sentido de que:

> Durante sua história, a Suprema Corte norte-americana tem sido uma força integrativa e nacionalizadora na vida americana. Desde a sua fundação, ela esteve mais do lado do governo nacional do que do dos estados. Este padrão continua atualmente. A dificuldade é que o atual desafio do federalismo não é o das forças centrífugas advindas da diversidade dos estados; é da centralização de poder em Washington. [...] Dada a centralidade da Suprema Corte americana na política deste país, não deve haver dúvida de que a Corte continuará a ter um papel de fiel da balança.[563]

---

[559] TSEBELIS, George. Veto Players and Law Production in Parliamentary Democracies: An Empirical Analysis. *The American Political Science Review*, 1999, p. 317.

[560] OBINGER, H.; CASTLES, F.; LEIBFRIED, S. Federalism and the Welfare State. *In*: LEIBFRIED, S.; CASTLES, F. (Ed.). *Federalism and the Welfare State*: new world and European experiences. Cambridge University Press, 2005a.

[561] Ibid., p. 230.

[562] KATZ, E. *The Supreme Court and the integration of American federalism*, 2001, mimeo.

[563] OLIVEIRA, Vanessa Elias de. *Poder Judiciário*: árbitro dos conflitos constitucionais entre Estados e União. São Paulo: Lua Nova, 2009. p. 232.

No Brasil, em que a Corte Constitucional segue os mesmos critérios de seleção dos membros da Suprema Corte norte-americana através da escolha pelo Executivo com a aprovação do Senado, a tendência, especialmente em períodos de normalidade econômica, é a de favorecimento do governo federal frente aos entes subnacionais. Considerando dados empíricos,[564] a autora verificou que, no que tange ao julgamento do mérito:

> Temos que nenhuma ação impetrada por estados prosperou, ou seja, foi deferida. A maioria (61,5%) não foi sequer apreciada e se encontrava aguardando julgamento. O restante (38,5%) já foi julgado e o mérito foi indeferido ou a ação foi extinta. É ao menos curioso o fato de que nenhuma das ações diretas de inconstitucionalidade impetradas pelos estados contra o governo federal tenha sido deferida, no todo ou em parte. [...] Somado a isso, chama a atenção a quantidade de ações que foram indeferidas: um terço do total. Se excluíssemos da análise aquelas ações em andamento, teríamos que todas as Adins julgadas foram indeferidas, ainda que esse número possa vir a ser revertido com os julgamentos futuros.[565]

Embora não se possa concluir, de forma definitiva, apenas considerando o julgamento de ADIs, a existência de correlação entre a tendência de favorecimento da União pelo Supremo e a forma como os seus membros são escolhidos, fato é que os números não devem ser desconsiderados quando do aprofundamento desse tema. A questão que se propõe discriminar é: em que medida a relação de proximidade entre os ministros do Supremo e o governo federal vem contribuindo para o federalismo centralizador brasileiro?

Francisco S. A. Silveira alerta, no entanto, que essa tendência centralizadora é mais comumente verificada em situações de normalidade econômica. Em circunstâncias específicas, denominada por ele

---

[564] A análise comparativa considerou um conjunto de dados formados por 305 (trezentas e cinco) Adins (ações diretas de inconstitucionalidade), impetradas no período de 1988 a 2002, tanto pelo governo federal como pelos estados. No caso das Adins propostas pelo governo federal, *constatou-se que 73,6% conseguiram deferimento da liminar, no todo ou em parte*. Isso significa que, em quase três quartos dos casos, foi possível, por intermédio do Judiciário, suspender os atos estaduais considerados inconstitucionais. Mesmo que algumas liminares tenham sido posteriormente cassadas, elas tiveram um efeito imediato sobre as ações estaduais e, além disso, demonstram que o Judiciário teve grande eficácia no julgamento das liminares requeridas pelo governo central. Com relação às Adins dos estados, *verificou-se que 68,4% das liminares não prosperaram e apenas 15,8% foram deferidas*. (Grifos nossos)

[565] Ibid., p. 238-239.

de "estados econômicos de emergência", constatou-se a atuação insuficiente do Poder Judiciário para conter os abusos do Poder Executivo, proteger direitos e garantias ou mesmo assegurar a separação de poderes.[566] Ou seja, diante de estados de emergência econômica, o Tribunal Constitucional enfrenta enormes dificuldades em se configurar como "o guardião da Constituição".[567]

O autor ressalta, primordialmente, a extrema dificuldade de o Poder Judiciário se firmar como uma força contramajoritária em cenários de crises econômicas, tendo em vista que:

> É frequente que o Judiciário recorra a alegações de "urgência e necessidade política e econômica para fundamentar interpretações de constitucionalidade questionável. O acolhimento ou a repulsa a esses elementos (necessidade e urgência econômica, por exemplo) é dilema constante das Cortes constitucionais em momentos de crise. A abertura a argumentos dessa natureza e a ausência de reações contramajoritárias pelo Judiciário aumentam o risco de que as instituições, os valores e os princípios constitucionais permaneçam intactos. Daí se falar não somente no bloqueio da implementação da Constituição, mas também no risco de uma mutação constitucional contrária a seu *telos*.[568]

É bem verdade que a utilização de uma avaliação consequencialista, que considere a emergência econômica como fundamento de decisão, não se trata de prerrogativa da Corte Constitucional brasileira. Uma situação contínua e permanente de desequilíbrio nas finanças pode trazer uma situação de desequilíbrio fiscal e orçamentário, ocasionando um verdadeiro contexto de crise financeira. Tal situação engendra, ademais, conflitos jurídicos, fazendo com que os tribunais do Poder Judiciário adotem reações diferenciadas, conforme as restrições econômicas conjunturais. Andréa Magalhães, ao se referir à noção de "jurisprudência da crise", aduz que:

> Algumas Cortes têm considerado francamente a crise como justificativa de decisões que, em outros tempos, não prolatariam. E o fazem de forma expressa e fundamentada. Outras revisitam seus institutos jurídicos,

---

[566] Amparado em exemplos históricos da fragilidade do controle judicial no estado econômico de emergência, o autor destaca uma atuação permissiva do STF em face do excesso de medidas provisórias, dos planos de privatização e de estabilização monetária durante os anos 1990.

[567] SILVEIRA, Francisco Secaf Alves. *O estado econômico de emergência e as transformações do direito financeiro brasileiro*. Belo Horizonte: D'Plácido, 2019. p. 256.

[568] Ibid., p. 266-267.

de modo a flexibilizar o campo de proteção dos direitos previstos nas Constituições, sem, contudo, admitir que o fazem em razão do contexto de crise. Há, ainda, quem adote o consequencialismo jurídico como um argumento de reforço, embora busque outras razões fundamentais. Quando condicionada à possibilidade de superação por iniciativa de outros poderes ou tribunais, a consideração de ordem econômica pode também ensejar a criação de incentivos institucionais para a criação de solução conjunta ou dialógica. Incentivos esses que muitas vezes recaem sobre a própria crise, nos casos em que a valorização do argumento econômico é estimulada por forças externas, como pressão de organismos internacionais, imprensa ou opinião pública. Por fim, há os que se valem do transcurso do tempo como forma sub-reptícia de manutenção do *status quo*.[569]

Echeverria e Ribeiro ressaltam, ao utilizarem os argumentos de Aroney e Kincaid,[570] a relevância da função exercida pelo Judiciário no federalismo, sendo possível afirmar que a sua existência seria uma das condições indispensáveis para a manutenção do equilíbrio federativo. Assim, cabe ao Judiciário, como órgão independente, evitar que os dilemas federalistas se concretizem, tendo como função primordial garantir a divisão e o compartilhamento de poderes e competências constitucionalmente estabelecidos. Em outras palavras, como árbitro do federalismo, o Judiciário – em regra por meio da Suprema Corte – deve impedir que o governo central amplie seu próprio poder e, ao mesmo tempo, incentivar a cooperação dos entes subnacionais, reconhecendo e punindo eventuais comportamentos oportunistas.[571]

Na disputa federativa, o STF deve assumir, por conseguinte, a função de "tribunal da federação", sem que se priorize uma ou outra esfera, mas, sim, o equilíbrio dos diversos interesses envolvidos. Os estudos empíricos da jurisprudência do Tribunal Constitucional, conforme já visto, orientam que a corte tende a privilegiar os assuntos nacionais em detrimento dos anseios dos entes periféricos. Ocorre que uma novel tendência tem sido observada, a qual exsurge em momentos de instabilidades econômicas, relacionadas, em especial, às graves

---

[569] MAGALHÃES, Andréa. *Jurisprudência da Crise – uma perspectiva pragmática*. Rio de Janeiro: Lumen Juris, 2017. p. 24.

[570] ARONEY, Nicholas; KINCAID, John. Introduction. *In*: ARONEY, N.; KINCAID, J. (Ed.). *Courts in federal countries*: Federalists or unitarists? Toronto: University of Toronto Press, 2016. p. 3-28, p. 4.

[571] ECHEVERRIA, Andrea de Quadro Dantas; RIBEIRO, Gustavo Ferreira. O Supremo Tribunal Federal como árbitro ou jogador? As crises fiscais dos estados brasileiros e o jogo de resgate. *Revista Estudos Institucionais*, v. 4, n. 2, 2018, p. 661.

crises fiscais experimentadas pelos entes subnacionais ao longo das últimas décadas.

Assim, tem-se verificado a predominância dos interesses dos estados nas situações de intensos e recorrentes déficits nas finanças desses entes, especialmente com fundamento em decisões precárias com efeitos duradouros.[572] Em direção contrária à sua própria inclinação, o Supremo vem ratificando os pleitos dos estados endividados, muito provavelmente para se evitar uma situação generalizada de completa paralisia dos serviços públicos, conforme será visto, de forma minuciosa, no item 3.3.2.

3.2.4 Outros atores

Além dos poderes, atores outros também têm o potencial de exercer influência na questão do endividamento dos entes subnacionais, tais como os tribunais de contas, o Conselho de Gestão Fiscal, o Ministério da Fazenda e o Banco Central.

Segundo Donato V. Moutinho, algumas dessas instituições estabelecem normas, outras gerenciam a dívida pública, há as que apliquem os recursos obtidos via endividamento em suas atividades e as que detêm competência para fiscalizar a sua gestão.[573]

3.2.4.1 Tribunais de contas

Os tribunais de contas possuem relevantes funções no que tange ao controle de endividamento dos entes federativos, que não se restringem à mera verificação dos limites legais, incluindo a competência punitiva em face de condutas irregulares. Fernando F. Scaff destaca o caráter instrumental tanto do controle como da responsabilização, pois:

> Controlar e responsabilizar financeiramente as pessoas não faz parte nem dos fundamentos (art. 1º, CF) e nem dos objetivos fundamentais (art. 3º, CF) da república brasileira, mas são essenciais em razão da função que exercem. Não se pode dizer que é fundamento ou objetivo de algum país controlar alguém em razão de seus atos, ou responsabilizá-lo

---

[572] A questão dos efeitos permanentes das medidas liminares, em ações ajuizadas pelos estados em face da União no STF, será analisada de forma mais detalhada no item 3.3.1, na próxima seção deste capítulo.

[573] MOUTINHO, Donato Volkers. Dívida pública: gerenciamento, fiscalização e controle no Brasil. *In*: CONTI, José Mauricio (Coord.). *Dívida Pública*. São Paulo: Blucher, 2018. p. 262.

em razão de alguma irregularidade financeira, mas são institutos necessários e importantíssimos para que se possa atingir os objetivos estabelecidos – no entanto, não são, em si, finalidades buscadas por uma sociedade. E nem podem sê-lo, sob pena de subverter toda a estrutura, transformando o que é instrumental – o controle e a responsabilidade – em objetivo. Tampouco tais funções estão inseridas em um contexto de orçamento republicano, em cujo cerne está a justiça distributiva através do orçamento [...]. Talvez em uma estrutura de Estado Policial se poderia afirmar que controlar e responsabilizar sejam objetivos do Estado, porém não é o que deve ocorrer sob a égide da Constituição brasileira de 1988.[574]

Apesar de a titularidade do controle externo ser da competência do Poder Legislativo, a sua efetivação se dá com auxílio técnico dos tribunais de contas nas esferas nacional e estadual,[575] o que não exclui um rol de atribuições próprias, estabelecido na Constituição, tais como as funções fiscalizadora, consultiva, informativa, judicante, sanciona-dora, corretiva e normativa.[576]

---

[574] SCAFF, Fernando Facury. *Orçamento Republicano e Liberdade Igual, ensaio sobre Direito Financeiro, República e Direitos Fundamentais no Brasil*. Belo Horizonte: Fórum, 2018. p. 422.

[575] Há, atualmente, no Brasil, apenas dois tribunais de contas municipais – dos municípios do Rio de Janeiro e de São Paulo. Em seu artigo 31, §4º, a Constituição veda a criação de novos tribunais, conselhos ou órgãos de contas municipais. A Constituição, no entanto, faculta aos estados a criação de dois órgãos de controle externo: o Tribunal de Contas Estadual e o Tribunal de Contas dos Municípios, ao reconhecê-los em seu artigo 75. Ambos são órgãos estaduais, sendo que o primeiro tem como atribuição o controle apenas dos órgãos estaduais; enquanto o segundo, o controle dos órgãos dos diversos municípios integrantes daquele estado que o criou. No momento presente, apenas três estados optaram por manter dois tribunais de contas em suas respectivas jurisdições: Bahia, Goiás e Pará. O estado do Ceará, que havia também optado por manter dois órgãos de controle externo, decidiu extinguir o seu Tribunal de Contas dos Municípios, tendo o STF reconhecido a constitucionalidade da medida no julgamento da ADI nº 5.763, em sessão de 26.10.2017.

[576] Art. 71. O controle externo, a cargo do Congresso Nacional, será exercido com o auxílio do Tribunal de Contas da União, ao qual compete:
I - apreciar as contas prestadas anualmente pelo Presidente da República, mediante parecer prévio que deverá ser elaborado em sessenta dias a contar de seu recebimento;
II - julgar as contas dos administradores e demais responsáveis por dinheiros, bens e valores públicos da administração direta e indireta, incluídas as fundações e sociedades instituídas e mantidas pelo Poder Público federal, e as contas daqueles que derem causa a perda, extravio ou outra irregularidade de que resulte prejuízo ao erário público;
III - apreciar, para fins de registro, a legalidade dos atos de admissão de pessoal, a qualquer título, na administração direta e indireta, incluídas as fundações instituídas e mantidas pelo Poder Público, excetuadas as nomeações para cargo de provimento em comissão, bem como a das concessões de aposentadorias, reformas e pensões, ressalvadas as melhorias posteriores que não alterem o fundamento legal do ato concessório;
IV - realizar, por iniciativa própria, da Câmara dos Deputados, do Senado Federal, de Comissão técnica ou de inquérito, inspeções e auditorias de natureza contábil, financeira, orçamentária, operacional e patrimonial, nas unidades administrativas dos Poderes Legislativo, Executivo e Judiciário, e demais entidades referidas no inciso II;

CAPÍTULO 3
O ENDIVIDAMENTO DOS ENTES SUBNACIONAIS E OS ATORES DO FEDERALISMO FISCAL BRASILEIRO | 271

Além das competências previstas na CF/88, há diversos diplomas legais que contemplam os tribunais de contas no sistema de controle do endividamento público, tais como a Lei de Responsabilidade Fiscal (Lei Complementar nº 101/2000), as RSF nº 40 e 43, de 2001, a Lei Geral de Licitações e Contratos (Lei nº 8.666/93), a Lei dos Crimes Fiscais (Lei Federal nº 10.028/2000) e as leis orgânicas dos tribunais de contas.[577]

A LRF dispõe de uma seção inteiramente dedicada à fiscalização da gestão fiscal, que estabelece que os tribunais de contas devem acompanhar os limites e condições para a realização de operações de crédito, assim como adotar providências para que o ente federativo promova a recondução dos montantes das dívidas consolidada e mobiliária aos respectivos limites.[578]

Através da análise do Relatório de Gestão Fiscal (RGF)[579] encaminhado pelo ente federativo, os tribunais de contas exercem o acompanhamento do gerenciamento fiscal, que não se restringe à conferência de cálculos apresentados nos demonstrativos ou à verificação

---

V - fiscalizar as contas nacionais das empresas supranacionais de cujo capital social a União participe, de forma direta ou indireta, nos termos do tratado constitutivo;

VI - fiscalizar a aplicação de quaisquer recursos repassados pela União mediante convênio, acordo, ajuste ou outros instrumentos congêneres, a Estado, ao Distrito Federal ou a Município;

VII - prestar as informações solicitadas pelo Congresso Nacional, por qualquer de suas Casas, ou por qualquer das respectivas Comissões, sobre a fiscalização contábil, financeira, orçamentária, operacional e patrimonial e sobre resultados de auditorias e inspeções realizadas;

VIII - aplicar aos responsáveis, em caso de ilegalidade de despesa ou irregularidade de contas, as sanções previstas em lei, que estabelecerá, entre outras cominações, multa proporcional ao dano causado ao erário;

IX - assinar prazo para que o órgão ou entidade adote as providências necessárias ao exato cumprimento da lei, se verificada ilegalidade;

X - sustar, se não atendido, a execução do ato impugnado, comunicando a decisão à Câmara dos Deputados e ao Senado Federal;

XI - representar ao Poder competente sobre irregularidades ou abusos apurados.

[577] SILVA, Carlos Richelle Soares da. Os Tribunais de Contas dos entes subnacionais e o controle externo do endividamento público. *In*: CONTI, José Mauricio (Coord.). *Dívida Pública*. São Paulo: Blucher, 2018. p. 655.

[578] Art. 59. O Poder Legislativo, diretamente ou com o auxílio dos Tribunais de Contas, e o sistema de controle interno de cada Poder e do Ministério Público, fiscalizarão o cumprimento das normas desta Lei Complementar, com ênfase no que se refere a:
[...]
II - limites e condições para realização de operações de crédito e inscrição em Restos a Pagar;
[...]
IV - providências tomadas, conforme o disposto no art. 31, para recondução dos montantes das dívidas consolidada e mobiliária aos respectivos limites;

[579] Previsto nos artigos 54 e 55 da LRF.

dos limites estabelecidos. No exercício dessa atividade, as cortes de contas também analisam a conformidade da metodologia empregada pela administração na elaboração de seus relatórios e demonstrativos, além de examinarem o conteúdo contabilizado em cada rubrica, com a respectiva verificação da sua adequação à metodologia adotada.[580]

Evidentemente que a referida atividade não se restringe a simples monitoramento das finanças do ente, de natureza preventiva, cabendo às cortes de contas também a realização de auditorias financeiras, operacionais, de conformidade, inspeções e levantamentos. A título de exemplo, o Tribunal de Contas da União vem incluindo, no relatório das contas de governo do presidente da República, desde o exercício de 1995 até os exercícios mais atuais, dispositivos específicos relacionados ao endividamento público.[581] De igual modo, o Tribunal de Contas do Estado do Rio de Janeiro adota um capítulo próprio relativo à dívida pública nas contas anuais do governador, em que há remissão a diversas auditorias realizadas sobre o tema.[582]

A exegese realizada por esses órgãos traz importantes implicações para as finanças públicas. C. Alexandre A. Rocha informa que o Programa de Modernização do Sistema de Controle Externo dos Estados, Distrito Federal e Municípios Brasileiros (Promoex), autorizado pelo art. 8º da Lei nº 11.131, de 2005, pretendia integrar os órgãos de controle externo a uma rede nacional, facilitando o encaminhamento à STN de informações acerca do cumprimento da LRF. Houve vários fóruns técnicos no âmbito desse programa, nos quais foram discutidos, entre outros temas, a necessidade de padronização de conceitos e metodologias. Em relação ao ponto de controle "despesa total com pessoal", pelo menos dez órgãos de controle externo admitiram que divergiam do posicionamento da STN.[583]

---

[580] MOUTINHO, Donato Volkers. Dívida pública: gerenciamento, fiscalização e controle no Brasil. *In*: CONTI, José Mauricio (Coord.). *Dívida Pública*. São Paulo: Blucher, 2018. p. 272-273.

[581] TCU – TRIBUNAL DE CONTAS DA UNIÃO. *Contas de Governo da República*. Disponível em: https://portal.tcu.gov.br/contas/contas-do-governo-da-republica/. Acesso em: 10 fev. 2020.

[582] TCERJ – TRIBUNAL DE CONTAS DO ESTADO DO RIO DE JANEIRO. *Contas de Governo do Estado*. Disponível em: https://www.tce.rj.gov.br/consulta-processo/Pesquisa/IndexSer vico?tipo=estado. Acesso em: 10 fev. 2020.

[583] ROCHA, C. Alexandre A. *A despesa total com pessoal na ótica da STN e dos Tribunais de Contas Estaduais e Municipais*. Brasília: Núcleo de Estudos e Pesquisas/CONLEG/Senado, 2018. p. 5-6.

A metodologia utilizada para o cálculo do limite das despesas de pessoal é somente um dos exemplos que demonstram a magnitude e a gravidade da adoção indistinta de parâmetros diversificados[584] pelos vários tribunais de contas. Fato é que a metodologia utilizada pela Secretaria do Tesouro Nacional não vem sendo adotada por todas as cortes de contas. Na tabela abaixo, é possível verificar as diferenças percentuais entre o cálculo elaborado pela Secretaria do Tesouro Nacional e o cálculo efetuado por cada estado demonstrado no RGF, o qual é ratificado pelos respectivos tribunais de contas estaduais.

Tabela 6 – Comparação entre os limites da despesa de pessoal apresentados no PAF e no RGF

UF	Despesa Pessoal/RCL PAF	Despesa Pessoal/RCL RGF
RJ	63,56%	46,04%
RS	66,87%	54,44%
TO	79,22%	68,13%
GO	65,52%	54,67%
MS	63,55%	53,74%
AC	65,81%	56,81%
PI	65,27%	56,77%
AP	56,18%	49,32%
PR	59,30%	53,05%
RN	66,44%	71,01%
CE	56,28%	51,71%
DF	50,27%	45,73%
AL	58,96%	55,33%
BA	59,42%	56,05%
SP	54,22%	51,28%
PB	62,78%	60,25%
RR	57,92%	55,62%
MG	78,13%	75,86%
RO	53,44%	51,23%
MT	69,27%	67,47%
SE	59,07%	57,36%
ES	52,30%	50,66%
PE	58,45%	56,86%
AM	54,37%	55,84%
PA	57,18%	56,22%
SC	59,25%	58,40%
MA	57,34%	56,51%
Mediana	59,25%	55,84%

Fonte: Boletim de Finanças dos Entes Subnacionais – 2019.[585]

---

[584] Nem todos os tribunais de contas consideram custos com pensões, auxílios, assistência médica e imposto de renda retido na fonte como despesas com pessoal a serem consideradas no cálculo do limite legal.

[585] De acordo com a Secretaria do Tesouro Nacional, considerando a LRF, os estados não devem exceder o limite de 60% da relação Despesa com Pessoal/Receita Corrente Líquida

Além de essa divergência de entendimentos provocar distorções que agridem a isonomia – já que gestores poderão ter as suas contas julgadas irregulares ou não, a depender do método utilizado pela Corte de Contas estadual –, outras implicações relevantes também exsurgem, como, por exemplo, a adesão ao Regime de Recuperação Fiscal. Esse regime foi instituído pela Lei Complementar nº 159, de 2017, com a oferta de instrumentos de ajuste de contas para os estados que apresentem graves desequilíbrios financeiros. Ocorre que um dos requisitos para a sua concessão é justamente que o somatório das despesas com pessoal, juros e amortizações seja superior a 70% da Receita Corrente Líquida (RCL).[586]

C. Alexandre A. Rocha, ao analisar o exercício de 2015, concluiu que os entes que apresentavam as maiores instabilidades fiscais eram os que mais divergiam da STN no cálculo da despesa total com pessoal.[587]

A própria Secretaria do Tesouro Nacional[588] reconhece que a divergência dos padrões contábeis adotados pelos tribunais de contas

---

(RCL). No entanto, em diversos casos, há diferença nas metodologias aplicadas pelos respectivos tribunais de contas para os cálculos da despesa com pessoal em relação àquela aplicada no PAF (Programa de Reestruturação e Ajuste Fiscal). Alguns estados, por exemplo, não consideram em suas despesas com pessoal algumas rubricas de despesas importantes, como as despesas com pensionistas, imposto de renda retido na fonte e as despesas com obrigações patronais. Minas Gerais, Mato Grosso, Paraíba e Tocantins ultrapassaram o limite. Entretanto, cabe destacar que Minas Gerais e Mato Grosso, já conscientes de sua delicada situação fiscal, passaram a contabilizar melhor a despesa com pessoal em 2018, mais alinhada com o MDF e o MCASP, fato que deve evitar tanto o agravamento como o surgimento de crises futuras (Boletim de Finanças dos Entes Subnacionais. Secretaria do Tesouro Nacional, Secretaria Especial de Fazenda, Ministério da Economia. ago. 2019, p. 31). Disponível em: http://sisweb.tesouro.gov.br/apex/cosis/thot/transparencia/arquivo/30407:981194:inline:9731352684720?fbclid=IwAR2iuZa5gx9XCWKd8b_sn_Pl1VfHFgaPA1h41k_uOdIZ0dSxIp5FbD_axVc. Acesso em: 2 mar. 2020.

[586] Art. 3º Considera-se habilitado para aderir ao Regime de Recuperação Fiscal o Estado que atender, cumulativamente, aos seguintes requisitos:
I - receita corrente líquida anual menor que a dívida consolidada ao final do exercício financeiro anterior ao do pedido de adesão ao Regime de Recuperação Fiscal, nos termos da Lei Complementar nº 101, de 4 de maio de 2000;
II - despesas liquidadas com pessoal, apuradas na forma do art. 18 da Lei Complementar nº 101, de 4 de maio de 2000, com juros e amortizações, que somados representem, no mínimo, 70% (setenta por cento) da receita corrente líquida aferida no exercício financeiro anterior ao do pedido de adesão ao Regime de Recuperação Fiscal; e
III - valor total de obrigações contraídas maior que as disponibilidades de caixa e equivalentes de caixa de recursos sem vinculação, a ser apurado na forma do art. 42 da Lei Complementar nº 101, de 4 de maio de 2000.

[587] ROCHA, C. Alexandre A. *A despesa total com pessoal na ótica da STN e dos Tribunais de Contas Estaduais e Municipais*. Brasília: Núcleo de Estudos e Pesquisas/CONLEG/Senado, 2018. p. 13.

[588] SECRETARIA DO TESOURO NACIONAL. *Exposição da União à Insolvência dos Entes Subnacionais*. Brasília: 2018. p. 80-81.

vem contribuindo para a inefetividade das disposições da LRF, especialmente no que tange à aplicação das sanções institucionais.[589]

Abrucio faz menção ao fenômeno da "neutralização" das funções dos órgãos de fiscalização e controle pelo Poder Executivo estadual. Para ele:

> Os governadores neutralizam as instituições incumbidas de fiscalizá-los, que são o Tribunal de Contas do Estado e o Ministério Público, tornando-os pouco independentes em relação ao Executivo. Os governos estaduais determinam o processo de escolha dos Conselheiros dos TCEs e do Procurador-Geral do Ministério Público de cada estado, o qual deve comandar os processos contra a administração pública. A Constituição nos dois casos dá amplo poder aos governadores: no caso dos TCEs, cabe ao governador escolher parte dos Conselheiros, enquanto outra parte é escolhida pela Assembleia, não sendo necessário que o ocupante do cargo seja servidor público de carreira. Como os governadores dominam as Assembleias, na prática, eles escolhem todos aqueles incumbidos de analisar suas contas, manifestando preferências, na maioria das vezes, por correligionários.
>
> No caso do Procurador-Geral do Ministério Público, os chefes dos Executivos estaduais escolhem um nome de uma lista tríplice elaborada pela própria corporação, contendo nomes de funcionários de carreira. Apesar disso, além de os governadores não precisarem escolher o nome do mais votado na lista, eles se imiscuem na disputa interna do Ministério Público, para obter um candidato ligado ao governo.
>
> O resultado, nos dois casos, é que os governadores "neutralizam" os *checks and balances* provindos dos órgãos de fiscalização, a despeito do princípio da separação dos poderes.[590]

Fernando F. Scaff dispõe que cabe ao Poder Legislativo a fiscalização das respectivas casas de contas, conforme o art. 71, §4º, da CF/88. No entanto, a referida fórmula necessita de aperfeiçoamento, pois, na prática, há uma fiscalização recíproca, em que "o controlado também controla o controlador". Destarte, incumbe ao Tribunal de Contas o

---

[589] As sanções institucionais são as destinadas aos órgãos e entes federativos que descumprem os limites de despesa ou demais normas impositivas da LRF, tais como: o impedimento para o recebimento de transferências voluntárias, a obtenção de garantias de outro ente e a contratação de operações de crédito. A título de exemplo, tem-se a extrapolação do limite de gastos das despesas de pessoal (art. 23, §3º); descumprimento do prazo para o retorno da dívida pública ao limite legal (art. 31, §2º); o descumprimento do prazo para a emissão do Relatório de Gestão Fiscal (art. 55, §3º) etc.

[590] ABRUCIO, Fernando Luiz. Os Barões da Federação. *Lua Nova*, n. 33, 1994, p. 177.

controle financeiro, orçamentário, contábil, operacional e patrimonial da administração pública dos três poderes e do Ministério Público, o que inclui o Poder Legislativo. Aduz, ainda, que há diversas propostas de emenda constitucional (PEC) sobre o tema,[591] mas que carecem de aprovação pelo Congresso Nacional.[592]

Diversos são os fatores que contribuem para a ausência de maior efetividade nos resultados apresentados pelos tribunais de contas, que vão desde a ausência de uniformidade de suas decisões ao atual modelo constitucional previsto para a escolha de seus membros, além da ausência de um órgão controlador independente e imparcial. A adoção de medidas para tornar o controle externo mais eficiente perpassa, muitas das vezes, pela alteração de normas constitucionais,[593] que, conforme amplamente conhecido, trata-se de providência de difícil implantação, não somente em face da exigência do quórum qualificado, mas, principalmente, pela necessidade de acertos políticos por parte dos diversos atores envolvidos.

3.2.4.2 Conselho de Gestão Fiscal

Previsto no art. 67 da LRF,[594] o Conselho de Gestão Fiscal tem como principal atribuição o acompanhamento e a avaliação da gestão

---

[591] A exemplo das PECs nº 28/2007, 30/2007, 146/2007 e 06/2015.

[592] SCAFF, Fernando Facury. *Orçamento Republicano e Liberdade Igual, ensaio sobre Direito Financeiro, República e Direitos Fundamentais no Brasil*. Belo Horizonte: Fórum, 2018. p. 510-511.

[593] Em recente atuação, o governo federal encaminhou ao Senado a Proposta de Emenda à Constituição do Pacto Federativo, a qual amplia a competência do Tribunal de Contas da União, em que caberia a este tribunal a consolidação das interpretações de leis complementares, por meio de orientações normativas, que teriam efeito vinculante em relação aos tribunais de contas dos estados. Já há, no entanto, indagações quanto à constitucionalidade da referida medida. Para mais informações, ver: OLIVEIRA, Odilon Cavallari de. A proposta de uniformização nacional de entendimentos pelo TCU. *Revista Consultor Jurídico*, jan. 2020. Disponível em: https://www.conjur.com.br/2020-jan-29/odilon-cavallari-proposta-uniformizacao-entendimentos-tcu. Acesso em: 13 fev. 2020. SCAFF, Fernando Facury; BATISTA JÚNIOR, Onofre Alves. PEC 188 quer transformar TCU em um tribunal de contas da federação. *Revista Consultor Jurídico*, mar. 2020. Disponível em: https://www.conjur.com.br/2020-mar-05/opiniao-pec-188-transformar-tcu-tribunal-contas-federacao. Acesso em: 14 mar. 2020.

[594] Art. 67. O acompanhamento e a avaliação, de forma permanente, da política e da operacionalidade da gestão fiscal serão realizados por conselho de gestão fiscal, constituído por representantes de todos os Poderes e esferas de Governo, do Ministério Público e de entidades técnicas representativas da sociedade, visando a:
I - harmonização e coordenação entre os entes da Federação;
II - disseminação de práticas que resultem em maior eficiência na alocação e execução do gasto público, na arrecadação de receitas, no controle do endividamento e na transparência da gestão fiscal;

fiscal de todos os entes federativos por meio da coordenação do ajuste fiscal dos governos estaduais e municipais, da harmonização das interpretações sobre as regras fiscais e demais normas contidas na LRF, e da divulgação de estatísticas padronizadas, baseadas em normas contábeis fixadas pelo próprio conselho, sendo composto por representantes de todos os poderes e esferas de governo, do Ministério Público e de entidades técnicas representativas da sociedade.

Ocorre que, após quase vinte anos da edição da LRF, a lei que disporia sobre a composição e a forma de funcionamento do conselho ainda não foi criada. De acordo com Francisco Neto, trata-se de uma das principais fragilidades da LRF a inexistência desse órgão e, por conta disso, impera a multiplicidade de critérios de escrituração e divulgação das contas públicas, a falta de harmonização e coordenação entre tribunais de contas, Ministério Público e poderes executivos das três esferas de governo.[595]

Instituto semelhante foi implantado na Alemanha em 2010. Trata-se do Conselho de Estabilidade ou "*Stabilitätsrat*",[596] que, segundo C. Alexandre A. Rocha, reúne representantes dos governos do *Bund* e dos *Länder*, sendo regido por várias leis, como a Lei do Conselho de Estabilidade, a Lei de Assistência à Consolidação, a Lei de Equalização Financeira e a Lei de Princípios Orçamentários. Juntamente com os limites de endividamento, o conselho tem como objetivo salvaguardar a sustentabilidade de longo prazo dos orçamentos públicos dos dois níveis de governo.[597]

III - adoção de normas de consolidação das contas públicas, padronização das prestações de contas e dos relatórios e demonstrativos de gestão fiscal de que trata esta Lei Complementar, normas e padrões mais simples para os pequenos Municípios, bem como outros, necessários ao controle social;

IV - divulgação de análises, estudos e diagnósticos.

§1º O conselho a que se refere o caput instituirá formas de premiação e reconhecimento público aos titulares de Poder que alcançarem resultados meritórios em suas políticas de desenvolvimento social, conjugados com a prática de uma gestão fiscal pautada pelas normas desta Lei Complementar.

§2º Lei disporá sobre a composição e a forma de funcionamento do conselho.

[595] FRANCISCO NETO, João. *Responsabilidade fiscal e gasto público no contexto federativo.* 2009. 272 f. Tese (Doutorado em Direito Econômico e Financeiro) – Faculdade de Direito, Universidade de São Paulo, São Paulo, 2009, p. 230.

[596] Para mais informações, ver: Conselho de Estabilidade alemão. "*Stabilitätsrat*". Disponível em: http://www.stabilitaetsrat.de/EN/Home/home_node.html. Acesso em: 15 fev. 2020.

[597] ROCHA, C. Alexandre A. *O Conselho de Gestão Fiscal e o Stabilitätsrat*: contrastes e lições. Brasília: Núcleo de Estudos e Pesquisas/CONLEG/Senado, 2019. p. 2.

Ademais, uma de suas principais tarefas é monitorar os orçamentos federal e estaduais, com o intuito de se detectarem as fragilidades orçamentárias, ainda em um estágio inicial, de modo que as contramedidas sejam adotadas em tempo hábil e com a devida efetividade quanto aos resultados.

Portanto, o Conselho de Gestão Fiscal brasileiro e o Conselho de Estabilidade alemão são órgãos com estatura e atribuições equivalentes, podendo-se concluir ser possível que o CGF assuma as funções de padronização da interpretação das normas contábeis e de monitoramento dos índices de endividamento dos entes federativos, em cooperação com os tribunais de contas e demais órgãos de controle, à semelhança do órgão alemão.

O autor, no entanto, discorda da referida conclusão, pois, conforme seu entendimento:

> Tal como ora concebido, o CGF, diferentemente do *Stabilitätsrat*, não possui qualquer ascendência sobre os entes federados em assuntos relacionados com gestão financeira e orçamentária. Tampouco pode acordar programas de ajuste fiscal com as partes interessadas. As duas composições também diferem radicalmente. Enquanto o conselho alemão é especializado em assuntos econômicos, contando com a presença das principais autoridades dos governos federal e estaduais dessa área, o brasileiro conta com uma representação variada e sem atribuições executivas. Com efeito, o CGF atuará basicamente no âmbito do controle, interagindo principalmente com os órgãos centrais de contabilidade dos entes federados e com os respectivos tribunais de contas. A faculdade para harmonizar e coordenar os entes deve ser interpretada à luz da faculdade para adotar normas de consolidação das contas públicas, padronização das prestações de contas e dos relatórios e demonstrativos de gestão fiscal. Ou seja, as normas que serão editadas pelo Conselho brasileiro deverão versar sobre as regras contábeis aplicáveis ao setor público.[598]

Ao fazer uso de uma interpretação restritiva e de contenção das atribuições do CGF, ele acrescenta que:

> O problema é que essa competência do CGF, já bastante limitada na comparação com o seu congênere alemão, esbarra no disposto no inciso II do art. 71, combinado com o art. 75, da Constituição Federal, que reserva aos tribunais de contas dos três níveis de governo o julgamento das

---

[598] Ibid., p. 4.

contas dos administradores e demais responsáveis por dinheiros, bens e valores públicos da administração direta e indireta. Sinteticamente, o exercício da interpretação é inerente ao ato de julgar. Ou seja, ainda que as normas sejam comuns, conforme competência derivada de uma lei complementar, a sua aplicação se dá de maneira autônoma pelos citados tribunais, amparados em determinação constitucional. Isso explica boa parte das dificuldades da STN para, em substituição ao CGF, harmonizar, p. ex., o conceito de despesa total com pessoal.[599]

Quanto à imperatividade de suas decisões, apesar dos questionamentos quanto à sua constitucionalidade em face da cláusula pétrea que resguarda a forma federativa de estado, deve-se ter em mente que um órgão nacional, com representantes de todas as esferas e poderes, não poderia ser considerado contrário ao dispositivo constitucional quanto à organização estatal adotada e, muito menos, à ideia de um federalismo fundamentado na cooperação entre todos os entes, o que, diga-se de passagem, já é da atribuição da Secretaria do Tesouro Nacional – órgão que faz às vezes do Conselho[600] e sem possuir a diversidade de representantes em sua composição –, em face da ausência de sua criação.

Poder-se-iam questionar, no entanto, a forma de composição do Conselho e o grau de ingerência dos seus membros no que tange à determinação de suas decisões. De fato, eventual assimetria de poderes – como, por exemplo, uma excessiva representatividade da União ou o diminuto poder de decisão dos membros estaduais e municipais – poderia vir a ampliar ainda mais a centralização do federalismo brasileiro, bem como o poder de interferência do ente central sobre os demais, violando, por vias transversas, o princípio federativo. Assegurando-se, contudo, a homogeneidade e a efetividade de participação de todas as esferas federativas, a cooperação entre os entes estaria resguardada, sendo, por conseguinte, essencial que se garanta a correlação de forças.[601]

---

[599] Ibid., p. 4.

[600] A LRF dispõe, em seu art. 50, §2º, que "a edição de normas gerais para consolidação das contas públicas caberá ao órgão central de contabilidade da União, enquanto não implantado o conselho de que trata o art. 67".

[601] Ato recente do Poder Executivo Federal (Decreto nº 10.265, de 5.3.2020) instituiu a Câmara Técnica de Normas Contábeis e de Demonstrativos Fiscais da Federação, que tem por objetivo assessorar o órgão central de contabilidade da União na elaboração das normas gerais relativas à consolidação das contas públicas, conforme disposto no §2º do art. 50 da LRF. Apesar da previsão de representantes dos estados e municípios como membros, o decreto prevê o quórum de aprovação das deliberações por maioria simples, o que, considerando-se o predomínio de órgãos federais em sua composição, poderá ocasionar a priorização dos interesses da União em detrimento dos demais entes.

3.2.4.3 Ministério da Fazenda[602] e Secretaria do Tesouro Nacional

No que tange ao endividamento dos entes subnacionais, o Ministério da Fazenda, conforme o art. 31, §4º, da LRF,[603] deve divulgar, mensalmente, a relação dos entes que tenham ultrapassado os limites das dívidas consolidada e mobiliária. E, também, de acordo com o art. 32, §4º, do mesmo diploma legal,[604] efetuará o registro eletrônico centralizado e atualizado das dívidas públicas interna e externa, garantindo o acesso público às informações.

Segundo Donato V. Moutinho, parcela das competências legais do MF relativas à dívida pública foi por este órgão delegada à Secretaria do Tesouro Nacional. Por exemplo, a competência para autorizar a emissão, resgate antecipado e substituição dos títulos da dívida pública foi transferida à STN, conforme o art. 1º da Portaria MF nº 183, de 31 de julho de 2003.[605]

Ademais, conforme já relatado, a Secretaria do Tesouro Nacional é, atualmente, o órgão responsável pela edição de normas gerais de

---

[602] De acordo com a Medida Provisória nº 870/2019, convertida na Lei nº 13.844/2019, a estrutura do Ministério da Fazenda agora integra o Ministério da Economia. Conforme o seu art. 57, "ficam transformados:
I - o Ministério da Fazenda, o Ministério do Planejamento, Desenvolvimento e Gestão, o Ministério da Indústria, Comércio Exterior e Serviços e o Ministério do Trabalho no Ministério da Economia;" (...)

[603] Ao comentarem o referido dispositivo, Marcus Abraham e Ives Gandra da S. Martins (Arts. 29 a 31. *In*: MARTINS, Ives Gandra da Silva; NASCIMENTO, Carlos Valder do (Org.). *Comentários à Lei de Responsabilidade Fiscal*. 7. ed. São Paulo: Saraiva, 2014. p. 275), em confluência de entendimentos, dispõem, em linhas gerais, que, apesar de a verificação dos limites da dívida, prevista no *caput*, ser de periodicidade quadrimestral, a divulgação da relação dos entes que tenham ultrapassado os limites, pelo Ministério da Fazenda, é mensal, o que permite concluir que o objetivo desse dispositivo seja o de oportunizar ao ente violador o seu retorno aos limites adequados antes do término dos quadrimestres. Segundo Marcus Abraham, "isto pode ser de grande valia, uma vez que o ente terá a oportunidade, mês a mês, de reconduzir a dívida aos limites dispostos na LRF, não tendo de aguardar o final do quadrimestre para ver suspensas as sanções que recaem sobre si" (ABRAHAM, Marcus. *Lei de Responsabilidade Fiscal Comentada*. Rio de Janeiro: Forense, 2016. p. 213).

[604] José Mauricio Conti aduz que, em estreita observância ao princípio da transparência fiscal, "esse dispositivo obriga o Ministério da Fazenda a manter o registro eletrônico centralizado e atualizado das dívidas públicas interna e externa, especificando os encargos e condições de contratação, bem como os respectivos saldos atualizados e limites, incluindo as operações de crédito e as concessões de garantia" (CONTI, José Mauricio. Arts. 32 a 39. *In*: MARTINS, Ives Gandra da Silva; NASCIMENTO, Carlos Valder do (Org.). *Comentários à Lei de Responsabilidade Fiscal*. 7. ed. São Paulo: Saraiva, 2014. p. 286).

[605] MOUTINHO, Donato Volkers. Dívida pública: gerenciamento, fiscalização e controle no Brasil. *In*: CONTI, José Mauricio (Coord.). *Dívida Pública*. São Paulo: Blucher, 2018. p. 265.

consolidação das contas públicas e de contabilidade[606] a serem observadas por todas as esferas federativas em face da ausência de criação do Conselho de Gestão Fiscal. No entanto, nem todos os órgãos de controle aderem, substancialmente, às orientações desse órgão técnico, consoante o disposto em item anterior, relativo às funções dos tribunais de contas.

3.2.4.4 Banco Central

Uma relevante função exercida por essa autarquia, no que se refere ao endividamento dos entes subnacionais, está prevista no art. 38, §2º, da LRF, o qual determina que as operações de crédito por antecipação de receita realizadas por estados ou municípios serão efetuadas mediante abertura de crédito junto à instituição financeira vencedora em processo competitivo eletrônico promovido pelo Banco Central do Brasil.

Segundo o disposto no art. 36 da Resolução do Senado Federal nº 43/2001, o Banco Central deve promover procedimento licitatório, denominado "processo competitivo eletrônico", destinado a escolher a instituição contratante, em conformidade com os requisitos da LRF.

De acordo com K. Harada, a realização do referido procedimento pelo Banco Central acabou por eliminar "a dose de arbitrariedade do agente público" na escolha da instituição financeira, o que, segundo o autor, nem sempre era realizada de forma idônea, como demonstraram os escândalos que vieram à tona na década de 1990.[607]

O Banco Central teve importância crucial nas crises econômicas verificadas ao longo das décadas de 1980 e 1990 em nosso país. Além da edição de normativos visando ao controle do endividamento dos estados-membros, foi, durante determinado período, o eixo de sustentação de liquidez dos bancos estaduais.[608]

Através do Regime de Administração Especial Temporária (RAET),[609] o Bacen assumiu diretamente a gestão de diversos bancos

---

[606] Encontra-se em vigor o Manual de Contabilidade Aplicada ao Setor Público (MCASP) – 8ª Edição. Disponível em: http://www.tesouro.fazenda.gov.br/-/mcasp. Acesso em: 15 fev. 2020.

[607] HARADA, Kiyoshi. *Responsabilidade fiscal*: Lei Complementar n. 101/2000 comentada e legislação correlata anotada. São Paulo: Juarez de Oliveira, 2002, p. 172.

[608] Vide itens 2.2.3 e 2.2.4 no capítulo 2.

[609] Na forma do Decreto-Lei nº 2.321, de 25 de fevereiro de 1987, da Lei nº 9.447, de 14 de março de 1997, e da Medida Provisória nº 1.654-23, de 15 de abril de 1998.

estaduais, situação que, no entanto, posteriormente, levou a mais um conflito federativo no STF.

O estado de Rondônia, através de ações cíveis originárias,[610] a fim de discutir obrigações contraídas pelo Beron (Banco do Estado de Rondônia) e pelo Rondonpoup (Rondônia Crédito Imobiliário), durante o período em que o Bacen esteve à frente da direção de ambas as instituições financeiras (20 de fevereiro de 1995 a 14 de agosto de 1998), requereu a isenção do estado quanto à responsabilidade pelo pagamento das referidas operações de crédito; a condenação do Banco Central do Brasil na obrigação de pagar ao Tesouro Nacional o empréstimo tomado pelo estado de Rondônia junto à União no que se refere aos valores utilizados para fazer frente ao patrimônio líquido negativo do Beron/Rondonpoup; e a respectiva condenação quanto à obrigação de ressarcir o estado dos valores pagos à União por força do contrato de abertura de crédito realizado à época.

Ambas as ações ainda se encontram em fase de julgamento, mas já há parecer da Procuradoria-Geral da República pelo indeferimento do pleito do estado. A grande lição que se extrai do caso é que, além dos problemas macroeconômicos,[611] a existência de bancos estaduais, de fato, tem o potencial para causar prolongados conflitos federativos.

3.2.5 A necessidade de interação entre os diversos atores

Conforme já mencionado, uma distribuição adequada entre encargos e competências tributárias é tarefa de difícil equalização em todas as federações do mundo. Sérgio Prado informa que todos os países federais apresentam o chamado *vertical gap*, ou seja, o governo central apresenta um superávit fiscal estrutural em relação aos seus gastos diretos, enquanto os governos subnacionais apresentam um déficit estrutural simétrico.[612] Daí a necessidade da implantação de procedimentos que permitam alterações periódicas, de modo a se equilibrar o sistema ou, ainda, conforme esclarece o autor, para se obter "a adequação vertical do financiamento".[613]

---

[610] ACO nº 1.119 e ACO nº 1.265, ambas ainda em fase de julgamento.

[611] Vide item 2.3.1 no capítulo 2.

[612] Mais detalhes, vide subitem 2.3.2, no capítulo 2.

[613] PRADO, Sérgio. A questão fiscal na federação brasileira: diagnóstico e alternativas. *CEPAL*, 2007, p. 69-70. O autor esclarece que os referidos mecanismos são necessários, antes de tudo, porque nem o comportamento do sistema tributário nem o perfil dos encargos são

Para isso, é essencial que as federações constituam instituições que permitam a negociação entre as esferas no sentido de ajustar o volume necessário de transferências. Nada obstante, segundo ele, são poucos os países que o fazem. O autor faz remissão aos exemplos da Alemanha e da Índia, países onde a distribuição vertical é periodicamente negociada e corrigida por mecanismos de correção bastante distintos.[614]

As referidas instituições, ao tratar de temas tão relevantes para o federalismo fiscal, demandam a participação de órgãos técnicos e com maior neutralidade política. Discussões relacionadas aos critérios de repartição de competências tributárias e de distribuição de recursos, assim como a enfatização de condutas cooperativas, vertical e horizontalmente, exigem a devida *expertise* dos debatedores, de modo a se evitarem, segundo o autor, "embates estritamente políticos, determinando a distribuição de recursos ao sabor das forças políticas dominantes em cada momento". Com relação ao caso brasileiro, ele destaca as diversas inconsistências de seu modelo, em especial, a ausência de fóruns permanentes de negociação:

> Outra deficiência evidente da federação brasileira, motivo destacado da fragilização dos governos estaduais, é a inexistência de fóruns de negociação e cooperação horizontal entre estes governos. No Brasil, de forma semelhante à maioria das federações no mundo, o Senado fica muito longe de cumprir este papel. Como já destacamos, apenas a Alemanha conta com um arranjo institucional que viabiliza a cooperação técnica, administrativa e política entre os estados, na medida em que sua câmara alta não é eleita, mas indicada pelos governadores.

---

estáticos. Ao longo do tempo, a estrutura da arrecadação se altera devido a mudanças no contexto econômico internacional (redução da tributação direta, desoneração de exportações, por exemplo) ou na estrutura produtiva interna. Da mesma forma, a divisão dos encargos pode se alterar de acordo com as preferências da sociedade e mudanças na natureza mesma dos serviços prestados.

[614] O autor esclarece que, "na Alemanha, um conselho intergovernamental realiza, a intervalos periódicos (em geral cinco anos), uma avaliação das mudanças relevantes ocorridas na atribuição de encargos, resultando desta análise uma eventual alteração nos coeficientes de partilha do IVA federal. [...] A Índia, por sua vez, é a federação que apresenta o mais flexível mecanismo de ajuste vertical legalizado dentre as federações existentes. Não há disposições constitucionais que especifiquem qualquer elemento quantitativo do compartilhamento dos impostos principais. A cada cinco anos (período dos planos governamentais), é escolhida uma comissão de notáveis, pessoas de reconhecida competência e não membros dos quadros de governo (*Finance Comission*), que irá analisar a situação fiscal do GF e dos estados, e recomendar uma distribuição de recursos para os cinco anos seguintes" (PRADO, Sérgio. *Equalização e federalismo fiscal*: uma análise comparada. Rio de Janeiro: Konrad-Adenauer-Stiftung, 2006. p. 130).

Não contar com um "Bundesrat", contudo, não impede diversas outras federações de constituírem fóruns de negociação horizontal. Exemplo destacado são Canadá e Austrália, onde as províncias evoluíram para transformar encontros eventuais de primeiros-ministros provinciais em fóruns permanentes. Há, no mínimo, duas funções importantes que um fórum desta natureza pode exercer. Primeiro, no mínimo, gerar uma agenda ou pauta mínima de posições ou reivindicações dos estados, a ser encaminhada junto ao governo federal. A falta de coesão horizontal dos governos intermediários, em todas as federações, tende a resultar em fragilização da própria estrutura federativa, pois leva ao fortalecimento do governo central. No caso brasileiro, isto tende a se agravar dada a existência de um terceiro nível de governo autônomo, o que permite ao governo central desenvolver formas novas de controle que prescindem da participação estadual.

Em segundo lugar, tal fórum pode funcionar também, como ocorre nas federações citadas, como espaço de discussão sobre o modelo federativo, as diretrizes de sua evolução e as formas para seu aperfeiçoamento, uma vez que reúne as elites governamentais mais habilitadas para realizar esta discussão. No Brasil, lamentavelmente, a discussão sobre o modelo de federalismo fica restrita à academia e, eventualmente, a alguns deputados mais envolvidos no tema.[615]

Sobreleva, por conseguinte, que os outros atores envolvidos na questão do endividamento público – tribunais de contas, Ministério Público,[616] órgãos e entidades do Executivo federal etc. – sejam constituídos de quadros técnicos em suas respectivas composições. Segundo Fernando F. Scaff:

> É preciso evitar que órgãos que possuem funções eminentemente técnicas se transformem em órgãos político-partidários. Isso é altamente antirrepublicano, prejudicando fortemente o sistema de controle financeiro em nosso país. Não se pode fazer distinções para fins de controle e fiscalização baseadas no fato de que algumas pessoas ou órgãos são amigos e outros são inimigos do grupo que se encontra no exercício do poder político.[617]

---

[615] Ibid., p. 131-132.

[616] O Ministério Público realiza a relevante função de perquirição das responsabilidades individuais dos gestores públicos, nas esferas criminal, cível e administrativa, previstas, respectivamente, no Código Penal – crime contra as finanças públicas (capítulo IV do Código Penal – incluído pela Lei nº 10.028, de 2000); e na Lei de Improbidade Administrativa (atos de improbidade administrativa – art. 10, VI, da Lei nº 8.429/92).

[617] SCAFF, Fernando Facury. *Orçamento Republicano e Liberdade Igual, ensaio sobre Direito Financeiro, República e Direitos Fundamentais no Brasil*. Belo Horizonte: Fórum, 2018. p. 454.

CAPÍTULO 3
O ENDIVIDAMENTO DOS ENTES SUBNACIONAIS E OS ATORES DO FEDERALISMO FISCAL BRASILEIRO | 285

Ademais, o constante diálogo entre esses atores e os poderes é de crucial importância para se concretizar o modelo cooperativo de federação escolhido pelo constituinte originário. Sem essa interação recorrente, outras indesejáveis consequências tendem a ocorrer, como, por exemplo, a prevista pelo referido autor, relativa à "superposição de funções concomitantes".[618]

Nesse sentido, Marianna M. Willeman ressalta a necessidade de incremento da sinergia e dos canais de intercâmbio entre as estruturas de controle do estado. A autora faz remissão a um fenômeno de sobrecarga e de superposição de instâncias de controle que, não raro, tende a promover a criação de externalidades negativas e efeitos indesejados – o *accountability overload*. Com o objetivo de minimizar os seus efeitos adversos, ela propugna que:

> Ações concertadas e colaborativas entre as suas várias esferas merecem ser privilegiadas e fomentadas, promovendo-se uma espécie de "aprendizado interinstitucional".[619] Perceba-se que a perspectiva aqui perfilhada não incide sobre as relações entre órgão de controle e administração fiscalizada – [...]. O que se pretende reforçar com a presente abordagem é a necessidade de as próprias instâncias de *accountability* dialogarem entre si, de forma a minimizar as contradições e incoerências inevitavelmente produzidas quando múltiplos órgãos possuem autoridade para exercer controle sobre um mesmo campo de ação.
>
> Em suma, a solução, ao que parece, não passa por enfraquecer o papel de qualquer instituição de controle, mas sim por robustecer a capacidade de articulação e cooperação entre elas, de forma que suas intervenções nas diversas áreas de atuação do poder público sejam coordenadas e dotadas de coerência entre si. A busca por esse equilíbrio entre os órgãos de controle só tem a favorecer a concretização das políticas necessárias para a efetivação de direitos fundamentais.[620]

Sem esse concerto entre todos os atores envolvidos na questão do endividamento dos entes subnacionais – e, por que não, do federalismo fiscal como um todo? –, as assimetrias do modelo brasileiro tendem a

---

[618] Ibid., p. 553.

[619] A autora esclarece que a referida expressão foi utilizada por: MENDONÇA, José Vicente Santos de. A propósito do controle feito pelos Tribunais de Contas sobre as agências reguladoras; em busca de alguns standards possíveis. *Revista de Direto Público da Economia – RDPE*, Belo Horizonte, ano 10, n. 38, p. 147-164, abr./jun. 2012.

[620] WILLEMAN, Marianna Montebello. *Accountability Democrática e o Desenho Institucional dos Tribunais de Contas no Brasil*. 2. ed. Belo Horizonte: Fórum, 2020. p. 312-314.

se perpetuar, além de provocar o crescimento das demandas judiciais relacionadas ao conflito federativo. O Supremo, mesmo exercendo a relevante função de tribunal da federação, não é provido de meios para equalizar as deficiências do sistema. E nem poderia ser de outro modo, pois creditar a um único órgão as expectativas de equilíbrio de todo um protótipo já desenhado seria o mesmo que superestimar as suas possibilidades fáticas para engendrar ações nesse sentido. Simplesmente, nem o Supremo e nem qualquer outro órgão têm condições de obter sucesso com ações pontuais e isoladas. Isso não impede, todavia, que o STF exerça efetivamente o papel de árbitro – e não o de jogador – da federação, ao estimular e incentivar o diálogo federativo entre todas as instituições e esferas competentes, de modo a fomentar as ações conjuntas necessárias.

3.3 A jurisprudência do STF relativa ao endividamento dos entes subnacionais

3.3.1 As liminares com "efeitos definitivos"

A diretiva de não resgate dos entes subnacionais, prevista na LRF,[621] conforme já amplamente demonstrado, tem sido cada vez mais relativizada, o que contribui sobremaneira para a inefetividade dos dispositivos legais. Diversas são as suas causas – desde a existência de uma "cláusula implícita" de salvamento no sistema, perpassando pela concentração de recursos e atribuições no âmbito da União, o que contribui para os déficits recorrentes dos entes subnacionais, até a existência de uma terceira esfera federativa no federalismo brasileiro, *in casu*, os municípios, e o aumento de suas relações diretas com a esfera federal, que tem ocasionado a diminuição do papel dos estados no modelo pátrio –, mas não se pode olvidar a função atribuída ao STF, a

---

[621] Consoante já visto, a LRF prevê a possibilidade de a União negar a transferência de recursos e o acesso a crédito externo caso não observadas as condicionantes previstas em seus dispositivos, podendo-se destacar as previstas no §1º do art. 25, a saber: I - existência de dotação específica; II - observância do disposto no inciso X do art. 167 da Constituição; III - comprovação, por parte do beneficiário, de: a) que se acha em dia quanto ao pagamento de tributos, empréstimos e financiamentos devidos ao ente transferidor, bem como quanto à prestação de contas de recursos anteriormente dele recebidos; b) cumprimento dos limites constitucionais relativos à educação e à saúde; c) observância dos limites das dívidas consolidada e mobiliária, de operações de crédito, inclusive por antecipação de receita, de inscrição em Restos a Pagar e de despesa total com pessoal; d) previsão orçamentária de contrapartida.

de "tribunal da federação", que, em última instância, tem a incumbência de solucionar os conflitos federativos.

Talvez por esse motivo, Echeverria e Ribeiro questionem o verdadeiro papel que vem sendo assumido pela corte: se o de árbitro da federação, em que se busquem soluções consentâneas com as escolhas do constituinte originário no sentido da implantação de um efetivo federalismo cooperativo; ou, ao revés, se somente o de mais um jogador no *bailout game*, o que, ao cabo, contribui para a ocorrência de mais assimetrias no sistema.[622]

Os referidos autores, em estudo empírico da jurisprudência do STF[623] relativa ao cumprimento, pelos entes subnacionais, dos requisitos estabelecidos pela LRF[624] para o acesso a transferências voluntárias federais e a operações de crédito, concluíram que:

> Como já ressaltado, referida lei (LRF) estabeleceu inúmeras condicionantes fiscais para que o Estado acesse novos recursos, seja por meio de transferência voluntária, seja por obtenção de crédito externo. Entretanto, ao ser acionado para decidir acerca da possibilidade de a União se recusar a efetuar os repasses de verbas com fundamento nas restrições impostas pela LRF, *o STF deferiu as liminares em aproximadamente 92,6%*

---

[622] ECHEVERRIA, Andrea de Quadro Dantas; RIBEIRO, Gustavo Ferreira. O Supremo Tribunal Federal como árbitro ou jogador? As crises fiscais dos estados brasileiros e o jogo de resgate. *Revista Estudos Institucionais*, v. 4, n. 2, 2018, p. 660.

[623] Os autores levantaram os seguintes dados: (i) o conflito entre a União e os estados ou o Distrito Federal exsurge em somente 41,4% do total das ações analisadas; (ii) das 2.533 ACOs analisadas, somente 1.050 eram conflitos travados entre a União e os estados e o Distrito Federal. Dentre essas 1.050, o STF afastou a existência de conflito federativo em 216, ao argumento de se tratar de questão meramente patrimonial ou não estar configurado risco ao equilíbrio federativo. Entretanto, o STF reconheceu a sua competência em 715 ACOs, quando houve julgamento de mérito ou cautelar; (iii) no conjunto de ACOs em que são parte a União e os estados e/ou DF, o STF afastou a sua competência em 20,5% dos casos. Assim, observando-se apenas o conflito federativo entre União e estados, nos quais já houve decisão pelo Supremo Tribunal Federal, os dados demonstram que aproximadamente 76,5% das ACOs tratam de matérias que se relacionam diretamente com a transferência de recursos da União para os estados.

[624] Os autores esclarecem que, para a ciência quanto ao cumprimento dos requisitos legais pelos estados, a União, inicialmente, instituiu o denominado Cadastro Único de Convênio/CAUC e, posteriormente, substituído pelo Serviço Auxiliar de Informações de Transferências Voluntárias/SIAT. Trata-se, essencialmente, de um serviço informatizado, de atualização diária, que tem por objetivo exclusivo simplificar a verificação do atendimento de 13 dos 22 requisitos fiscais previstos na LRF para a transferência voluntária de recursos da União e obtenção de crédito externo. Estabelecido tal sistema, sempre que um estado pretendesse receber novas transferências voluntárias ou obter um crédito externo, a União poderia acessar o CAUC/SIAT e, em caso de inadimplemento, a União deveria legalmente negar o acesso a tais recursos. Em caso de conflito, a questão seria submetida ao STF por força do artigo 102, inciso I, alínea "f", da CF/88.

das ações[625] *em que o pedido cautelar foi analisado, determinando o repasse de verbas independentemente da existência de pendências legais. Quase dez anos depois, o STF julgou, pela primeira vez, o mérito da questão estabelecendo importantes restrições à incidência da LRF.*

Das 472 ações envolvendo as restrições impostas pela LRF, em especial o CAUC, *o STF analisou o pedido cautelar em 433 delas, deferindo a liminar em 401.* Interessante destacar que a liminar somente foi expressamente indeferida em 32 dos processos analisados. Nas demais ações o pedido de liminar não foi analisado ou não foi possível localizar a decisão.[626] (Grifos nossos)

Sendo assim, com a flexibilização das restrições impostas pela LRF, a jurisprudência do Supremo acabou por retirar parcela significativa da normatividade legal. Sem adentrar no mérito das referidas decisões, haja vista que foram adotadas, em muitos dos casos, para se evitar a própria desestabilização de políticas públicas estaduais – e, quiçá, um verdadeiro caos social –, é de causar, no mínimo, algum grau de estranheza a dimensão e a amplitude com que as referidas decisões foram tomadas, basicamente através de decisões monocráticas duradouras. Ou seja, questões de suma importância, relacionadas ao equilíbrio do modelo federalista brasileiro, foram decididas por um único ministro na qualidade de relator, tendo, ainda, os seus efeitos sido postergados por prazos demasiadamente longos, sem que fossem submetidas a uma decisão plenária.

Tal assertiva é corroborada pela Secretaria do Tesouro Nacional, que, adicionalmente, dispõe que:

As decisões do Poder Judiciário, em sua expressiva maioria, são de caráter liminar e do tipo *inaudita altera pars*, ou seja, são precárias e prolatadas sem que a União tenha oportunidade de se manifestar previamente, o que, em termos práticos, obriga o governo central a provar que não procede da forma alegada pelo reclamante.

A despeito da precariedade das decisões, contudo, seus efeitos perduram. *Em dez/2017, o prazo médio de apreciação do Poder Judiciário relativo*

---

[625] Os autores informam que o STF utilizou as seguintes fundamentações para o deferimento das liminares: (i) cumprimento dos princípios do contraditório e da ampla defesa para fins de inscrição do estado em cadastros de inadimplência, tendo sido afirmada a necessidade de julgamento da tomada de contas especial pelo Tribunal de Contas da União; (ii) observância ao princípio da intranscendência subjetiva das sanções, em que o atual governador não pode ser prejudicado em razão de inadimplência ocorrida em gestão anterior; e (iii) o risco de comprometimento de execução de políticas públicas.

[626] Ibid., p. 664.

CAPÍTULO 3
O ENDIVIDAMENTO DOS ENTES SUBNACIONAIS E OS ATORES DO FEDERALISMO FISCAL BRASILEIRO | 289

a essas pendências era cerca de 6,5 anos, sendo de 01.10.1994 a decisão mais antiga com efeito financeiro ainda vigente.

Essa quase perenidade de decisões, acaba por ser danosa aos devedores, pois a redução ou a ausência de pagamentos obtida pela via judicial compromete o cronograma de amortização previsto, elevando suas dívidas que, por sua vez, estão sujeitas à capitalização, resultando em montantes substancialmente elevados, cujo pagamento se torna oneroso na ocorrência de um resultado desfavorável no julgamento do mérito ou por desistência/renúncia, especialmente se considerada, nesse contexto, a aplicação dos encargos moratórios contratuais.[627] (Grifos nossos)

A concessão de liminares favoráveis aos pleitos dos entes subnacionais não se restringe à inscrição em cadastros de inadimplência. Também no que se refere a discussões relativas aos montantes e critérios de cálculo dos encargos aplicáveis, assim como à execução de garantias contratuais, o STF vem, continuamente, atendendo aos pedidos dos estados, com fundamento predominante na necessidade de manutenção dos serviços públicos essenciais.[628]

Além da relativa "definitividade" dos efeitos dessas decisões precárias, o que, por si só, pode ser considerada causa de insegurança jurídica, a demora no julgamento do mérito das referidas ações provoca, em acréscimo, outros efeitos adversos, como o aumento do somatório do volume de endividamento, o que, para a STN, implica o crescimento vegetativo das dívidas,[629] além de provocar o incremento do risco sistêmico inerente às relações fiscais federativas, podendo ocasionar, no momento do pagamento, uma nova situação de *bailout* pelo Tesouro Nacional. Ademais, tal conjuntura submete a gestão dos créditos da União a diferentes regimes normativos, os relativos a dívidas judicializadas e os relativos a dívidas não judicializadas.[630]

---

[627] SECRETARIA DO TESOURO NACIONAL. *Exposição da União à Insolvência dos Entes Subnacionais*. Brasília: nov. 2018, p. 77.

[628] Vide, a título de exemplo, as ACOs nº 2.972, 2.981 e 3.108.

[629] Segundo dados disponibilizados pela STN, "em caso recente, a incidência de tais encargos sobre valores inadimplidos desde 2004 resultou em um acréscimo de 24% ao saldo devedor. Já em outro caso, ainda não julgado e cujo pagamento integral dos valores devidos foi suspenso em 2006, o total pendente de solução correspondia, em dez/2017, a 46% da RCL municipal, não se levando ainda em conta os encargos moratórios [...]. Ao longo do período de 2005 a 2015, a quantidade de ações se manteve estável, em média 25 ao ano. Contudo, os valores pendentes de pagamento se elevaram de 0,11% do PIB em 2005 para 0,18% do PIB em 2015".

[630] Ibid., p. 78.

Um ponto crucial, no entanto, é o referente à criação de um "incentivo adverso" oriundo do extenso lapso temporal entre a decisão de caráter liminar e o julgamento do resultado definitivo, o qual, segundo o entendimento do Tesouro Nacional:

> Para o gestor do estado ou do município, o conhecido lapso de tempo é visto como uma valorosa oportunidade de transferir o custo do serviço da dívida para o próximo governante, não sendo relevante para ele se os montantes envolvidos serão elevados consideravelmente pelos juros de mora e outros encargos incidentes sobre a dívida, quando exigida. Tal lapso gera, na verdade, um incentivo para que os governadores e prefeitos entrem com ações judiciais cuja probabilidade de êxito é baixa, mas cuja possibilidade de receber liminar, se valendo de argumentos tais como o atraso no pagamento de servidores, é elevada.
>
> Nada obstante todos os aspectos mencionados, há de se considerar, em suma, que o recurso à via judicial, como vem sendo utilizado, associa à recuperação dos valores refinanciados ou honrados pela União um risco moral considerável, na medida em que estimula o comportamento adverso dos devedores em relação às suas obrigações, favorecendo, dessa forma, o endividamento e a transferência de esforço fiscal para gerações futuras, bem como fragilizando o sistema de garantias da União. Temos condições de falar que, sob contestação dos entes, o judiciário tem se manifestado em favor da suspensão do pagamento de dívidas como proteção aos cumprimentos das funções sociais, aumentando sobremaneira o risco moral sobre o endividamento irresponsável e enfraquecendo o sistema de garantias da União.[631]

Além do estímulo à criação de tendências geradoras de situações de risco moral (*moral hazard*) – visto que o gestor opta pela judicialização com a expectativa de postergação do pagamento do serviço da dívida através da concessão de liminares –, não se pode olvidar que sempre existe a possibilidade de um julgador decidir em outra direção, deixando de considerar o princípio da colegialidade e, consequentemente, criando potenciais situações de quebra da isonomia, ou seja, estados com prazos mais dilatados para pagamento de seus encargos e, por outro lado, estados tendo que se submeter às restrições impostas pela União em face da ausência de êxito em sua demanda judicial.

Ainda que, à primeira vista, possa se considerar que o estado que tenha obtido sucesso na concessão da liminar esteja em melhor situação que os demais, deve-se atentar para o alerta da Secretaria do

---

[631] Ibid., p. 79.

Tesouro Nacional, uma vez que, quando do julgamento do mérito, caso a decisão seja contrária aos interesses regionais, o estoque da dívida será dimensionado com o acréscimo de novos e significativos encargos, o que tem o condão de ocasionar situações de *shutdown* para os governos posteriores, além de, muito provavelmente, provocar uma necessidade de forte ajuste por parte dos cidadãos, seja com o aumento da carga tributária, seja com a contenção de gastos públicos, e que, invariavelmente, impactará na prestação dos serviços postos à disposição da população.

3.3.2 As decisões consequencialistas

As decisões consequencialistas corroboram o disposto no item 3.2.3, no sentido de que a Corte Constitucional, em períodos de crises nas finanças públicas estaduais, tende a alterar a sua tendência de priorização aos interesses do ente nacional em face das possíveis consequências adversas, caso prevaleçam os direitos da União, conforme se verifica nas argumentações lançadas pelo ministro Luiz Fux, em decisão monocrática, nos autos da ACO nº 2.981 TA/DF:

> [...] persiste a necessidade de assegurar a continuidade administrativa do Estado do Rio de Janeiro para possibilitar a consecução de um plano que viabilize a sobrevivência do governo estadual. Note-se que a continuidade administrativa é princípio constitucional implícito ao art. 37, VII e §6º, da Carta Magna, os quais asseguram a permanência dos serviços do Estado mesmo em caso de greves severas. Não pode o cidadão fluminense, já onerado com carga tributária de altíssima magnitude, ser penalizado com a completa falência dos serviços de que necessita.
>
> Renovo o argumento de que as consequências catastróficas da inação judicial legitimam a intervenção do Judiciário em temática primordialmente política. Consoante ensina o Professor da Universidade de Harvard Cass Sunstein, "é tentador pensar que os juízes devem julgar como entenderem melhor, mesmo que os céus venham a cair. Mas se os céus realmente puderem cair, talvez os juízes não devessem julgar como entendem melhor" (No original: "*It is tempting to think that judges should rule as they see fit even if the heavens would fall. But if the heavens really would fall, perhaps judges should not rule as they see fit*"). SUNSTEIN, Cass. A Constitution of Many Minds – Why the Founding Document Doesn't Mean What it Meant Before. New Jersey: Princeton University Press, 2009, p. 143). *Isso significa que o elemento consequencialista é parte indissociável do exercício da jurisdição constitucional.* Invoco novamente o magistério do professor Richard Fallon, da Universidade de Harvard, para quem a judicial review adquire legitimidade quando os benefícios

(morais, econômicos, políticos, sociais etc.) da intervenção judicial ultrapassam os custos da abstenção judicial (FALLON, Richard H. The Core Of an Uneasy Case for Judicial Review, 121 *Harv. L. Rev.*, 2008, p. 1693).

Nessa linha, a autocontenção do Judiciário representaria, no caso em tela, verdadeira sentença de falência para o Estado do Rio de Janeiro. Atingido o quadro de *shutdown*, resta evidente que não haverá recursos para o cumprimento de diversas obrigações do ente menor insculpidas no art. 34 da Constituição, autorizando, em tese, a intervenção federal, seja para reorganizar as finanças da unidade da Federação em ruína administrativa, seja para assegurar a observância de princípios constitucionais sensíveis. De uma forma ou de outra, portanto, a responsabilidade recairá sobre os ombros da União Federal. Essa opção, contudo, é acompanhada da desastrosa consequência de impedimento da promulgação de emendas constitucionais durante a vigência da intervenção, ex vi do art. 60, §1º, da Carta Magna, obstando importantes reformas para a retomada do crescimento econômico do país.[632] (Grifos nossos)

Através de estudo estatístico da jurisprudência do STF,[633] Vanessa E. de Oliveira concluiu, no que tange ao resultado do mérito de diversas ADIs, que:

> [...] nenhuma ação impetrada por estados prosperou, ou seja, foi deferida. A maioria (61,5%) não foi sequer apreciada, e encontrava-se aguardando julgamento. O restante (38,5%) já foi julgado e o mérito foi indeferido ou a ação foi extinta. [...]

> Com relação ao resultado do mérito das Adins, uma das características verificadas nas ações estaduais também foi encontrada para o caso federal: mais da metade das ações ainda se encontra aguardando o julgamento do mérito, o que demonstra que, embora o Judiciário tenha um bom nível de eficiência nas respostas ao pedido de liminares, o mesmo não se comprova no caso do resultado do mérito. Neste ponto, entramos na questão anteriormente levantada, de que talvez o Judiciário não queira intervir em ações de cunho político que envolvam o conflito entre as esferas de governo. E, sobretudo, o STF não quer interferir nas ações impetradas contra a União.

---

[632] ACO 2981 TA / DF - Tutela antecipada na ACO. Relator: Min. Luiz Fux. Julgamento: 14.6.2017. DJ: 19.6.2017.

[633] A autora informa que o estudo teve por objetivo trabalhar com a influência do Poder Judiciário no federalismo brasileiro, sob um aspecto específico: a forma pela qual o Supremo Tribunal Federal (STF) tem julgado as ações diretas de inconstitucionalidade (ADIs) impetradas por estados contra a União, ou pela União contra os estados, no período que vai de 1988 a 2002. Ela demonstra empiricamente que as ADIs impetradas pela União contra os estados têm maiores chances de "sucesso" do que aquelas impetradas pelos estados contra a União, o que pode ser o indício do desenvolvimento, no país, de um federalismo centralizador [...].

CAPÍTULO 3
O ENDIVIDAMENTO DOS ENTES SUBNACIONAIS E OS ATORES DO FEDERALISMO FISCAL BRASILEIRO | 293

Por outro lado, ao passo que nenhuma ação estadual teve seu mérito julgado procedente, 22,5% das Adins federais tiveram seu mérito julgado e prosperaram. Isto demonstra que também no caso do mérito das ações, o governo federal tem sido mais bem sucedido junto ao Judiciário do que os governos estaduais. Somado a isso, a não apreciação das ações da União (53,3%) é menor do que a porcentagem de ações dos estados que não foram apreciadas (61,5%), ainda que a análise do resíduo ajustado demonstre que a diferença entre o esperado e o encontrado não é significativa. Ou seja, mesmo tendo que lidar com um número menor de ações dos estados, se comparado à União, o STF não as aprecia, o que parece indicar que há uma maior "disposição" do Supremo Tribunal em julgar umas às outras.[634]

Embora a autora reconheça a necessidade de maior aprofundamento dos dados para se chegar a um parecer conclusivo, o estudo indicou uma maior "boa vontade" do STF com os interesses da União, podendo-se admitir que esta é a sua predisposição ordinária e recorrente, salvo, repita-se, em situações de calamidades ou crises, nas quais, segundo o ministro Luiz Fux, "o elemento consequencialista passa a ser parte indissociável do exercício da jurisdição constitucional".

Em recente julgamento conjunto das ADIs nº 3.786 e 3.845,[635] o Supremo decidiu, por maioria, pela procedência dos pleitos para declarar a inconstitucionalidade integral da Resolução nº 33/2006 do Senado Federal. A questão de fundo se concentra, basicamente, no enquadramento das operações de securitização ou cessões de ativos a instituições financeiras através de endosso-mandato como sendo operações de crédito ou não. Os requerentes alegavam, em linhas gerais, que os referidos instrumentos não poderiam ser considerados autênticas operações de crédito, não cabendo, por conseguinte, ao

---

[634] OLIVEIRA, Vanessa Elias de. *Poder Judiciário*: árbitro dos conflitos constitucionais entre Estados e União. São Paulo: Lua Nova, 2009. p. 238.

[635] Propostas, respectivamente, pela Associação Nacional dos Procuradores de Estado (ANAPE) e pela Federação Brasileira de Associações de Fiscais de Tributos Estaduais (FEBRAFITE), com idêntico objeto, para impugnação da validade constitucional da Resolução nº 33, de 13 de julho de 2006, do Senado Federal, por intermédio da qual se autorizou a cessão, para cobrança por endosso-mandato, da dívida ativa dos estados, Distrito Federal e municípios a instituições financeiras. Em síntese, as requerentes alegam que a Resolução nº 33/2006 trata de matéria que foge à competência do Senado Federal, uma vez que não há correspondência com nenhuma daquelas atribuições previstas no art. 52, incisos V a IX, da Constituição Federal. Sustentam que a cessão a instituições financeiras da dívida ativa consolidada para cobrança por endosso-mandato, mediante a antecipação de receita, não configura operação de crédito nos termos do art. 29, inciso III, da Lei Complementar nº 101/2000, o que impossibilitaria a regulamentação da matéria pela Casa Legislativa.

Senado Federal regulamentá-las conforme o comando do inciso VII do art. 52 da CF/88.[636]

Há muito as procuradorias dos entes subnacionais vinham reivindicando uma maior liberdade quanto às escolhas de política fiscal aos estados e municípios em face do reconhecimento de suas autonomias em matéria de direito financeiro, em conformidade com o estabelecido no inciso I do art. 24 da Constituição.[637] Neste sentido, Erick T. Ribeiro:

> Uma dificuldade com a qual se veem a braços Estados e municípios, em se tratando da cessão de um ativo, é a atuação do ente central na Federação. Com efeito, não poucas vezes o Governo Federal arvora-se em controlador da atividade dos entes federados – mesmo quando se esteja diante da esfera de autonomia reservada a eles.
>
> O introito é necessário porque, se o quadro constitucional hoje vigente demanda a atuação da União no controle do endividamento pelos entes subnacionais, por outro lado não se encontra qualquer fundamento para que o ente central intervenha na alienação de ativos de Estados e municípios.
>
> No presente estudo, busca-se analisar a cessão de créditos – mais especificamente aquela que ocorre por meio da sua securitização – como alternativa para Estados e municípios com necessidades financeiras, demonstrando-se, ao final, que se trata de questão interna ao ente federado, não demandando, por isso mesmo, qualquer intervenção da União.[638]

Segundo preconizam, a securitização, por se tratar, em verdade, de uma operação de cessão de crédito, que não implica um compromisso financeiro assumido pelo erário e a garantia, por parte do ente público, da solvabilidade de terceiros devedores, não se confunde com assunção de dívidas, seja empréstimos ou financiamentos.[639]

---

[636] Art. 52. Compete privativamente ao Senado Federal:
[...]
VII - dispor sobre limites globais e condições para as operações de crédito externo e interno da União, dos Estados, do Distrito Federal e dos Municípios, de suas autarquias e demais entidades controladas pelo Poder Público federal;

[637] Art. 24. Compete à União, aos Estados e ao Distrito Federal legislar concorrentemente sobre:
I - direito tributário, *financeiro*, penitenciário, econômico e urbanístico; (Grifo nosso)

[638] RIBEIRO, Erick Tavares. Autonomia e federalismo: a securitização de ativos como alternativa para a obtenção de receita por estados e municípios. *Revista de Direito da Procuradoria Geral*, Rio de Janeiro, n. 68, 2014, p. 114.

[639] Para mais detalhes, ver: SOUTO, Marcos Juruena Villela; ROCHA, Henrique Bastos. Securitização de recebíveis de royalties do petróleo. *Rev. Direito*, Rio de Janeiro, v. 5, n. 10, p. 27-57, jul./dez. 2001.

O Tribunal de Contas da União, entretanto, ao analisar operações de securitização realizadas pelas prefeituras de Belo Horizonte/MG e de Nova Iguaçu/RJ, além do Distrito Federal, apesar de ainda não haver uma decisão definitiva quanto à natureza jurídica dos referidos ajustes,[640] através de seu corpo técnico e do Ministério Público Especial, reputa que:

> A tipificação de operações de crédito na lei complementar, como se vê, não é taxativa, contém tipologia aberta, ou seja, sua enumeração é meramente exemplificativa. A essência do conteúdo legal, porém, é clara: compromisso financeiro.
>
> O conteúdo dessa expressão "compromisso financeiro" deve ser interpretado de forma ampla, pois esta é a tônica da legislação ao disciplinar o endividamento dos entes públicos. Por isso mesmo, o mencionado inciso III faz alusão a "outras operações assemelhadas", dada a absoluta impossibilidade de o legislador prever, em *numerus clausus*, todas as hipóteses do gênero.
>
> Se a ideia do marco normativo fosse disciplinar apenas operações de crédito usuais, que valia a locução "outras operações assemelhadas" poderia nos proporcionar? Certamente, nenhuma.[641]

Ademais, considerando a ausência de uma legislação nacional sobre a temática, assim como a relativa liberdade para cada ente subnacional promover a regulamentação casuística das referidas operações, não se pode perder de vista a possibilidade de se incutir uma cláusula de garantia por parte do ente federativo, o que, *a priori*, teria o condão de ocasionar sérios gravames financeiros. Fato é que as ditas operações são realizadas, inicialmente, com um deságio considerável, a fim de remunerar a instituição privada que promoverá a cobrança dos créditos, e,

---

[640] Os ministros acordaram pela promoção da oitiva da Comissão de Assuntos Econômicos do Senado Federal para que, assim desejando, apresente ao tribunal os esclarecimentos e informações que julgar pertinentes acerca da presente representação formulada pela Secretaria de Macroavaliação Governamental do Tribunal e pelo representante do Ministério Público de Contas, consoante o relatório que integra o acórdão, especialmente no que tange à parte dispositiva da Resolução SF nº 43/2001, com redação dada pela Resolução SF nº 17/2015, em face dos objetivos declarados no Parecer CAE nº 1.019, de 2015, relativo ao PRS nº 50/2015, que fundamentou a referida norma de alteração.

[641] Trata-se do Processo nº 016.585/2009-0, instaurado mediante representação de unidade técnica a respeito da natureza jurídica das operações realizadas por entes da federação para captar recursos financeiros junto ao mercado, mediante a cessão de direitos creditórios lastreados na receita futura de títulos das respectivas dívidas ativas decorrentes de créditos tributários vencidos e não pagos, realizadas por meio de Fundos de Investimento em Direitos Creditórios Não Padronizados.

em seguida, se os devedores desses créditos forem inadimplentes, caso haja cláusula de garantia, o estado ou o município terá que arcar com o débito. Tal fato fora efetivamente detectado pelo corpo técnico do TCU nas contratações em análise, conforme se verifica no excerto a seguir:

> De fato, assiste razão à PGFN ao afirmar que a essência do conceito de operação de crédito da LC 101/2000 consiste na existência de compromisso financeiro no sentido de compromisso de pagar, isto é, o conteúdo material do conceito diz com a constituição de dívida financeira para o ente, considerando que a finalidade da disciplina das operações de crédito instituída pela LRF é "a de servir de instrumento normativo para uma, nos termos da própria lei, 'gestão fiscal responsável'" (Parecer PGFN/CAF/1612/2012, peça 44, p. 12, item 14). *É exatamente o que se tem nessa operação, analisada sua essência, sua verdade econômica, mal disfarçada sob roupagem jurídica distinta.*
>
> No caso de Belo Horizonte, *não há cessão da dívida ativa. Ela continua de titularidade do município. Não há a alienação de um ativo, há a assunção de entregar ao FIDC, prioritariamente, o fruto da arrecadação da aludida dívida, cabendo ao município o excedente arrecadado. Isso é claramente um compromisso financeiro.*
>
> À luz do disposto no Contrato de Cessão de Direitos Creditórios, houve previsão de comprometimento da receita futura da municipalidade, afinal, foi "cedido o fluxo de caixa" decorrente do produto do adimplemento dos créditos inscritos em Dívida Ativa Tributária.
>
> De fato, repetindo, do ponto de vista meramente formal, não se impõe à municipalidade o ônus de garantir um fluxo mínimo de recursos ao FIDC. Apesar disto, como demonstrado várias vezes neste parecer, *a realidade econômica da operação consistente no volume de créditos postos à disposição do município, a abundância do fluxo de recebimentos por ele gerado e o carreamento prioritário desse fluxo para o FIDC eliminam qualquer risco para o FIDC e, por isso e apenas por isso, descreve-se a operação como se houvesse transferência de risco do município para o FIDC, com o intuito evidente de caracterizar a operação como não sendo uma operação de crédito sujeita aos ditames da LRF,* ao ponto de se declarar no Contrato de Cessão de Direitos Creditórios e Outras Avença, na cláusula 2.4 (peça 11, pp. 27/81), que não se cuida de operação de crédito referida pela LRF, *como se a qualificação econômico-jurídica pudesse decorrer do enunciado do contrato e não da realidade econômica, do substrato fático que lhe dá vida.* (Grifos nossos)

Apesar de o STF ter concordado com a tese favorável aos interesses dos entes regionais e locais, e sem, novamente, adentrar na correção ou não quanto ao mérito da controvérsia, não se pode deixar de mencionar a preocupação dos ministros, que julgaram pela procedência do pedido, com a necessidade de incremento de arrecadação tributária dos entes subnacionais.[642] Questiona-se, por conseguinte, em que medida a atual situação de crises fiscais e financeiras vivenciadas por boa parte dos estados e municípios não tenha contribuído para uma decisão do STF nessa direção.

Destarte seja plenamente compreensível a preocupação do STF com a atual conjuntura de desequilíbrio nas contas públicas, inclusive mediante a decretação de calamidade financeira por diversos entes subnacionais, não se deve descuidar da hipótese de que as transações alternativas às operações de crédito, ao se desviarem dos limites legais de controle da dívida pública e do volume de seus totais de realização, possam vir a ocasionar situações de graves crises ou até mesmo insolvências no médio e longo prazos.

Nessa perspectiva, Francisco S. A. Silveira faz alusão aos "mecanismos alternativos de obtenção de recursos", quais sejam, o atraso no pagamento dos precatórios, a utilização de depósitos judiciais e a securitização de ativos, ressaltando os riscos daí oriundos para o federalismo, pois são "mecanismos de obtenção de recursos de terceiros que se pretende deixar fora do conceito de endividamento e, consequentemente, dos limites da Lei de Responsabilidade Fiscal".[643]

Tais preocupações não se tratam de meras ilações, conforme o que se extrai da decisão monocrática do ministro Gilmar Mendes nos autos da ADI nº 5.072,[644] que expõe, após a realização de audiência pública,

---

[642] O ministro Luís Roberto Barroso, ao acompanhar o relator, dispõe expressamente que: "Aqui, trata-se de uma resolução do Senado Federal que possibilita a cessão da dívida ativa de estados e municípios a instituições financeiras, para que elas façam essa cobrança. Pedi vista porque acho que a ideia é ótima, para falar a verdade. Porém, entendo que não pode ser feita por resolução do Senado Federal. De modo que, *em que pese eu ser favorável à cessão da dívida ativa a instituições privadas, sobretudo quando se sabe que há um estoque de dívida ativa em um volume impressionantemente relevante e que, talvez, uma cobrança privada pudesse melhorar a arrecadação,* entendo também que cabe à lei complementar regular essa matéria do Direito Financeiro e que cabe ao Poder Legislativo de cada estado-membro dizer como vai ser cobrada a sua dívida ativa". (Grifos nossos)

[643] SILVEIRA, Francisco Secaf Alves. *O estado econômico de emergência e as transformações do direito financeiro brasileiro*. Belo Horizonte: D'Plácido, 2019. p. 178.

[644] De acordo com o relator, "trata-se de ação direta de inconstitucionalidade, proposta pelo Procurador-Geral da República, contra a Lei Complementar 147, de 27 de junho de 2013, alterada pela Lei Complementar 148, de 22 de agosto de 2013, e pela Lei Complementar 163, de 31 de março de 2015, do Estado do Rio de Janeiro, que dispõe sobre a utilização de parcela de depósitos judiciais para pagamento de requisições judiciais de pagamento e dá outras providências. Discute-se, portanto, a constitucionalidade de normas estaduais que possibilitam aos entes da federação utilizarem-se dos recursos dos depósitos judiciais e extrajudiciais, inclusive dos efetuados em litígios nos quais não são partes, para pagamentos de despesas diversas (precatórios, requisições de pequeno valor, capitalização de Fundos de Previdência, entre outros)". Para mais detalhes quanto às

"o receio de que os Estados não consigam satisfazer suas obrigações no momento em que os depósitos forem sacados", com lastro em parecer do Banco Central[645] e do Banco do Brasil.[646]

Em verdade, na ausência de soluções efetivas e permanentes para o federalismo assimétrico brasileiro, buscam-se saídas conjunturais que resolvam os problemas de disponibilidades de caixa no curto prazo, mas que, no entanto, além de não "desatar os diversos nós" do nosso sistema federalista, poderão constranger ainda mais os ajustes fiscais e financeiros no futuro, originando, adicionalmente, um problema intergeracional.

Recentemente, o Supremo voltou a ser demandado no sentido de encontrar soluções para situações emergenciais ocasionadas, desta vez, por conjunturas fáticas relativas à crise epidemiológica do coronavírus.[647]

Em um primeiro momento, o presidente da República ajuizou a ADI nº 6.357, com o objetivo de conferir interpretação conforme à Constituição aos artigos 14, 16, 17 e 24 da LRF e ao artigo 114 da Lei nº 13.898/2019 (LDO da União referente ao ano de 2020), de modo a afastar os requisitos legais, durante a ocorrência da pandemia de COVID-19, para a concessão ou ampliação de incentivo ou benefício tributário; para a criação, expansão ou aperfeiçoamento de ação governamental que acarrete aumento da despesa; para a criação de despesa corrente obrigatória de caráter continuado; e para a criação, majoração ou extensão de serviço ou benefício relativo à seguridade social.

Apesar de o artigo 65 da LRF prever a relativização de dispositivos de adequação orçamentária em circunstâncias de calamidade pública, notadamente os relativos aos limites de despesa total de pessoal

---

discussões judiciais e alterações legislativas relativas ao uso, pelos estados, dos depósitos judiciais, tendo, inclusive, informado que a questão deverá ser resolvida nacionalmente a partir da ADI nº 5.361, ver: SILVEIRA, Francisco Secaf Alves. *O estado econômico de emergência e as transformações do direito financeiro brasileiro* – Coleção Direito Financeiro Atual. Belo Horizonte: Editora D'Plácido, 2019.

[645] O Banco Central encaminhou cópia do Parecer Jurídico nº 4/2016-BCB/PGBC, por meio do qual entende que a recepção e o gerenciamento dos depósitos judiciais, com transferência de recursos para entes estatais, expõem tais instituições a riscos de liquidez, operacional e de reputação.

[646] O Banco do Brasil juntou informações no sentido de que, em face do esgotamento do fundo de reserva para pagamento dos alvarás judiciais, e, ainda, considerando a situação de calamidade do Estado, há risco concreto *"de os titulares dos depósitos judiciais ficarem impossibilitados de levantar seus alvarás"*. (Grifo nosso)

[647] Para mais detalhes sobre os efeitos econômicos e sociais produzidos pela crise sanitária, especialmente os relativos às finanças dos entes federativos, ver item 2.2.7 do capítulo 2.

e da dívida consolidada dos entes federativos, bem como a dispensa do atingimento dos resultados fiscais e da limitação de empenho, tais medidas seriam insuficientes, segundo o requerente, para fazer frente às despesas extraordinárias oriundas da crise sanitária. Sendo assim, buscou-se a flexibilização de outros dispositivos da LRF que restringiam a criação de novos gastos com o seguinte fundamento:

> O autor defende que a incidência pura e simples desses dispositivos, sem considerar a excepcionalidade do atual estado de pandemia de Covid-19, violaria a dignidade da pessoa humana (art. 1º, III, CF), a garantia do direito à saúde (arts. 6º, caput, e 196, CF), os valores sociais do trabalho e a garantia da ordem econômica (arts. 1º, inciso I, 6º, caput, 170, caput, e 193), motivo pelo qual requer seja conferida interpretação conforme à Constituição aos arts. 14, 16, 17 e 24 da LRF, e 114, §14, da LDO/2020.

> Argumenta que as despesas a que se referem esses artigos "seriam aquelas destinadas à execução de políticas públicas ordinárias e regulares, que, em razão da sua potencial previsibilidade, seriam passíveis de adequação às leis orçamentárias", e que, apesar de o art. 65 da LRF prever a relativização parcial das demandas de adequação orçamentárias previstas na LRF, tal flexibilização não seria suficiente para garantir a celeridade decisória exigida pelo cenário vigente.

O relator, ministro Alexandre de Moraes, em 29 de março de 2020, considerando que há "situações onde o surgimento de condições supervenientes absolutamente imprevisíveis afeta radicalmente a possibilidade de execução do orçamento planejado" e, ainda, a necessidade de haver "gastos orçamentários à proteção da vida, saúde e da própria subsistência dos brasileiros; direitos fundamentais consagrados constitucionalmente e merecedores de efetiva e concreta proteção", concedeu a medida cautelar para conferir interpretação conforme a constituição dos dispositivos legais mencionados acima, durante a emergência de saúde pública de importância nacional e o estado de calamidade pública, de modo a "afastar a exigência de demonstração de adequação e compensação orçamentárias em relação à criação/expansão de programas públicos destinados ao enfrentamento do contexto de calamidade gerado pela disseminação de COVID-19", tendo, ainda, ressaltado que a referida cautelar se aplica a todos os entes federativos que tenham decretado estado de calamidade pública decorrente da pandemia.

Não se desconhecem os gravíssimos efeitos que as consequências da crise poderão ocasionar, tendo em vista o desemprego de milhões de pessoas, o fechamento de um número significativo de empresas, o aumento da informalidade no mercado de trabalho, o crescimento dos gastos públicos, a diminuição da arrecadação tributária, sendo que as incertezas quanto à recuperação econômica possivelmente perdurarão para além do exercício de 2020, razões mais do que suficientes para o Supremo não desconsiderar que estamos vivenciando uma situação de completa anormalidade. No entanto, também não se pode desprezar o fato de o STF ter recorrido a uma – no mínimo curiosa e bastante peculiar – técnica decisória, ao reconhecer a inconstitucionalidade temporária de dispositivos da LRF e da LDO da União, ou seja, ao concretizar o afastamento destes somente durante o estado de calamidade pública do coronavírus, aderindo mais uma vez ao consequencialismo jurídico.

Em 13 de maio de 2020, o Plenário referendou, por maioria, a cautelar e julgou extinto o processo, sem resolução do mérito, por perda superveniente do interesse de agir, uma vez que a Emenda Constitucional nº 106, promulgada em 7 de maio de 2020, após, portanto, a data da concessão monocrática da cautelar, em seu artigo 3º, "prevê uma espécie de autorização genérica destinada a todos os entes federativos para a flexibilização das limitações legais relativas *às* ações governamentais que, não implicando despesas permanentes, acarretem aumento de despesa".

Registre-se, ainda, que, posteriormente ao julgamento pela extinção do processo, foi editada a Lei Complementar nº 173, em 27 de maio de 2020, que acabou alterando o artigo 65 da LRF para incluir, além de outras, a previsão do afastamento das condições e das vedações estabelecidas, respectivamente, em seus artigos 14, 16 e 17, desde que o incentivo ou benefício e a criação ou o aumento da despesa sejam destinados ao combate à calamidade pública, ampliando, por conseguinte, o rol que excepciona as regras limitativas de gastos relacionadas à prudência fiscal em casos emergenciais.[648]

---

[648] Após as alterações levadas a efeito pela Lei Complementar nº 173/2020, a redação do referido dispositivo passou a constar da seguinte forma:
Art. 65. Na ocorrência de calamidade pública reconhecida pelo Congresso Nacional, no caso da União, ou pelas Assembleias Legislativas, na hipótese dos Estados e Municípios, enquanto perdurar a situação:
I - serão suspensas a contagem dos prazos e as disposições estabelecidas nos arts. 23, 31 e 70;
II - serão dispensados o atingimento dos resultados fiscais e a limitação de empenho prevista no art. 9º.
§1º Na ocorrência de calamidade pública reconhecida pelo Congresso Nacional, nos termos de decreto legislativo, em parte ou na integralidade do território nacional e enquanto perdurar a situação, além do previsto nos inciso I e II do caput: (Incluído pela Lei Complementar nº 173, de 2020)

O ENDIVIDAMENTO DOS ENTES SUBNACIONAIS E OS ATORES DO FEDERALISMO FISCAL BRASILEIRO

Com relação às dívidas dos estados com a União, foram interpostas diversas ações cíveis originárias,[649] em que o Supremo acatou o pleito dos entes regionais e promoveu a suspensão do pagamento das respectivas parcelas vincendas, pelo prazo de 180 (cento e oitenta) dias, devendo, obrigatoriamente, os estados comprovar que os valores respectivos estão sendo integralmente aplicados nas secretarias de Saúde para o custeio das ações de prevenção, contenção, combate e mitigação à pandemia de COVID-19.

Em um juízo de ponderação, considerou-se razoável que os gastos necessários à atenuação dos gravames da crise sanitária, em especial os relativos à saúde e à assistência social, se sobrepusessem à

I - serão dispensados os limites, condições e demais restrições aplicáveis à União, aos Estados, ao Distrito Federal e aos Municípios, bem como sua verificação, para: (Incluído pela Lei Complementar nº 173, de 2020)
a) contratação e aditamento de operações de crédito; (Incluído pela Lei Complementar nº 173, de 2020)
b) concessão de garantias; (Incluído pela Lei Complementar nº 173, de 2020)
c) contratação entre entes da Federação; e (Incluído pela Lei Complementar nº 173, de 2020)
d) recebimento de transferências voluntárias; (Incluído pela Lei Complementar nº 173, de 2020)
II - serão dispensados os limites e afastadas as vedações e sanções previstas e decorrentes dos arts. 35, 37 e 42, bem como será dispensado o cumprimento do disposto no parágrafo único do art. 8º desta Lei Complementar, desde que os recursos arrecadados sejam destinados ao combate à calamidade pública; (Incluído pela Lei Complementar nº 173, de 2020)
III - serão afastadas as condições e as vedações previstas nos arts. 14, 16 e 17 desta Lei Complementar, desde que o incentivo ou benefício e a criação ou o aumento da despesa sejam destinados ao combate à calamidade pública. (Incluído pela Lei Complementar nº 173, de 2020)
§2º O disposto no §1º deste artigo, observados os termos estabelecidos no decreto legislativo que reconhecer o estado de calamidade pública: (Incluído pela Lei Complementar nº 173, de 2020)
I - aplicar-se-á exclusivamente: (Incluído pela Lei Complementar nº 173, de 2020)
a) às unidades da Federação atingidas e localizadas no território em que for reconhecido o estado de calamidade pública pelo Congresso Nacional e enquanto perdurar o referido estado de calamidade; (Incluído pela Lei Complementar nº 173, de 2020)
b) aos atos de gestão orçamentária e financeira necessários ao atendimento de despesas relacionadas ao cumprimento do decreto legislativo; (Incluído pela Lei Complementar nº 173, de 2020)
II - não afasta as disposições relativas a transparência, controle e fiscalização. (Incluído pela Lei Complementar nº 173, de 2020)
§3º No caso de aditamento de operações de crédito garantidas pela União com amparo no disposto no §1º deste artigo, a garantia será mantida, não sendo necessária a alteração dos contratos de garantia e de contragarantia vigentes. (Incluído pela Lei Complementar nº 173, de 2020)
[649] Vide ACOs nº 3.378/RN, 3.379/MT, 3.380/SE, entre outras.

amortização da dívida pública dos entes subnacionais, mesmo que, no futuro, haja implicações nas finanças da própria União e nas políticas macroeconômicas adotadas por esta. De acordo com o ministro relator:

> A Constituição Federal, em diversos dispositivos, prevê princípios informadores e regras de competência no tocante à proteção da saúde pública, destacando, desde logo, no próprio preâmbulo, a necessidade de o Estado Democrático assegurar o bem-estar da sociedade. Logicamente, dentro da ideia de bem-estar, deve ser destacada, como uma das principais finalidades do Estado, a efetividade de políticas públicas destinadas à saúde.
>
> O direito à vida e à saúde aparece como consequência imediata da consagração da dignidade da pessoa humana como fundamento da República Federativa do Brasil. Nesse sentido, a Constituição Federal consagrou, nos artigos 196 e 197, a saúde como direito de todos e dever do Estado, garantindo sua universalidade e igualdade no acesso às ações e aos serviços de saúde.
>
> A gravidade da emergência causada pela pandemia do COVID-19 (Coronavírus) exige das autoridades brasileiras, em todos os níveis de governo, a efetivação concreta da proteção à saúde pública, com a adoção de todas as medidas possíveis para o apoio e a manutenção das atividades do Sistema Único de Saúde.

Verifica-se, na referida decisão, a preocupação primordial quanto à materialização dos direitos sociais, que, a toda evidência, tendem a receber uma atenção mais aprofundada em situações de calamidade. No entanto, é plenamente questionável o fato de os direitos fundamentais possuírem uma propensão a uma ampla concretização valorativa apenas em situações emergenciais, uma vez que, em cenários de normalidade, ao equilíbrio orçamentário e à contenção dos gastos públicos – mormente os relativos às despesas primárias, que englobam esses mesmos direitos sociais –, ser atribuído um maior reforço argumentativo e decisório por parte dos poderes constituídos.

3.3.3 Decisões contraditórias e a insegurança jurídica

Na tentativa de conciliação entre os interesses da União e dos estados-membros nas questões relativas a conflitos federativos, o STF, segundo o já exposto, vem orientando suas decisões de acordo com as alterações circunstanciais, especialmente em épocas de emergências fiscais. Em meio às diversas pelejas, ora o Supremo ratifica as escolhas

CAPÍTULO 3
O ENDIVIDAMENTO DOS ENTES SUBNACIONAIS E OS ATORES DO FEDERALISMO FISCAL BRASILEIRO | 303

de política macroeconômica do governo central,[650] ora legitima o argumento do risco social, recorrentemente utilizado pelos entes subnacionais. No afã de acomodar todos os interesses em jogo ao sabor das conjunturas políticas, sociais e econômicas, a Corte Constitucional tangencia com a ruptura da uniformidade de suas próprias decisões, fato, aliás, com potencial de produzir insegurança jurídica.

A título de exemplo, passa-se a analisar as decisões proferidas no RE nº 572.762/SC[651] e RE nº 705.423/SE,[652] os quais, em linhas gerais, discutem a plausibilidade jurídica da concessão de benefícios fiscais pelo ente titular da competência tributária, porém com reflexos nas transferências obrigatórias para as demais esferas federativas. De um lado, defende-se a ideia da plenitude do exercício da competência tributária; de outro, a impossibilidade de se fazer "cortesia com o chapéu alheio".[653]

Preliminarmente, não se pode deixar de cogitar que questões relacionadas à repartição de receitas entre os entes federativos também vêm sendo alvo de habitual análise por parte do Supremo Tribunal Federal. As consequências de decisões dessa natureza impactam o resultado primário[654] de todas as esferas, dado que se relacionam a

---

[650] Em interessante abordagem, Francisco S. A. Silveira (ibid., p. 242) critica a fragilidade do controle judicial, relativa às edições recorrentes de medidas provisórias para implantarem políticas econômicas na década de 1990, tendo esse mecanismo se consolidado como instrumento regular de governo. O Supremo Tribunal Federal consolidou o entendimento de que a avaliação dos requisitos de urgência e relevância estaria confiada à conveniência e à oportunidade do Executivo, tendo adotado uma postura "reconhecidamente permissiva à edição de medidas provisórias", o que contribuiu para legitimar o excesso de edição de tais normas pelo Executivo. O autor cita a expressão de Paulo Bonavides, para quem "o pesadelo das medidas provisórias destrói o princípio da separação de poderes e instala, pouco a pouco, diante dos erros, recuos e omissões do Legislativo e do Judiciário, uma espécie de ditadura constitucional, que rege a vida institucional do país e suspende garantias constitucionais do Estado democrático de Direito" (*In*: BONAVIDES, Paulo. *Curso de Direito Constitucional*. 28. ed. São Paulo: Editora Malheiros, 2013. p. 711).

[651] STF – Pleno, RE nº 572.762/SC, Rel. Min. Ricardo Lewandowski, j. 18.6.2008, DJ 5.9.2008.

[652] STF – Pleno, RE nº 705.423/SE, Rel. Min. Edson Fachin, j. 23.11.2016, DJ 5.2.2018.

[653] Raquel de A. V. Alves (*Federalismo Fiscal Brasileiro e as Contribuições*. Rio de Janeiro: Lumen Juris, 2017. p. 73) informa que a referida expressão foi empregada por Regis Fernandes de Oliveira (*Curso de Direito Financeiro*. 6. ed. rev., atual., e ampl. São Paulo: Editora Revista dos Tribunais, 2014. p. 129) para se referir às desonerações dos principais impostos de competência da União, que compõem significativa parcela do montante destinado aos Fundos de Participação dos Estados e Municípios. Esclarece, ainda, que a expressão fora utilizada também pelo ministro Ricardo Lewandowski, no julgamento do RE nº 572.762/SC, e pelo ministro Luiz Fux, no julgamento do RE nº 705.423/SE.

[654] Segundo Marcus Abraham, "o resultado orçamentário primário é a diferença decorrente entre o total de todas as receitas, excluindo-se destas as receitas do recebimento de amortizações dos empréstimos e respectivos juros, menos o total de todas as despesas,

um de seus aspectos, a receita pública. Destarte, obtém-se resultado primário positivo, não apenas com a contenção de despesas correntes, mas, substancialmente, com o incremento de receitas dessa natureza. Sem superávit primário, para se promover o pagamento dos encargos financeiros da dívida, o ente terá que contrair novo endividamento. Assim, seguidos déficits primários poderão ocasionar o incremento do volume de estoque da dívida, o que trará risco à própria solvência do estado ou do município.

No RE nº 572.762, o estado de Santa Catarina interpôs recurso extraordinário contra acórdão do Tribunal de Justiça daquele estado, que havia reconhecido que "a concessão de incentivos fiscais pelo Estado não pode diminuir o repasse do ICMS constitucionalmente assegurado aos Municípios".[655] O estado alegou, perfunctoriamente, que, como os municípios não possuem competência tributária relativa ao ICMS, só fariam jus à parcela do "produto arrecadado", ou seja, quando a receita do imposto efetivamente ingressasse nos cofres públicos.

Ocorre que, por unanimidade, os ministros acataram a tese do município. O relator, ministro Ricardo Lewandowski, ao ressaltar o modelo cooperativo de federalismo adotado pela Carta Magna, assentou que:

> Provavelmente, a característica mais relevante do Estado Federal – pelo menos a que apresenta maiores consequências de ordem prática -, ao lado da questão da distribuição de competências, seja a atribuição de rendas próprias às unidades federadas. Com efeito, é indispensável que o partícipe da federação, que exerce a sua autonomia dentro de uma esfera de competências própria, seja contemplado com a necessária contrapartida financeira para fazer face às obrigações decorrentes do exercício pleno de suas atribuições.

---

excluídas destas todos os pagamentos feitos com as amortizações dos empréstimos tomados e seus respectivos juros. Já o resultado orçamentário nominal é a diferença entre o somatório de todas as receitas, incluindo-se as receitas decorrentes do recebimento de amortização de empréstimos concedidos e seus respectivos juros, menos o total de despesas, incluindo-se entre estas as despesas com o pagamento de amortização de empréstimos tomados e seus respectivos serviços da dívida (juros)" (ABRAHAM, Marcus. *Lei de Responsabilidade Fiscal Comentada*. Rio de Janeiro: Forense, 2016. p. 130).

[655] O estado havia instituído, por meio de lei, o "Programa de Desenvolvimento da Empresa Catarinense" – PRODEC, com a finalidade de promover o desenvolvimento socioeconômico do estado, em que se outorgavam benefícios tributários às empresas instaladas na região, consistente na postergação do recolhimento do ICMS, que, por sua vez, levava ao adiamento do repasse aos municípios da parcela de 25% do referido imposto, que lhes pertence por determinação constitucional (art. 158, inc. IV, CF/88).

Desta feita, o relator reconhece que a autonomia política dos entes federativos somente se torna real ou efetiva com as suas respectivas autonomias financeiras, não se permitindo "qualquer condicionamento arbitrário por parte do ente responsável pelos repasses a que eles fazem jus", não sendo, ainda, lícito ao estado interferir no sistema constitucional de repartição de rendas ao reter indevidamente parcela pertencente aos municípios.

Carlos Alexandre de A. Campos, ao destacar as deficiências conceituais, de fundamentação e metodológicas dos críticos[656] da decisão da Corte Constitucional acima, ressalta que:

> No plano da distribuição vertical de poderes, como elementos do próprio constitucionalismo, os princípios do federalismo fiscal têm por objeto como melhor alocar, distribuir e limitar, de um lado, responsabilidades e funções, e de outro, o poder de tributar e as transferências de recursos, entre os níveis central e subnacionais de governo. Assim deve ser compreendido o arranjo constitucional: de forma integral, e não como estruturas diversas. [...] pensar o federalismo fiscal é pensar o desenho constitucional como um arranjo original e fundamental de distribuição de funções e recursos; o federalismo fiscal é esse todo. [...] Portanto, pensar o federalismo fiscal como tendo apenas um lado – o das competências tributárias e repartição de receitas – é reduzir o conceito, cortando pela metade a estrutura constitucional correspondente.

> Solucionar a controvérsia a partir pura e simplesmente da compreensão do que seja o alcance da competência tributária significa, em última análise, renunciar ao exame das conexões existentes entre a distribuição dos poderes e de receitas tributárias e a lógica que governou a descentralização de responsabilidades e funções na Constituição de 1988; lógica essa que privilegiou a aproximação dos centros de decisão às comunidades locais e suas necessidades particulares. Ademais, significa ignorar que nosso Federalismo fiscal cooperativo foi estruturado sob o viés da solidariedade, seja na perspectiva da provisão de bens e serviços (ótica da despesa e encargos), como na da receita e suas diferentes fontes.[657]

---

[656] O autor assevera os principais argumentos dos críticos, a saber: (i) conceitual: "O Federalismo brasileiro é baseado num sistema rígido de discriminação de rendas instituído pela Constituição"; (ii) de fundamentação: "O federalismo fiscal desenhado pela Constituição de 1988 se sustenta sobre dois pilares – a repartição de competências tributárias e a distribuição do produto da arrecadação"; e (iii) metodológico: "A autonomia financeira dos entes municipais não pode ser reforçada ou garantida através do sacrifício da competência tributária conferida pela Constituição aos entes estaduais e ao ente central".

[657] CAMPOS, Carlos Alexandre de Azevedo. RE 572.672/SC: Federalismo fiscal e a importância da interpretação estrutural. *In*: SCAFF, Fernando Facury; TORRES, Heleno Taveira; DERZI, Misabel de Abreu Machado; BAPTISTA JÚNIOR, Onofre Alves (Coord.). *Federalismo (s)em juízo.* São Paulo: Noeses, 2019. p. 551-566.

Entretanto, o STF decidiu de maneira diametralmente oposta no RE nº 705.423, em que o município de Itabi/SE se insurgia contra a concessão dos benefícios fiscais do IR e do IPI, o que trazia prejuízos ao direito dos municípios à participação nas receitas desses impostos. Nesse caso, o Supremo entendeu, por maioria, que o direito dos municípios se restringia ao efetivamente arrecadado, subsistindo, por conseguinte, o pleno direito da União para a concessão de benefícios tributários.

O relator, ministro Edson Fachin, reconheceu o *distinguishing* entre ambos os casos, com fundamento na diferença entre as circunstâncias fático-normativas. Segundo as suas próprias palavras:

> [...] sob as luzes do léxico próprio do Direito Financeiro, a discussão do Tema 42 centrou-se na natureza compulsória ou voluntária das transferências intergovernamentais, ao passo que o cerne do debate a ser levado a cabo neste Tema 653 da sistemática da repercussão geral reside na diferenciação entre participação direta e indireta na arrecadação tributária do Estado Fiscal por parte de ente federativo.

Ao reconhecer a distinção entre a participação direta, prevista nos artigos 157 e 158 da CF/88, e a participação indireta, prevista no art. 159 do mesmo diploma normativo, em que as transferências ocorrem por meio de fundos, o relator concluiu que "não há como se incluir na base de cálculo do FPM os benefícios e incentivos fiscais devidamente realizados pela União em relação a tributos federais, à luz do conceito técnico de arrecadação".

Em que pese o esforço interpretativo elaborado pelo relator, apresenta-se oportuna a crítica de Carlos Alexandre de A. Campos:

> Ora, a decisão é errada por todos os motivos expostos até aqui: a diferença existente entre as duas hipóteses não é suficiente para infirmar a necessidade de correlação entre responsabilidades e recursos que o constituinte estabeleceu.
>
> A maioria do Tribunal privilegiou os aspectos semânticos dos enunciados constitucionais em detrimento dos elementos mais importantes da estrutura constitucional de nosso federalismo fiscal. Sem embargo, é possível manter a liberdade de conformação do legislador federal para criar políticas econômicas com esses impostos sem que isso possa implicar redução da capacidade funcional de estados e municípios.[658]

---

[658] Ibid., p. 570-571.

A questão central desse último julgamento não se concentrou no mérito propriamente dito – se devem prevalecer os interesses da União, no sentido de fazer valer a integridade do exercício da sua competência tributária; ou, ao revés, se dos estados e municípios, para verem o reconhecimento dos seus direitos à parcela da arrecadação dos entes superiores, conforme o modelo cooperativo do federalismo escolhido pelo constituinte originário –, mas, sim, na diferenciação formal efetuada para decidir objetos absolutamente equivalentes.

Ainda que se reconheça a possibilidade de o STF, através do mecanismo de evolução interpretativa, alterar o seu entendimento quanto a situações coincidentes, não foi esse o argumento utilizado pelos ministros. Optaram por reconhecer uma distinção fático-normativa entre os casos, com o recurso a uma interpretação literal de dispositivos constitucionais e desconsiderando, de modo consequente, o equilíbrio do modelo de partilha de atribuições e recursos previsto originalmente na Constituição.[659]

Raquel de A. V. Alves, em percuciente trabalho sobre o tema, chama a atenção para o fato de que:

> O STF perdeu uma grande oportunidade de frear as distorções promovidas pelo Governo Federal em relação à repartição constitucional de receitas tributárias, com a possibilidade de determinar a inclusão do montante desonerado nos cálculos dos valores destinados ao FPM. Ao contrário do que restou decidido pela Corte, a neutralização dos efeitos perversos que as desonerações de IR e IPI têm causado nas finanças

---

[659] Em recente decisão sobre a matéria, datada de 17.05.2021, nos Emb. Div. no Ag. Reg. no RE nº 1.277.998/GO, o Plenário, por maioria, acolheu os embargos de divergência para dar provimento ao recurso extraordinário e determinar o repasse da parcela do ICMS constitucionalmente previsto ao município de Mairipotaba/GO, assentando a inaplicabilidade do Tema 653 e a consequente aplicação do Tema 42 da repercussão geral. O ministro Gilmar Mendes, no entanto, acompanhou a relatora com as seguintes ressalvas: "Nada obstante, e aqui se situa minha pontual ressalva, a manifestação do eminente Ministro Marco Aurélio lança luzes a que o Tribunal, em futuro não distante, volte a apreciar a inter-relação entre dois temas já julgados sob a sistemática da repercussão geral em temática semelhante, qual seja: o rateio federativo de receitas tributárias. É bem verdade, como registrou a eminente Relatora, Ministra Cármen Lúcia, que os tributos versados no Tema 42 (RE 572762) e no Tema 653 (RE 705423) são distintos. Entretanto, as conclusões a que chegou este Tribunal no julgamento das mencionadas repercussões gerais poderão, possivelmente, conduzir a tratamento anti-isonômico entre os entes federados quanto à liberdade de exercício de sua plena competência tributária. Ressalvo, portanto, eventual amadurecimento e aprofundamento do meu entendimento neste assunto para deliberação futura".

municipais em nada alteraria a competência da União em relação *à* instituição desses tributos, mas apenas compatibilizaria o exercício da competência tributária própria com o Princípio Federativo.[660]

3.3.4 Obstáculo aos comportamentos oportunistas

Na função de tribunal da federação e, portanto, de árbitro dos conflitos federativos, o Supremo deve pautar as suas ações no sentido da promoção da cooperação entre todas as esferas. Em sendo assim, deve orientar-se para evitar e excluir qualquer conduta oportunista, seja em sentido vertical – verificada entre os níveis central e regionais, e, também, regionais e locais –, seja em direção horizontal – que ocorre entre os entes de iguais esferas.

Diversos foram os exemplos de condutas oportunistas dos entes federativos verificados ao longo deste trabalho,[661] os quais possuem um fator comum, relacionado à conduta anticooperativa, em que determinada esfera procura a maximização de seus interesses, mas às custas da geração de prejuízos às demais. Cabe ao Supremo, por conseguinte, combater e suprimir qualquer comportamento federativo contrário à boa-fé.

A Lei Complementar nº 156/2016, que estabelece o Plano de Auxílio aos Estados e medidas de estímulo ao reequilíbrio fiscal, traz, no seu §8º do artigo 1º, uma condição para a celebração de aditivo ao contrato de refinanciamento da dívida pública do estado com a União, a saber:

> A concessão do prazo adicional de até duzentos e quarenta meses de que trata o *caput* deste artigo e da redução extraordinária da prestação mensal de que trata o art. 3º *depende da desistência de eventuais ações judiciais que tenham por objeto a dívida ou o contrato ora renegociados*, sendo causa de rescisão do termo aditivo a manutenção do litígio ou o ajuizamento de novas ações. (Grifos nossos)

Ocorre que alguns estados da federação se insurgiram contra a referida exigência por reputá-la inconstitucional, devido à ofensa ao princípio da inafastabilidade da jurisdição. Nos autos da Ação Cível

---

[660] ALVES, Raquel de Andrade Vieira Alves. *Federalismo Fiscal Brasileiro e as Contribuições.* Rio de Janeiro: Lumen Juris, 2017. p. 83.

[661] Vide seção 2.3 – *O endividamento dos estados e as implicações para o federalismo fiscal* –, no capítulo 2.

CAPÍTULO 3
O ENDIVIDAMENTO DOS ENTES SUBNACIONAIS E OS ATORES DO FEDERALISMO FISCAL BRASILEIRO | 309

Originária nº 3.085/AL,[662] em decisão monocrática de deferimento da liminar, o ministro relator, Luís Roberto Barroso, considerou plausível a alegação de ofensa ao princípio da inafastabilidade da jurisdição quando a União, detentora da competência legislativa privativa, edita lei condicionando a assinatura de termo aditivo ao contrato de refinanciamento das dívidas do estado à desistência de ações judiciais que tenham por objeto a dívida ou o contrato renegociado. Nesse mesmo sentido, a ministra Cármen Lúcia deferiu liminar na Ação Cível Originária nº 2.810/RJ,[663] apesar de o objeto desta se referir à exigência de desistência de ações judiciais prevista no inciso II do §1º do artigo 2º do Decreto nº 8.616/2015, para celebração do aditivo ao contrato de refinanciamento da dívida pública estadual, nos termos da Lei Complementar nº 148/2014.

Pode-se ponderar que o Supremo, nessas duas situações, mesmo que de forma não expressa, levou em conta o comportamento oportunista da União, ao condicionar o acesso a novos critérios de refinanciamento à desistência de eventuais ações judiciais relacionadas ao tema por parte dos estados. De fato, não parece adequado que o ente central adote uma postura que constranja os demais entes a adotarem uma conduta de acordo com os interesses daquele, mesmo que através de lei, máxime se considerarmos que a determinação legal for detentora de sérias controvérsias quanto à sua constitucionalidade.

Ocorre que, em sentido oposto, o ministro Edson Fachin, na Ação Cível Originária nº 3.025/RO,[664] ao não vislumbrar conflito federativo apto a atrair a competência do Supremo, de acordo com a alínea "f" do inciso I do artigo 102 da Constituição da República, "dado que não se depreende uma lide em sentido técnico-jurídico, mas irresignação unilateral em face de comando legal impeditivo da realização de negócio jurídico", indeferiu a tutela antecipada pleiteada. O relator ainda argumentou que os direitos subjetivos públicos discutidos na ACO nº 1.119[665] são "da mais alta relevância à Fazenda Pública, mas passíveis de negociação, contudo perfeitamente transacionáveis em consonância

---

[662] ACO nº 3.085 TA/AL – Alagoas. Tutela antecipada na ACO. Relator: Min. Roberto Barroso. Julgamento: 8.2.2018. DJ: 14.2.2018.

[663] ACO nº 2.810/DF – ACO. Relator: Min. Dias Toffoli. A Ministra Cármen Lúcia, na condição de vice-presidente da Corte, deferiu a antecipação de tutela em 28.1.2016.

[664] ACO nº 3.025 TA/RO – Tutela antecipada na ACO. Relator: Min. Edson Fachin. Julgamento: 5.9.2017. DJ: 8.9.2017.

[665] O estado de Rondônia alegou que, em face da condição prevista na LC nº 156/2016, teria que desistir desta ação especificamente.

ao arcabouço jurídico pátrio, em contrariedade a uma suposta indisponibilidade do direito impassível de flexibilização".

Nota-se, na referida decisão, que o relator não enfrentou a questão relativa à inafastabilidade da jurisdição, ao contrário dos julgados anteriormente vistos. Além de não ter havido a incursão ao comportamento oportunista da União, novamente o STF se depara com os seus impasses relacionados à insegurança jurídica originada de decisões contraditórias, assim como à definitividade das decisões monocráticas, conforme visto em itens anteriores desta seção.

No entanto, na ADI nº 6.442/DF, o Plenário, por unanimidade, em julgamento datado de 15 de março de 2021, julgou improcedente o pedido de inconstitucionalidade do §6º do artigo 2º da Lei Complementar nº 173/2020, que condiciona a suspensão da execução de garantias de dívidas pela União, de valores anteriores a 1º de março de 2020, à renúncia do direito sobre o qual se fundam as respectivas ações judiciais. Segundo o voto do relator, ministro Alexandre de Moraes:

> Analisando a norma impugnada, é possível constatar que o legislador federal, legislando nacionalmente, possibilitou aos demais entes, que estejam litigando judicialmente com a União, a obtenção de um benefício fiscal para que possam direcionar recursos para melhor enfrentarem a pandemia. Nesse sentido, a renúncia à pretensão formulada na inicial é uma faculdade conferida ao autor prevista expressamente no Código de Processo Civil/2015 (art. 487, III, 'c').

> O ponto chave do dispositivo está no caráter facultativo da norma, representado pelo sentido conferido à palavra "poderão". Dessa forma, valores anteriores a 1º de março de 2020 – cuja origem não diz respeito à pandemia –, não pagos em razão de liminar em ação judicial, podem ter seu pagamento postergado para 1º de janeiro de 2022, nos termos do inciso I do § 1º do art. 2º da LC 173/2020.

> Não há, portanto, como sustentar ofensa à autonomia dos Estados, do DF e dos Municípios quando a norma em questão apenas confere uma benesse fiscal condicionada à renúncia de uma pretensão deduzida em juízo. Como se viu, diferentemente do que alega a inicial, não há "imposição" da União, mas sim uma condicionante para os demais entes se valerem da oportunidade de postergar aproximadamente dois anos o pagamento de eventuais dívidas para com o ente central.

> Naturalmente, por ser uma norma de caráter facultativo, e estando resguardada a autonomia dos entes menores, compete a cada gestor verificar a oportunidade e conveniência, dentro, portanto, do seu poder discricionário, de abrir mão da ação judicial para receber o mesmo tratamento previsto no inciso I do § 1º do art. 2º da LC 173/2020. Não sendo interessante para o ente, basta não renunciar à ação judicial e prosseguir com a demanda.

CAPÍTULO 3
O ENDIVIDAMENTO DOS ENTES SUBNACIONAIS E OS ATORES DO FEDERALISMO FISCAL BRASILEIRO | 311

Surpreendente, no mínimo, a alteração inesperada de entendimento de membros que já vinham se posicionando, em sede de decisões monocráticas, em sentido contrário, a exemplo dos ministros Luís Roberto Barroso e Cármen Lúcia (vistos acima). Da mesma forma, recorre-se, uma vez mais, a uma decisão consequencialista, o que se depreende das próprias palavras do relator:

> O exame da constitucionalidade material da LC 173/2020, portanto, *deve ser feito tendo em vista esse contexto macroeconômico e de estabilização monetária, além da consideração a respeito dos impactos negativos causados pela pandemia*, buscando o fortalecimento dos preceitos básicos de convívio no Estado Federal, com a garantia do imprescindível equilíbrio federativo e o respeito à repartição constitucional de competências. (Grifos nossos)

Situação curiosa verificou-se para os estados que desistiram de ações judiciais, em atendimento à exigência contida na Lei Complementar nº 156/2016, mas que, paradoxalmente, tiveram suas contas bancárias bloqueadas em valores relativos aos créditos que estavam sendo questionados judicialmente.

Tal fato ocorreu com o estado do Pará, que, na Ação Cível Originária nº 3.114,[666] se insurgiu contra o comportamento controverso por parte da União, tendo a relatora, ministra Rosa Weber, afirmado que:

> O Estado-autor, durante o trâmite de negociação referente à repactuação de dívida, foi surpreendido com conduta da ré capaz de levar a efetivo bloqueio em suas contas, consubstanciado no Ofício SEI n.º 49/2018/ GECEM I/COAFI/SURIN/STN-MF (evento 17) enviado ao Banco do Brasil, motivado explicitamente na desistência, pelo autor, do Mandado de Segurança nº 34.132, homologada pelo Ministro Marco Aurélio aos 28.2.2018, implementada pelo autor justamente por imposição da ré no processo de renegociação da dívida, como dispõe o art. 1º, §8º da LC 156/2016.
>
> *Chama a atenção, porque inusitado e surpreendente, que a ré invoque atitude perpetrada pelo contratante (desistência de ação judicial em trâmite perante o Supremo Tribunal Federal exigida por Lei Complementar como condição para a conclusão de tratativas), como fundamento para denunciar contrato supostamente não cumprido.*

---

[666] ACO nº 3.114 TA/PA – Tutela antecipada na ACO. Relatora: Minª. Rosa Weber. Julgamento: 15.3.2018. DJ: 19.3.2018.

> *Observo que se trata de conduta reiterada,* como anotei em decisão anterior recente que proferi na ACO 3108/MG, objeto também de análise pelo Ministro Luiz Fux em outro processo em trâmite nesta Corte, a ACO 2981.
>
> *A imposição da desistência de ação judicial e, ato contínuo, sua invocação como motivo do descumprimento de contrato denota indesejável situação representada pela expressão nemo potest venire contra factum proprium,* já combatida em decisões desta Suprema Corte (MS 31695, Rel. Ministro Celso de Mello, Dje 10.4.2015), *numa relação entre órgãos públicos, das quais se espera transparência e unicidade no trato, decorrência natural de princípios como boa-fé, segurança jurídica e, sob o aspecto contratual, a observância do regra básica "pacta sunt servanda".* (Grifos nossos)

E o mais intrigante, como bem observado pela relatora, é que a situação descrita nos autos se tratava de conduta reiterada da União, que, nesses casos, tem agido com total dissonância frente aos princípios de um federalismo de cooperação, que exigem a conjugação de esforços para se evitarem assimetrias e desarmonias dentro do sistema. Ao invés de assumir a condição de ente responsável pela coordenação e planejamento das ações de todos os envolvidos, convidando os estados e municípios para atuarem em colaboração entre si e ao sistema como um todo, a União, ao contrário, tem apresentado uma conduta de completa deslealdade federativa. Como muito bem pontuado por Paulo Bonavides:

> A juridicidade do relacionamento do poder federal com os poderes estaduais, sob a égide da Constituição Federal, elimina o autoritarismo, fazendo a confiança e solidez do sistema na consciência dos governados. Não há, portanto, federalismo cooperativo sem o primado da Constituição. Das disposições da lei suprema brota a solidariedade dos entes constitutivos, única alternativa segura para uma integração consentida, que jamais se obteria com o federalismo cooperativo de natureza autoritária.[667]

Agiu bem o Supremo nas decisões acima, ao operar como um obstáculo ao comportamento oportunista por parte da União, visto ser uma das incumbências deste ente a intervenção para evitar as referidas condutas entre os governos das demais esferas. Evita-se, ademais, o surgimento de uma causa de risco moral dentro do modelo federativo

---

[667] BONAVIDES, Paulo. *Política e Constituição*: os caminhos da Democracia. Rio de Janeiro: Forense, 1985. p. 106.

CAPÍTULO 3
O ENDIVIDAMENTO DOS ENTES SUBNACIONAIS E OS ATORES DO FEDERALISMO FISCAL BRASILEIRO | 313

brasileiro, dado que se espera que os demais entes pautem as suas ações espelhando-se nas condutas da União. Se o governo central, ao qual cabe impedir o surgimento de condutas oportunistas, age exatamente nesse sentido, não há como se exigir uma conduta pautada na lealdade federativa por parte dos estados e municípios.

3.3.5 O estímulo ao consenso

Além das funções já vistas, o Supremo Tribunal Federal, na qualidade de tribunal da federação, deve promover o estímulo ao consenso de todas as esferas intergovernamentais. Aprioristicamente, não é dado ao STF "dizer a palavra final" em questões de conflito federativo. Na condição de árbitro, deve concitar os entes federativos a uma composição amigável do litígio. Em diversas decisões, o Supremo tem remetido os conflitos à Câmara de Conciliação e Arbitragem da Administração Federal (CCAF).[668] A título de exemplo, em despacho exarado na ACO nº 3.114/PA, em 14.3.2018, a ministra relatora Rosa Weber, ao determinar a remessa dos autos à CCAF, enfatizou "a imprescindibilidade do diálogo e da cooperação institucionais para a solução dos conflitos que envolvem as unidades federativas (artigo 102, I, f, da CF), sobre os quais a atuação coercitiva do Poder Judiciário deve ser sempre supletiva e parcimoniosa".

Em decisão recente, nos autos da ADI nº 4.917,[669] a ministra relatora Cármen Lúcia, em atendimento ao pleito de vários estados, com vistas à proposição de uma audiência de conciliação, no que tange às novas regras de distribuição dos *royalties* e participações especiais devidos pela exploração do petróleo, introduzidas pela Lei Federal nº 12.734/2012, decidiu pelo sobrestamento do feito pelo prazo máximo de 120 (cento e vinte) dias. A relatora considerou que:

---

[668] De acordo com *Notícias STF*, "a CCAF foi criada em 2007 pela Advocacia-Geral da União (AGU) para tentar reduzir o número de litígios judiciais envolvendo a União, suas autarquias, fundações, sociedades de economia mista e empresas públicas federais. Posteriormente, seu objeto foi ampliado para alcançar, também, controvérsias entre entes da Administração Pública Federal e entre estes e a Administração Pública dos estados, Distrito Federal e municípios". Disponível em: http://www.stf.jus.br/portal/cms/verNoticiaDetalhe.asp?idConteudo=395135&caixaBusca=N. Acesso em: 20 fev. 2020. Para mais detalhes sobre a CCAF, ver: MATTOS, Karina Denari Gomes de; SOUZA, Gelson Amaro de. A Câmara de Conciliação e Arbitragem da Administração Federal – CCAF: alternativa à judicialização dos conflitos. *ETIC – Encontro de Iniciação Científica*, v. 5, n. 5, 2009. Disponível em: http://intertemas.toledoprudente.edu.br/index.php/ETIC/article/view/2160. Acesso em: 20 fev. 2020.

[669] ADI nº 4.917/DF. Relatora: Minª. Cármen Lúcia. Julgamento: 6.11.2019. DJ: 12.11.2019.

O princípio da segurança jurídica recomenda que se aguardem as tratativas voltadas à solução consensual entre os entes federados e a possível reordenação política de distribuição de receitas advindas da exploração de petróleo no País, respeitada a organicidade constitucional vigente. O direito é feito para o homem e para melhor servir a ideia de Justiça, devendo tanto ser considerado pelo julgador, máxime em face da expressa manifestação de busca de entendimento pelos autores das ações e de outros Governadores, todos com o compromisso de melhor servir o interesse público para o cumprimento do qual foram eleitos.

Em outra circunstância com potencial para ocasionar graves conflitos federativos, relacionados diretamente ao endividamento dos estados frente à União, o STF também adotou uma postura conciliatória, conforme será analisado a seguir.

O art. 3º da Lei Complementar nº 148, de 25.11.2014, provocou intensos debates doutrinários, além de ter sido motivo de mais uma intricada questão de federalismo fiscal. Em sua redação original, dispunha:

> Art. 3º - É a União autorizada a conceder descontos sobre os saldos devedores dos contratos referidos no art. 2º, em valor correspondente à diferença entre o montante do saldo devedor existente em 1º de janeiro de 2013 e aquele apurado utilizando-se a variação acumulada da taxa Selic desde a assinatura dos respectivos contratos, observadas todas as ocorrências que impactaram o saldo devedor no período.

A Lei Complementar nº 148/2014 alterou os critérios de indexação aplicáveis aos contratos de refinanciamento de dívidas de estados e municípios firmados com a União, com fundamento da Lei nº 9.496/1997 e das Medidas Provisórias nº 2.192-70/2001 e 2.185/2001, em atendimento a uma demanda antiga dos referidos entes federativos.

Apesar de os contratos terem sido efetivados em condições vantajosas para os estados e municípios quando da edição dos diplomas normativos, com o passar dos anos, a situação se inverteu e, considerando a ausência de cláusulas de reequilíbrio contratual, os entes assistiram a uma piora considerável dos seus endividamentos frente à União.[670]

Assim, a Lei Complementar nº 148/2014 procurou reparar a ausência de cláusulas de correção nos referidos contratos de

---

[670] Para mais detalhes, vide item 2.2.6 no capítulo 2.

refinanciamento[671] ao diminuir a taxa de juros nominal e substituir o índice de indexação originalmente previsto pelo IPCA ou pela SELIC, o que vier a ser menor.

Ocorre que o governo federal, em março de 2015, anunciou que não daria cumprimento ao disposto na referida lei complementar, com base em entendimento da AGU, no sentido de que a lei era apenas autorizativa em face da expressão "é a União *autorizada* a conceder...". Em resposta à dita interpretação, foi editada a Lei Complementar nº 151, de 5 de agosto de 2015, que alterou o *caput* dos artigos 2º e 3º, de modo a obrigar a União a adotar o novo indexador e a conceder os respectivos descontos:

> Art. 2º - A União *adotará*, nos contratos de refinanciamento de dívidas celebradas entre a União, os Estados, o Distrito Federal e os Municípios, com base, respectivamente, na Lei nº 9.496, de 11 de setembro de 1997, e na Medida Provisória nº 2.185-35, de 24 de agosto de 2001, e nos contratos de empréstimos firmados com os Estados e o Distrito Federal ao amparo da Medida Provisória nº 2.192-70, de 24 de agosto de 2001, as seguintes condições, aplicadas a partir de 1º de janeiro de 2013: [...]
>
> Art. 3º - A União *concederá* descontos sobre os saldos devedores dos contratos referidos no art. 2º, em valor correspondente à diferença entre o montante do saldo devedor existente em 1º de janeiro de 2013 e aquele apurado utilizando-se a variação acumulada da taxa Selic desde a assinatura dos respectivos contratos, observadas todas as ocorrências que impactaram o saldo devedor no período. (Grifos nossos)

---

[671] A redação original do artigo 2º dispunha:

Art. 2º É a União autorizada a adotar, nos contratos de refinanciamento de dívidas celebradas entre a União, os Estados, o Distrito Federal e os Municípios, com base, respectivamente, na Lei no 9.496, de 11 de setembro de 1997, e na Medida Provisória no 2.185-35, de 24 de agosto de 2001, e nos contratos de empréstimos firmados com os Estados e o Distrito Federal ao amparo da Medida Provisória no 2.192-70, de 24 de agosto de 2001, as seguintes condições, aplicadas a partir de 1º de janeiro de 2013:

I - juros calculados e debitados mensalmente, à taxa nominal de 4% a.a. (quatro por cento ao ano) sobre o saldo devedor previamente atualizado; e

II - atualização monetária calculada mensalmente com base na variação do Índice Nacional de Preços ao Consumidor Amplo (IPCA), apurado pela Fundação Instituto Brasileiro de Geografia e Estatística (IBGE), ou outro índice que venha a substituí-lo.

§1º - Os encargos de que trata o caput ficarão limitados à taxa referencial do Sistema Especial de Liquidação e de Custódia (Selic) para os títulos federais.

§2º - Para fins de aplicação da limitação referida no §1º, será comparada mensalmente a variação acumulada do IPCA + 4% a.a. (quatro por cento ao ano) com a variação acumulada da taxa Selic.

§3º - O IPCA e a taxa Selic estarão referenciados ao segundo mês anterior ao de sua aplicação.

§4º - (VETADO).

Entretanto, o governo federal, em nova ofensiva, editou o Decreto nº 8.616/2015, objetivando regulamentar a Lei Complementar nº 148/2014, alterada pela Lei Complementar nº 151/2015, tendo trazido a forma de cálculo do desconto previsto no artigo 3º, mais especificamente no que diz respeito à exegese da "variação *acumulada* da taxa Selic". Onofre Alves Batista Júnior e Tarcísio Diniz Magalhães detalham a celeuma:

> Na redação dada pela LC 151/15, o artigo 3º da LC 148/14 passou a obrigar a União a abater dos débitos estaduais a diferença entre a quantia devida em 1º de janeiro de 2013 (minuendo) e aquela apurada desde a assinatura dos contratos, utilizando-se (para se chegar ao subtraendo) a *variação acumulada* da Selic (=juros simples), já adotada por várias entidades brasileiras (Receita Federal e Procuradoria-Geral da Fazenda Nacional, Instituto acional do Seguro Social, Instituto Nacional de Colonização e Reforma Agrária, Tribunal de Contas da União, Justiça Federal e Eleitoral).
>
> O desconto legalmente criado corresponde ao resultado de uma operação de subtração. Nessa operação, o minuendo é o saldo devedor da dívida em 1º de janeiro de 2013 e o subtraendo é o valor da dívida corrigido pela Selic, com juros simples, desde a assinatura do contrato, até 01/01/2013. Eis a fórmula:
>
> $DESC = SD_{2013} - SD_{Selic}$
>
> Fica fácil perceber que, considerando o *minuendo* SD_{2013} um número certo, quanto menor for o *subtraendo* SD_{Selic}, maior será DESC, e vice-versa.
>
> Ocorre que, no final do ano passado, o poder executivo federal expediu o desnecessário e ilegal Decreto 8.616, que altera a fórmula de cálculo de SD_{Selic}. Basicamente, o que esse decreto regulamentar fez foi substituir a expressão legal 'variação acumulada' (= fator simples) por 'fator acumulado'. Como 'fator acumulado' equivale à sobreposição de juros (anatocismo), SD_{Selic} passaria a ser calculado com base na Selic capitalizada, e não mais na Selic somada, atingindo um resultado drasticamente elevado. Sendo SD_{2013} constante, a radical majoração de SD_{Selic} promovida pelo decreto presidencial teria como consequência a absurda redução de DESC.[672]

A questão se resume, por conseguinte, quanto à adoção da taxa Selic no subtraendo da equação acima, de modo a corrigir a dívida dos

---

[672] BATISTA JÚNIOR, Onofre Alves; MAGALHÃES, Tarcísio Diniz. No recálculo da dívida dos estados, quem realmente "paga o pato"? *Revista Consultor Jurídico*, 25 abr. 2016. Disponível em: https://www.conjur.com.br/2016-abr-25/recalculo-divida-estados-quem-realmente-paga-pato. Acesso em: 21 set. 2019.

estados frente à União, se mediante capitalização simples ou composta. Para os estados, quanto menor for o subtraendo, melhor, dado que o desconto será maior. Para a União, vale o raciocínio inverso.

Segundo o entendimento dos estados, a expressão "variação acumulada" equivale à capitalização simples; já para a União, à composta, visto que o decreto faz menção, em seu anexo I, ao "fator acumulado" da variação da taxa Selic. Para um melhor esclarecimento, os autores acima trazem exemplos numéricos:

> Na década de 90, a dívida mineira era de R$ 14 bilhões. De lá para cá, já foram desembolsados R$ 44 bilhões (três vezes o valor inicial). Mesmo assim, o Estado continua devendo, e muito: R$ 79 bilhões. Pelas condições anteriores (7,5% a.a. + IGP-DI ou 6% a.a. + IGP-DI), o saldo em 1º de janeiro de 2013 correspondia a R$ 64 bilhões (SD_{2013}), ou seja, mais de quatro vezes o que era devido inicialmente.
>
> Como a controvérsia reside no subtraendo da metodologia do desconto, tem-se que, a se aplicar a Selic acumulada (simples), obter-se-á um valor menor e, portanto, um resto maior, correspondendo a um elevado desconto. Em números: aplicando-se a lei (Selic acumulada), SD_{Selic} será de R$ 6 bilhões; aplicando-se o decreto (Selic capitalizada), SD_{Selic} será de R$ 77 bilhões.
>
> *Aí está o busílis da questão.* Pela LC 148, o governo mineiro teria um "ganho" de R$ 57 bilhões. Realizado o desconto *legal*, e corrigindo o remanescente pelos novos indexadores (4% a.a. + IPCA) — frise-se — *capitalizados*, a dívida já teria sido quitada em julho de 2014, restando um crédito contra a União de R$ 9 bilhões, relativamente aos pagamentos efetuados desde de então até abril de 2016. Já pelo Decreto 8.616, não haveria desconto algum, pois SD_{Selic} seria muito superior a SD_{2013}.[673] (Grifos dos autores)

Pois bem, a questão foi levada ao Supremo Tribunal Federal. Após decisão plenária, que concedia liminar ao estado de Santa Catarina, nos autos do Mandado de Segurança nº 34.023, diversos outros estados[674] recorreram à Corte Suprema, tendo obtido igual provimento provisório.

Em linhas gerais, os estados alegaram que a Lei Complementar nº 148/2014 tinha aplicação imediata, visto que o parágrafo único do seu

---

[673] Ibid.
[674] Rio Grande do Sul (MS nº 34.110), Minas Gerais (MS nº 34.122), Alagoas (MS nº 34.123), Pará (MS nº 34.132), São Paulo (MS nº 34.135), Rio de Janeiro (MS nº 34.137), Mato Grosso do Sul (MS nº 34.141) e Goiás (MS nº 34.143).

artigo 4º, acrescentado pela Lei Complementar nº 151/2015, dispunha que, "independentemente de regulamentação", a União deveria promover os aditivos contratuais. Ademais, o artigo 3º não fizera referência quanto à capitalização composta, sendo certo que o método dos juros compostos, por se tratar de exceção no ordenamento jurídico, deve ser expresso. Dispuseram, ainda, que a União, no que tange à atualização de seus créditos tributários, adota a metodologia da acumulação simples, por meio de lógica acolhida pela Receita Federal do Brasil, o que violaria frontalmente o princípio da isonomia em face da adoção de critérios diferenciados entre devedores públicos e privados.

A União, por sua vez, alegou que a acumulação a que se refere o texto legal se trata de juros da forma composta, "em especial porque a própria lei também determina que os encargos do contrato devem observar a mesma dinâmica prevista 'para os títulos federais' (§1º, art. 2º, da LC 148, de 2014), que, sabidamente, são remunerados em termos compostos".[675] Que, por ocasião da renegociação das dívidas com os estados, realizada em 1997, houve assunção, por parte da União, da dívida desses entes junto ao setor financeiro, sendo que, "para fazer frente a esse compromisso financeiro, a União captou recursos junto aos mercados doméstico e internacional, sobre os quais paga juros compostos".[676] E mais, que, durante toda a vigência do refinanciamento das dívidas dos estados, o custo de captação da União foi superior aos encargos cobrados desses entes. Em outras palavras, os estados menos endividados, fundamentalmente os mais pobres, financiaram os mais endividados, ao patrocinar, via tributos, o subsídio implícito na renegociação da dívida em condições mais favoráveis.[677]

Após a concessão de liminares nos diversos mandados de segurança, o relator do MS nº 34.023/SC,[678] ministro Edson Fachin, por ocasião do julgamento de mérito, em sessão de 27 de abril de 2016, votou pela denegação da segurança, com fundamento nos argumentos abaixo relacionados na ementa:

---

[675] Nota Técnica do Ministério da Fazenda. 2016.4.12. *Avaliação do impacto fiscal da decisão preliminar do STF sobre os mandados de segurança 34023 (SC) e 34110 (RS)*. Disponível em: http://www.fazenda.gov.br/centrais-de-conteudos/notas-tecnicas/2016/nota-tecnica-2016-04-12-avaliacao-do-impacto-fiscal-da-decisao-preliminar-do-stf-sobre-os-mandados-de-seguranca-34023-sc-e-34110-rs.pdf/view. Acesso em: 20 fev. 2020.

[676] Ibid.

[677] Ibid.

[678] Trata-se de julgamento conjunto dos Mandados de Segurança nº 34.023/SC, 34.110/RS e 34.122/MG.

EMENTA: CONSTITUCIONAL E FINANCEIRO. MANDADO DE SEGURANÇA. LEIS COMPLEMENTARES 148/2014 E 151/2015. DESCONTOS OBRIGATÓRIOS SOBRE OS SALDOS DEVEDORES DOS CONTRATOS DE REFINANCIMENTO DE DÍVIDAS CELEBRADAS ENTRE A UNIÃO, OS ESTADOS, O DISTRITO FEDERAL E OS MUNICÍPIOS. DECRETO 8.616/2015. CONTROVÉRSIA SOBRE A FÓRMULA DE CÁLCULO. VARIAÇÃO ACUMULADA DA TAXA SELIC. FATOR ACUMULADO DA VARIAÇÃO DA TAXA. AUSÊNCIA DE DIREITO LÍQUIDO E CERTO. INCONSTITUCIONALIDADE DO ART. 1º DA LEI 151/2015. OFENSA À INICIATIVA PRIVATIVA DO PRESIDENTE DA REPÚBLICA. VIOLAÇÃO DO ART. 167, I E II, DA CRFB. IMPACTO FINANCEIRO DESIGUAL SOBRE TODA A FEDERAÇÃO. DENEGAÇÃO DA ORDEM.

1. A decisão de mérito do mandado de segurança examina a existência, a validade, a liquidez e a certeza do direito invocado diante do ato impugnado.

2. Ao Supremo Tribunal Federal incumbe, como guardião maior da Constituição Federal, declarar a inconstitucionalidade de lei, sempre que esta se verificar nos casos em julgamento, ainda que *ex officio*, em razão do controle difuso, independentemente de pedido expresso das partes. Precedentes.

3. Sendo de iniciativa parlamentar, a redação dada ao art. 1º da Lei Complementar 151/15, que alterou a Lei Complementar 148/14, ofende o art. 165, III, da Constituição Federal, pois são de iniciativa privativa do Chefe do Poder Executivo leis que, ao concederem desconto de dívida, interferem na lei orçamentária. Precedentes.

4. A Lei Complementar 151, ao afetar diretamente o Programa de Apoio à Reestruturação e ao Ajuste Fiscal dos Estados, instituído pela Lei 9.496/97, deve se submeter às limitações ordinariamente atribuídas ao administrador público, sob pena de ofensa ao art. 167, incisos I e II, da Constituição Federal.

5. A observância do disposto no art. 167 da Constituição Federal, materializa, entre outros, o princípio que, doutrinariamente, foi definido como o do equilíbrio orçamentário. A Lei Complementar 151, na medida em que deixou de autorizar e passou a obrigar a União, consubstanciou intervenção concreta e direta na execução de programas de governo, mas, ao contrário do que se exige do administrador, deixou de observar as regras constitucionalmente estabelecidas para o início de programas e para a realização de despesas e assunção de obrigações financeiras.

6. Ante a ausência, quando da deliberação pela alteração de programa de governo, de estimativa do impacto financeiro relativamente à renúncia de receita já para o presente exercício financeiro, há ofensa ao art. 167, I e II, da Constituição Federal, o que tornam nulas as alterações promovidas pela Lei Complementar 151 sobre a 148.

7. O princípio da solidariedade, expresso nos arts. 3º, III, e 165, §7º, da Constituição Federal, exige que a criação de critério de distinção entre contribuintes observe, relativamente à redução de desigualdades regionais, a distribuição de recursos pelo critério populacional. A criação de desigualdades entre os contribuintes deve ser constitucionalmente justificada.

8. Segurança denegada.

Verifica-se, por conseguinte, que o relator considerou o artigo 1º da Lei Complementar nº 151/2015 – que alterou a Lei Complementar nº 148/14 – inconstitucional por vício de iniciativa, em ofensa ao inciso III do artigo 165 da Constituição Federal, "pois é de iniciativa privativa do Chefe do Poder Executivo leis que, ao concederem remissão de dívida, interferirem na lei orçamentária anual".

E acrescenta:

> Nos termos em que foi disciplinado o desconto da dívida, a União deixou de estar apenas autorizada a realizá-lo e passou a ser obrigada a tanto até 31 de janeiro de 2016. Essa obrigatoriedade tem, como reconhecem ambas as partes nestes mandados de segurança, significativo impacto orçamentário. [...] O pagamento da dívida por parte do impetrante classifica-se, nos termos do art. 11 da Lei 4.320/64, como receita de capital para a União. Nesse sentido, a concessão outorgada nos termos do art. 3º da Lei Complementar 148 com a redação dada pela Lei Complementar 151 constitui renúncia de receita, o que repercute sobre as leis orçamentárias.

Após o voto do ministro Edson Fachin, em contrariedade aos interesses dos entes subnacionais, o Plenário decidiu suspender por 60 (sessenta) dias o julgamento dos três mandados de segurança e prorrogou, pelo mesmo prazo, as liminares já concedidas, em que a União estava impedida de impor aos estados sanções por inadimplência decorrente da discussão sobre a forma de cálculo dos juros. A concessão de tal prazo teve por objetivo a negociação entre os entes envolvidos.[679]

Posteriormente, a uma semana de esgotar o prazo estipulado pelo Supremo, os estados e a União chegaram a um acordo, tendo os entes subnacionais conseguido uma carência de seis meses e, após esse prazo, descontos progressivos nas parcelas de seus débitos junto

---

[679] Disponível em: http://www.stf.jus.br/portal/cms/verNoticiaDetalhe.asp?idConteudo=315388. Acesso em: 23 fev. 2020.

à União até julho de 2018, através de um parcelamento de 24 (vinte e quatro) meses.[680] Em seguida, o estado de Santa Catarina, em fevereiro de 2018, apresentou pedido de desistência, que foi homologado em decisão de 12 de abril de 2018.

No entanto, os estados tiveram que desistir de suas respectivas ações e aceitaram voltar a pagar os valores devidos e não pagos em face das liminares concedidas (que discutiam justamente as formas de capitalização), corrigidas por juros compostos. Trata-se de um acordo muito desfavorável ao interesse dos entes regionais, uma vez que conseguiram apenas um prazo de "respiro", no que tange ao pagamento das parcelas de suas dívidas. No entanto, o estoque continuará a ser corrigido pela metodologia da acumulação composta, o que, invariavelmente, exigirá novas rodadas de negociações no futuro.[681]

Francisco S. A. Silveira aponta que, se, de um lado, os estados possuíam liminar para não serem submetidos às sanções dos contratos em vigor, por outro, já havia manifestação do Ministério Público e o voto do ministro relator contrários à adoção da capitalização simples. Segundo o autor, tais fatos, muito provavelmente, contribuíram para o estímulo à negociação política, além de ter conferido poder de barganha à União para que os estados concordassem em pagar o estoque de suas dívidas de acordo com a metodologia dos juros compostos.[682]

Ainda que, eventualmente, haja críticas no sentido de, mais uma vez, ter-se optado pela postergação da questão crucial relativa à base de sustentação do federalismo brasileiro, qual seja, a insuficiência da repartição dos recursos constitucionais para que os estados façam frente aos gastos sociais que são de suas competências, fato é que o STF atuou como um agente incentivador da solução do conflito no âmbito político.

---

[680] Disponível em: http://www.stf.jus.br/portal/cms/verNoticiaDetalhe.asp?idConteudo= 315388. Acesso em: 23 fev. 2020.

[681] Durante o trâmite das ações judiciais que discutiam as condições de renegociação das dívidas estaduais, foi editada a Lei Complementar nº 156/2016, instituindo um novo resgate pela União, com a concessão de um prazo adicional de até duzentos e quarenta meses para pagamento das dívidas refinanciadas (art. 1º) e de uma redução extraordinária de até 100% (art. 3º), porém condicionadas à desistência de eventuais ações judiciais que tenham por objeto o contrato renegociado. Segundo Francisco S. A. Silveira, "a União pretendeu encerrar quaisquer discussões judiciais sobre a renegociação das dívidas com os estados e municípios. Tais aspectos demonstram que, sem dúvida, as ações judiciais tiveram um papel relevante nos processos de renegociação" (SILVEIRA, Francisco Secaf Alves. *O estado econômico de emergência e as transformações do direito financeiro brasileiro*. Belo Horizonte: D'Plácido, 2019. p. 507).

[682] Ibid., p. 505-506.

Em regra, tem-se observado uma postura conciliatória do STF nas questões relacionadas ao endividamento dos entes subnacionais, em que este órgão assume uma posição contida, fazendo prevalecer o papel de intermediador no conflito federativo. Questiona-se, no entanto, em que medida essa posição de cautela não estaria contribuindo para as contínuas postergações do problema, com o risco de se criarem situações de insolvência e graves danos intergeracionais no futuro.

O ministro Dias Toffoli, ao proferir voto sobre questão processual nesse mesmo processo,[683] já ressaltava a necessidade de o Supremo enfrentar efetivamente essa questão de sufocamento fiscal dos estados, especialmente quando a solução política não vem produzindo resultados satisfatórios e concretos:

> E todos nós temos recebido, numa óptica ou noutra, várias demandas vindas dos estados da Federação. Nós temos que enfrentar esse tema, nós somos o Tribunal que resolve esses conflitos. Se nós não resolvermos esses temas aqui, onde serão resolvidos? Até porque o que se coloca aqui é que a solução política que foi acordada e aprovada no parlamento teria sido descumprida pelo Executivo Federal, porque se solucionou a questão do ponto de vista do pacto político, uma solução em relação à dívida pública dos estados para com a União, mas, na hora de se regulamentar essa legislação, não se efetivou aquele pacto acordado. É evidente que a melhor solução seria a solução política, e ela foi procurada e ela foi acordada e ela foi sancionada, e há uma crítica jurídica com fundamentos legais e constitucionais de que esse pacto acabou por não ser cumprido em sua regulamentação. Só coloco essa reflexão porque não podemos nos demitir da nossa função de Poder Moderador da Federação brasileira, do Estado brasileiro, e de mediador dos conflitos federativos.

Francisco S. A. Silveira, da mesma forma, traz reflexões sobre qual elemento se deva priorizar na questão do endividamento dos entes subnacionais, o consenso político em toda e qualquer situação, ou, de outro modo, o modelo de federalismo cooperativo previsto na Constituição. Em outras palavras, seria crível o recurso recorrente e inesgotável à conciliação, mesmo quando, ao se privilegiar esse mecanismo, se coloque em risco a Federação brasileira? Segundo as exposições do autor:

---

[683] Discutia-se sobre o cabimento ou não de ação de mandado de segurança para fins de admissibilidade do MS nº 34.023/SC.

CAPÍTULO 3
O ENDIVIDAMENTO DOS ENTES SUBNACIONAIS E OS ATORES DO FEDERALISMO FISCAL BRASILEIRO | 323

A posição mais conservadora de mediação tem por vantagem criar um espaço institucional de diálogo entre os entes da federação, estimulando uma solução dentro da própria arena política (e razoavelmente democrática). Porém, à medida que há um agravamento da crise e das medidas impostas aos entes subnacionais em troca de alívio financeiro, a ausência de limites jurídicos claros sobre o federalismo (e à autonomia dos entes) pode trazer a sensação de um progressivo distanciamento do modelo constitucional de 1988, de "abandono da normatividade em favor do domínio das relações fáticas",[684] de normalização do processo de centralização. A normalidade ou excepcionalidade desse processo é o desafio a ser enfrentado pelo federalismo fiscal da Constituição de 1988.[685]

Ainda que se reconheça a relevância da conciliação política, pergunta-se: não seria o caso de o STF – para muito além da promoção de soluções de curto prazo relativas a ajustes financeiros pontuais, esporádicos e descontínuos – se concentrar na provocação do debate político quanto às assimetrias estruturais do modelo federativo brasileiro? Não se desconhece a complexidade das respostas a esse questionamento, que perpassa pela necessidade de alterações profundas nos variados elementos que compõem o sistema federalista do país, mas, por outro lado, não se pode olvidar a urgência da iniciativa do Tribunal da Federação, no sentido de impulsionar a participação de todos os poderes, órgãos e esferas na direção da solução desses desequilíbrios.

Ao disporem sobre a necessidade da adoção de um comportamento mais proeminente da Corte Constitucional brasileira, comparativamente à postura do Tribunal Constitucional alemão, Ruschel e Toniolo, em elucidativo artigo sobre o tema, concluem que:

> Embora o modelo federativo alemão possua significativas diferenças estruturais e históricas quando comparado àquele existente no Brasil, a Constituição Federal de 1988 aproximou-se do modelo alemão, prevendo, inclusive, diretrizes de cooperação entre os entes federados. A aguda judicialização de importantes conflitos nas relações federativas demonstra que o Supremo Tribunal Federal necessita desempenhar um papel de maior protagonismo na preservação e no desenvolvimento do princípio federativo, à semelhança do que ocorreu com a evolução na jurisprudência do Tribunal Constitucional alemão. Ao afirmar o princípio

---

[684] Nesse trecho destacado, o autor faz referência a: HESSE, Konrad. *A Força Normativa da Constituição*. Porto Alegre: Sergio Antonio Fabris Editor, 1991. p. 11-14.

[685] SILVEIRA, Francisco Secaf Alves. *O estado econômico de emergência e as transformações do direito financeiro brasileiro*. Belo Horizonte: D'Plácido, 2019. p. 509.

da lealdade federativa ou princípio do comportamento amigável à federação (*Bundestreue ou Grundsatz des bundesfreundlichen Verhaltens*) como norma implícita no texto constitucional, o Tribunal Constitucional da Alemanha (*Bundesverfassungsgericht*) adotou importante parâmetro para solução e prevenção de conflitos. O princípio federativo exige que os entes integrantes da federação considerem os interesses recíprocos ao legislarem ou praticarem atos administrativos. As competências constitucionais atribuídas aos integrantes de uma federação não podem ser exercidas em prejuízo dos demais entes federados, pois a conduta leal no exercício de poderes e de competências integra o núcleo essencial do próprio conceito de federação. A deslealdade federativa torna-se ainda mais grave em situações nas quais um ente federado legisla para obter vantagem em prejuízo dos demais. Até mesmo no âmbito do direito privado, a Corte Suprema há muito incorporou as figuras do abuso no exercício de direitos e da proibição de comportamento contraditório ou desleal. A harmonia e a própria existência da federação pressupõem que as competências constitucionais sejam exercidas com lealdade e boa-fé por seus integrantes.[686]

De fato, a solução de questões tão arrevesadas relativas a ajustes federativos não pode se restringir à atuação de um único órgão, conforme já visto.[687] Porém, o Supremo, na condição de tribunal da federação, tendo, portanto, por atribuição precípua a atenuação ou a extinção dos conflitos federativos, não deve se contentar com o puro e simples consenso político, máxime, repita-se, quanto em jogo o próprio modelo de federação estabelecido pela Constituição de 1988. Até porque, no que tange à distribuição de responsabilidades e à repartição de recursos, o STF tem se posicionado, de maneira enfática, no sentido da implementação dos direitos sociais e da concretização dos direitos dos contribuintes.

De acordo com o já exposto, o constituinte originário estabeleceu a descentralização de funções como o alicerce da nova ordem constitucional. Para isso, ampliou consideravelmente as responsabilidades dos entes menores, de modo a se promover a realização dos direitos sociais estabelecidos. Assim, da mesma forma em que se propiciou a divisão

---

[686] RUSCHEL, Euzébio Fernando; TONIOLO, Ernesto José. O federalismo alemão em uma perspectiva comparada com o federalismo brasileiro: a contribuição do princípio da lealdade federativa para a preservação e o desenvolvimento da federação no Brasil. *In*: BATISTA JÚNIOR, Onofre Alves (Org.). *O federalismo na visão dos Estados uma homenagem do Colégio Nacional de Procuradores-Gerais dos Estados e do Distrito Federal – CONPEG – aos 30 anos da Constituição*. Belo Horizonte: Letramento Casa do Direito, 2018. p. 399.

[687] Vide item 3.2.5 neste capítulo.

CAPÍTULO 3
O ENDIVIDAMENTO DOS ENTES SUBNACIONAIS E OS ATORES DO FEDERALISMO FISCAL BRASILEIRO | 325

de atribuições, o constituinte reconheceu a necessidade, em face dos maiores encargos, da distribuição de competências tributárias, concomitante à instituição de um sistema de transferências intergovernamentais.

Ocorre que, no que se refere à repartição de tarefas, o STF reconheceu a responsabilidade solidária de todos os entes.[688] Embora esse entendimento esteja em conformidade com a concretização dos direitos sociais, não se pode negar que provocou uma sobrecarga considerável nos orçamentos dos entes subnacionais. Neste mesmo quadro, Francisco S. A. Silveira destaca que "algumas pesquisas indicam uma maior resistência judicial a novas medidas tributárias",[689] o que, de certa forma, também tem o potencial para agravar o resultado primário dos entes federativos, dado que este, conforme já visto,[690] depende do incremento das receitas e/ou da diminuição das despesas.[691]

Por outro lado, com relação à repartição interfederativa dos recursos e, por conseguinte, à questão relativa ao endividamento dos entes subnacionais, o Supremo vem, seguidamente, optando por uma postura de contenção, em que se privilegia a concertação no âmbito político. Apesar de o convite ao consenso ser digno de elogios na grande maioria dos casos, deve-se reconhecer que se trata de tarefa árdua a delimitação do liame entre a conduta encorajadora à conciliação e a conduta omissa de passividade – ou de permissividade – frente à necessidade de atuação como um verdadeiro árbitro da federação. Em outras palavras, o

---

[688] A título de exemplos: AI nº 822.882-AgR, Rel. Min. Roberto Barroso, Primeira Turma, DJe 6.8.2014; ARE nº 803.274-AgR, Rel. Min. Teori Zavascki, Segunda Turma, DJe 28.5.2014; ARE nº 738.729-AgR, Rel. Min. Rosa Weber, Primeira Turma, DJe 15.8.2013; ARE nº 744.170-AgR, Rel. Min. Marco Aurélio, Primeira Turma, DJe 3.2.2014; RE nº 716.777-AgR, Rel. Min. Celso de Mello, Segunda Turma, DJe 16.5.2013; RE nº 586.995-AgR, Rel. Min. Cármen Lúcia, Primeira Turma, DJ 16.8.2011; RE nº 607.381-AgR, Rel. Min. Luiz Fux, Primeira Turma, DJ 17.6.2011; RE nº 756.149-AgR, Rel. Min. Dias Toffoli; Primeira Turma, DJ 18.2.2014; AI nº 808.059-AgR, Rel. Min. Ricardo Lewandowski, Primeira Turma, DJe 2.12.2010; RE nº 855.178, Rel. Min. Luiz Fux, DJe 16.09.2015.

[689] Ao comparar as lides envolvendo direito tributário e as lides relacionadas às emergências econômicas, o autor reputa que as primeiras se configuram em exceção à postura judicial permissiva em relação às últimas. Em reforço, cita casos de inconstitucionalidade da instituição do IPMF (ADI nº 939), "inclusive com prévia concessão de cautelar suspendendo a exigência do tributo"; a inconstitucionalidade do Finsocial (RE nº 150.764); e a inconstitucionalidade da majoração e do adicional de contribuição previdenciária (ADI nº 2.010). Apesar de reconhecer que há grande quantidade de causas favoráveis ao estado ou que sejam julgadas somente após muito tempo, reputa difícil identificar quando a majoração de tributos seja estimulada pela emergência econômica.

[690] Vide item 3.3.3.

[691] SILVEIRA, Francisco Secaf Alves. *O estado econômico de emergência e as transformações do direito financeiro brasileiro.* Belo Horizonte: D'Plácido, 2019. p. 246.

consenso é desejável, mas desde que esteja de acordo com a cláusula da lealdade federativa. Ao menor sinal de um comportamento oportunista, contrário à boa-fé e à cooperação, o Supremo pode – e deve – agir para fazer prevalecer o mandamento constitucional.

CONCLUSÃO

Quando se fala na "escolha" quanto à forma de organização de um país, deve-se ter em mente que não se trata de algo circunstancial ou estático. Cada nação possui a sua história. A evolução dos aspectos políticos, culturais, econômicos e sociais ao longo do tempo determina a essência de um povo. Por conseguinte, não se trata de "escolher" uma forma de estado, no sentido de ser o modelo A, B ou C o melhor ou o mais adequado, mas, sim, de se "adaptar" o modelo adotado pelo constituinte originário aos caracteres daquela sociedade.

Sem essa adaptação, a "escolha" tende a ser improfícua e ineficaz, e, muitas das vezes, geradora de dissimetrias. Assim ocorreu no Brasil, em 1891, quando da "escolha" pelo modelo de federalismo dual norte-americano. Pergunta-se: foi essa a melhor opção, tendo em vista as diferenças de formação e desenvolvimento social dos dois países? Não seria a divisão didática entre federalismo "por agregação" e federalismo "por desagregação", muito além de uma categorização doutrinária, um exemplo de demonstração dessas diferenças históricas? Em outras palavras, podemos reproduzir um modelo simplesmente porque ele está sendo exitoso em outra localidade?

Ao avançarmos na linha do tempo, nos deparamos com outro exemplo. Na Constituição de 1988, o modelo de federalismo "escolhido" – e não "adaptado" – foi o cooperativo. Um modelo digno de elogios, sem dúvida, para países que adotam efetivamente instituições e instrumentos perenes na direção de um verdadeiro diálogo entre os atores políticos. No entanto, a tentativa cooperativa brasileira esbarrou na sua ausência de tradição federalista. José Guilherme de O. Baracho reconhece a Alemanha como a "terra clássica das associações" ao ressaltar o seu histórico confederativo.[692] Um país que, desde os primórdios, concitava a conciliação dos variados principados pertencentes ao território germânico. Muito diferente, portanto, do viés centralizador observado em boa parcela das diversas fases do federalismo no Brasil. Entre a Constituição de 1891 e a Constituição de 1988, o longo percurso do nosso modelo federal nos levou a um sistema assimétrico, em que impera a desigualdade de forças entre o centro e as demais esferas. Da transição entre o modelo dual ao cooperativo, o federalismo brasileiro foi se moldando conforme as conjunturas políticas, econômicas, jurídicas e sociais. O resultado, no entanto, é desalentador, especialmente se considerarmos o atual cenário de penúria financeira dos estados-membros, com as consequências daí advindas.

Pertinente se questionar, em recurso ao senso comum, "onde foi que erramos?". O modelo de protagonismo da União nos conduziu a uma situação alarmante de insustentabilidade fiscal dos estados e municípios, em que os governadores e prefeitos pautam as suas agendas e projetos na expectativa de recebimento de maiores volumes de recursos federais. A União, por sua vez, exige as contrapartidas de ajustes fiscais, que ocasionam a precariedade da prestação de serviços públicos e a insuficiência da promoção de políticas públicas a níveis regionais e locais.

A preocupação vai além dos interesses atuais em jogo, perpassando pela apreensão com o bem-estar das gerações futuras. Afinal, se hoje não se consegue garantir direitos sociais básicos aos indivíduos, qual a herança deixaremos para os que ainda nem existem? Da mesma forma, quais medidas serão necessárias no futuro para conter uma situação de insolvência generalizada dos entes subnacionais brasileiros? Os contínuos e intermináveis refinanciamentos das dívidas dos estados e municípios pela União serão suficientes para evitar situações de ruptura nas finanças? Se a resposta for negativa, como conciliar a necessidade de um aumento da carga tributária das futuras gerações com os princípios constitucionais – especialmente o do não confisco – que resguardam o contribuinte?

As incertezas quanto ao futuro, por certo, devem ser enfrentadas agora, no momento presente. O adiamento das respostas aos questionamentos acima, muito provavelmente, provocará a execução

---

[692] BARACHO, José Alfredo de Oliveira. *Teoria Geral do Federalismo*. Rio de Janeiro: Forense, 1996. p. 165.

CONCLUSÃO | 329

de medidas em situações emergenciais, ou seja, sem o tempo devido para as reflexões necessárias. Medidas de urgência exigem agilidade na adoção de decisões e, quase sempre, conduzem a soluções drásticas que a contingência da crise exige.

Urge que os diversos atores do federalismo brasileiro se empenhem em direção ao diálogo e ao esforço categórico para a resolução – ou, no mínimo, a mitigação – das assimetrias do modelo. Fala-se muito na ausência de mecanismos constitucionais e institucionais que estimulem a cooperação. De fato, a Constituição adota, de um lado, técnicas de um federalismo dualista, com a instituição de competências privativas de cada ente; e, de outro, características cooperativas, através das competências concorrentes. Porém, também é correto que a opção constituinte foi pelas relações federais cooperativas. Cabe, por conseguinte, às instituições adotarem a referida escolha como norte orientador das suas decisões.

Quando a Constituição, ao tratar da organização político-administrativa do Estado, diz que os entes federativos são autônomos, mas que devem manter relações cooperativas entre si, as instituições devem pautar as suas condutas – e interpretações – no sentido de garantir a máxima eficácia dessa decisão fundamental. Assim, a distribuição concorrente de competências não autoriza qualquer exegese no sentido de se retirar ou excluir a competência dos estados-membros, como, infelizmente, vem ocorrendo nos dias atuais, através de uma extensão da aplicabilidade das "normas gerais" por parte da União. Os mecanismos e instrumentos estão a postos na Constituição. Cabe às instituições implementá-los.

Outra discrepância do federalismo brasileiro, que se trata de uma singularidade do nosso sistema – a autonomia reconhecida aos entes locais –, precisa ser enfrentada com a máxima celeridade. Cuida-se de tema tormentoso. Afinal, a referida situação jurídica reconhecida aos municípios possui raízes na nossa história, verificada desde o Brasil Colônia. Não se pode, porém, eludir o enfrentamento do problema, pois o esvaziamento das atribuições dos estados tem contribuído para a instituição de um desconcerto estrutural. Temos uma corrente situação fática em que a União mantém relações diretas com os municípios, alijando os estados de qualquer participação, situação que nos remete a duas opções: ou extinguimos os entes regionais, com a manutenção do *status quo*, ou, de outro modo, fazemos como todas as federações do mundo onde inexiste autonomia política reconhecida aos entes locais.

Ambas as opções nos levam, é bem verdade, a questionamentos quanto à constitucionalidade das referidas medidas, afinal, a Constituição reconhece expressamente a autonomia dos estados e a dos municípios. Mas não seria o caso de, muito longe de se adotarem ações inconstitucionais, repensarmos o papel atual dos estados dentro do modelo e a necessidade de redefinição das relações interfederativas? Sem dúvida, precisamos reformular essas práticas e reconhecer a efetiva função de planejamento regional dos estados-membros.

As diversas assimetrias são consequências dessa disparidade de forças, em que se verifica a União como protagonista do planejamento das políticas públicas em todas as esferas e os municípios como os seus executores diretos. Não é de se admirar que quase todos os estados se encontrem com níveis elevados de endividamento. Também não surpreende os recorrentes episódios de *defaults*, apesar das tentativas de ajustes promovidas ao longo dos anos.

As contínuas instabilidades podem ser atribuídas à própria estrutura do sistema, que, se, por um lado, falhou quanto à concessão de uma efetiva autonomia financeira aos entes subnacionais, de outro, carece de instrumentos – e de iniciativas dos atores envolvidos – que realizem a vontade do constituinte de 1988, no sentido de se promover concretamente um federalismo em que prevaleça a cooperação entre todos.

REFERÊNCIAS

ABRAHAM, Marcus. *Curso de Direito Financeiro Brasileiro*. Rio de Janeiro: Elsevier, 2010.

ABRAHAM, Marcus. *Lei de Responsabilidade Fiscal Comentada*. Rio de Janeiro: Forense, 2016.

ABRAHAM, Marcus. *Governança Fiscal e Sustentabilidade Financeira – os reflexos do Pacto Orçamental Europeu em Portugal como exemplos para o Brasil*. Belo Horizonte: Fórum, 2019.

ABREU, M de P. *Brasil, 1824-1957*: bom ou mau pagador? Rio de Janeiro: Pontifícia Universidade Católica – Departamento de Economia, 1999.

ABRUCIO, Fernando Luiz. Os Barões da Federação. *Lua Nova*, n. 33 p. 165-183, 1994.

ADELBERGER, K. *Federalism and its discontents*: fiscal and legislative power sharing in Germany 1948-1999. California/USA: Berdeley University, 1999.

AHMED, Ehtisham; BAER, Katherine. Colombia. *In*: TER-MINASSIAN, Teresa (Ed.). *Fiscal Federalism in Theory and Practice*. Washington: International Monetary Fund, 1997.

AHMED, Ehtisham; CRAIG, Jon. Intergovernmental Transfers. *In*: TER-MINASSIAN, Teresa (Ed.). *Fiscal Federalism in Theory and Practice*. Washington: International Monetary Fund, 1997.

ALTHUSIUS, Johannes. *Política*. Tradução: Joubert de Oliveira Brízida. Rio de Janeiro: Topbooks, 2003.

ALVES, Daniel P. *Carry-over*: a flexibilização do princípio da anualidade orçamentária como indutora da qualidade do gasto público e da transparência fiscal. XVI Prêmio Tesouro Nacional 2011. Brasília: Secretaria do Tesouro Nacional, 2011.

ALVES, Raquel de Andrade Vieira. *Federalismo Fiscal Brasileiro e as Contribuições*. Rio de Janeiro: Lumen Juris, 2017.

ANDRADE, Cesar Augusto Seijas de. *O controle do endividamento público e a autonomia dos entes da federação*. 2012. 199 f. Dissertação (Mestrado em Direito Econômico, Financeiro e Tributário) – Faculdade de Direito, Universidade de São Paulo, São Paulo, 2012.

ARAUJO, Guilherme Dourado Aragão Sá; MENDONÇA, Maria Lírida Calou de Araújo e. História do federalismo fiscal no Brasil Império: texto e contexto nas deliberações legislativas do Ato Adicional de 1834. *Revista Brasileira de História do Direito*, Brasília, v. 2, n. 1, p. 44-62, jan./jun. 2016.

ARELLANO, Luis Felipe Vidal. O problema da representação das futuras gerações no endividamento público: repercussões para o princípio jurídico de equilíbrio intergeracional. *In*: CONTI, José Mauricio (Coord.). *Dívida Pública*. São Paulo: Blucher, 2018.

ARONEY, Nicholas; KINCAID, John. Introduction. *In*: ARONEY, N.; KINCAID, J. (Ed.). *Courts in federal countries*: Federalists or unitarists? Toronto: University of Toronto Press, 2016.

ARVATE, Paulo Roberto; BIDERMAN, Ciro; MENDES, Marcos. Aprovação de empréstimos a governos subnacionais no Brasil: há espaço para comportamento político
oportunista? *DADOS – Revista de Ciências Sociais*, Rio de Janeiro, v. 51, n. 4, p. 983-1.014,
2008.

BAGGIO, Roberta Camineiro. *Federalismo no Contexto da Nova Ordem Global*: Perspectivas
de (Re)formulação da Federação Brasileira. Curitiba: Juruá, 2012.

BALDO, Rafael Antonio. O déficit semântico da dívida pública brasileira. *In*: CONTI,
José Mauricio (Coord.). *Dívida Pública*. São Paulo: Blucher, 2018.

BARACHO, José Alfredo de Oliveira. *Teoria Geral do Federalismo*. Rio de Janeiro: Forense,
1996.

BARBOSA, Ruy. *Trabalhos Jurídicos*. Rio de Janeiro: Imprensa Nacional, 1909.

BARROSO, Luís Roberto. A Derrota da Federação: o colapso dos Estados e Municípios.
In: BARROSO, Luís Roberto (Org.). *Temas de Direito Constitucional*. Rio de Janeiro:
Renovar, 2001.

BASTOS, Aureliano Candido de Tavares. *A província*: estudo sobre a descentralização no
Brasil. Rio de Janeiro: B. L. Garnier, 1870.

BASTOS, Celso Ribeiro. *Curso de Direito Constitucional*. São Paulo: Saraiva, 1996.

BATISTA JÚNIOR, Onofre Alves; MAGALHÃES, Tarcísio Diniz. No recálculo da dívida
dos estados, quem realmente "paga o pato"? *Revista Consultor Jurídico*, 25 abr. 2016.

BERKELEY, George. *The Querist*, n. 233, p. 1.735-1.737.

BISCHOFF, Matthias; CHAUVISTRÉ, Eric; KLEIS, Constanze; WILLE, Joachim. *Perfil da
Alemanha*. Frankfurt am Main, Alemanha: FAZIT Communication GmbH, 2018.

BONAVIDES, Paulo. *Política e Constituição*: os caminhos da Democracia. Rio de Janeiro:
Forense, 1985.

BONAVIDES, Paulo. *Curso de Direito Constitucional*. 28. ed. São Paulo: Editora Malheiros,
2013.

BRANCO, Marcello Simão. A atuação do Senado Federal no processo de ajuste fiscal dos
anos 90. *In*: LEMOS, Leany Barreiro (Org.). *O Senado Federal brasileiro no pós-constituinte*.
Brasília: Senado Federal; Unilegis, 2008.

BRIFFAULT, R. *Balancing Acts. The Reality Behind State Balanced Budget Requirements*. New
York/USA: Twentieth Century Fund Press, 1996.

BUCHANAN, James M. Federalism as an Ideal Political Order and an Objective for
Constitutional Reform. *The Journal of Federalism*, v. 25, Issue 2, p. 19-28, 1995.

BUCHANAN, James M. Federalism and Individual Sovereignty. *Cato Journal*, v. 15,
p. 259-268, 1996.

BUCHANAN, James M. *The Collected Works of James M. Buchanan – vol. 2 – Public Principles
of Public Debt A Defense and Restatement*. Indianapolis/USA: Liberty Fund, 1999.

BULLOCK, Charles. *Selected Readings in Public Finance*. 3. ed. Boston: Ginn and Company,
1924.

BULLOCK, Charles. Federalism and Individual Sovereignty. *Cato Journal*, v. 15 (2-3),
p. 259-268, 1996.

REFERÊNCIAS | 333

CAMARGO, Guilherme Bueno de. A guerra fiscal e seus efeitos: autonomia x centralização. *In*: CONTI, José Mauricio (Org.). *Federalismo fiscal*. São Paulo: Manole, 2004.

CAMARGO, João Batista; RANGEL, Marcos Gomes. A Dívida Pública dos Estados Brasileiros: Desafios para o Controle. *In*: LIMA, Luiz Henrique; OLIVEIRA, Weder de; CAMARGO, João Batista (Coord.). *Contas Governamentais e Responsabilidade Fiscal*: Desafios para o Controle Externo. Belo Horizonte: Fórum, 2018.

CAMPOS, André Santos. Teorias da Justiça Intergeracional. *In*: SILVA, Jorge Pereira; RIBEIRO, Gonçalo de Almeida (Coord.). *Justiça entre Gerações*. Lisboa: Universidade Católica, 2017.

CAMPOS, Carlos Alexandre de Azevedo. RE 572.672/SC: Federalismo fiscal e a importância da interpretação estrutural. *In*: SCAFF, Fernando Facury; TORRES, Heleno Taveira; DERZI, Misabel de Abreu Machado; BAPTISTA JÚNIOR, Onofre Alves (Coord.). *Federalismo (s)em juízo*. São Paulo: Noeses, 2019.

CANUTO, O.; LIU, L. *Subnational Debt, Insolvency, and Market Development*. Washington: World Bank, 2013.

CARVALHO, André Castro. Mecanismos para a otimização do federalismo fiscal brasileiro. *In*: CONTI, José Mauricio; SCAFF, Fernando Facury; BRAGA, Carlos Eduardo Faraco (Org.). *Federalismo Fiscal*: Questões Contemporâneas. Florianópolis: Conceito Editorial, 2010.

CARVALHO, José Augusto Moreira de. *O federalismo fiscal brasileiro e o desvio de recursos*. 2010. 225 f. Tese (Doutorado em Direito) - Faculdade de Direito, Universidade de São Paulo, São Paulo, 2010.

CARVALHO, José Augusto Moreira de; RUBINSTEIN, Flávio; ASSUNÇÃO, Matheus Carneiro. Federalismo Fiscal. *In*: OLIVEIRA, Regis Fernandes de; HORVATH, Estevão; CONTI, José Mauricio; SCAFF, Fernando Facury (Coord.). *Lições de Direito Financeiro*. São Paulo: Revista dos Tribunais, 2016.

CASTRO, Kleber Pacheco de. Novo critério de rateio do fundo de participação dos Estados: efetivo ou inócuo? *Cadernos Gestão Pública e Cidadania*, São Paulo, v. 23, n. 76, set./dez. 2018.

CASTRO, Sebastião Helvecio Ramos de; CARVALHO, Marília Gonçalves de. O endividamento dos governos subnacionais brasileiros e o princípio federativo. *Revista TCEMG*, p. 39-57, out./nov./dez. 2012.

CAÚLA, César; MANZI, Lilian C. T. de Miranda. Transferências Constitucionais e Federalismo Cooperativo. *In*: BATISTA JÚNIOR, Onofre Alves (Org.). *O federalismo na visão dos Estados*: uma homenagem do Colégio Nacional de Procuradores-Gerais dos Estados e do Distrito Federal – CONPEG – aos 30 anos de Constituição. Belo Horizonte: Letramento Casa do Direito, 2018.

CHAGAS, André Luis Squarize. Governo, Escolha Pública e Externalidades. *In*: PINHO, Diva Benevides; VASCONCELLOS, Marco Antonio S. de; TONETO JR, Rudinei (Org.). *Manual de Economia – Equipe de professores da USP*. 6. ed. São Paulo: Saraiva, 2011.

CLARK, Jane Perry. *The Rise of a New Federalism*: Federal-State Cooperation in the United States. New York/USA: Columbia University, 1938.

CLIGERMAYER, J.; DAN WOOD, B. Disentangling Patterns of State Debt Financing. *The American Political Science Review*, v. 89, n. 1, p. 108-120, mar. 1995.

CMMAD, Comissão Mundial sobre Meio Ambiente e Desenvolvimento. *Nosso futuro comum*. Rio de Janeiro: Editora da Fundação Getulio Vargas, 1991.

CONTI, José Mauricio. *Federalismo Fiscal e Fundos de Participação*. São Paulo: Juarez de Oliveira, 2001.

CONTI, José Mauricio. Considerações sobre o federalismo fiscal brasileiro em uma perspectiva comparada. *In*: CONTI, José Mauricio; SCAFF, Fernando Facury; BRAGA, Carlos Eduardo Faraco (Org.). *Federalismo Fiscal - Questões Contemporâneas*. Florianópolis: Conceito Editorial, 2010.

CONTI, José Mauricio. Arts. 32 a 39. *In*: MARTINS, Ives Gandra da Silva; NASCIMENTO, Carlos Valder do (Org.). *Comentários à Lei de Responsabilidade Fiscal*. 7. ed. São Paulo: Saraiva, 2014.

CONTI, José Mauricio. Um Salve pela Recuperação Financeira do Estado do Rio de Janeiro. *In*: CONTI, José Mauricio (Org.). *Levando o Direito Financeiro a Sério - A luta continua*. 2. ed. São Paulo: Blucher, 2018. p. 377-382.

CORWIN, Edward S. *American Constitutional History*. New York: Harper & Row, 1964.

COSSIO, Fernando Andres Blanco. *Comportamento fiscal dos governos estaduais brasileiros: determinantes políticos e efeitos sobre o bem-estar dos seus estados*. Brasília: Editora da UnB, 2000.

CROISAT, Maurice. *Le Fédéralisme dans les démocraties contemporaines*. Paris: Montchrestien, 1992.

DALLARI, Adilson Abreu. Orçamento Impositivo. *In*: CONTI, José Mauricio; SCAFF, Fernando Facury (Coord.). *Orçamentos Públicos e Direito Financeiro*. São Paulo: Revista dos Tribunais, 2011.

DALLARI, Dalmo de Abreu. *O Estado Federal*. São Paulo: Ática S.A., 1986.

DALLARI, Dalmo de Abreu. *Elementos de Teoria Geral do Estado*. São Paulo: Saraiva, 1998.

DERZI, Misabel de Abreu Machado; BUSTAMANTE, Thomas da Rosa de. O Princípio Federativo e a Igualdade: uma perspectiva crítica para o Sistema Jurídico Brasileiro a partir da análise do Modelo Alemão. *In*: DERZI, Misabel Abreu Machado; BATISTA JÚNIOR, Onofre Alves; MOREIRA, André Mendes (Org.). *Estado Federal e Guerra Fiscal no Direito Comparado*. Belo Horizonte: Arraes Editores, 2015.

DILGER, Robert Jay; CECIRE, Michael H. *Federal Grants to State and Local Governments*: A Historical Perspective on Contemporary Issues. Washington/USA: Congressional Research Service, 2019.

DOLHNIKOFF, Miriam. *O pacto imperial*: origens do federalismo no Brasil. São Paulo: Globo, 2005.

DURAND, Maria Rita Garcia Loureiro. *O Controle do Endividamento Público no Brasil*: uma Perspectiva Comparada com os Estados Unidos. São Paulo: Fundação Getúlio Vargas, 2003.

ECHEVERRIA, Andrea de Quadro Dantas; RIBEIRO, Gustavo Ferreira. O Supremo Tribunal Federal como *árbitro* ou jogador? As crises fiscais dos estados brasileiros e o jogo de resgate. *Revista Estudos Institucionais*, v. 4, n. 2, p. 642-671, 2018.

ELMENDORF, Douglas; MANKIW, Gregory. Government Debt. *In*: TAYLOR & WOODFORD. *Handbook of Macroeconomics*. Amsterdam: North Holland Publishing Company, 1999.

REFERÊNCIAS | 335

FAGUNDES, M. Seabra. Novas perspectivas do federalismo brasileiro. *Revista de Direito Administrativo*, Rio de Janeiro: Revista dos Tribunais, p. 1-11, jan./mar. 1970.

FALLON, Richard H. *The Core Of an Uneasy Case for Judicial Review*. 121 Harv. L. Rev., 2008.

FARIA, Rodrigo de Oliveira. Reflexos do endividamento nas relações federativas brasileiras. *In*: CONTI, José Mauricio; SCAFF, Fernando Facury; BRAGA, Carlos Eduardo Faraco (Coord.). *Federalismo Fiscal*: Questões Contemporâneas. São Paulo: IBDF, 2010.

FELD, Lars P.; VON HAGEN, Jürgen. Federal Republic of Germany. *In*: SHAH, Anwar (Ed.). *The practice of fiscal federalism*: comparative perspectives. A global dialogue on Federalism. v. 4. Québec/Canada: McGill-Queen's University, 2007.

FELD, Lars P.; KUBE, Hanno; SCHNELLENBACH, Jan. *Optionen für eine Reform des bundesdeutschen Finanzausgleichs* (Opções para uma reforma da compensação financeira federal alemã), 2013.

FERRARI FILHO, Fernando; TERRA, Fábio. As disfunções do capitalismo na visão de Keynes e suas proposições reformistas. *Rev. Econ. Contemp.*, Rio de Janeiro, v. 15, n. 2, p. 271-295, maio/ago. 2011.

FERREIRA, Débora Costa; MENEGUIN, Fernando B.; BUGARIN, Maurício Soares. *Responsabilidade fiscal, a atuação do Poder Judiciário e o comportamento estratégico dos governantes*. Brasília: Núcleo de Estudos e Pesquisas/CONLEG/Senado, 2017.

FERREIRA, Eduardo Manuel Hintze da Paz. *Da Dívida Pública e das Garantias dos Credores do Estado*. Coimbra: Almedina, 1995.

FERREIRA, Gustavo Sampaio Telles. *Federalismo e poder local (ontem e hoje)*: das metrópoles nacionais e da reorganização político-administrativa a partir da cidade-estado. Tese (Doutorado em Direito da Cidade) – Programa de Pós-Graduação em Direito, Faculdade de Direito, Universidade do Estado do Rio de Janeiro, Rio de Janeiro, 2008.

FERREIRA, Ivan Fecury Sydrião. *A Economia Política do Endividamento Público em uma Federação*: um estudo comparativo entre o Brasil e os Estados Unidos. 1998. 77 f. Dissertação (Mestrado em Administração Pública e Governo) - FGV/EAESP, São Paulo, 1998.

FIGUEIREDO, Argelina Cheibub; LIMONGI, Fernando. *Executivo e Legislativo na nova ordem constitucional*. 2. ed. Rio de Janeiro: FGV, 2001.

FOX, William. United States of America. *In*: SHAH, Anwar (Ed.). *The Practice of Fiscal Federalism*: Comparative Perspectives. A Global Dialogue on Federalism – Volume IV. Québec/Canadá: McGill-Queen's University, 2007.

FRANCISCO NETO, João. *Responsabilidade fiscal e gasto público no contexto federativo*. 2009. 272 f. Tese (Doutorado em Direito Econômico e Financeiro) – Faculdade de Direito, Universidade de São Paulo, São Paulo, 2009.

FRANZESE, Cibele. *Federalismo Cooperativo no Brasil*: da Constituição de 1988 aos sistemas de políticas públicas. 2010. 210 f. Tese (Doutorado em Administração Pública e Governo) - Escola de Administração de Empresas da Fundação Getúlio Vargas, São Paulo, 2010.

FRIEDMAN, Milton. *Capitalism and Freedom*. 40. ed. Chicago/USA: University of Chicago, 2002.

GAMA, Manuel Jacinto Nogueira da. *Exposição do estado da Fazenda Pública*. Rio de Janeiro: Typographia Nacional, 1823.

GEISSLER, R. Detroit. *Hintergründe eines historischen Bankrotts*. Analysen und Konzepte aus dem Programm "Lebenswerte Kommune", Ausgabe 2, BertelsmannStiftung, 2015.

GIAMBIAGI, Fabio; RIGOLON, Francisco José Zagari. A renegociação das dívidas e regime fiscal dos estados. *In*: GIAMBIAGI, Fabio; MOREIRA, Maurício Mesquita (Org.). *A economia brasileira nos anos 90*. 1. ed. Rio de Janeiro: Banco Nacional de Desenvolvimento Econômico e Social, 1999. p. 111-144.

GIAMBIAGI, Fabio; MORA, Mônica. *Federalismo e endividamento subnacional*: uma discussão sobre a sustentabilidade da dívida estadual e municipal. Rio de Janeiro: Instituto de Pesquisa Econômica Aplicada – IPEA, 2005.

GIAMBIAGI, Fabio; ALÉM, Ana Cláudia. *Finanças Públicas Teoria e Prática no Brasil*. 5. ed. Rio de Janeiro: Elsevier, 2016.

GORDON, Roger H. An Optimal Taxation Approach to Fiscal Federalism. *Quarterly Journal of Economics*, v. 98, p. 567-586, 1983.

GOSSERIES, Axel. *Pensar a justiça entre as gerações*. Tradução: Joana Cabral. Coimbra: Almedina, 2015.

GRANOF, Michael. A Fundamental flaw of Debt Limitations for State and Local governments. *Journal of Accounting and Public Policy*, v. 3, p. 293-309, 1984.

GREMAUD, A.; TONETO JR., R. Por que não um mercado de títulos municipais? *Informações FIPE*, n. 239, ago. 2000.

GRIZIOTTI, Benvenuto. L'Interpretacion fonctionnelle des lois financières. *Revue de Science et de Legislatión Financières*, n. 1, t. XLII, Paris: LGDJ, 1950.

HANSEN, Alvin. *Fiscal Policy and Business Cycles*. London: Allen and Unwin, 1941.

HARADA, Kiyoshi. *Responsabilidade fiscal*: Lei Complementar n. 101/2000 comentada e legislação correlata anotada. São Paulo: Juarez de Oliveira, 2002.

HEINTZEN, Markus. A distribuição das verbas públicas entre o governo federal, os estados e os municípios na República Federal da Alemanha. *In*: DERZI, Misabel Abreu Machado; BATISTA JÚNIOR, Onofre Alves; MOREIRA, André Mendes (Org.). *Estado Federal e Guerra Fiscal no Direito Comparado*. Belo Horizonte: Arraes Editores, 2015.

HEROLD, Katharina. *Insolvency Frameworks for Sub-national Governments*. OCDE: OECD Working Papers on Fiscal Federalism, n. 23, 2018.

HESSE, Konrad. *A Força Normativa da Constituição*. Porto Alegre: Sergio Antonio Fabris Editor, 1991.

HORTA, Raul Machado. *Direito Constitucional*. 5. ed. atual. por Juliana Campos Horta. Belo Horizonte: Del Rey, 2010.

HUME, David. Of Public Credit. *Political Discourses*, 1753.

JUCÁ, Francisco Pedro. Dívida pública: algumas reflexões. *In*: CONTI, José Mauricio (Coord.). *Dívida Pública*. São Paulo: Blucher, 2018.

KATZ, E. *The Supreme Court and the integration of American federalism*, 2001, mimeo.

KLEIN, Hans. A legitimação do Conselho Federal e sua relação com as assembleias legislativas e os governos estaduais. *In*: Centro de Estudos: Konrad-Adenauer-Stiftung. O federalismo na Alemanha. *Traduções*, v. 7, ano 1995.

LERNER, Abba. *Economics of Control*. New York: 1941.

LOPREATO, Francisco Luiz Cazeiro. *O endividamento dos governos estaduais nos anos 90.* Texto para discussão. IE/UNICAMP, n. 94, mar. 2000.

LOPREATO, Francisco Luiz Cazeiro. *O colapso das finanças estaduais e a crise da federação.* São Paulo: UNESP, 2002.

LOPREATO, Francisco Luiz Cazeiro. *Governos estaduais:* o retorno à debilidade financeira. São Paulo: UNICAMP, 2018.

LOUREIRO, Maria Rita. O Senado e o controle do endividamento público no Brasil. *In:* LEMOS, Leany Barreiro (Org.). *O Senado Federal brasileiro no pós-constituinte.* Brasília: Senado Federal; Unilegis, 2008.

MACKENSTEIN, H. *Now tell me, how do you feel as to financial equalization? The "Gretchenfrage" of german federalism.* Grã-Bretanha: Cardiff University, 1999.

MAGALHÃES, José Luiz Quadros. *Poder Municipal:* paradigmas para o Estado Constitucional Brasileiro. Belo Horizonte: Del Rey, 1999.

MAIA, José Nelson Bessa. *A Paradiplomacia Financeira dos Estados Brasileiros:* Evolução, Fatores Determinantes, Impactos e Perspectivas. 2012. 598 f. Tese (Doutorado em Relações Internacionais) - Instituto de Relações Internacionais, Universidade de Brasília, Brasília, 2012.

MALANGA, Steven. The Indebted States of America - States and localities owe far, far more than their citizens know. *City Journal,* 2019.

MARINS, Daniel Vieira; OLIVEIRA, Gustavo da Gama Vital de. Competição tributária ou guerra fiscal? Do plano internacional à Lei Complementar nº 160/2017. *Revista Estudos Institucionais,* v. 4, 1, 2018.

MARTINS, Ives Gandra da SILVA. Arts. 29 a 31. *In:* MARTINS, Ives Gandra da Silva; NASCIMENTO, Carlos Valder do (Org.). *Comentários à Lei de Responsabilidade Fiscal.* 7. ed. São Paulo: Saraiva, 2014.

MARTINS, Maria D'Oliveira. Ensaio sobre a Solidariedade Intergeracional e a sua incidência na Despesa Pública. *In:* SILVA, Jorge Pereira; RIBEIRO, Gonçalo de Almeida (Coord.). *Justiça entre Gerações.* Lisboa: Universidade Católica, 2017.

MATHIOT, André. El federalismo em Estados Unidos. *In:* BERGER, Gaston (Org.). *Federalismo y Federalismo Europeo.* Madrid: Tecnos, 1965.

MATTOS, Karina Denari Gomes de; SOUZA, Gelson Amaro de. A Câmara de Conciliação e Arbitragem da Administração Federal – CCAF: alternativa à judicialização dos conflitos. *ETIC – Encontro de Iniciação Científica,* v. 5, n. 5, 2009.

MCGRANE, Reginald. *Foreign Bondholders and American State Debts.* New York: Macmillan, 1935.

MELON, Jean-François. *Essai Politique sur le Commerce.* Eugène Daire, 1843, reimpressão, Osnabrück: Otto Zeller, 1966.

MENDES, Marcos. Federalismo fiscal. *In:* BIDERMAN, Ciro; ARVATE, Paulo (Org.). *Economia do Setor Público no Brasil.* 10ª tiragem. Rio de Janeiro: Elsevier, 2005.

MENDES, Marcos. *Emenda Constitucional 109 (PEC Emergencial):* a fragilidade e a incerteza fiscal permanecem. São Paulo: INSPER, 2021.

MENDES, Marcos José. Federalismo Fiscal Brasileiro no âmbito econômico. *In*: CAMPOS, Cesar Cunha; MENDES, Gilmar Ferreira (Org.). *Federalismo fiscal Brasil-Alemanha*. v. 4. Brasília: FGV Projetos, 2016.

MENDONÇA, José Vicente Santos de. A propósito do controle feito pelos Tribunais de Contas sobre as agências reguladoras; em busca de alguns standards possíveis. *Revista de Direto Público da Economia – RDPE*, Belo Horizonte, ano 10, n. 38, p. 147-164, abr./jun. 2012.

MONTEIRO NETO, Aristides; SILVA, Alexandre Manoel Angelo da; GERARDO, José Carlos. Dívidas estaduais, federalismo fiscal e desigualdades regionais no Brasil: percalços no limiar do século XXI. *In*: MONTEIRO NETO, Aristides (Org.). *Governos estaduais no federalismo brasileiro*: capacidades e limitações governativas em debate. Brasília: IPEA, 2014.

MONTESQUIEU, Charles de Secondat, Baron de. *O espírito das leis*. Tradução Cristina Murachco. 3. ed. São Paulo: Martins Fontes, 2005.

MORAES, Alexandre de. Federação brasileira - necessidade de fortalecimento das competências dos estados-membros. *Revista de Direito Administrativo*, v. 251, p. 11-28, 2009.

MOUTINHO, Donato Volkers. Dívida pública: gerenciamento, fiscalização e controle no Brasil. *In*: CONTI, José Mauricio (Coord.). *Dívida Pública*. São Paulo: Blucher, 2018.

MUSGRAVE, Richard A.; MUSGRAVE, Peggy B. *Public Finance in Theory and Practice – Fifth Edition*. Singapore: McGraw-Hill Book Co, 1989.

MUSGRAVE, Richard A. Public Debt and Intergenerational Equity. *In*: ARROW, Kenneth; BOSKIN, Michael (Org.). *The Economics of Public Debt*. London: MacMillan, 1989. p. 133-145.

NAZARETH, Marcos Spínola; LÍRIO, Viviani Silva. Federalismo Fiscal de Segunda Geração: fundamentos teóricos e proposição política. *Perspectiva Econômica*, n. 12, v. 1, p. 16-28, jan./jun. 2016.

NISKANAN, William. *Bureaucracy and Representative Government*. New York: Aldine-Atherton, 1971.

NOGUEIRA, Octaciano. *Constituições brasileiras volume: I*. 3. ed. Brasília: Senado Federal, Subsecretaria de Edições Técnicas, 2012.

NOVAES, W.; WERLANG, S. *Financial Integration and Public Financial Institutions*. FGV/EPGE Economics Working Papers, 1993.

NUSDEO, Ana Maria de Oliveira. Desenvolvimento sustentável do Brasil e o protocolo de Quioto. *Direito Ambiental*: direito ambiental internacional e temas atuais [S.l: s.n.], v. 6., 2011.

OATES, Wallace E. *Fiscal Federalism*. Harcourt Brace Jovanovich, 1972.

OATES, Wallace E. An Essay on Fiscal Federalism. *Journal of Economic Literature*, v. 37, n. 3, p. 1.120-1.149, set. 1999.

OBINGER, H., CASTLES, F.; LEIBFRIED, S. Federalism and the Welfare State. *In*: LEIBFRIED, S.; CASTLES, F. (Ed.). *Federalism and the Welfare State*: new world and European experiences. Cambridge University Press, 2005a.

OCTAVIANI, Alessandro. A bênção de Hamilton na semiperiferia: ordem econômico-social e os juros da dívida econômica interna. *In*: CONTI, José Mauricio; SCAFF, Fernando Facury (Org.). *Orçamentos Públicos*. São Paulo: Revista dos Tribunais, 2011. p. 1.179-1.208.

O'DONNELL, Guilhermo. Democracia Delegativa. *Journal of Democracy en español*, v. 5, n. 1, p. 55-69, jan. 1994.

OLIVEIRA, Gustavo da Gama Vital de. *Reforma Tributária e Federalismo Fiscal*. Apresentado no 1º Congresso de Direito Tributário de Juiz de Fora e Região, realizado em 03.09.2014, na sede da OAB, Subseção Juiz de Fora.

OLIVEIRA, Gustavo da Gama Vital de. *Cláusulas pétreas financeiras e tributárias*. Rio de Janeiro: Gramma, 2019.

OLIVEIRA, Odilon Cavallari de. A proposta de uniformização nacional de entendimentos pelo TCU. *Revista Consultor Jurídico*, jan. 2020.

OLIVEIRA, Regis Fernandes de. *Curso de Direito Financeiro*. 7. ed. São Paulo: Revista dos Tribunais, 2015.

OLIVEIRA, Vanessa Elias de. *Poder Judiciário*: árbitro dos conflitos constitucionais entre Estados e União. São Paulo: Lua Nova, 2009. p. 223-250.

OLIVEIRA, Weder. *Curso de Responsabilidade Fiscal*: Direito, Orçamento e Finanças Públicas. v. I. 2. ed. Belo Horizonte: Editora Fórum, 2015.

PAULANI, Leda Maria. *Capitalismo financeiro e estado de emergência econômico no Brasil: o abandono da perspectiva do desenvolvimento*. I Colóquio da Sociedade Latino-Americana de Economia Política e Pensamento Crítico. Santiago: 2006.

PELLEGRINI, Josué. *Estudo Especial nº 14 – Análise da situação fiscal dos estados*. Brasília: IFI, 2020.

PELLEGRINI, Josué. *Nota Técnica nº 43 - Perda de Receita dos estados com o coronavírus e a ajuda da União*. Brasília: IFI, 2020.

PEREIRA, Paulo Trigo. Equidade intergeracional, dívida pública e a Constituição. *In*: LOPES, João Carlos; SANTOS, Jorge; AUBYN, Miguel St.; SANTOS, Susana (Coord.). *Estudos em homenagem a João Ferreira do Amaral*. Coimbra: Almedina, 2013.

PETERSON, Paul E. *The Price of Federalism – a twentieth century fund book*. Washington, DC: Library of Congress, 1995.

PINTO, Élida Graziane. Controle qualitativo no ciclo orçamentário das políticas públicas: um breve ensaio sobre a tensão pendular entre discricionariedade e vinculação *à* luz da Lei 13.655/2018. *Direito Público - Revista Jurídica da Advocacia-Geral do Estado de Minas Gerais*, Belo Horizonte, v. 15, n. 1, jan./dez. 2018.

PINTO, Élida Graziane. Diante da catástrofe sanitário-econômica não cabe genocídio fiscal. *Revista Consultor Jurídico*, mar. 2020.

PINTO, Élida Graziane; AFONSO, José Roberto; PORTO, Laís Khaled. Limites *à* dívida consolidada e mobiliária da União: um estudo acerca da inconstitucionalidade por omissão na falta de fixação do seu regime jurídico. *In*: CONTI, José Mauricio (Coord.). *Dívida Pública*. São Paulo: Blucher, 2018.

PINTO, Isaac de. Traité de la Circulation et du Crédit. *In*: AMZALAK, Moses. *O economista Isaac de Pinto, e o seu Tratado da Circulação e do Crédito*. Lisboa: 1960.

POTTER, Barry. United Kingdom. *In*: TER-MINASSIAN, Teresa (Ed.). *Fiscal Federalism in Theory and Practice*. Washington: International Monetary Fund, 1997.

PRADO, Sérgio. *Equalização e federalismo fiscal*: uma análise comparada. Rio de Janeiro: Konrad-Adenauer-Stiftung, 2006.

PRADO, Sérgio. *A questão fiscal na federação brasileira*: diagnóstico e alternativas. CEPAL, 2007.

PRUD'HOMME, René. The Dangers of Decentralization. *World Bank Research Observer*, v. 10, n. 2, p. 201-226, 1995.

PUVIANI, Amilcare. *Teoria della Ilusione Finanziaria* (1903), reimpressão organizada por Franco Volpi, ISEDI, Milano, 1973.

RAWLS, John. *Political Liberalism*. Nova Iorque: Columbia University Press, 1993.

RAWLS, John. *A theory of justice*. Edição Revisada. Cambridge: The Belknap Press of Havard University Press, 1999.

REVERBEL, Carlos Eduardo Dieder. *O federalismo numa visão tridimensional do Direito*. Porto Alegre: Livraria do Advogado, 2012.

RIBEIRO, Erick Tavares. Autonomia e federalismo: a securitização de ativos como alternativa para a obtenção de receita por estados e municípios. *Revista de Direito da Procuradoria Geral*, Rio de Janeiro, n. 68, p. 113-137, 2014.

RICARDO, David. *Essay on the Funding System* (1820). Reeditado em: SRAFFA, Pierro. *The Works and Correspondance of David Ricardo*. Cambridge University Press, 1951.

ROCHA, C. Alexandre A. *A despesa total com pessoal na ótica da STN e dos Tribunais de Contas Estaduais e Municipais*. Brasília: Núcleo de Estudos e Pesquisas/CONLEG/Senado, 2018.

ROCHA, C. Alexandre A. *O Conselho de Gestão Fiscal e o Stabilitätsrat*: contrastes e lições. Brasília: Núcleo de Estudos e Pesquisas/CONLEG/Senado, 2019.

ROCHA, Carlos Vasconcelos. Dilemas de uma definição conceitual. *Civitas*, Porto Alegre, v. 11, n. 2, p. 323-338, maio/ago. 2011.

RODDEN, Jonathan; GUNNAR, S. Eskeland; LITVACK, Jennie. *Fiscal Decentralization and the Challenge of Hard Budget Constraints*. USA: The MIT Press, 2003.

RODDEN, Jonathan. *Hamilton's Paradox*: The Promise and Peril of Fiscal Federalism. Cambridge: Cambridge, 2005.

RUSCHEL, Euzébio Fernando; TONIOLO, Ernesto José. O federalismo alemão em uma perspectiva comparada com o federalismo brasileiro: a contribuição do princípio da lealdade federativa para a preservação e o desenvolvimento da federação no Brasil. *In*: BATISTA JÚNIOR, Onofre Alves (Org.). *O federalismo na visão dos Estados uma homenagem do Colégio Nacional de Procuradores-Gerais dos Estados e do Distrito Federal – CONPEG – aos 30 anos da Constituição*. Belo Horizonte: Letramento Casa do Direito, 2018.

S. NETO, A. L. da *Dívida pública interna federal*: uma análise histórica e institucional do caso brasileiro. Brasília: UnB, 1980.

SALVIANO JUNIOR, Cleofas. *Bancos Estaduais*: dos Problemas Crônicos ao Proes. Brasília: 2004.

SAMUELSON, Paul. The Pure Theory of Public Expenditures. *Review of Economics and Statistics*, v. XXXVI, n. 4, p. 387-389, 1954.

SAMUELSON, Paul. Diagrammatic Exposition of a Pure Theory of Public Expenditure. *Review of Economics and Statistics*, v. XXXVII, p. 350-356, 1955.

SANTOS, Fernando Roberto Souza. *Federalismo, Políticas Públicas e Reforma do Estado*. Porto Alegre, RS: Ed. Fi, 2018.

REFERÊNCIAS | 341

SANTOS, J. Albano. A Dívida Pública como problema intergeracional. *In*: SILVA, Jorge Pereira da; RIBEIRO, Gonçalo de Almeida (Coord.). *Justiça entre Gerações*: perspectivas interdisciplinares. Lisboa: Universidade Católica, 2017. p. 221-260.

SATO, Motohiro. The political economy of inter-regional grants. *In*: BOADWAY, Robin; SHAH, Anwar (Ed.). *Intergovernmental fiscal transfers: principles and practice*. Washington, DC: The International Bank for Reconstruction and Development / The World Bank, 2007.

SCAFF, Fernando Facury; SILVEIRA, Francisco Secaf Alves. Competência tributária, transferências obrigatórias e incentivos fiscais. *In*: CONTI, José Mauricio; SCAFF, Fernando Facury; BRAGA, Carlos Eduardo Faraco (Org.). *Federalismo fiscal*: Questões contemporâneas. Florianópolis: Conceito Editorial, 2010.

SCAFF, Fernando Facury. *Royalties decorrentes da exploração de recursos naturais não renováveis: incidência e rateio federativo*. 2013. Tese (Livre-Docência) Faculdade de Direito da Universidade de São Paulo.

SCAFF, Fernando Facury. Crédito Público e Sustentabilidade Financeira. *Revista Direito à Sustentabilidade – UNIOESTE*, v. 1, n. 1, 2014.

SCAFF, Fernando Facury. *Orçamento Republicano e Liberdade Igual, ensaio sobre Direito Financeiro, República e Direitos Fundamentais no Brasil*. Belo Horizonte: Fórum, 2018.

SCAFF, Fernando Facury; BATISTA JÚNIOR, Onofre Alves. PEC 188 quer transformar TCU em um tribunal de contas da federação. *Revista Consultor Jurídico*, mar. 2020.

SCHROEDER, Larry. Local Government Organization and Finance: United States. *In*: SHAH, Anwar (Ed.). *Local Governance in Industrial Countries – Public Sector Governance and Accountability Series*. Washington, D.C.: The World Bank, 2006.

SCHWARTZ, Bernard. *O Federalismo Norte-Americano Atual – uma visão contemporânea*. Tradução de Elcio Cerqueira. Rio de Janeiro: Forense Universitária, 1984.

SEITZ, Helmut. *Subnational Government Bailouts in Germany*. ZEI Center for European Integration Studies, N. B20. Bonn, Germany: 1998-1999.

SHAH, Anwar. *The New Fiscal Federalism in Brazil*. The World Bank: Country Economics Department, 1990.

SHAH, Anwar. *The Reform of Intergovernmental Fiscal Relations in Developing and Emerging Market Economies*. Washington: World Bank, 1994.

SHAH, Anwar. *A Global Dialogue on Federalism. Volume IV. The practice of fiscal federalism*: comparative perspectives. Montreal & Kingston: McGill-Queen's University Press, 2007.

SILVA, Anderson Caputo. Origem e história da dívida pública no Brasil até 1963. *In*: SILVA, Anderson Caputo; CARVALHO, Lena Oliveira de; MEDEIROS, Otavio Ladeira de (Org.). *Dívida pública*: a experiência brasileira. Brasília: Secretaria do Tesouro Nacional, 2009. p. 33-56.

SILVA, Carlos Richelle Soares da. *Os Tribunais de Contas dos entes subnacionais e o controle externo do endividamento público*. *In*: CONTI, José Mauricio (Coord.). *Dívida Pública*. São Paulo: Blucher, 2018.

SILVA, Mauro Santos. *Teoria do Federalismo Fiscal*: notas sobre as contribuições de Oates, Musgrave, Shah e Ter-Minassian. Belo Horizonte: Nova Economia, 2005.

SILVA, Sandoval Alves da. *O Ministério Público e a concretização dos direitos humanos*. Salvador: JusPodivm, 2016.

SILVEIRA, Alexandre Coutinho da. *Governança pública de royalties*: federalismo fiscal e futuras gerações. 2014. 349 f. Dissertação (Mestrado em Direito Econômico, Financeiro e Tributário) – Faculdade de Direito, Universidade do Estado de São Paulo, São Paulo, 2014.

SILVEIRA, Francisco Secaf Alves. *O estado econômico de emergência e as transformações do direito financeiro brasileiro*. Belo Horizonte: D'Plácido, 2019.

SMITH, Adam. *An Inquiry into the Nature and Causes of the Wealth of Nations*. Book V. São Paulo: Metalibri, 2007.

SOUTO, Marcos Juruena Villela; ROCHA, Henrique Bastos. Securitização de recebíveis de royalties do petróleo. *Rev. Direito*, Rio de Janeiro, v. 5, n. 10, p. 27-57, jul./dez. 2001.

SOUZA, Celina. Federalismo e Descentralização na Constituição de 1988: Processo Decisório, Conflitos e Alianças. *DADOS – Revista de Ciências Sociais*, v. 44, n. 3, p. 513-560, 2001.

SOUZA, Moacyr Benedicto. Do Estado unitário ao Estado regional. *Revista de Informação Legislativa*, Brasília, n. 85, jan./mar. 1985.

SPAHN, Paul Bernd; FÖTTINGER, Wolfgang. Germany. *In*: TER-MINASSIAN, Teresa (Ed.). *Fiscal Federalism in Theory and Practice*. Washington/USA: International Monetary Fund, 1997.

SPAHN, Paul Bernd; FRANZ, O. *Consensus democracy and interjurisditional fiscal solidarity in Germany*. [S.l.: s.n.], 2000.

SPAHN, Paul Bernd. Da controvérsia sobre a compensação financeira na Alemanha. *In*: HOFMEISTER, Wilhelm; CARNEIRO, José Mário Brasiliense (Org.). *Federalismo na Alemanha e no Brasil*. São Paulo: Fundação Konrad Adenauer, 2001.

SPAHN, Paul Bernd. *Maintaining fiscal equilibrium in a Federation: Germany*. (Draft). [S.l.: s.n.], 2001.

STEPAN, Alfred. Toward a new comparative analysis of democracy and federalism: demos constraining and demos enabling federations. *DADOS*, 42, 2, p. 197-251, 1999.

STIFFLER, Myles O. Fiscal Federalism and Insolvency: Contrasting Cases of the U.S.A. and Germany. Case Study Analysis of Subnational Debt Frameworks and Insolvency Mechanisms. *Institut Barcelona Estudis Internacionals – IBEI*, 2015.

STIGLITZ, Joseph. *O preço da desigualdade*. Título Original: *The Price of Inequality*. Tradução: Dinis Pires. Lisboa: Bertrand Editora, 2014.

STN – SECRETARIA DO TESOURO NACIONAL. *Exposição da União à Insolvência dos Entes Subnacionais*. Brasília: 2018.

STN – SECRETARIA DO TESOURO NACIONAL. Secretaria Especial de Fazenda, Ministério da Economia. *Boletim de Finanças dos Entes Subnacionais*. Ago. 2019.

STN – SECRETARIA DO TESOURO NACIONAL. *Relatório de garantias honradas pela União em operações de crédito*. Nov. 2019.

STOTSKY, Janet G.; SUNLEY, Emil M. United States. *In*: TER-MINASSIAN, Teresa (Ed.). *Fiscal Federalism in Theory and Practice*. Washington, D.C.: International Monetary Fund, 1997.

SUNSTEIN, Cass. *A Constitution of Many Minds – Why the Founding Document Doesn't Mean What it Meant Before*. New Jersey: Princeton University Press, 2009.

REFERÊNCIAS | 343

SYLLA, Richard; GRINATH, Art; WALLIS, John. Sovereign Default and Repudiation: The Emerging-Market Debt Crisis in the United States, 1839-1843. *Unpublished Paper*, University of Maryland, 2004.

TANZI, Vito. Fiscal Federalism and Decentralization: a review of some efficiency and macroeconomic aspects. *World Bank*, 1995.

TANZI, Vito. *Repensando el federalismo fiscal*: evaluación crítica. *In*: SEMINÁRIO DE FEDERALISMO FISCAL, 18., 2015. Buenos Aires: Faculdade de Ciências Econômicas da Universidade Nacional de Buenos Aires.

TAVARES, Martus. Vinte anos de política fiscal no Brasil: dos fundamentos do novo regime à Lei de Responsabilidade Fiscal. *Revista de Economia e Relações Internacionais / Faculdade de Economia da Fundação Armando Alvares Penteado*, v. 4, n. 7, São Paulo: FEC-FAAP, 2005.

TER-MINASSIAN, Teresa. Intergovernmental Fiscal Relations in a Macroeconomic Perspective: An Overiew. *In*: TER-MINASSIAN, Teresa (Ed.). *Fiscal Federalism in Theory and Practice*. Washington: International Monetary Fund, 1997.

TER-MINASSIAN, Teresa; CRAIG, Jon. Control of Subnational Government Borrowing. *In*: TER-MINASSIAN, Teresa (Ed.). *Fiscal Federalism in Theory and Practice*. Washington D.C.: International Monetary Fund, 1997.

TIEBOUT, Charles M. A Pure Theory of Local Government Expenditure. *Journal of Political Economy*, v. 64, p. 416-424, 1956.

TORRES, Ricardo Lobo. Reforma Constitucional Tributária. *In*: ROSA, Eugênio (Coord.). *A reforma tributária da Emenda Constitucional nº 42/2003. Aspectos polêmicos e controvertidos*. Rio de Janeiro: Lumen Juris, 2004.

TORRES, Ricardo Lobo. *Tratado de direito constitucional financeiro e tributário, volume V*: o orçamento na Constituição. 3. ed. Rio de Janeiro: Renovar, 2008.

TORREZAN, Raphael Guilherme Araújo. *Federalismo fiscal e a desconstrução dos estados*: uma análise sob a perspectiva do endividamento público. São Paulo: UNESP, 2017.

TSEBELIS, George. Veto Players and Law Production in Parliamentary Democracies: An Empirical Analysis. *The American Political Science Review*, 1999.

TUSHNET; Mark. Interpretation in Legislatures and Courts: Incentives and Institutional Design. *In*: BAUMAN, Richard; KAHANA, Tsvi (Ed.). *The Least Examined Branch*: The Role of Legislatures in the Constitutional State. Cambridge: Cambridge University Press, 2006. p. 468-479.

VISCONDE DO URUGUAY. *Estudos práticos sobre a administração das Províncias no Brasil*. Rio de Janeiro: B. L. Garnier, 1865.

WATTS, R. L.; HOBSON, P. *Fiscal federalism in Germany*. (Draft). [S.l.: s.n.], 2000.

WEINGAST, Barry R. The Economic Role of Political Institutions: Market-Preserving Federalism and Economic Development. *The Journal of Law, Economic & Organization*, v. 11, n. 1, p. 1-31, 1995.

WILLEMAN, Marianna Montebello. *Accountability Democrática e o Desenho Institucional dos Tribunais de Contas no Brasil*. 2. ed. Belo Horizonte: Fórum, 2020.

WILSON, J. Q. *American Government. Institutions and policies*. 5. ed. D.C. Heath and Company, Lexington, Ma. and Toronto, 1992.

WRAY, L. Randall. *Trabalho e Moeda Hoje a chave para o pleno emprego e a estabilidade dos preços*. Tradução José Carlos de Assis. Rio de Janeiro: UFRJ – Contraponto, 2003.

WÜRZEL, E. *Towards more eficiente government*: reforming federal fiscal relations in Germany. OCDE: Economic Department Working Papers, n. 209, 1999.

ZIMMERMANN, Augusto. *Teoria Geral do Federalismo Democrático*. 2. ed. Rio de Janeiro: Lumen Jures, 2014.

Informações em sítios eletrônicos

Archiv der Gegenwart. "Die Vereinbarung über den Solidarpakt" ["O Acordo sobre o Pacto de Solidariedade"], 16 mar. 1993. Disponível em: http://ghdi.ghi-dc.org/sub_document. cfm?document_id=3105. Acesso em: 30 nov. 2019.

BRASIL. BACEN – Banco Central do Brasil. *Estatísticas Fiscais – Resultados Fiscais*. Disponível em: https://www.bcb.gov.br/estatisticas/estatisticasfiscais. Acesso em: 01 fev. 2021.

BRASIL. Câmara dos Deputados. *Parecer do Relator ao Projeto de Lei Complementar nº 101/2020*. Disponível em: https://www.camara.leg.br/proposicoesWeb/prop_pareceres_substitutivos_votos;jsessionid=node01e0panm1wpk4w1u3ftorxkhtta4919987. node0?idProposicao=2249891. Acesso em: 31 jan. 2021.

BRASIL. IBGE – Instituto Brasileiro de Geografia e Estatística. *PIB dos estados brasileiros*. Disponível em: https://www.ibge.gov.br/explica/pib.php. Acesso em: 12 jan. 2020.

BRASIL. Ministério da Fazenda/Economia. Nota Técnica do Ministério da Fazenda. 2016.4.12. *Avaliação do impacto fiscal da decisão preliminar do STF sobre os mandados de segurança 34023 (SC) e 34110 (RS)*. Disponível em: http://www.fazenda.gov.br/centrais-de-conteudos/notas-tecnicas/2016/nota-tecnica-2016-04-12-avaliacao-do-impacto-fiscal-da-decisao-preliminar-do-stf-sobre-os-mandados-de-seguranca-34023-sc-e-34110-rs.pdf/view. Acesso em: 20 fev. 2020.

BRASIL. Senado Federal. *Coleção "Constituições brasileiras" - comentários de Octaciano Nogueira*. Disponível em: https://www2.senado.leg.br/bdsf/bitstream/handle/id/137569/ Constituicoes_Brasileiras_v1_1824.pdf. Acesso em: 14 nov. 2019.

BRASIL. IFI. *Relatório de Acompanhamento Fiscal*, nov. 2020. Disponível em: https://www2. senado.leg.br/bdsf/bitstream/handle/id/579879/RAF46_NOV2020.pdf. Acesso em: 21 nov. 2020.

BRASIL. STF – Supremo Tribunal Federal. Notícias. *Câmara de Conciliação e Arbitragem da Administração Federal (CCAF)*. Disponível em: http://www.stf.jus.br/portal/cms/ verNoticiaDetalhe.asp?idConteudo=395135&caixaBusca=N. Acesso em: 20 fev. 2020.

BRASIL. *Notícias*. Disponível em: http://www.stf.jus.br/portal/cms/verNoticiaDetalhe. asp?idConteudo=315388. Acesso em: 23 fev. 2020.

BRASIL. STN – Secretaria do Tesouro Nacional. *Exposição da União à Insolvência dos Entes Subnacionais*. Brasília: 2018. Disponível em: http://www.tesouro.fazenda.gov.br/ documents/10180/0/Exposi%C3%A7%C3%A3o+da++Uni%C3%A3o+%C3%A0%20Inso lv%C3%AAncia+dos++Entes+Subnacionais+-++CORRIGIDO/aa849fe8-582f-4167-91ad-1fa2f84dcbab. Acesso em: 13 dez. 2019.

REFERÊNCIAS | 345

BRASIL. Tesouro Nacional Transparente. *Capacidade de Pagamento dos Estados e do Distrito Federal.* Disponível em: https://www.tesourotransparente.gov.br/ckan/dataset/capag-estados. Acesso em: 31 jan. 2021.

BRASIL. *Programas de Reestruturação e Ajuste Fiscal, consulta individualizada por estado.* Disponível em: https://www.tesourotransparente.gov.br/publicacoes/programas-de-reestruturacao-e-ajuste-fiscal-paf-assinados-pelos-estados/2019/114. Acesso em: 10 jan. 2020.

BRASIL. *Relatório de garantias honradas pela União em operações de crédito.* Nov. 2019. Disponível em: https://www.tesourotransparente.gov.br/publicacoes/relatorio-mensal-de-garantias-honradas-rmgh/2019/11. Acesso em: 10 jan. 2020.

BRASIL. Secretaria Especial de Fazenda. Ministério da Economia. *Boletim de Finanças dos Entes Subnacionais.* Ago. 2019. Disponível em: http://sisweb.tesouro.gov.br/apex/cosis/thot/transparencia/arquivo/30407:981194:inline:9731352684720?fbclid=IwAR2iuZa5gx9XCWKd8b_sn_Pl1VfHFgaPA1h41k_uOdIZ0dSxIp5FbD_axVc. Acesso em: 2 mar. 2020.

BRASIL. *Documentos (Princípios Básicos).* Disponível em: http://www.tesouro.fazenda.gov.br/documents/10180/445678/CPU_Modulo_21_PrincipiosBasicosTransferencias.pdf/cfd987a8-3bb3-4e55-b706-07e66fd32430. Acesso em: 21 nov. 2019.

BRASIL. *Manual de Contabilidade Aplicada ao Setor Público (MCASP).* 8. ed. Disponível em: http://www.tesouro.fazenda.gov.br/-/mcasp. Acesso em: 15 fev. 2020.

BRASIL. TCERJ – Tribunal de Contas do Estado do Rio de Janeiro. *Contas de Governo do Estado.* Disponível em: https://www.tce.rj.gov.br/consulta-processo/Pesquisa/IndexServico?tipo=estado. Acesso em: 10 fev. 2020.

BRASIL. TCU – Tribunal de Contas da União. *Contas de Governo da República.* Disponível em: https://portal.tcu.gov.br/contas/contas-do-governo-da-republica/. Acesso em: 10 fev. 2020.

Censo norte-americano – *Census Bureau.* Disponível em: https://www.usa.gov/federal-agencies/u-s-census-bureau. Acesso em: 13 dez. 2019.

CONSELHO DE ESTABILIDADE ALEMÃO. "*Stabilitätsrat*". Disponível em: http://www.stabilitaetsrat.de/EN/Home/home_node.html. Acesso em: 15 fev. 2020.

FMI – FUNDO MONETÁRIO INTERNACIONAL. Disponível em: https://www.imf.org/external/datamapper/GGXWDG_NGDP@WEO/OEMDC/ADVEC/WEOWORLD. Acesso em: 12 dez. 2019.

FMI – FUNDO MONETÁRIO INTERNACIONAL. Disponível em: https://www.imf.org/external/datamapper/GGXWDG_NGDP@WEO/OEMDC/ADVEC/WEOWORLD. Acesso em: 12 dez. 2019.

FMI – FUNDO MONETÁRIO INTERNACIONAL. Departamento Europeu. *Relatório por país – Alemanha,* 2019. Disponível em: https://www.imf.org/en/Publications/CR/Issues/2019/07/09/Germany-2019-Article-IV-Consultation-Press-Release-Staff-Report-and-Statement-by-the-47093. Acesso em: 21 nov. 2019.

FMI – FUNDO MONETÁRIO INTERNACIONAL. *Aspectos fiscais da Alemanha.* Disponível em: https://www.imf.org/en/Countries/DEU. Acesso em 7 mar. 2020; e, em: https://www.imf.org/en/Publications/CR/Issues/2019/07/09/Germany-2019-Article-IV-Consultation-Press-Release-Staff-Report-and-Statement-by-the-47093. Acesso em: 7 mar. 2020.

MOREIRA, Assis. OCDE conclama países a fazerem uma espécie de Plano Marshall global. *Jornal Valor Econômico*, 21 mar. 2020. Disponível em: https://valorinveste.globo.com/mercados/internacional-e-commodities/noticia/2020/03/21/ocde-conclama-pases-a-fazerem-uma-espcie-de-plano-marshall-global.ghtml. Acesso em: 21 set. 2020.

Perfil da Alemanha. Disponível em: https://www.tatsachen-ueber-deutschland.de/pt-br/categorias/estado-politica/estado-federal. Acesso e:m 22 nov. 2019.

Serviço de pesquisas do Congresso norte-americano (The Congressional Research Service). Disponível em: https://fas.org/sgp/crs/misc/R40638.pdf. Acesso em 13 dez. 2019.

Tribunal Constitucional Alemão. BverfG, 2 BvF 2/98 de 11.11.1999, alíneas 1-347. Disponível em: http://www.bverfg.de/. Acesso em: 19 nov. 2019.

União Europeia (*European Union*). *Tratado da União Europeia*. Disponível em: https://europa.eu/european-union/sites/europaeu/files/docs/body/treaty_on_european_union_pt.pdf. Acesso em: 18 nov. 2019.

SCOFIELD JR., Gilberto. Rio só recebe de volta 10% do que repassa à União. *Jornal O Globo*, 2 jun. 2012. Disponível em: https://oglobo.globo.com/brasil/rio-so-recebe-de-volta-10-do-que-repassa-uniao-5105869. Acesso em: 23 set. 2019.

Esta obra foi composta em fonte Palatino Linotype, corpo 10
e impressa em papel Offset 75g (miolo) e Supremo 250g (capa)
pela Laser Plus Gráfica, em Belo Horizonte/MG.